Wolf-Michael Kähler

Programmieren in COBOL 85

Wolf-Michael Kähler

Programmieren in
COBOL 85

Eine umfassende Einführung

6., verbesserte und erweiterte Auflage

Die Deutsche Bibliothek – CIP-Einheitsaufnahme

Kähler, Wolf-Michael:
Programmieren in COBOL 85: eine umfassende Einführung /
Wolf-Michael Kähler. – 6., verb. und erw. Aufl.–
Braunschweig: Vieweg, 1993
   ISBN 978-3-528-53335-9   ISBN 978-3-322-87803-8 (eBook)
   DOI 10.1007/978-3-322-87803-8

für Christiane, Sonja, Iris und Almut

1. Auflage 1980
2., durchgesehene Auflage 1982
   Nachdruck 1983
3. Auflage 1984 mit fünf Nachdrucken 1985–1987
4., neubearbeitete Auflage 1988
Diese Auflagen erschienen unter dem Titel
„Einführung in die Programmiersprache COBOL"
5., verbesserte und erweiterte Auflage 1991
6., verbesserte und erweiterte Auflage 1993

Alle Rechte vorbehalten
© Friedr. Vieweg & Sohn Verlagsgesellschaft mbH, Braunschweig/Wiesbaden, 1993

Der Verlag Vieweg ist ein Unternehmen der Verlagsgruppe Bertelsmann International.

Das Werk einschließlich aller seiner Teile ist urheberrechtlich geschützt. Jede Verwertung außerhalb der engen Grenzen des Urheberrechtsgesetzes ist ohne Zustimmung des Verlags unzulässig und strafbar. Das gilt insbesondere für Vervielfältigungen, Übersetzungen, Mikroverfilmungen und die Einspeicherung und Verarbeitung in elektronischen Systemen.

Umschlaggestaltung: Schrimpf und Partner, Wiesbaden
Gedruckt auf säurefreiem Papier

VORWORT zur 6. Auflage

Die in diesem Buch vorgestellte Konzeption einer "Einführung in die Programmiersprache COBOL" wurde im Rahmen von Lehrveranstaltungen entwickelt, die am Rechenzentrum und im Studiengang Wirtschaftswissenschaft der Universität Bremen, an der Hochschule Bremen, an der Wirtschafts- und Sozialakademie Bremen und an der Bremer Volkshochschule im Rahmen der beruflichen Weiterbildung abgehalten worden sind. Das Ziel dieser Veranstaltungen bestand darin, den Teilnehmern nicht nur die Sprachelemente von COBOL, sondern auch die Technik des "Strukturierten Programmierens" zu vermitteln. Die Darstellung in diesem Buch folgt dieser Konzeption. Dazu wird die Lösung einer Aufgabenstellung zunächst graphisch — in Form eines Struktogramms — beschrieben und anschließend mit den in COBOL zur Verfügung stehenden Sprachelementen angegeben.
Diese Beschreibung der Programmiersprache COBOL, die durch den Normenausschuß ANSI international verbindlich genormt ist, beruht auf dem aktuellen Sprachstandard aus dem Jahre 1985 (COBOL 85), der eine Weiterentwicklung des Sprachstandards aus dem Jahre 1974 (COBOL 74) darstellt.
Die Sprachelemente von COBOL werden in diesem Buch nicht summarisch beschrieben, wie es etwa in Handbüchern zur Programmiersprache COBOL der Fall ist, sondern ihr Einsatz wird durch Anwendungsbeispiele motiviert, die betont einfach gehalten sind und aufeinander aufbauen. Daher sind auch bei der Lektüre dieses Buches keine Kenntnisse aus dem Bereich der administrativen und kommerziellen Anwendungen — dem Haupteinsatzgebiet von COBOL — erforderlich. Der Leser dieser Einführung braucht auch über keine Vorkenntnisse aus dem Bereich der Elektronischen Datenverarbeitung zu verfügen, da die wichtigsten Begriffe zusammen mit den Sprachelementen von COBOL vorgestellt werden.
Der Leser wird mit Hilfe dieser Einführung in der Lage sein, selbständig COBOL-Programme zu entwickeln und auf einer Datenverarbeitungsanlage ablaufen zu lassen. Schon mit den Grundkenntnissen, die innerhalb der ersten drei Kapitel vermittelt werden, kann er einfache Aufgabenstellungen selbständig lösen.
Zur Lernkontrolle und um sich in der Fertigkeit des Programmierens zu üben, sollte sich der Leser stets um die Lösung der Aufgaben bemühen, die jeweils am Ende eines Kapitels angegeben sind. Als Hilfestellung stehen ihm dabei die Ausführungen im Lösungsteil zur Verfügung.
Gegenüber der 5. Auflage wurde bei dieser 6. Auflage die Darstellung der Ablaufsteuerung überarbeitet, indem die Sprachelemente von "COBOL 85" - anstelle der überholten Sprachelemente von "COBOL 74" - von Beginn an zur Beschreibung des Programmablaufs eingesetzt wurden. Diese Änderung erschien ratsam, da heutzutage nur noch in wenigen Ausnahmefällen allein der Sprachstandard "COBOL 74" und nicht der erweiterte Sprachumfang "COBOL 85" zur Verfügung steht.
Für die ursprüngliche Anregung zu diesem Buch bin ich Herrn Prof. Dr. Lamprecht

zu Dank verpflichtet. Für viele Hinweise und die Ermutigung, die mir im Hinblick auf eine erforderliche Überarbeitung der 5. Auflage zuteil wurde, danke ich meinen Lesern – ganz besonders Herrn Renemann und Herrn Prof. Dr. Junginger. In besonderem Maße schulde ich meiner Familie Dank für die erneut aufgebrachte Geduld. Danken möchte ich auch Herrn Dr. Klockenbusch vom Vieweg Verlag für die traditionell gute Zusammenarbeit.

Ritterhude, im September 1992　　　　　　　　　　　　　　　　Wolf-Michael Kähler

Die in dieser Einführungsschrift dargestellte Programmiersprache COBOL basiert auf dem Dokument "American National Standard Programming Language COBOL, X.3.23". Daher muß unseren Ausführungen der folgende Hinweis vorangestellt werden:

ACKNOWLEDGMENT

"Any organization interested in reproducing the COBOL report and specifications in whole or in part, using ideas from this report as the basis for an instruction manual or for any other purpose, is free to do so. However, all such organizations are requested to reproduce the following acknowledgment paragraphs in their entirety as part of the preface to any such publication. Any organization using a short passage from this document, such as in a book review, is requested to mention "COBOL" in acknowledgment of the source, but need not quote the acknowledgment.

COBOL is an industry language and is not the property of any company or group of companies, or of any organization or group of organizations.

No warranty, expressed or implied, is made by any contributor or by the CODASYL Programming Language Committee as to the accuracy and functioning of the programming system and language. Moreover, no responsibility is assumed by any contributor, or by the committee, in connection therewith.

The authors and copyright holders of the copyrighted material used herein

- FLOW-MATIC (trademark of Sperry Rand Corporation), Programming for the UNIVAC (R) I and II, Data Automation Systems copyrighted 1958, 1959, by Sperry Rand Corporation;

- IBM Commercial Translator Form No. F28-8013, copyrighted 1959 by IBM;

- FACT, DSI 27A5260-2760, copyrighted 1960 by Minneapolis-Honeywell

have specifically authorized the use of this material in whole or in part, in the COBOL specifications. Such authorization extends to the reproduction and use of COBOL specifications in programming manuals or similar publications."

Inhaltsverzeichnis

1	**Einführung**	**1**
2	**Vereinbarung der Datensatz-Struktur**	**6**
	2.1 Datenerfassung	6
	2.2 Vereinbarung von Datenfeldern (PICTURE-Klausel)	11
	2.3 Vereinbarung von Datensätzen	19
3	**Programmaufbau und Programmablauf**	**24**
	3.1 Datei-Beschreibung	25
	3.2 Beschreibung der Verarbeitung	29
	3.2.1 Eingabe- und Ausgabe-Puffer	29
	3.2.2 Verbale Lösungsbeschreibung	30
	3.2.3 Die Struktogramm-Darstellung	32
	3.2.4 Das COBOL-Programm LISTE-DER-VERTRETER-NAMEN	34
	3.2.5 Die Struktur der PROCEDURE DIVISION	36
	3.3 IDENTIFICATION DIVISION, ENVIRONMENT DIVISION und DATA DIVISION	37
	3.3.1 Der Aufbau eines COBOL-Programms	37
	3.3.2 Der Erkennungsteil IDENTIFICATION DIVISION	39
	3.3.3 Der Maschinenteil ENVIRONMENT DIVISION	39
	3.3.4 Der Datenteil DATA DIVISION	43
	3.4 Vorbereitungen zur Programmausführung	44
	3.5 Kompilierung und Programmausführung	47
	3.6 Änderung der Problemlösung und der Aufgabenstellung	50
	3.6.1 Verarbeitung innerhalb des Arbeitsspeichers	50
	3.6.2 Einsatz von Bedingungsnamen	52
	3.6.3 Zweiseitige Fallunterscheidung	55
	3.6.4 Mehrfache Fallunterscheidung	59
4	**Syntax und Einteilung von COBOL-Anweisungen**	**63**

5 Datentransport und Wertzuweisung 69
  5.1 Die MOVE-Anweisung 69
    5.1.1 Alphanumerisches MOVE 71
    5.1.2 Numerisches MOVE 72
    5.1.3 MOVE mit Datenfeldern unterschiedlicher Kategorie 73
    5.1.4 Gruppen-MOVE 75
    5.1.5 MOVE mit Literalen 76
    5.1.6 Numerische Literale 77
    5.1.7 Alphanumerische Literale 77
    5.1.8 Trennung von Literalen 78
    5.1.9 Figurative Konstante 79
    5.1.10 MOVE mit figurativen Konstanten 80
    5.1.11 JUSTIFIED-Klausel 81
    5.1.12 Transport von Datenfeld-Bereichen 83
  5.2 Zuweisung an Bedingungsnamen 84
  5.3 Initialisieren von Datenfeldern 85
    5.3.1 Die VALUE-Klausel 85
    5.3.2 Die INITIALIZE-Anweisung 87

6 Einfache Ein-/Ausgabe 90
  6.1 Eröffnen und Schließen von Dateien 90
    6.1.1 Datei-Gerätezuordnungen 90
    6.1.2 OPEN-Anweisung 92
    6.1.3 CLOSE-Anweisung 93
  6.2 Eingabe- und Ausgabe von Datensätzen (READ, WRITE) 94
    6.2.1 Mehrfache Datensatz-Beschreibungen 94
    6.2.2 Struktogramm und Ein-/Ausgabe-Anweisungen 97
  6.3 Druckausgabe 100
  6.4 Logische Druckseiten 102
  6.5 Druckaufbereitung 110
    6.5.1 Die Druckaufbereitungszeichen ".", "+" und "-" 111
    6.5.2 Unterdrückung führender Nullen 113
    6.5.3 BLANK WHEN ZERO-Klausel 113
    6.5.4 Gleitende Ersetzungszeichen 114
    6.5.5 Die Einfügungszeichen "B" und "0" 115
    6.5.6 Bearbeitung von druckaufbereiteten Datenfeldern 116
    6.5.7 Vorbesetzung von druckaufbereiteten Datenfeldern 117
  6.6 Dialogführung am Bildschirmarbeitsplatz 118

7 Einfache Steueranweisungen — 124
7.1 Ausführung von Prozeduren (PERFORM) — 124
7.1.1 Einfache Form der PERFORM-Anweisung — 124
7.1.2 Verzweigungsmechanismus — 126
7.1.3 Erweiterte Form der PERFORM-Anweisung — 127
7.2 Programmverzweigung (IF) — 129
7.2.1 Bedingungs-Strukturblock und IF-Anweisung — 129
7.2.2 Arithmetische Ausdrücke — 131
7.2.3 Einfache Bedingungen — 132
7.2.4 Zusammengesetzte Bedingungen — 135
7.2.5 Bearbeitung einer zusammengesetzten Bedingung — 137
7.2.6 Vergleich von alphanumerischen Werten — 137
7.2.7 Schachtelung von IF-Anweisungen — 140
7.2.8 Die CONTINUE-Anweisung — 142
7.3 Programmschleifen (PERFORM) — 142
7.3.1 In-line-PERFORM mit der UNTIL-Klausel — 142
7.3.2 In-line-PERFORM mit der TIMES-Klausel — 144
7.3.3 Out-of-line-PERFORM — 146
7.4 Mehrfachauswahl (EVALUATE) — 147
7.5 Beendigung der Programmausführung (STOP) — 150

8 Arithmetische Operationen — 152
8.1 ADD-, SUBTRACT-, MULTIPLY- und DIVIDE-Anweisung — 152
8.1.1 ADD-Anweisung — 152
8.1.2 ROUNDED-Klausel — 153
8.1.3 GIVING-Klausel — 155
8.1.4 SUBTRACT-Anweisung — 156
8.1.5 MULTIPLY-Anweisung — 157
8.1.6 DIVIDE-Anweisung — 158
8.2 Die COMPUTE-Anweisung — 162
8.3 Die SIZE ERROR-Klausel — 165
8.4 Interne Daten-Darstellung (USAGE-Klausel) — 168

9 Tabellenverarbeitung — 173
9.1 Einstufige Tabellen (OCCURS-Klausel) — 174
9.2 Vorbesetzung von Tabellenelementen (REDEFINES-Klausel) — 182
9.3 Index-Methode und variable Anzahl von Tabellenelementen (SET-Anweisung und OCCURS DEPENDING ON-Klausel) — 188
9.4 Durchsuchen einer einstufigen Tabelle — 196

9.5 Lineares Tabellen-Durchsuchen mit der SEARCH-Anweisung 201
9.6 Logarithmisches Durchsuchen einer Tabelle (SEARCH ALL) 208
9.7 Mehrstufige Tabellen 214

10 Qualifizierung 231
10.1 Qualifizierung von Datenfeldnamen 231
10.2 CORRESPONDING-Klausel bei den Anweisungen MOVE, ADD und SUBTRACT 235
10.3 Qualifizierung von Paragraphennamen 238

11 Erweiterte Steueranweisungen 242
11.1 Komplexes PERFORM 242
11.2 Komplexes EVALUATE 254

12 Datei-Verarbeitung 269
12.1 Kenngrößen von Dateien 270
12.2 Sequentielle Datei-Organisation 278
12.3 Relative Datei-Organisation 286
12.4 Index-sequentielle Datei-Organisation 292

13 Ergänzende Programmiertechniken 309
13.1 Zeichenverarbeitung 309
    13.1.1 Zeichenersetzung und Bestimmung von Zeichenhäufigkeiten (INSPECT-Anweisung) 309
    13.1.2 Verdichtung von Zeichenfolgen (STRING-Anweisung) 317
    13.1.3 Entpacken von verdichteten Zeichenfolgen (UNSTRING-Anweisung) 321
13.2 Unterprogrammtechnik (CALL) 325
13.3 Segmentierung 333
13.4 Sortieren und Mischen von Datensätzen 336
    13.4.1 Sortieren von Datensätzen 336
    13.4.2 Mischen von Datensätzen 345
13.5 Testen von Programmen 347
13.6 Weitere COBOL-Sprachelemente 350

Anhang 365

    A.1 Bausteine des COBOL-Sprachumfangs 365
    A.2 Reservierte COBOL-Wörter 366
    A.3 Strukturblöcke eines Struktogramms 368
    A.4 Intern-Kodes und Sortierfolge-Ordnung 369
    A.5 Ablageformate für numerische Datenfelder 371
    A.6 Struktur eines COBOL-Programms 373

Lösungsteil 383

Index 417

Kapitel 1

Einführung

Vom Problem zur Problemlösung

Eine der zentralen Aufgaben der Datenverarbeitung besteht darin, zu einem gestellten Problem den zugehörigen formalisierten Lösungsweg — den sog. *Lösungsalgorithmus* (kurz: Algorithmus) — zu erarbeiten. Ist z.B. eine Liste nach bestimmten Kriterien aus vorgegebenen Daten (das sind Zahlen bzw. Texte) zu erstellen, so müssen die Ausgangsdaten geeignet bereitgestellt, nach bestimmten Vorschriften umgeformt und aufbereitet werden, bevor sie in Listenform ausgegeben werden können.
Als zugehöriger Algorithmus kann eine verbale Beschreibung in einer "natürlichen Sprache" angegeben werden. Diese Form der Darstellung wird jedoch von einer Datenverarbeitungsanlage (kurz: DVA) nicht verstanden. Damit ein Algorithmus von einer DVA ausgeführt werden kann, ist er in einer "künstlichen Sprache" — in einer sog. *Programmiersprache* — als *Programm* zu formulieren. Es existieren verschiedene Arten von Programmiersprachen, die in die Gruppen

- Maschinen- und Assemblersprachen und
- höhere problemorientierte Programmiersprachen

eingeteilt werden.
Die Sprachelemente der Maschinensprache sind die von der DVA ausführbaren Maschineninstruktionen, die sich in der Regel immer nur auf einen bestimmten DVA-Typ beziehen. Aus diesen Instruktionen besteht das lauffähige Programm — Objektprogramm genannt —, durch dessen Ablauf der Lösungsalgorithmus ausgeführt wird. Jeder Hersteller einer DVA stellt für seine Anlage eine (Anlagen-abhängige) Assemblersprache bereit.
Ein Programm, das in einer Assemblersprache formuliert ist, hat gegenüber einem in einer Maschinensprache geschriebenen Programm z.B. den Vorteil, daß symbolische Speicheradressen anstelle physikalischer Speicheradressen beim Zugriff auf die zu verarbeitenden Daten benutzt werden. Allerdings ist ein derartiges Programm nicht mehr direkt ablauffähig. Vielmehr muß es erst durch die Ausführung eines Übersetzungsprogramms — Assembler genannt — zu einem ablauffähigen Objekt-

programm umgewandelt werden.

Um vom jeweiligen Hersteller einer DVA weitgehend unabhängig zu sein und um Programme wirkungsvoller entwickeln zu können, werden in der Anwendungsprogrammierung heutzutage im wesentlichen alle Programme in einer *höheren problemorientierten Programmiersprache* erstellt. Gegenüber der Assemblerprogrammierung kommt man mit weniger aber leistungsfähigeren Sprachelementen aus, so daß die Anzahl der Programminstruktionen im allgemeinen erheblich reduziert werden kann.
Beispiele für höhere problemorientierte Programmiersprachen sind die Sprachen:

- *ALGOL* (*algo*rithmic *l*anguage), *FORTRAN* (*for*mula *trans*lation), *PASCAL* und *SIMULA* für den Einsatz im technisch-wissenschaftlichen Bereich und

- *COBOL* (*c*ommon *b*usiness *o*riented *l*anguage) und *RPG* (*r*eport *p*rogram *g*enerator) für die administrativen und kommerziellen Anwendungen.

Die Sprache COBOL ist die mit Abstand am meisten verwendete problemorientierte Programmiersprache.

Die Programmiersprache COBOL

Da die zunächst entwickelten Programmiersprachen ALGOL (1958-62) und FORTRAN (ab 1954) den Anforderungen aus der kommerziellen und administrativen Anwendung nicht genügten, wurde 1959 unter der Federführung des US Department of Defense von einer aus Anwendern, Hochschulinstituten und DVA-Herstellern gebildeten Gruppe die höhere problemorientierte Programmiersprache COBOL entwickelt, deren erste Version im Jahr 1960 veröffentlicht wurde.
Nach einer ersten im Jahr 1968 vorgenommenen Normierung vom amerikanischen Normenausschuß *ANSI* (*A*merican *N*ational *S*tandards *I*nstitute) wurde der Sprachumfang von COBOL zunächst im Jahr 1974 und anschließend im Jahr 1985 in einer überarbeiteten Fassung festgelegt. Die im Jahr 1985 verabschiedete Normierung der Programmiersprache COBOL wird als "COBOL-85" bezeichnet.
Die ständige Weiterentwicklung von COBOL wird durch den CODASYL-Ausschuß (*c*onference *o*n *d*ata *s*ystem *l*anguages) betrieben, und die entwickelten Neuerungen werden in der Zeitschrift "Journal of Development" veröffentlicht.
COBOL zeichnet sich dadurch aus, daß diese Sprache ohne Vorkenntnisse *leicht erlernbar* ist. COBOL-Programme sind *gut lesbar* und *selbstdokumentierend*. Die *Sprach-Standardisierung* gewährleistet eine *weitgehende Portabilität* (Übertragbarkeit der Programme von einer DVA auf eine andere DVA) und die *Aufwärtskompatibilität* zukünftiger COBOL-Versionen.

1 Einführung

Die Phasen der Problemlösung

Jeder Problemlösungsprozeß läßt sich grob in die folgenden drei Phasen einteilen:

- die Problemanalyse,
- die Darstellung des Lösungsalgorithmus in graphischer oder formaler Form und
- die Datenverarbeitungs-gerechte Umsetzung und Ausführung des Lösungsalgorithmus.

Bei der Problemanalyse muß das gestellte Problem logisch durchdrungen, die Gesamtaufgabe in überschaubare Teilaufgaben gegliedert und der spätere Ablauf strukturiert werden.

Zur Darstellung des Lösungsalgorithmus werden wir die Struktogramm-Methode als graphische Verfeinerung der verbalen Beschreibungsform verwenden. Diese Methode erleichtert das Durchdenken einer Problemlösung in überschaubarer und kontrollierter Form und unterstützt die *"strukturierende Vorgehensweise"*, d.h. die Zurückführung der Lösung eines komplexen Problems auf die Lösung von überschaubaren Teilproblemen. Diese Vorgehensweise ist charakteristisch für die Methode des *"Strukturierten Programmierens"*, die eine wirksame Kontrolle der Ablaufsteuerung vorschreibt. Dadurch werden die entwickelten Programme leichter lesbar, übersichtlicher und folglich wartungsfreundlicher, d.h. leicht änderbar.

Nachdem der Lösungsalgorithmus als Struktogramm beschrieben ist, muß dessen Inhalt unter Einsatz der Sprachelemente von COBOL in ein Programm umgeformt werden. Das daraus resultierende COBOL-Programm ist anschließend in die Maschinensprache zu übersetzen. Dieser Vorgang wird vom COBOL-Kompilierer (compiler) automatisch durchgeführt. Gegebenenfalls wird für diesen Prozeß noch ein weiteres Anlagen-abhängiges Programm — der sogenannte Binder (linkage editor) — eingesetzt. Anschließend läßt sich der Lösungsalgorithmus durch den Start des resultierenden Objektprogramms zur Ausführung bringen.

Ist z.B. eine Liste nach bestimmten Kriterien aus vorgegebenen Daten zu erstellen, so werden während der Ausführungsphase die Ausgangsdaten vom Objektprogramm "eingelesen", nach den vom Programmierer formulierten Vorschriften umgeformt und aufbereitet und anschließend in der vom Programmierer festgelegten Listenform "ausgegeben". Der Ablauf dieses Problemlösungsprozesses läßt sich durch das folgende Schema demonstrieren:

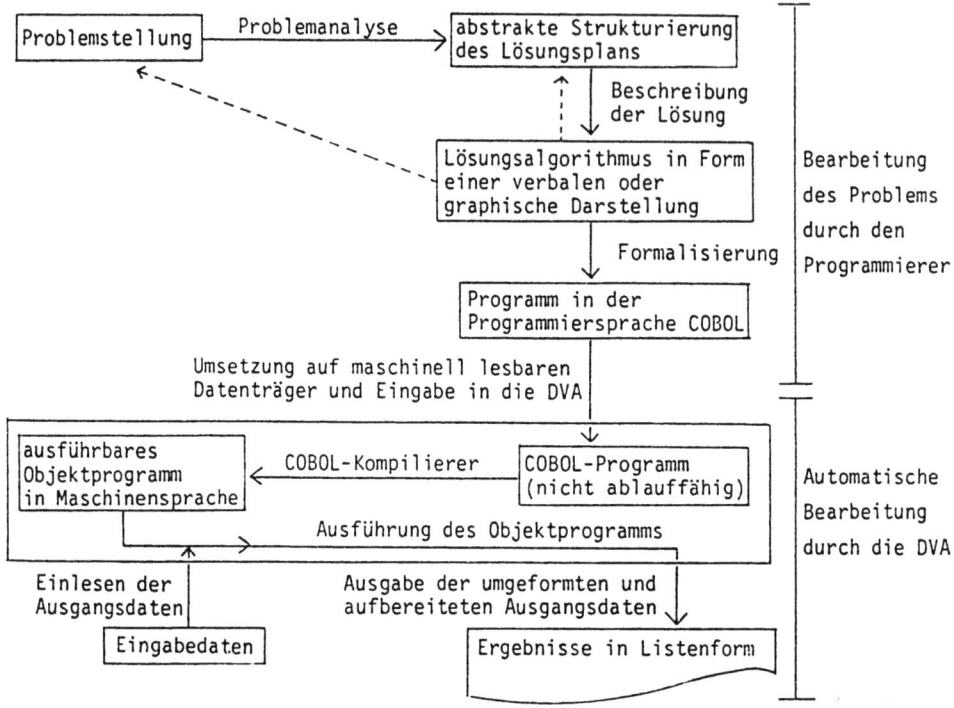

Abbildung 1.1: Phasen der Problemlösung

Da COBOL genormt (standardisiert) ist, kann das für die Problemlösung entwickelte COBOL-Programm — abgesehen von evtl. geringfügig notwendigen Programmänderungen — auf jeder beliebigen, mit einem COBOL-System ausgestatteten DVA zur Ausführung gebracht werden.
Welche Sprachelemente von COBOL bei der jeweiligen DVA erlaubt sind und welche Elemente nicht verwendet werden dürfen, ist der Sprachbeschreibung (reference manual) des Herstellers zu entnehmen. Dabei wird die realisierte Leistungsstufe durch die Angabe der einzelnen Sprach-Modul in ihrer jeweils erreichten Ausbaustufe ausgewiesen (siehe die Angaben im Anhang A.1).

Lernziele

In den nachfolgenden Kapiteln werden wir den Sprachumfang von COBOL schrittweise kennenlernen. Dabei geben wir keine summarische Beschreibung der einzelnen Sprachelemente, wie es in Handbüchern der Fall ist, sondern wir motivieren den Einsatz jeweils an Anwendungsbeispielen, die einfach gehalten sind und aufeinander aufbauen.
Die nachfolgende Beschreibung der Programmiersprache COBOL orientiert sich so-

1 Einführung

wohl am Einsatz auf Großrechenanlagen als auch auf Mikrocomputern (Arbeitsplatzrechnern, Personal Computern). Die überragende Bedeutung von COBOL hat sich nämlich in den letzten Jahren im Zuge der Dezentralisierung des EDV-Einsatzes noch verstärkt, weil COBOL-Kompilierer für Mikrocomputer entwickelt wurden, welche die Leistungsfähigkeit der auf Großrechnern vorhandenen Kompilierer teilweise beträchtlich übertreffen.

Es erscheint uns wichtig, das Erlernen der einzelnen COBOL-Sprachelemente damit zu verbinden, daß die Zielsetzung des "Strukturierten Programmierens" erläutert wird. Die Entwicklung in den letzten Jahren hat nämlich gezeigt, daß die Programmentwicklungskosten gegenüber den Kosten einer DVA überproportional gestiegen sind. Demzufolge muß auch der Leser einer Programmier-Einführungsschrift sehr früh mit den Grundgedanken einer wirkungsvollen Programmier-Methodik vertraut gemacht werden. Folglich werden wir bei der Programmentwicklung konsequent die Struktogramm-Methode zur graphischen Beschreibung unserer Lösungsalgorithmen einsetzen.

Wir beschreiben ausführlich, wie in COBOL strukturiert programmiert werden kann. Dazu werden wir die Elemente der Programmiersprache COBOL und die Struktogramm-Methode an Beispielen erläutern, die sehr einfach sind und keine besonderen Vorkenntnisse erfordern.

Da eine der Hauptaufgaben der kommerziellen und administrativen Datenverarbeitung in der Auflistung von Daten besteht, werden wir im ersten Teil die grundlegenden Begriffe an einem einfachen Programm zur Druckausgabe erläutern. Es liegt in der Natur der Programmiersprache COBOL begründet, daß wir zunächst eine kleine "Durststrecke" bis zur Formulierung unseres ersten COBOL-Programms überwinden müssen.

Kapitel 2

Vereinbarung der Datensatz-Struktur

Bevor wir Daten mit einer DVA verarbeiten können, müssen wir sie geeignet strukturieren und auf einem maschinell lesbaren Datenträger erfassen.
Im Abschnitt 2.1 lernen wir den hierzu notwendigen Begriff des Datensatzes kennen, und wir erhalten eine Vorstellung davon, wie eine Datenerfassung durchgeführt wird.
Im Abschnitt 2.2 stellen wir dar, wie die Daten eines Datensatzes für die Verarbeitung zugänglich gemacht werden. Dazu vereinbaren wir Datenfelder und greifen auf deren Inhalte über Bezeichner zu. Ob ein Feldinhalt als numerischer oder als alphanumerischer Wert interpretiert werden soll, ist durch die Vereinbarung von geeigneten Picture-Masken (mit den Maskenzeichen X, 9, V und S) festzulegen, die dem Bezeichner eines Datenfeldes in Form einer Datenfeld-Beschreibung zuzuordnen sind.
Im Abschnitt 2.3 erklären wir die hierarchische Struktur von Datenfeldern, wobei wir das Konzept der Stufennummern und die Funktion des reservierten COBOL-Wortes FILLER erläutern.

2.1 Datenerfassung

Datensatz

Wir stellen uns vor, daß in einer Vertriebsgesellschaft für eine zukünftige EDV-mäßige Bearbeitung der Geschäftsvorgänge alle dazu notwendigen Daten über die im Unternehmen beschäftigten Vertreter gesammelt werden. Bei dieser *Datenerhebung* beschränken wir uns der Einfachheit halber auf

- die vierstellige Vertreterkennzahl,
- den Namen, gegliedert in Nachname und Vorname, und
- den aktuellen Kontostand des Vertreters.[1]

---

[1] Wir gehen davon aus, daß das Konto eines Vertreters, über das die Provisionen verrechnet werden, auch überzogen werden darf, so daß auch negative Kontostände möglich sind.

2.1 Datenerfassung

Diese Daten fassen wir für jeden Vertreter zu jeweils einem *Datensatz* (record) zusammen.

Hat z.B. der Vertreter Egon Meyer die Kennzahl 8413 und den Kontostand[2] +700.25, so soll der zugehörige Datensatz die folgende Struktur haben:

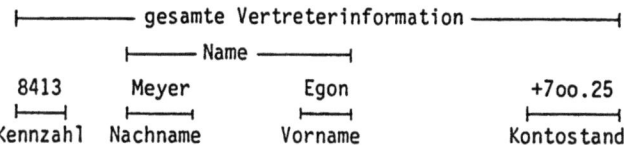

Abbildung 2.1: Struktur des Datensatzes mit den Vertreterdaten

Diesen Satzaufbau legen wir – einheitlich – für alle Datensätze in gleicher Weise fest, d.h. jeder Datensatz wird von der Kennzahl eingeleitet, welcher der Name, gegliedert in Nachname und Vorname, und der Kontostand – in dieser Anordnung – folgen.

Erfassungsbeleg

Um die Vertreterdaten mit einer DVA automatisch verarbeiten zu können (z.B. um eine Liste aller Vertreternamen zu erstellen), müssen die erhobenen Daten aufbereitet werden. Die Tätigkeit, die zu einer geeigneten Ablage (Speicherung) der Daten führt, wird *Datenerfassung* genannt.

Zur Vorbereitung der Erfassung tragen wir die Kennzahlen, die Nachnamen, die Vornamen und die Kontostände aller Vertreter satzweise untereinander in einen *Erfassungsbeleg*[3] ein, so daß wir etwa das folgende Resultat erhalten:

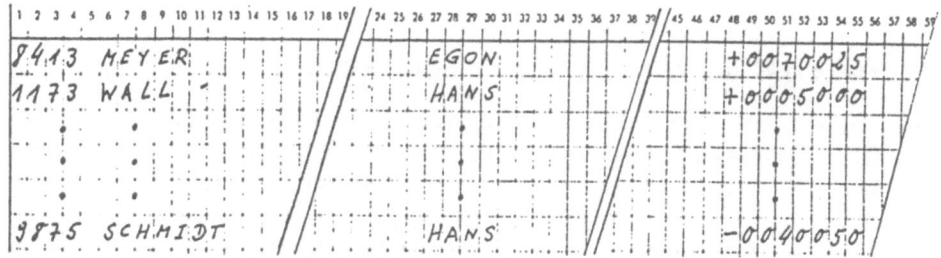

Abbildung 2.2: Erfassungsbeleg

---

[2] Gemäß der angelsächsischen Schreibweise verwenden wir in nicht ganzzahligen Dezimalzahlen den Dezimalpunkt "." anstelle eines Dezimalkommas.

[3] Ein Erfassungsbeleg ist in Zeilen und Spalten gegliedert. Aus erfassungstechnischen Gründen enthält ein Beleg in der Regel 80 Spalten, die am Beleganfang und am Belegende mit den Zahlen von 1 bis 80 durchnumeriert sind.

Wie es bei der Darstellung von nicht ganzzahligen Dezimalzahlen auf Karteikarten
üblich ist, haben wir die Kontostände ohne Dezimalpunkt in den Erfassungsbeleg
eingetragen. Bei der Bearbeitung der Kontostände werden wir berücksichtigen, daß
die beiden letzten Ziffern als Nachkommastellen aufzufassen sind.
Im Hinblick auf eine spätere Verarbeitung durch eine DVA haben wir die Daten
auf dem Erfassungsbeleg so angeordnet, daß die einzelnen Informationseinheiten
jeweils satzweise ab derselben Spaltenposition untereinander im Erfassungsbeleg
eingetragen sind. Dabei haben wir die Strukturierung der Datensätze bzgl. der
spaltenweisen Anordnung der einzelnen Daten in der folgenden Weise vorgenommen:

Spaltenbereich:	Information:
01 - 80	gesamte Vertreterinformation
01 - 04	Kennzahl
07 - 46	Name
07 - 26	Nachname
27 - 46	Vorname
48 - 55	Kontostand

Tabelle 2.1: Gliederung des Erfassungsbelegs

Auf diese Satzstruktur werden wir uns immer dann beziehen, wenn wir den für eine
Verarbeitung erforderlichen Zugriff auf die einzelnen Daten zu beschreiben haben.
Zunächst müssen die Daten – um überhaupt eine automatische Verarbeitung zu
ermöglichen – vom Erfassungsbeleg auf einen maschinell lesbaren Datenträger übertragen werden.
Früher wurden die Daten überwiegend auf dem Datenträger *Lochkarte* erfaßt. Heutzutage erfolgt die Erfassung in der Regel an einem Bildschirmarbeitsplatz auf einen
magnetischen Datenträger wie z.B. eine Diskette oder eine Magnetplatte.

Die Datenspeicher Diskette und Magnetplatte

Die *Diskette* (floppy disk) ist ein Datenträger, bei dem die zu speichernde Information auf einer magnetisch beschichteten Kunststoffplatte in Form von konzentrischen
Ringen, die Spuren (tracks) genannt werden, aufgezeichnet wird. Zum Schutz gegen Verschmutzung und mechanische Beschädigung befindet sich die Platte in einer
quadratischen Plastikhülle, in der sie auch während der Benutzung im Disketten-
laufwerk verbleibt.
Z.B. lassen sich auf einer 3 1/2-Zoll-Diskette mit der Eigenschaft "Double Sided,
High Density" über 1,4 Millionen Zeichen und auf einer 5 1/4-Zoll-Diskette mit
denselben Speichermerkmalen über 1,2 Millionen Zeichen speichern.
Eine *Magnetplatte* besteht aus mehreren übereinandergelagerten, auf einer Achse
zusammengefaßten dünnen Plattenscheiben, die mit einer magnetisierbaren Schicht
versehen und – genauso wie Disketten – in Spuren gegliedert sind. Wegen der hohen

2.1 Datenerfassung

Umdrehungsgeschwindigkeit stellt die Magnetplatte einen schnellen Direktzugriffsspeicher dar, der sich wegen der hohen Packungsdichte bei der Ablage der Daten auch durch seine große Speicherkapazität (bis zu 1 Milliarde Zeichen pro Magnetplatte) auszeichnet.

Disketten- und Magnetplattenspeicher gehören zu den *zyklischen Speichern*, bei denen das Speichermedium unter den Schreib-/Leseköpfen rotiert, so daß nach einer Umdrehung derselbe Speicherbereich wieder gelesen oder beschrieben werden kann. Auf solchen Speichern lassen sich verschiedene Organisationsformen für den *Direktzugriff* realisieren, so daß ein gezielter Zugriff auf einen beliebigen Speicherbereich ermöglicht wird.

Erfassung am Bildschirmarbeitsplatz

Der *Bildschirmarbeitsplatz* besteht aus einer *Tastatur* zur Dateneingabe, und aus einem *Bildschirm* zur Datenausgabe. Er ist an eine DVA angeschlossen, in deren *Hauptspeicher* ein *Editierprogramm* zur Ausführung gelangen muß, damit die Datensätze dialog-gestützt erfaßt und satzweise auf den Datenträger Diskette bzw. Magnetplatte übertragen werden können.

Die Gesamtheit der – auf dem gewählten Datenträger – abgespeicherten Datensätze wird als *"Datei"* bezeichnet, so daß durch die Erfassung eine *Disketten-Datei* bzw. eine *Magnetplatten-Datei* aufgebaut wird.

Die Ausführung des Editierprogramms und die Einrichtung von Dateien wird vom Betriebssystem der DVA überwacht.

Unter dem *Betriebssystem* versteht man eine Menge von Programmen, welche die DVA zur Ausführung bestimmter Grundfunktionen – wie etwa zur Steuerung des sinnvollen Zusammenwirkens von Prozessor, Hauptspeicher und Hintergrundspeichermedien (z.B. Magnetplatten- und Diskettenlaufwerken) – befähigt und damit überhaupt erst für den Anwender benutzbar macht. Ein Steuerprogramm des Betriebssystems nimmt Anforderungen des Anwenders, die als *Kommandos* formuliert sein müssen, entgegen und bringt die dadurch angeforderten Programme – wie z.B. das Editierprogramm[4] – zur Ausführung (siehe Abbildung 2.3 auf der nächsten Seite).

Damit eine Datenerfassung durchgeführt werden kann, richtet das Editierprogramm *Eingabezeilen* auf dem Bildschirm ein, in welche die Daten aus dem Erfassungsbeleg zu übertragen sind.

Im Dialog mit dem Editierprogramm sind die Tasten der Eingabetastatur zu bedienen – genauso wie wir es von der Schreibmaschine her gewohnt sind – und die Daten aus dem Erfassungsbeleg zeilenweise über die Tastatur einzugeben.

Zur Erfassung des ersten Satzes unserer Vertreterdaten ist zunächst – beginnend ab der Zeichenposition 1 – die Zeichenfolge "8413" und daran anschließend – nach einer

---

[4] Auf einem Mikrocomputer steht unter dem Betriebssystem MS-DOS z.B. das Editierprogramm "EDLIN" und unter dem Betriebssystem UNIX unter anderem das Editierprogramm "vi" zur Verfügung. Auf Großrechnern der Firma IBM kann unter TSO z.B. mit dem innerhalb des ISPF-Systems integrierten Editierprogramm gearbeitet werden.

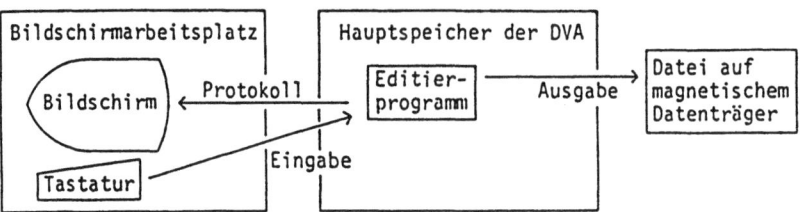

Abbildung 2.3: Datenerfassung am Bildschirmarbeitsplatz

Positionierung auf die Zeichenposition 7 der ersten Eingabezeile – die Zeichenfolge "MEYER" Zeichen für Zeichen durch den Druck auf die jeweilige Taste der Tastatur einzugeben. Danach ist auf die Spalte 27 der Eingabezeile zu positionieren und von da an die Zeichenfolge "EGON" und – nach einer weiteren Positionierung auf die Spalte 48 – die Zeichenfolge "+0070025" einzutragen.
So stellt sich z.B. – beim Erfassen der Daten in die Datei STAMM.VER – beim Arbeiten mit dem Editierprogramm EDLIN unter MS-DOS der Bildschirminhalt in dieser Situation wie folgt dar:

```
A:\>EDLIN STAMM.VER
Neue Datei
*I
        1:*8413    MEYER          EGON           +0070025
        2:*
           ↑Zeichenposition 1   Zeichenposition 48↑
```

Abbildung 2.4: Erfassung des ersten Satzes mit dem Editierprogramm EDLIN

Nach der Positionierung auf den Anfang der nächsten Eingabezeile ist die Dateneingabe mit der Übertragung des Inhalts der 2. Zeile und daran anschließend mit den Inhalten der restlichen Zeilen aus dem Erfassungsbeleg fortzusetzen. Mit der Eingabe der letzten auf dem Erfassungsbeleg eingetragenen Zeile wird die Erfassung der Vertreterdaten beendet und die Übertragung der eingegebenen Zeilen satzweise auf den Datenträger durchgeführt.
Während der Erfassung wird jedes (über die Tastatur) eingegebene Zeichen vom Editierprogramm in den Hauptspeicher übertragen und – zur Sichtkontrolle – auf dem Bildschirm angezeigt, so daß Eingabefehler unmittelbar erkannt und korrigiert werden können.
Entscheidend ist, daß jede Zeile des Erfassungsbelegs als *ein* Datensatz abgespeichert wird und dabei die satzrelative Lage der einzelnen Vertreterdaten bei der Übertragung vom Erfassungsbeleg auf den Datenträger Diskette oder Magnetplatte

erhalten bleibt, so daß sich allein der Datenträger, nicht aber die Struktur der Daten bei der Erfassung ändert.
Für die Übertragung der Datensätze vom Hauptspeicher in eine Datei (und umgekehrt) werden die Sätze vom Betriebssystem *geblockt*, d.h. zu Datenblöcken zusammengefaßt. Während der Anwender eines Mikrocomputers in der Regel keinen Einfluß auf diese Blockung nehmen kann, darf z.B. bei Großrechnern festgelegt werden, ob ein Datenblock aus einem oder mehreren Sätzen aufgebaut sein soll.
Im Hinblick auf die Verarbeitung der Daten — durch ein später zu entwickelndes COBOL-Programm — legen wir für das Arbeiten mit einem Großrechner (aus beschreibungstechnischen Gründen) fest, daß die erfaßten Sätze *ungeblockt*, d.h. als ein Satz pro Datenblock, abgespeichert werden sollen.

2.2 Vereinbarung von Datenfeldern (PICTURE-Klausel)

Datenfelder und Bezeichner

Um bei der Verarbeitung der auf einem maschinell lesbaren Datenträger abgespeicherten Vertreterdaten die Satzinhalte korrekt interpretieren zu können, muß die Satzstruktur, die für alle Datensätze einheitlich ist, in der Programmiersprache COBOL beschrieben werden.
Da die satzrelative Ablage der Daten auf dem magnetischen Datenträger genau der Strukturierung auf dem Erfassungsbeleg entspricht, gibt die in der Tabelle 2.1 angegebene Gliederung die für die Datensätze mit den Vertreterdaten verbindliche Satzstruktur wieder, d.h. die Vertreterkennzahl ist in jedem Satz stets im Bereich der Zeichenpositionen 1 bis 4, der Nachname im Zeichenbereich 7 bis 26, der Vorname im Bereich von Zeichenposition 27 bis 46 und der Kontostand im Bereich 48 bis 55 abgespeichert.
Für die folgende Darstellung ist es lästig und unzweckmäßig, von "Daten in einem Zeichenbereich" zu sprechen. Günstiger ist es, sich über geeignete Namen auf die jeweiligen Informationen zu beziehen.
Zur Benennung der einzelnen Zeichenbereiche innerhalb eines Datensatzes führen wir die Begriffe "Datenfeld" und "Bezeichner" ein.
Ein *Datenfeld* (data item, variable) ist die Zusammenfassung eines oder mehrerer aufeinanderfolgender Zeichen zu einer Informationseinheit.
Zur Bezeichnung eines Datenfeldes wählen wir einen Namen, der die Art der im Datenfeld abgespeicherten Information möglichst aussagekräftig beschreiben sollte. Dieser Name heißt *Bezeichner* (Datenfeldname, Datenname, identifier, data name). Im COBOL-Programm steht er stellvertretend für das zugehörige Datenfeld, d.h. er *adressiert* das Datenfeld.
Bevor wir festlegen, aus welchen Zeichen ein Bezeichner bestehen darf, wollen wir zunächst den Aufbau und die Einteilung von COBOL-Wörtern kennenlernen.

Die Begriffe COBOL-Wort, Programmierer-Wort und reserviertes COBOL-Wort

Unter einem *COBOL-Wort* (word) verstehen wir eine Zeichenfolge, die Großbuchstaben (letter) A, B, ... Z, Kleinbuchstaben a, b, ... ,z, Ziffern (figure) 0,1, ... 9 und das Sonderzeichen *Bindestrich* "-" (dash) enthalten kann. Diese Zeichenfolge darf aus höchstens 30 Zeichen bestehen, wobei das erste und letzte Zeichen kein Bindestrich sein darf.

Die COBOL-Wörter sind in die reservierten Wörter und in die Programmierer-Wörter unterteilt.

Alle *reservierten COBOL-Wörter* (reserved word) sind in einer Liste im Anhang A.2 zusammengestellt. Jedes nicht in dieser Liste aufgeführte COBOL-Wort darf als *Programmierer-Wort* (user defined word) zur Bezeichnung eines vom Programmierer festzulegenden Objekts verwendet werden.

Als *Bezeichner* sind alle diejenigen Programmierer-Wörter zugelassen, die *mindestens* einen Buchstaben enthalten. Dabei braucht ein Bezeichner nicht notwendigerweise von einem Buchstaben eingeleitet zu werden.

Für die Datenfelder unseres Datensatzes mit den Vertreterdaten wählen wir die folgenden Bezeichner:

```
VERTRETER-SATZ  : Datenfeld mit den gesamten Vertreterdaten
KENNZAHL        : Datenfeld mit der Vertreterkennzahl
NAME            : Datenfeld mit dem Vertreternamen
NACHNAME        : Datenfeld mit dem Nachnamen des Vertreters
VORNAME         : Datenfeld mit dem Vornamen des Vertreters
KONTOSTAND      : Datenfeld mit dem Kontostand des Vertreters
```

Der Bezeichner VERTRETER-SATZ adressiert den gesamten Datensatz – wir nennen ihn daher *Datensatznamen*.

Datenelemente und Datengruppen

Die Struktur von VERTRETER-SATZ beschreiben wir graphisch durch das in der Abbildung 2.5 (auf der nächsten Seite) angegebene Schema.

Nicht weiter unterteilte Datenfelder wie z.B. die Felder KENNZAHL, NACHNAME, VORNAME und KONTOSTAND nennen wir *elementare Datenfelder* (Datenelemente, elementary item).

Die den elementaren Feldern übergeordneten Datenfelder wie z.B. VERTRETER-SATZ und NAME heißen *Datengruppen* (nicht-elementare Datenfelder, Struktur, group item).

2.2 Vereinbarung von Datenfeldern (PICTURE-Klausel)

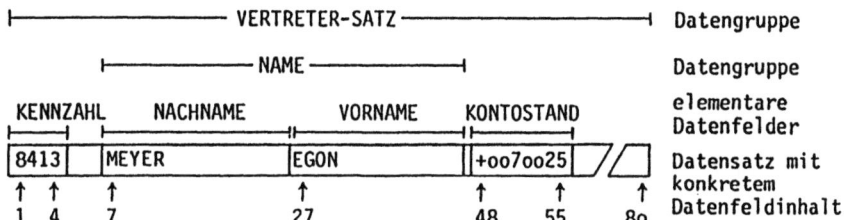

Abbildung 2.5: Datengruppen und elementare Datenfelder

Die hierarchischen Beziehungen in dem Datensatz VERTRETER-SATZ gibt das folgende Diagramm wieder:

VERTRETER-SATZ					
KENNZAHL	NAME		KONTOSTAND		
	NACHNAME	VORNAME			
1 4	7 26	27 46	48 55	56 80	

Abbildung 2.6: Gliederung des Feldes VERTRETER-SATZ

Attribute von Datenfeldern

Bei der Verarbeitung der oben angegebenen Feldinhalte *soll* der Inhalt des Feldes KENNZAHL als ganze Zahl, die Inhalte der Felder NACHNAME und VORNAME als Texte und der Inhalt des Feldes KONTOSTAND als *signierte*, d.h. mit einem Vorzeichen versehene, Dezimalzahl aufgefaßt werden, so daß wir bei unserem Beispieldatensatz als Inhalte der elementaren Datenfelder die Zahl 8413, die Texte "MEYER" und "EGON" und die positive Zahl +700.25 auffassen können.

Um die Inhalte von elementaren Datenfeldern jeweils richtig interpretieren zu können, müssen diesen Feldern sog. *Attribute* als charakteristische Eigenschaften zugeordnet werden. Wir unterscheiden das Längen- und das Kategorie-Attribut.

Während das *Längen-Attribut* die Zeichenzahl eines Datenfeldes festlegt, gibt das *Kategorie-Attribut* (Klassen-Attribut, category) an, ob der Feldinhalt als Zahl oder als Text zu deuten ist.

Ein Datenfeld hat die Kategorie *numerisch* (numeric), falls sein Inhalt *als Zahl* interpretiert werden soll. Ist der Inhalt dagegen *als Text* zu deuten, so hat das Feld die Kategorie *alphanumerisch* (alphanumeric).

Datenfeld-Beschreibung und PICTURE-Klausel

Jedem *elementaren* Datenfeld werden seine Attribute durch die Verwendung der *PICTURE-Klausel*[5]

```
PICTURE picture-maske
```

in der folgenden Weise zugeordnet:

```
bezeichner PICTURE picture-maske
```

Diese Vereinbarung nennen wir die *Datenfeld-Beschreibung* (data description entry) des Datenfeldes "bezeichner".

Grundsätzlich geben wir in den Syntax-Beschreibungen wie z.B. bei der oben angegebenen PICTURE-Klausel oder der nachfolgenden Datenfeld-Beschreibung die reservierten COBOL-Wörter durch *Großbuchstaben* und die Platzhalter für Programmierer-Wörter in *Kleinbuchstaben* an.

Die *PICTURE-Klausel* setzt sich aus dem reservierten COBOL-Wort *PICTURE* – abkürzbar durch *PIC* – und einer *Picture-Maske* (Picture-Formatstring, picture character-string) aus bis zu *30 Maskenzeichen* (character) zusammen, die – ohne Leerzeichen getrennt – hintereinander anzugeben sind.

Die Attribute unserer elementaren Datenfelder KENNZAHL, NACHNAME, VORNAME und KONTOSTAND legen wir durch die folgenden Picture-Masken fest:

```
Maske von      Maske von                              Maske von        Maske von
KENNZAHL       NACHNAME                               VORNAME          KONTOSTAND
|---------|    |----------------------------------|   |------------|   |----------|
  9999V         XXXXXXXXXXXXXXXXXXXXXXXXXXXXXX         XXXXXXXXXXXX     S99999V99
  ↓↓↓↓          ↓↓↓↓↓                                  ↓↓↓↓             ↓↓↓↓↓ ↓↓
 | 8413 |      | MEYER                            |   | EGON       |   |+0070025|   //
   ↑  ↑         ↑                                      ↑                 ↑      ↑
   1  4         7                                     27                48     55        80
```

Abbildung 2.7: Picture-Maskenzeichen für die elementaren Datenfelder

Dies dokumentieren wir durch die Datenfeld-Beschreibungen:

```
KENNZAHL      PICTURE 9999V
NACHNAME      PICTURE XXXXXXXXXXXXXXXXXXXX
VORNAME       PICTURE XXXXXXXXXXXXXXXXXXXX
KONTOSTAND    PICTURE S99999V99 SIGN IS LEADING SEPARATE CHARACTER
```

---

[5] Unter einer Klausel (clause) wird in COBOL eine Zusammenfassung von speziellen Sprachelementen verstanden.

2.2 Vereinbarung von Datenfeldern (PICTURE-Klausel)

Den Zweck der Angabe von

SIGN IS LEADING SEPARATE CHARACTER

im Anschluß an die PICTURE-Klausel des Feldes KONTOSTAND erläutern wir weiter unten.

Das Maskenzeichen X

Mit dem Maskenzeichen *X* werden *alphanumerische Datenfelder* (alphanumeric item) vereinbart.
Die Felder NACHNAME und VORNAME haben wir durch die PICTURE-Klausel

PICTURE XXXXXXXXXXXXXXXXXXXX

mit 20 aufeinanderfolgenden Maskenzeichen X beschrieben. Dies besagt, daß in dem zugehörigen Datenfeld Buchstaben und Ziffern (daher auch die Bezeichnung "alphanumerisches Datenfeld") sowie beliebige Zeichen als Inhalt des Datenfeldes angegeben werden dürfen.
Die PICTURE-Klauseln der Felder NACHNAME und VORNAME legen daher fest, daß beide Datenfelder aus jeweils 20 Zeichen bestehen und ihre Inhalte als Texte zu interpretieren sind.

Der Wiederholungsfaktor

Nun ist es mühsam, alle Maskenzeichen X einzeln anzugeben. Wir benutzen daher eine Kurzform für diese Picture-Maske in der Form

PICTURE X(20)   anstelle von: PICTURE XXXXXXXXXXXXXXXXXXXX

Generell kann jede Folge gleicher Maskenzeichen durch einen *Wiederholungsfaktor* abgekürzt werden. Diese von einer öffnenden "(" und schließenden Klammer ")" begrenzte Zahl gibt an, wie oft das *unmittelbar* vor der öffnenden Klammer stehende Maskenzeichen zu wiederholen ist.
Der Einsatz von Wiederholungsfaktoren ist zu empfehlen, weil dadurch die Lesbarkeit von Picture-Masken verbessert wird. Enthält ein Datenfeld mehr als 30 Zeichen, so ist diese abkürzende Darstellung sogar unumgänglich, da nur *bis zu 30* aufeinanderfolgende Zeichen als Picture-Maske zulässig sind.

Die Maskenzeichen 9 und V

Die Maskenzeichen 9 und V beschreiben ein *numerisches Datenfeld* (numeric item). Z.B. bedeutet die PICTURE-Klausel

PICTURE 9999V

daß es sich um ein numerisches Feld handelt, das vier Ziffern enthält.
Durch das *Maskenzeichen 9* wird also jeweils eine Ziffernstelle beschrieben. Benutzen wir den Wiederholungsfaktor 4, so schreiben wir:

    PICTURE 9(4)V   anstelle von: PICTURE 9999V

In COBOL wird grundsätzlich bei numerischen Datenfeldern kein Dezimalpunkt (oder Dezimalkomma) erfaßt oder abgespeichert, sondern immer nur die eigentliche Ziffernfolge. Der Dezimalpunkt wird bei der Datenfeld-Beschreibung durch eine Maskenangabe "eingeblendet". Hierzu dient das *Maskenzeichen V* (von "virtueller" Dezimalpunkt) an entsprechender Stelle in der Picture-Maske. So bedeutet z.B.

    PICTURE 99999V99

oder in Kurzform

    PICTURE 9(5)V99   bzw.   PICTURE 9(5)V9(2)

daß es sich um ein Datenfeld mit insgesamt 7 Ziffern handelt. Der Dezimalpunkt soll zwischen der drittletzten und der zweitletzten Ziffer eingeblendet werden, sobald bei einer Verarbeitung auf den Inhalt dieses Feldes zugegriffen wird.
War für ein mit dieser PICTURE-Klausel vereinbartes Feld z.B. die Ziffernfolge

    0 0 7 0 0 2 5

angegeben worden, so wird die Zahl "700.25" als Wert des Datenfeldes interpretiert. Entscheidend ist, daß alle Plätze des Feldes mit Ziffern belegt sind. So müssen auch *führende Nullen* mit angegeben werden.
Bei Feldern mit ganzzahligem Inhalt (integer) kann auf die Angabe des Maskenzeichens V (für die Stellung des Dezimalpunktes) am Ende der Picture-Maske verzichtet werden. So können wir für die Datenfeld-Beschreibung

    KENNZAHL PICTURE 9(4)V

auch kurz

    KENNZAHL PICTURE 9(4)

schreiben.

Das Maskenzeichen S

Soll der Inhalt eines Datenfeldes als eine mit einem *Vorzeichen* (Signum) versehene Dezimalzahl – wir sprechen von einem "signierten" Feld – interpretiert werden, so ist die zugehörige Picture-Maske mit dem *Maskenzeichen S* einzuleiten. Dieses Symbol zeigt an, daß ein Vorzeichen im Datenfeld abgespeichert ist. Dabei ist unter

2.2 Vereinbarung von Datenfeldern (PICTURE-Klausel)

Umständen ergänzend festzulegen, an welcher Stelle das Vorzeichen innerhalb des Feldes abgelegt ist.

In unserem Fall – so haben wir es im Abschnitt 2.1 verabredet – enthält das Feld KONTOSTAND das Vorzeichen an der 1. Zeichenposition. Es steht folglich an der führenden (leading) Position und nimmt eine eigene (separate) Zeichenposition ein. Deshalb ist die PICTURE-Klausel durch eine *SIGN*- und eine *SEPARATE-Klausel* in der Form

```
SIGN IS LEADING SEPARATE CHARACTER
```

zu ergänzen, so daß wir das Feld KONTOSTAND durch die Datenfeld-Beschreibung

```
KONTOSTAND PICTURE S9(5)V99 SIGN IS LEADING SEPARATE CHARACTER
```

vereinbaren. Dadurch wird KONTOSTAND als 8 Zeichen langes numerisches Datenfeld festgelegt, dessen Inhalt als Dezimalzahl mit Vorzeichen und zwei Dezimalstellen hinter dem Dezimalpunkt zu interpretieren ist, wobei das Vorzeichen die 1. Zeichenposition im Datenfeld einnimmt.

Hätten wir das Vorzeichen nicht vor der ersten, sondern hinter der letzten (trailing) Dezimalziffer angegeben, so wäre dies durch die beiden Klauseln

```
SIGN IS TRAILING SEPARATE CHARACTER
```

zu kennzeichnen.

Wird ein signiertes Datenfeld *ohne* SIGN- und SEPARATE-Klausel definiert wie z.B.

```
KONTOSTAND PICTURE S9(5)V99
```

so wird das Vorzeichen zusammen mit der letzten Ziffer an der letzten Zeichenposition innerhalb des Datenfeldes abgespeichert.[6] Eine hierzu äquivalente Vereinbarung wird durch eine Datenfeld-Beschreibung unter Einsatz der SIGN-Klausel in der Form

```
SIGN IS TRAILING
```

– ohne zusätzliche Angabe der SEPARATE-Klausel – getroffen.

Alternativ hierzu ist auch die Ablage des Vorzeichens zusammen mit der ersten Ziffer im Datenfeld möglich. In diesem Fall muß die SIGN-Klausel wie folgt angegeben werden:

```
SIGN IS LEADING
```

---

[6] Es ist geschichtlich begründet, daß bei der Ablage des Vorzeichens kein Speicherplatz (auf der Lochkarte oder auf einem magnetischen Datenträger) verschenkt werden sollte.

Wir fassen die verschiedenen Möglichkeiten für die Ablage des Vorzeichens in der Tabelle 2.2 zusammen:

SIGN IS LEADING	das Vorzeichen ist zusammen mit der ersten Ziffer abgespeichert
SIGN IS TRAILING bzw. ohne Angabe einer SIGN-Klausel	das Vorzeichen ist zusammen mit der letzten Ziffer abgespeichert
SIGN IS LEADING SEPARATE CHARACTER	das Vorzeichen ist eigenständig vor der ersten Ziffer abgelegt
SIGN IS TRAILING SEPARATE CHARACTER	das Vorzeichen ist eigenständig hinter der letzten Ziffer abgelegt

Tabelle 2.2: Übersicht über die mögliche Ablage des Vorzeichens

Darstellung von Speicherinhalten

Der für ein Datenfeld erforderliche Speicherbereich wird durch die Häufigkeit der Maskenzeichen 9 und X bestimmt, die in der das jeweilige Feld charakterisierenden Picture-Maske eingetragen sind. Zusätzlich kann bei numerischen Feldern das Vorzeichen als eigenständiges Zeichen in einem Feld abgespeichert sein (bei Angabe der SEPARATE-Klausel "SEPARATE CHARACTER").
Die Maßeinheit für die Größe des belegten Speicherbereichs ist das *Byte*. Jedes Byte kann genau ein Zeichen aufnehmen.[7]
Bei der graphischen Beschreibung der Datenfeldinhalte stellen wir den Speicherbereich eines Datenfeldes – unabhängig vom jeweiligen Datenträger – durch ein rechteckiges Kästchen dar.
Für die Daten des Vertreters mit der Kennzahl 8413 ergibt sich daher:

```
KENNZAHL    [8 4 1 3]
NACHNAME    [M E Y E R ⌴ ⌴ ⌴ ⌴ ⌴ ⌴ ⌴ ⌴ ⌴ ⌴ ⌴ ⌴ ⌴ ⌴ ⌴]
VORNAME     [E G O N ⌴ ⌴ ⌴ ⌴ ⌴ ⌴ ⌴ ⌴ ⌴ ⌴ ⌴ ⌴ ⌴ ⌴ ⌴ ⌴]
KONTOSTAND  [+ 0 0 7 0 0 2 5]
```

Wie es die Picture-Masken 9(4), X(20), X(20) und S9(5)V99 (in Verbindung mit der Klausel "SEPARATE CHARACTER") vorschreiben, sind für die zugehörigen elementaren Datenfelder jeweils 4, 20, 20 und 8 Bytes belegt.
Die Position des Dezimalpunktes markieren wir bei numerischen Feldern mit nicht ganzzahligem Inhalt durch das umgekehrte Zeichen "V".
Sofern das Feld KONTOSTAND durch die Angabe

---

[7]Bei den meisten DVAn besteht ein Byte aus jeweils acht Bits. In einem Bit (binary digit) wird immer eine der Binärziffern 0 oder 1 abgespeichert.

2.3 Vereinbarung von Datensätzen

KONTOSTAND PICTURE S9(5)V99 SIGN IS LEADING SEPARATE CHARACTER

vereinbart ist, interpretieren wir die folgenden Speicherinhalte durch die jeweils unter dem Feld angegebenen Werte:

$\boxed{-0127050}$	$\boxed{+0007300}$	$\boxed{-0000015}$
-1270.50	+73.00	-0.15

Wäre das Feld KONTOSTAND in der Form

KONTOSTAND PICTURE S9(5)V99

vereinbart, so würde sich der Feldinhalt bei der Speicherung des Wertes -1270.50 in der Form

$\boxed{0127050-}$

darstellen, da ohne Angabe einer SIGN- und SEPARATE-Klausel das Vorzeichen zusammen mit der letzten Ziffer abgelegt wird. Wie die Darstellung zeigt, beschreiben wir die gemeinsame Ablage des Vorzeichens mit einer Ziffer dadurch, daß wir das Vorzeichen – ohne Zwischenraum – unmittelbar hinter der Ziffer aufführen.

2.3 Vereinbarung von Datensätzen

Im vorigen Abschnitt haben wir die Struktur des Datensatzes VERTRETER-SATZ graphisch dargestellt. Wir werden jetzt eine formale Beschreibung für die *relative* Lage der Felder zueinander und damit für die *hierarchische Struktur* angeben.
Für unseren Datensatz VERTRETER-SATZ erhalten wir die folgende Darstellung:

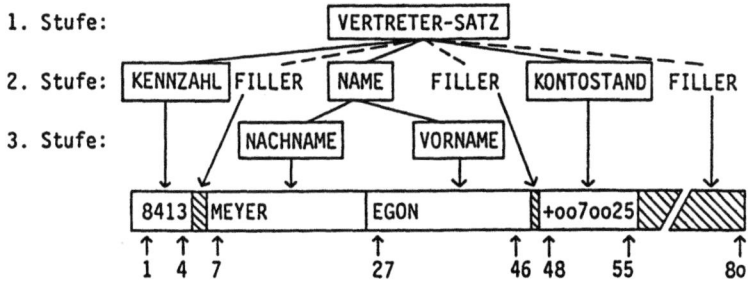

Abbildung 2.8: Hierarchie von VERTRETER-SATZ

Das COBOL-Wort FILLER

Bislang haben wir für die Felder KENNZAHL, NACHNAME, VORNAME und KONTOSTAND durch die Vereinbarung der Picture-Masken zwar die Längen und die Kategorien festgelegt, jedoch haben wir noch nicht angegeben, wie die einzelnen Felder innerhalb des Datensatzes angeordnet sind.
Zur Charakterisierung der *Zwischenräume* dient das reservierte COBOL-Wort *FILLER*, wobei noch anzugeben ist, wieviele Zwischenräume (oder Zeichen, die "überlesen" werden sollen) vorhanden sind.
Die Länge eines derartigen Lückenbereichs legen wir durch eine Picture-Maske mit dem Maskenzeichen X fest.
So beschreiben wir in unserem Beispiel den Bereich von Zeichenposition 5 und 6 durch

```
FILLER PICTURE XX
```

den Bereich der Zeichenposition 47 durch

```
FILLER PICTURE X
```

und den Bereich von Zeichenposition 56 bis 80 durch die Angabe:

```
FILLER PICTURE X(25)
```

Hierarchische Struktur

Um die hierarchische Struktur eines Datensatzes beschreiben zu können, gehen wir folgendermaßen vor:
Beginnend mit dem Datensatznamen führen wir alle Bezeichner und alle COBOL-Wörter FILLER, die zur Charakterisierung der nicht benötigten Zeichenbereiche erforderlich sind, untereinander auf.
Jeder Datengruppe folgen dabei die ihr untergeordneten Felder.
Die Reihenfolge der Bezeichner (und der COBOL-Wörter FILLER) muß mit der Anordnung der Datenfelder (und der Zwischenräume) in der Datengruppe übereinstimmen.
Jedem Bezeichner eines elementaren Datenfeldes folgt die zugehörige PICTURE-Klausel.
Bei einem signierten numerischen Datenfeld folgt dieser PICTURE-Klausel gegebenenfalls eine Angabe über die Ablage des Vorzeichens in Form einer SIGN-Klausel mit evtl. nachfolgender SEPARATE-Klausel.
Für den Datensatz VERTRETER-SATZ erhalten wir damit die folgende Form:

2.3 Vereinbarung von Datensätzen

```
VERTRETER-SATZ
KENNZAHL   PICTURE 9(4)
FILLER     PICTURE XX
NAME
NACHNAME   PICTURE X(20)
VORNAME    PICTURE X(20)
FILLER     PICTURE X
KONTOSTAND PICTURE S9(5)V99 SIGN IS LEADING SEPARATE CHARACTER
FILLER     PICTURE X(25)
```

Aus dieser Darstellung ist die hierarchische Struktur noch nicht ersichtlich, da z.B. unklar ist, welche Datenelemente zur Datengruppe NAME gehören.

Stufennummern

Dieses Problem wird in COBOL dadurch gelöst, daß jeder Hierarchie-Ebene eine *Stufennummer* (level number) zugeordnet wird. Diese Nummer ist eine zweiziffrige Zahl[8] zwischen 01 und 49, die dem jeweiligen Bezeichner bzw. dem COBOL-Wort FILLER vorangestellt wird.
Der Bezeichner des Datensatzes ist durch die Stufennummer *01* zu kennzeichnen.
Ferner gelten die Regeln:

- alle dem Datensatz untergeordneten Felder erhalten eine von 01 verschiedene Stufennummer,

- Felder derselben Strukturtiefe erhalten stets die gleiche Stufennummer,

- ein untergeordnetes Feld hat immer eine höhere Nummer als das ihm übergeordnete Feld, und

- alle mit einer Stufennummer eingeleiteten Vereinbarungen müssen mit einem Punkt abgeschlossen werden.

Datensatz-Beschreibung

Mit den Stufennummern können wir die Struktur des Datensatzes VERTRETER-SATZ nun endgültig so beschreiben:

---

[8]Neben diesen Stufennummern gibt es noch die speziellen Stufennummern:
66 : zur Einleitung einer RENAMES-Klausel (siehe Abschnitt 13.6),
77 : zur Vereinbarung von Datenelementen im Arbeitsspeicherbereich (siehe Abschnitt 3.3) und
88 : zur Verabredung von Bedingungsnamen (siehe Abschnitt 3.6.2).

```
01  VERTRETER-SATZ.
    02  KENNZAHL    PICTURE 9(4).
    02  FILLER      PICTURE XX.
    02  NAME.
        03  NACHNAME PICTURE X(20).
        03  VORNAME  PICTURE X(20).
    02  FILLER      PICTURE X.
    02  KONTOSTAND PICTURE S9(5)V99
                    SIGN IS LEADING SEPARATE CHARACTER.
    02  FILLER      PICTURE X(25).
```

Diese Darstellung heißt die *Datensatz-Beschreibung* (record description) von VERTRETER-SATZ.
Durch sie wird festgelegt, mit welchen Bezeichnern auf die einzelnen Satzbereiche zugegriffen werden kann und wie der jeweilige Inhalt der im Datensatz enthaltenen elementaren Datenfeldern zu interpretieren ist.
Innerhalb einer Datensatz-Beschreibung braucht das reservierte COBOL-Wort FILLER nicht aufgeführt zu werden, so daß wir die oben angegebene Datensatz-Beschreibung vereinfachen und

```
01  VERTRETER-SATZ.
    02  KENNZAHL    PICTURE 9(4).
    02              PICTURE XX.
    02  NAME.
        03  NACHNAME PICTURE X(20).
        03  VORNAME  PICTURE X(20).
    02              PICTURE X.
    02  KONTOSTAND PICTURE S9(5)V99
                    SIGN IS LEADING SEPARATE CHARACTER.
    02              PICTURE X(25).
```

schreiben können.

Aufgabe 1

Welche der folgenden Zeichenketten sind zulässige COBOL-Wörter und welche Wörter können als Bezeichner für Datenfelder benutzt werden?

a) ABGABE   b) KM/H   c) HAUS_7   d) HAUS-7   e) HAUS7
f) 1-BIS-7   g) 1-7   h) 17   i) Übergang j) 18-WEG
k) DAME-   l) P7Q3

2.3 Vereinbarung von Datensätzen

Aufgabe 2

Um eine automatische Lagerverwaltung zu konzipieren, soll im Rahmen einer Inventur der aktuelle Lagerbestand eines Unternehmens aufgenommen werden. Für die Inventarisierung eines Artikels wird der Datensatz ARTIKEL-SATZ durch die folgenden Zeichenbereiche festgelegt:

Zeichen-bereich	Bezeichner	Information
01 - 80	ARTIKEL-SATZ	gesamte Artikel-Information
01 - 28	ARTIKEL-BEZEICHNUNG	Kenngrößen des Artikels
01 - 08	ARTIKEL-NUMMER	Kennummer des Artikels
01 - 06	LFD-NUMMER	laufende Artikelnummer (ganze Zahl)
07 - 08	HERSTELLER	Herstellerkennung (ganze Zahl)
09 - 28	ARTIKEL-NAME	Text aus 20 Zeichen
31 - 34	LAGER-INFORMATION	Lagerortkennung des Artikels
31 - 31	LAGER-NUMMER	Nummer des Lagers (ganze Zahl)
32 - 34	REGAL-NUMMER	Lagerregalnummer (ganze Zahl)
35 - 47	WERT-INFORMATION	Informationen über den Wert des Artikelbestandes
35 - 42	STUECK-PREIS	Zahl mit 2 Dezimalstellen hinter dem Dezimalpunkt
43 - 47	MENGE	ganze Zahl
48 - 53	ERFASSUNGS-DATUM	Datum der Inventaraufnahme
48 - 49	TAG	ganze Zahl
50 - 51	MONAT	ganze Zahl
52 - 53	JAHR	ganze Zahl

- Wie läßt sich diese Datensatz-Struktur graphisch darstellen?
- Welche Felder sind Datengruppen?
- Welche elementaren Datenfelder sind von alphanumerischer Kategorie?
- Wie lautet die Datensatz-Beschreibung für ARTIKEL-SATZ?
- Wir betrachten einen Ausschnitt eines Datensatzes. Wie ist der Inhalt des folgenden Speicherbereichs zu interpretieren?

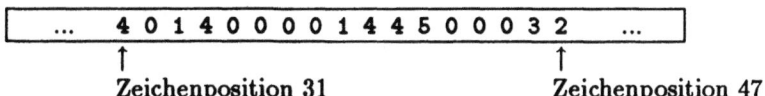

       ↑   ↑
Zeichenposition 31   Zeichenposition 47

Kapitel 3

Programmaufbau und Programmablauf

Im Abschnitt 3.1 stellen wir dar, wie die Struktur einer vom COBOL-Programm aus zu verarbeitenden Datei durch eine Datei-Beschreibung zu vereinbaren ist, und wir geben die für die Lösung der von uns formulierten Aufgabenstellung LISTE-DER-VERTRETER-NAMEN notwendigen Datei-Beschreibungen der Eingabe- und Ausgabe-Dateien an.

Im Abschnitt 3.2 entwickeln wir den Lösungsalgorithmus und formulieren ihn in einer ersten Form als verbale Lösungsbeschreibung, die wir anschließend durch die Struktogramm-Darstellung präzisieren. Dabei erklären wir den allgemeinen Aufbau eines Struktogramms und erläutern die Ablaufsteuerung an unserem Lösungsalgorithmus. Anschließend erklären wir die Umsetzung des Struktogramms in das COBOL-Programm LISTE-DER-VERTRETER-NAMEN und stellen die grundsätzliche Einteilung eines COBOL-Programms in die Programmteile IDENTIFICATION DIVISION, ENVIRONMENT DIVISION, DATA DIVISION und PROCEDURE DIVISION dar.

Die Funktion der beschreibenden Programmteile IDENTIFICATION, ENVIRONMENT und DATA geben wir im Abschnitt 3.3 an.

Welche Vorbereitungen zur Programmausführung zu treffen sind, erläutern wir im Abschnitt 3.4. Dazu stellen wir das für die Erfassung eines COBOL-Programms zu beachtende Erfassungsschema dar.

Im Abschnitt 3.5 erklären wir, wie ein Quellprogramm in ein ablauffähiges Objektprogramm durch den Einsatz eines COBOL-Kompilierers umzuwandeln ist und wie das Objektprogramm anschließend zur Ausführung gebracht werden kann.

Wie das Programm LISTE-DER-VERTRETER-NAMEN abzuändern ist, sofern die Aufgabenstellung verändert wird, stellen wir im Abschnitt 3.6 dar. Wir zeigen zunächst, wie die WORKING-STORAGE SECTION während der Programmausführung zur Speicherung von Daten eingesetzt werden kann. Daran anschließend lernen wir kennen, wie sich Fallunterscheidungen durch den Bedingungs- bzw. den Case-Strukturblock beschreiben lassen. Zur Umformung dieser Blöcke setzen wir die IF- und die EVALUATE-Anweisung in einer ersten einfachen Form ein. Innerhalb dieser Anweisungen verwenden wir "Bedingungsnamen", durch die die Beschreibung von Problemlösungen innerhalb von COBOL-Programmen bedeutsam unterstützt wird.

3.1 Datei-Beschreibung

Aufgabenstellung

Ausgehend von den Datensätzen der von uns erfaßten Vertreterdaten, die in einer Disketten- bzw. Magnetplatten-Datei abgespeichert sind, wollen wir die folgende einfache Aufgabe lösen:

- Es soll eine Druck-Datei erstellt werden, in welche die Nachnamen der Vertreter untereinander eingetragen sind. Jeder Nachname soll ab der Druckposition 16 in jeweils einer Druckzeile ausgegeben werden.

Dabei verstehen wir unter einer *Druck-Datei* die Zusammenfassung der Druckzeilen mit den über einen Drucker ausgegebenen Daten. Die Zeilenbreite der meisten Drucker ist auf 80, 120, 132 bzw. 160 Zeichenpositionen pro Druckzeile festgelegt. Für das folgende setzen wir stets eine Zeilenbreite von 132 Druckpositionen voraus.

Zur Lösung der oben angegebenen Aufgabenstellung – wir kennzeichnen sie abkürzend mit dem Namen LISTE-DER-VERTRETER-NAMEN – müssen die Nachnamen aus der Datei mit den Vertreterdaten satzweise in die Druck-Datei übertragen werden (Abbildung 3.1):

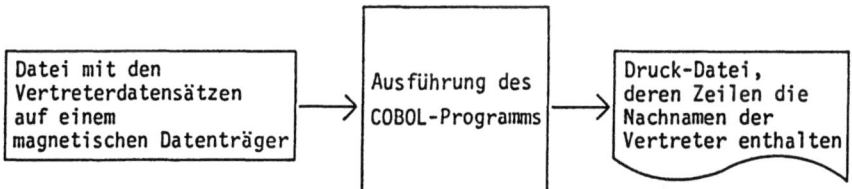

Abbildung 3.1: Datenfluß zur Lösung der Aufgabenstellung

FD-Eintrag

Damit eine Problemlösung angegeben werden kann, müssen wir zunächst den Aufbau der beiden Dateien beschreiben.

Grundsätzlich muß für jede Datei, deren Daten von einem COBOL-Programm zu verarbeiten sind, die Strukturierung ihrer Datensätze mitgeteilt und ein geeigneter – möglichst problembezogener – Bezeichner als *Dateiname* (file-name) gewählt werden, über den der Zugriff auf die Datensätze innerhalb des COBOL-Programms beschrieben werden kann.

Jede derartige *Datei-Beschreibung* (file description entry) – *FD-Eintrag* genannt – wird durch das reservierte COBOL-Wort *FD* (als Abkürzung von "file description") eingeleitet und ist folgendermaßen strukturiert:

```
FD dateiname
    LABEL-klausel.
01 datensatzname.

    Datensatz-Beschreibung von "datensatzname"
```

Wir wählen für die von uns auf einem magnetischen Datenträger eingerichtete Datei mit den Vertreterdaten den Dateinamen "VERTRETER-DATEI" und geben die zugehörige Datei-Beschreibung in der folgenden Form an (die LABEL-Klausel, die wir unten erklären, muß mit einem Punkt abgeschlossen werden):

```
FD  VERTRETER-DATEI
    LABEL RECORD STANDARD.
01  VERTRETER-SATZ.
    02  KENNZAHL   PICTURE 9(4).
    02  FILLER     PICTURE XX.
    02  NAME.
        03  NACHNAME PICTURE X(20).
        03  VORNAME  PICTURE X(20).
    02  FILLER     PICTURE X.
    02  KONTOSTAND PICTURE S9(5)V99
                  SIGN IS LEADING SEPARATE CHARACTER.
    02  FILLER     PICTURE X(25).
```

Wir haben hierbei auf die von uns im Abschnitt 2.3 angegebene Datensatz-Beschreibung zurückgegriffen, welche die Struktur unserer Datensätze mit den Vertreterdaten wiedergibt und die als Vorschrift für die Erfassung der Vertreterdaten auf einen maschinell lesbaren Datenträger diente.

Wir erinnern uns an dieser Stelle daran, daß wir bei einer DVA, bei der wir auf die Zusammenstellung von Datensätzen Einfluß nehmen können, sichergestellt haben, daß jeder erfaßte Vertreterdatensatz eigenständig in jeweils einem Datenblock abgespeichert ist. Deshalb können wir auf die Angabe einer BLOCK-Klausel innerhalb des FD-Eintrags verzichten (siehe dazu die Angaben im Abschnitt 12.1).

Zur Lösung der gestellten Aufgabe LISTE-DER-VERTRETER-NAMEN braucht aus jedem Datensatz der Datei VERTRETER-DATEI nur der Nachname ausgewertet zu werden. Da wir nicht auf die Kennzahl, den gesamten Namen, den Vornamen und den Kontostand zugreifen müssen, genügt daher der folgende FD-Eintrag:

```
FD  VERTRETER-DATEI
    LABEL RECORD STANDARD.
01  VERTRETER-SATZ.
    02  FILLER   PICTURE X(6).
    02  NACHNAME PICTURE X(20).
    02  FILLER   PICTURE X(54).
```

3.1 Datei-Beschreibung

In dieser verkürzten Datensatz-Beschreibung von VERTRETER-SATZ werden allein die Datenfelder durch einen Bezeichner benannt, auf deren Inhalt zur Lösung der Problemstellung auch tatsächlich zugegriffen werden muß. Es sind dies der gesamte Datensatz, der zur Bereitstellung des Satzinhalts in den Hauptspeicher transportiert werden muß, und das Feld NACHNAME mit dem Nachnamen des jeweiligen Vertreters, das für die Druckausgabe bereitgestellt werden muß. Die Zeichenbereiche vor und hinter dem Feld mit dem Nachnamen kennzeichnen wir durch das reservierte COBOL-Wort FILLER.

Selbstverständlich könnten wir die ursprüngliche Datei-Beschreibung auch weiterhin verwenden. Jedoch sollten stets nur solche Datenfelder deklariert werden, auf die im Lösungsalgorithmus auch Bezug genommen wird.

LABEL-Klausel

Durch die von uns angegebene Datensatz-Beschreibung für die Datensätze von VERTRETER-DATEI haben wir eine Satzlänge von jeweils 80 Zeichen pro Datensatz festgelegt.

Bei Großrechnern werden die Satzlängen von Dateien, die auf magnetischen Datenträgern eingerichtet sind, in *Datei-Kennsätzen* (label) eingetragen. Diese Kennsätze werden zusätzlich zu den Datensätzen auf dem Datenträger abgespeichert. Sie werden unter anderem dazu benutzt, die Konsistenz zwischen den Angaben in der Datei-Beschreibung innerhalb des COBOL-Programms und der tatsächlichen Satzlänge bei der Übertragung in den Hauptspeicher zu überprüfen. In diesen Kennsätzen sind auch Angaben über die Anzahl der Datensätze enthalten, die zu einem Datenblock – für den Transport zwischen Hauptspeicher und Datei – zusammengefaßt sind.

Die Existenz von Kennsätzen läßt sich durch die *LABEL-Klausel*

```
LABEL RECORD STANDARD
```

mitteilen. Dabei sind vorhandene Kennsätze nach einem bestimmten (evtl. auch Hersteller-abhängigen) Standard aufgebaut.

Besitzt eine Datei *keine* Kennsätze, weil die Satzlänge durch die physikalischen Eigenschaften des Datenträgers vorgegeben sind – dies gilt z.B. für eine Druck-Datei –, so läßt sich dies durch die LABEL-Klausel mit dem COBOL-Wort *"OMITTED"* in der Form

```
LABEL RECORD OMITTED
```

spezifizieren. Die LABEL-Klausel ist optional, d.h. auf ihre Angabe kann verzichtet werden, da sie zur Beschreibung der Problemlösung überflüssig ist. In diesem Fall muß der im FD-Eintrag hinter "FD" aufgeführte Dateiname durch einen Punkt abgeschlossen werden, sofern keine weiteren Klauseln im FD-Eintrag einzutragen sind.

Wird dagegen eine LABEL-Klausel angegeben, so wird sie als Kommentarinformation aufgefaßt.

Bei unseren Beispielprogrammen machen wir eine Datei, die auf einem magnetischen Datenträger gespeichert ist, immer durch den folgenden FD-Eintrag kenntlich:

```
FD dateiname
    LABEL RECORD STANDARD.
```

Dagegen kennzeichnen wir eine Datei auf einem nicht-magnetischen Datenträger stets durch die folgende Angabe:

```
FD dateiname
    LABEL RECORD OMITTED.
```

Beschreibung der Druck-Datei

Um eine Datei-Beschreibung für die Druck-Datei zur Lösung unserer Aufgabenstellung LISTE-DER-VERTRETER-NAMEN angeben zu können, skizzieren wir zunächst die erforderliche Satzstruktur der Druckzeilen, d.h. die Datensatz-Struktur der Druck-Datei.

Für die Datei vergeben wir den Dateinamen LISTE und wählen zur Bezeichnung des Datensatzes, der die Satzstruktur wiedergibt, den Datensatznamen LISTE-SATZ. Da wir den gesamten Inhalt des Datenfeldes NACHNAME (siehe die Datensatz-Beschreibung von VERTRETER-SATZ) ausdrucken wollen, müssen wir ab Druckposition 16 einen Zeichenbereich von 20 Zeichen zur Aufnahme dieser Information einplanen. Wir bezeichnen dieses Datenfeld mit VERTRETER-NAME und erhalten somit (Abbildung 3.2):

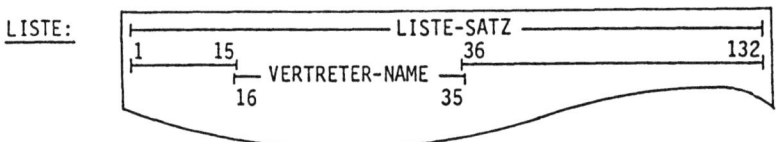

Abbildung 3.2: Struktur des Datensatzes LISTE-SATZ

Da eine Druck-Datei keine Kennsätze besitzt, leiten wir aus dieser Darstellung die folgende Datei-Beschreibung ab:

```
FD  LISTE
    LABEL RECORD OMITTED.
01  LISTE-SATZ.
    02  FILLER          PICTURE X(15).
    02  VERTRETER-NAME  PICTURE X(20).
    02  FILLER          PICTURE X(97).
```

Im allgemeinen ist es nicht erforderlich, den unbenutzten Bereich am Ende einer
Druckzeile durch die Angabe von

```
02  FILLER PIC X(97).
```

zu beschreiben. Um zu unterstreichen, daß wir bei der Konzeption der Druckausgabe von 132 Druckpositionen ausgehen, werden wir jedoch stets 132 Zeichenpositionen in die Strukturierung einer Druckzeile einbeziehen.

3.2 Beschreibung der Verarbeitung

3.2.1 Eingabe- und Ausgabe-Puffer

Damit aus den Satzinhalten von VERTRETER-DATEI die Druckzeilen für die Druck-Datei LISTE aufgebaut werden können, müssen während der Programmausführung geeignete Speicherbereiche im Hauptspeicher zur Verfügung stehen. Einer dieser Speicherbereiche muß einen eingelesenen Satz von VERTRETER-DATEI und ein anderer Speicherbereich einen auszugebenden (zu druckenden) Satz für die Druck-Datei LISTE aufnehmen.

Grundsätzlich wird für jede Datei, aus der Datensätze eingelesen werden sollen, ein *Eingabe-Puffer* (input buffer) und für jede Datei, in die Sätze zu übertragen sind – wie z.B. für eine Druck-Datei – ein *Ausgabe-Puffer* (output buffer) im Hauptspeicher eingerichtet. Dies wird vom Betriebssystem zum Zeitpunkt der Programmausführung – auf eine entsprechende Anforderung (OPEN) innerhalb des COBOL-Programms hin – automatisch vorgenommen.

Innerhalb des COBOL-Programms ist ein *Puffer-Bereich* durch den Bezeichner adressierbar, der in dem FD-Eintrag der zu verarbeitenden Datei unter der Stufennummer 01 definiert ist. Zusätzlich kann auf diejenigen Zeichenbereiche eines Puffers zugegriffen werden, für die in der korrespondierenden Datensatz-Beschreibung ein eigenständiges Datenfeld verabredet wurde. Eine Datensatz-Beschreibung dient somit als "Schablone" für den Zugriff auf die einzelnen Felder innerhalb des Puffer-Bereichs. Die Länge eines Puffers berechnet sich aus der Länge der elementaren Datenfelder und der Länge der Lückenbereiche, die in der korrespondierenden Datensatz-Beschreibung vereinbart sind.

Durch die von uns angegebenen Datei-Beschreibungen für die Vertreterdaten- und die Druck-Datei wird bestimmt, daß für die Dateien VERTRETER-DATEI und LISTE während der Programmausführung der Eingabe-Bereich VERTRETER-SATZ und der Ausgabe-Bereich LISTE-SATZ bereitzustellen sind. Für VERTRETER-SATZ werden 80 Zeichenpositionen (X(6), X(20), X(54)) und für LISTE-SATZ 132 Zeichenpositionen (X(15), X(20), X(97)) im Hauptspeicher reserviert.

Unter Einbeziehung der Eingabe- und Ausgabe-Puffer für die Datei-Verarbeitung stellen wir den Datenfluß zur Lösung der Aufgabe LISTE-DER-VERTRETER-NAMEN in der folgenden Abbildung 3.3 dar:

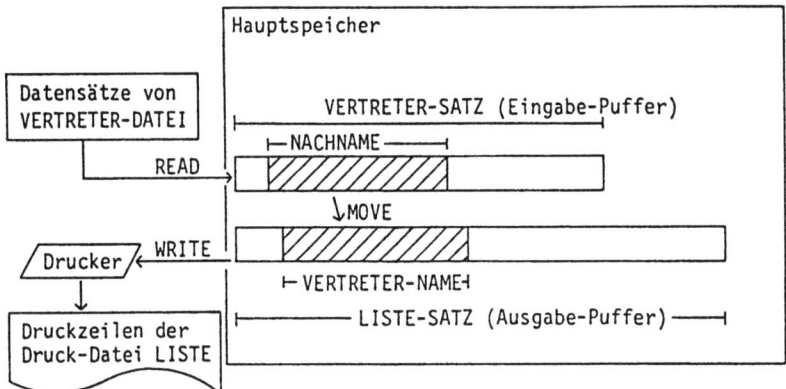

Abbildung 3.3: Datenfluß-Plan

Der Inhalt jedes in der Datei VERTRETER-DATEI abgespeicherten Datensatzes wird durch eine besondere Anweisung (READ), die wir später beschreiben werden, in den Eingabe-Puffer VERTRETER-SATZ übertragen und kann anschließend über die in der Datensatz-Beschreibung von VERTRETER-SATZ vereinbarten Bezeichner abgerufen werden.

In der von uns gewählten Datensatz-Beschreibung sollen die Zeichenpositionen 1 bis 6 und 27 bis 80 für die Verarbeitung nicht berücksichtigt werden (deshalb haben wir das COBOL-Wort FILLER in der Datensatz-Beschreibung benutzt). Trotzdem wird immer der gesamte Satzinhalt eines Datensatzes in den Eingabe-Puffer VERTRETER-SATZ übertragen.

Nach dem Einlesen eines Satzes ist der Inhalt des Feldes NACHNAME in das im Ausgabe-Puffer enthaltene Datenfeld VERTRETER-NAME zu transportieren. Dies geschieht durch eine besondere Anweisung (MOVE), die wir später behandeln werden. Für die Druckausgabe ist der Inhalt des Ausgabe-Puffers LISTE-SATZ als Druckzeile in die Datei LISTE zu übertragen, wozu eine besondere Anweisung (WRITE) dient, die später beschrieben wird.

3.2.2 Verbale Lösungsbeschreibung

Damit können wir als *verbale* Lösungsbeschreibung der Aufgabe LISTE-DER-VERTRETER-NAMEN den folgenden Lösungsplan angeben:

3.2 Beschreibung der Verarbeitung

(1) Ein Satz von VERTRETER-DATEI ist in den Eingabe-Puffer VERTRETER-SATZ einzulesen.

(2) Der Inhalt des Feldes NACHNAME muß in das Feld VERTRETER-NAME transportiert werden.

(3) Der Datensatz LISTE-SATZ ist aus dem Ausgabe-Puffer in die Druck-Datei LISTE zu übertragen.

(4) Die Schritte (1), (2) und (3) sind mit dem Lesen des ersten Satzes zu beginnen und solange in der angegebenen Reihenfolge wiederholt auszuführen, bis der letzte Satz eingelesen und verarbeitet ist.

Ergänzend zu dieser Darstellung ist folgendes anzumerken:

- Bevor ein Satz aus einer Datei gelesen oder in eine Datei geschrieben werden kann, muß die Datei zur Verarbeitung eröffnet werden (OPEN).
- Zum Ende der Bearbeitung muß eine Datei abgeschlossen werden (CLOSE).
- Da die Sätze von LISTE an den Zeilenpositionen 1 bis 15 und 36 bis 132 Leerzeichen enthalten sollen, werden wir vor jedem Transport von NACHNAME nach VERTRETER-NAME den gesamten Puffer-Bereich LISTE-SATZ mit Leerzeichen besetzen. Die Notwendigkeit dieser Maßnahme ist zum jetzigen Zeitpunkt noch nicht einzusehen. Sie ist dadurch begründet, daß beim Programmlauf auf einem Großrechner im allgemeinen mehrere Ausgabe-Puffer parallel benutzt werden (siehe Abschnitt 12.1).

Wurden bereits alle Sätze von VERTRETER-DATEI eingelesen und ist durch den letzten Lesezugriff der letzte Satz von VERTRETER-DATEI im Eingabe-Puffer bereitgestellt worden, so ist ein nachfolgender Lesezugriff erfolglos, weil das *Dateiende* (end of file) erreicht wurde. Da in dieser Situation jeder weitere Lesezugriff zu einem Programmfehler führt, muß nach jedem Lesezugriff abgeprüft werden, ob er erfolgreich war oder ob das Dateiende erreicht ist.
Dazu richten wir ein Indikatorfeld namens DATEI-ENDE-FELD in einem gesonderten Speicherbereich des Hauptspeichers – dem *Arbeitsspeicherbereich (WORKING-STORAGE)* – mit der Stufennummer 77 (siehe Abschnitt 3.3) in der Form

```
77 DATEI-ENDE-FELD PICTURE 9.
```

ein. Wir verabreden, daß diesem Feld – zu Beginn der Verarbeitung – der Anfangswert 0 und beim Erreichen des Dateiendes der Wert 1 zugewiesen werden soll, so daß das Erreichen des Dateiendes über das Zutreffen der Bedingung

```
DATEI-ENDE-FELD = 1
```

d.h. ob das Feld DATEI-ENDE-FELD den Wert 1 enthält, abgeprüft werden kann.

3.2.3 Die Struktogramm-Darstellung

Die verbale Beschreibung der Aufgabenlösung hat den Vorteil, daß sie frei formuliert ist. In der Praxis stellt sich dies aber als Nachteil dar, weil wir uns keinen schnellen Überblick über den Ablauf des Algorithmus verschaffen können, um uns dann gezielt um Einzelheiten des Verfahrens zu bemühen.
Diesen Vorteil bietet eine graphische Darstellung des Lösungsplans, die in der von uns verwendeten Form von *Nassi* und *Shneiderman*[1] angegeben wurde, das sog. *Struktogramm*. Da diese Darstellungsform den Überblick über die Problemlösung erleichtert, werden wir das Struktogramm als Hilfsmittel verwenden.
Unsere Aufgabenlösung LISTE-DER-VERTRETER-NAMEN beschreiben wir durch die beiden folgenden Struktogramme:

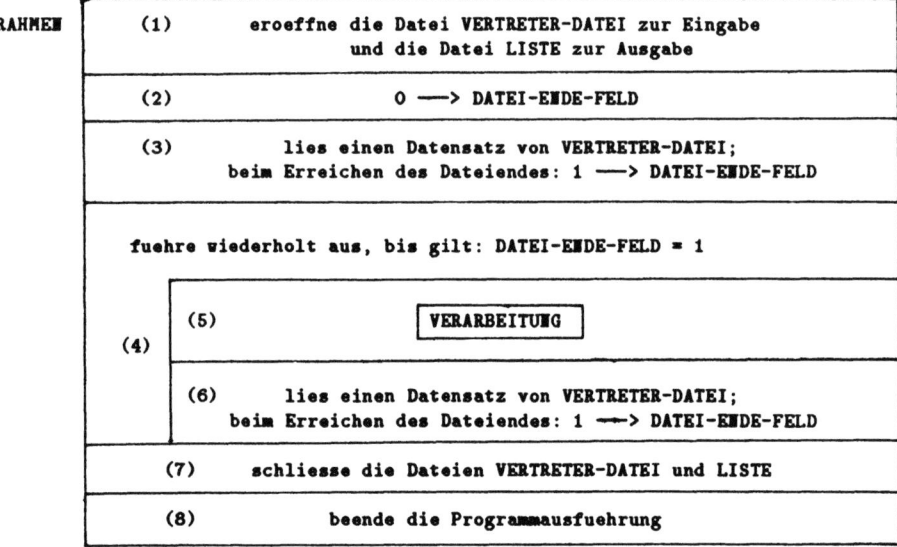

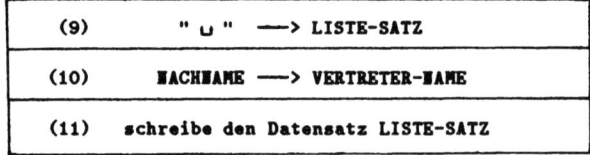

Zum Aufbau eines Struktogramms dürfen die in der folgenden Abbildung 3.4 dargestellten Elementarkomponenten benutzt werden:

---

[1] I. Nassi und B. Shneiderman "Flowchart Techniques for Structured Programming" (SIGPLAN Notices, Aug. 1973, S. 12-26)

3.2 Beschreibung der Verarbeitung

Typ des Strukturblocks	Nummern im Programm	graphisches Symbol
einfacher Strukturblock	(1), (2), (3), (6), (7) (8), (9), (10) und (11)	aktion
Schleifen-Strukturblock	(4)	
Prozeduraufruf-Strukturblock	(5)	prozedurname

Abbildung 3.4: Struktogramm-Elemente

Jeder Block repräsentiert genau einen Verarbeitungsschritt. Er hat nur einen Eingang (oben) und nur einen Ausgang (unten). Bei der Ausführung des Algorithmus werden die Strukturblöcke von *oben nach unten* durchlaufen.

Alle im Algorithmus enthaltenen Elementaroperationen werden durch *einfache Strukturblöcke* dargestellt. Beispiele sind etwa die folgenden Blöcke:

- (2) Einspeicherung der Zahl 0 in das numerische Feld DATEI-ENDE-FELD (angedeutet durch: 0 —> ...),
- (9) Löschen von LISTE-SATZ, d.h. Besetzung des Feldes LISTE-SATZ mit Leerzeichen (angedeutet durch: "⊔" —> ...) und
- (10) Transport des Inhalts vom alphanumerischen Feld NACHNAME in das alphanumerische Feld VERTRETER-NAME.

Bei der Ausführung des Struktogramms werden zunächst die einfachen Strukturblöcke (1), (2) und (3) und anschließend der *Schleifen-Strukturblock* (4) durchlaufen.

Der Schleifen-Block setzt sich aus den (Teil-)Blöcken (5) und (6) zusammen. Bei der Ausführung von (4) werden jeweils – bei (5) beginnend – die Blöcke (5) und (6) solange wiederholt durchlaufen, bis die (Abbruch-)Bedingung "DATEI-ENDE-FELD = 1" zutrifft. In diesem Fall wird die Bearbeitung mit Block (7) fortgesetzt, so daß die Ausführung des Struktogramms mit der Bearbeitung von Block (8) beendet wird.

Der innerhalb des Schleifen-Blocks (4) angegebene Block (5) stellt einen *Prozeduraufruf-Strukturblock* dar. Bei der Ausführung dieses Blocks wird die Prozedur VERARBEITUNG durchlaufen. Aus Gründen der Programmstrukturierung

und der Übersichtlichkeit steht dieser Block stellvertretend für den mit dem Namen VERARBEITUNG bezeichneten Block (9) und die folgenden Blöcke (10) und (11).
Die Ausführung der Prozedur VERARBEITUNG beginnt mit der Bearbeitung von Block (9), wird mit der Ausführung von Block (10) fortgesetzt und endet mit der Bearbeitung von Block (11). Ist die Prozedur VERARBEITUNG durchlaufen, so wird die Bearbeitung hinter dem Block (5), d.h. mit dem Block (6), fortgesetzt.
Da das Dateiende in jedem Fall erreicht wird, gerät der Algorithmus in Block (4) nicht in eine *"unendliche Schleife"*, sondern erreicht über Block (7) das definierte Programmende in Block (8).
Mit unserem Struktogramm haben wir die verbale Form unseres Lösungsalgorithmus durch eine übersichtliche, strukturierte graphische Darstellung ersetzt.[2]
Wir erwähnen hier nur einige *Vorteile der Struktogramm-Methode*:

- bei der Entwicklung eines Lösungsalgorithmus unterstützt ein Struktogramm die *"strukturierende Vorgehensweise"*, d.h. es können komplexe Probleme auf überschaubare Teilprobleme reduziert werden,

- die Existenz und der Wirkungsbereich von Programmschleifen ist unmittelbar erkennbar,

- bei der Programmentwicklung und -änderung wird die Dokumentation wirksam unterstützt,

- die Ablaufsteuerung kann gut kontrolliert werden, und

- der dynamische Programmablauf entspricht im wesentlichen der statischen Darstellung.

Ein durch ein Struktogramm beschriebener Lösungsalgorithmus kann sehr leicht in den Ausführungsteil PROCEDURE DIVISION eines COBOL-Programms umgeformt werden. Dazu wird jeder Strukturblock in eine oder mehrere COBOL-Anweisungen umgesetzt.

3.2.4 Das COBOL-Programm LISTE-DER-VERTRETER-NAMEN

Aus der Umformung der von uns entwickelten Struktogramme zur Lösung der Aufgabenstellung LISTE-DER-VERTRETER-NAMEN resultiert das folgende COBOL-Programm, das zunächst angegeben und anschließend erläutert werden soll.

```
IDENTIFICATION DIVISION.
PROGRAM-ID.
    LISTE-DER-VERTRETER-NAMEN.
```

---

[2]Neben dieser Möglichkeit gibt es viele weitere Methoden zur graphischen Darstellung der Problemlösung wie z.B. die Flußdiagramm-Methode (flow charting) nach DIN 66001.

3.2 Beschreibung der Verarbeitung

```
ENVIRONMENT DIVISION.
CONFIGURATION SECTION.
SOURCE-COMPUTER.
    dva-name-1.
OBJECT-COMPUTER.
    dva-name-2.
INPUT-OUTPUT SECTION.
FILE-CONTROL.
    SELECT VERTRETER-DATEI ASSIGN TO SI.
    SELECT LISTE           ASSIGN TO LO.
DATA DIVISION.
FILE SECTION.
FD  VERTRETER-DATEI
    LABEL RECORD STANDARD.
01  VERTRETER-SATZ.
    02  FILLER      PICTURE X(6).
    02  NACHNAME    PICTURE X(20).
    02  FILLER      PICTURE X(54).
FD  LISTE
    LABEL RECORD OMITTED.
01  LISTE-SATZ.
    02  FILLER          PICTURE X(15).
    02  VERTRETER-NAME  PICTURE X(20).
    02  FILLER          PICTURE X(97).
WORKING-STORAGE SECTION.
77  DATEI-ENDE-FELD PICTURE 9.
PROCEDURE DIVISION.
RAHMEN.
    OPEN INPUT VERTRETER-DATEI OUTPUT LISTE
    MOVE 0 TO DATEI-ENDE-FELD
    READ VERTRETER-DATEI
        AT END MOVE 1 TO DATEI-ENDE-FELD
    END-READ
    PERFORM UNTIL DATEI-ENDE-FELD = 1
        PERFORM VERARBEITUNG
        READ VERTRETER-DATEI
            AT END MOVE 1 TO DATEI-ENDE-FELD
        END-READ
    END-PERFORM
    CLOSE VERTRETER-DATEI LISTE
    STOP RUN.
VERARBEITUNG.
    MOVE "␣" TO LISTE-SATZ
    MOVE NACHNAME TO VERTRETER-NAME
    WRITE LISTE-SATZ.
```

beschreibende Programmteile

Ausfuehrungsteil mit den Prozeduren RAHMEN und VERARBEITUNG

Jedes COBOL-Programm ist aus den drei beschreibenden Programmteilen *IDENTIFICATION DIVISION*, *ENVIRONMENT DIVISION* und *DATA DIVISION* und aus dem Ausführungsteil *PROCEDURE DIVISION* – in dieser Reihenfolge – aufgebaut.

Die beschreibenden Programmteile erläutern wir im folgenden Abschnitt. An dieser Stelle wollen wir die Umsetzung des Struktogramms in die PROCEDURE DIVISION nachvollziehen. Durch den Vergleich mit den im Struktogramm beschriebenen Operationen erkennen wir:

- das Eröffnen und Schließen von Dateien wird durch die *OPEN*- und *CLOSE*-Anweisungen ausgeführt,
- mit der *MOVE*-Anweisung werden Daten von einem Datenfeld in ein anderes Datenfeld transportiert,
- mit der *READ*- und der *WRITE*-Anweisung werden Datensätze ein- und ausgegeben,
- der Schleifen-Strukturblock wird durch die *PERFORM*-Anweisung – unter Einsatz der *UNTIL*-Klausel – umgewandelt,
- die *PERFORM*-Anweisung – ohne die UNTIL-Klausel – realisiert den Prozeduraufruf-Strukturblock,
- die *STOP*-Anweisung legt das dynamische Programmende fest, und
- die Prozedur VERARBEITUNG ist am Ende der PROCEDURE DIVISION angegeben.

3.2.5 Die Struktur der PROCEDURE DIVISION

Zur Gliederung unseres Struktogramms haben wir die Programmierer-Wörter RAHMEN und VERARBEITUNG benutzt. Diese Wörter heißen Paragraphennamen (paragraph-name) und benennen jeweils einen oder mehrere aufeinanderfolgende Strukturblöcke, die einen *Paragraphen* (paragraph) als funktionale Einheit bilden. Zur Gliederung und zur Bezeichnung bestimmter Programmpunkte werden diese Paragraphennamen in das COBOL-Programm übernommen.

Neben dem deskriptiven Charakter haben die Paragraphennamen in der PROCEDURE DIVISION zudem die Funktion, bei der Ablaufsteuerung als *Bezugspunkte* zu wirken. Um diese Eigenschaft zu betonen, werden wir daher auch von *Prozedurnamen* (procedure-name) sprechen. Genau wie bei den Datenfeldnamen handelt es sich bei den Prozedurnamen um Programmierer-Wörter. Im Gegensatz zu den Datenfeldnamen können Prozedurnamen sogar vollständig aus Ziffern bestehen.

Anhand unseres Programms LISTE-DER-VERTRETER-NAMEN zur Lösung der Aufgabenstellung wollen wir uns die generelle Struktur des Ausführungsteils klarmachen.

Die PROCEDURE DIVISION wird durch die Überschrift (division header)

3.3 IDENTIFICATION, ENVIRONMENT und DATA DIVISION

```
PROCEDURE DIVISION.
```

eingeleitet (einschließlich Punkt). Dann folgen eine oder mehrere Prozeduren, die jeweils von einem Programmierer-Wort als Prozedurnamen eingeleitet werden und aus einem oder mehreren COBOL-Sätzen bestehen.
Die Prozedurnamen und die COBOL-Sätze sind mit einem Punkt abzuschließen.
Folglich ist für die PROCEDURE DIVISION der folgende prinzipielle Aufbau festgelegt:

```
PROCEDURE DIVISION.
prozedurname-1.
    | ein oder mehrere COBOL-Sätze.
prozedurname-2.
    | ein oder mehrere COBOL-Sätze.
...
```

Als Beispiel sei aus der obigen Aufgabenlösung die Prozedur VERARBEITUNG genannt mit dem COBOL-Satz:

```
MOVE "⊔" TO LISTE-SATZ
MOVE NACHNAME TO VERTRETER-NAME
WRITE LISTE-SATZ.
```

Ein *COBOL-Satz* (sentence) setzt sich aus einer oder mehreren COBOL-Anweisungen zusammen. Jede *COBOL-Anweisung* (statement) wird durch ein charakteristisches reserviertes COBOL-Wort – wie z.B. PERFORM, OPEN, READ, WRITE, MOVE, CLOSE usw. – eingeleitet und ist aus COBOL-Wörtern und Programmkonstanten aufgebaut.
Die allgemeine Struktur einer Programmkonstanten, die in COBOL *Literal* genannt wird, lernen wir im Abschnitt 5.1 kennen. In unserem Beispielprogramm haben wir die numerischen Konstanten 0 und 1 und die alphanumerische Konstante "⊔" als Symbol für ein Leerzeichen benutzt.

3.3 IDENTIFICATION DIVISION, ENVIRONMENT DIVISION und DATA DIVISION

3.3.1 Der Aufbau eines COBOL-Programms

Jedes COBOL-Programm besteht insgesamt aus vier Programmteilen. In den ersten drei Teilen, d.h. in der IDENTIFICATION DIVISION, in der ENVIRONMENT DIVISION und in der DATA DIVISION, werden die Vereinbarungen festgelegt, die

für die Beschreibung der Verarbeitung benötigt werden, und in der PROCEDURE DIVISION wird der Verarbeitungsprozeß selbst dargestellt.
Bei der Angabe eines COBOL-Programms muß immer das folgende Schema eingehalten werden (Abbildung 3.5):

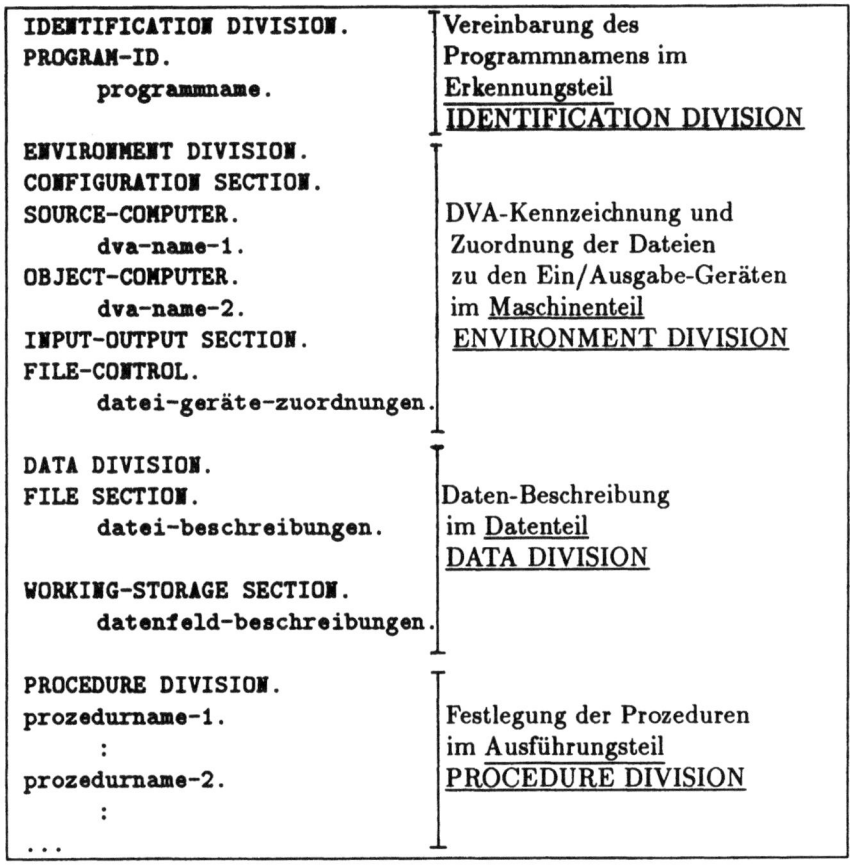

Abbildung 3.5: Gliederung des COBOL-Programms

Die *Programmteile* (division) sind in die *Kapitel* (section) CONFIGURATION, INPUT-OUTPUT, FILE und WORKING-STORAGE und in die *Paragraphen* PROGRAM-ID, FILE-CONTROL, SOURCE-COMPUTER und OBJECT-COMPUTER eingeteilt.
Bei den im obigen Schema angegebenen Namen, die in Großbuchstaben geschrieben sind, handelt es sich um reservierte COBOL-Wörter. Anstelle der kleingeschriebenen Wörter, die als Platzhalter anzusehen sind, können – in einem gewissen Rahmen – Programmierer-Wörter gewählt werden.

3.3 IDENTIFICATION, ENVIRONMENT und DATA DIVISION

In unserem Programm LISTE-DER-VERTRETER-NAMEN haben wir als Programmierer-Wörter die Namen LISTE-DER-VERTRETER-NAMEN, dva-name-1, dva-name-2, VERTRETER-DATEI, SI, LISTE, LO, alle Datenfeldnamen in der FILE SECTION und in der WORKING-STORAGE SECTION und die Prozedurnamen in der PROCEDURE DIVISION verwendet.

3.3.2 Der Erkennungsteil IDENTIFICATION DIVISION

Der erste Programmteil jedes COBOL-Programms ist der *Erkennungsteil*. Er trägt den Namen IDENTIFICATION und enthält den Paragraphen PROGRAM-ID. In diesem Paragraphen wird ein vom Programmierer frei gewählter Name zur Kennzeichnung des Programms angegeben. Die zulässige maximale Länge des Programmnamens (program-name) ist Anlagen-abhängig. Im allgemeinen sind die ersten 8 Zeichen signifikant – längere Angaben sind unschädlich. Für unser Beispielprogramm haben wir den Programmnamen LISTE-DER-VERTRETER-NAMEN gewählt.

3.3.3 Der Maschinenteil ENVIRONMENT DIVISION

Gliederung der ENVIRONMENT DIVISION

Der zweite Programmteil ist der *Maschinenteil ENVIRONMENT DIVISION* mit den Kapiteln CONFIGURATION und INPUT-OUTPUT. Die CONFIGURATION SECTION enthält die beiden Paragraphen SOURCE-COMPUTER und OBJECT-COMPUTER.
Im Paragraphen *SOURCE-COMPUTER* wird der Name "dva-name-1" der DVA (computer-name) angegeben, auf der das Programm zur Ausführung vorbereitet wird. Der Name "dva-name-2" derjenigen DVA, auf der das Programm ausgeführt werden soll, ist im Paragraphen *OBJECT-COMPUTER* zu benennen. Im allgemeinen stimmen die Angaben "dva-name-1" und "dva-name-2" in den Paragraphen SOURCE-COMPUTER und OBJECT-COMPUTER überein.
Die Angaben in den Paragraphen SOURCE-COMPUTER und OBJECT-COMPUTER werden als Kommentare aufgefaßt, so daß das Kapitel CONFIGURATION dann fehlen darf, wenn es nur diese Angaben enthält. Werden innerhalb des COBOL-Programms keine Dateien verarbeitet, so darf sogar der gesamte Eintrag "ENVIRONMENT DIVISION" entfallen.
Die wesentliche Funktion der ENVIRONMENT DIVISION besteht darin, alle Anlagen-spezifischen Kenngrößen aufzunehmen, die bei der Programmausführung gebraucht werden. Beim Übergang von einer DVA zu einer anderen müssen notwendige Programmänderungen im allgemeinen nur in der ENVIRONMENT DIVISION vorgenommen werden, indem die alten Anlagen-spezifischen Kenngrößen durch die neuen Angaben zu ersetzen sind.
Eine der wichtigsten Angaben, die innerhalb der ENVIRONMENT DIVISION erforderlich sind, ist die Zuordnung der im COBOL-Programm verwendeten Dateinamen

zu denjenigen Namen, die vom Betriebssystem zur Kennung einer Datei auf einem Datenträger verwendet werden.

Datei-Gerätezuordnung

Im Paragraphen FILE-CONTROL innerhalb der INPUT-OUTPUT SECTION wird jeder (durch einen FD-Eintrag innerhalb der FILE SECTION deklarierten) Datei durch die *SELECT*- und die *ASSIGN*-Klauseln in der Form

```
SELECT dateiname ASSIGN TO gerätebezeichnung.
```

eine Anlagen-spezifische *Gerätebezeichnung* zugeordnet. Diese Gerätebezeichnung dient als Kennung für eine physikalische Datei auf einem magnetischen Datenträger oder für eine Druck-Datei.
Als Gerätebezeichnung darf angegeben werden:

- der Dateiname, unter dem die physikalische Datei auf der DVA abgespeichert ist, bzw. die Kennung für den Drucker, oder

- ein Platzhalter als *symbolischer Dateiname*, dem vor der Programmausführung der zugehörige Name der physikalischen Datei bzw. die Bezeichnung für den Drucker zugeordnet werden muß.

Die Verwendung des symbolischen Dateinamens hat den Vorteil, daß die Bearbeitung einer Datei innerhalb eines Lösungsplans beschrieben werden kann, ohne daß der Dateiname, unter dem diese Datei zum Zeitpunkt des Programmlaufs vom Betriebssystem angesprochen werden muß, bekannt ist. Dadurch ist es z.B. auch ohne Programmänderung möglich, mehrere Programmläufe mit jeweils verschiedenen Dateien durchzuführen. Vor jedem Programmstart ist jeweils festzulegen, welcher physikalischen Datei der innerhalb des COBOL-Programms vereinbarte symbolische Dateiname zugeordnet werden soll.
Innerhalb unserer Beispielprogramme geben wir die erforderlichen Gerätebezeichnungen in einer neutralen Darstellung an, die von einer speziellen DVA unabhängig sind.

- Für eine Datenquelle wie z.B. eine Eingabe-Datei verabreden wir fortan den Namen *SI* als abkürzende Beschreibung von "Source Input", und einer Druck-Datei ordnen wir den Namen *LO* als abkürzende Beschreibung von "List Output" zu.

Demzufolge haben wir innerhalb unseres Beispielprogramms LISTE-DER-VERTRETER-NAMEN die folgende Vereinbarung innerhalb des Paragraphens FILE-CONTROL getroffen:

3.3 IDENTIFICATION, ENVIRONMENT und DATA DIVISION 41

```
FILE-CONTROL.
    SELECT VERTRETER-DATEI ASSIGN TO SI.
    SELECT LISTE           ASSIGN TO LO.
```

Soll ein COBOL-Programm auf einer DVA zur Ausführung gebracht werden, so sind für die symbolischen Dateinamen SI und LO die jeweils Anlagen-spezifischen Gerätebezeichnungen oder aber die konkreten Dateinamen bzw. die Druckerbezeichnung einzusetzen.

Datei-Gerätezuordnung bei Mikrocomputern

Für den Einsatz auf einem Mikrocomputer – unter dem Betriebssystem MS-DOS – können wir z.B. anstelle des Platzhalters SI den konkreten Dateinamen "STAMM.VER" und anstelle des Platzhalters LO die Druckerbezeichnung ":PRN" – in Form von alphanumerischen Literalen – verwenden. Dadurch erhalten wir als Programmausschnitt:

```
     :
FILE-CONTROL.
    SELECT VERTRETER-DATEI ASSIGN TO "STAMM.VER"
               ORGANIZATION IS LINE SEQUENTIAL.
    SELECT LISTE           ASSIGN TO "PRN:".
DATA DIVISION.
FILE SECTION.
FD  VERTRETER-DATEI
    LABEL RECORD STANDARD.
01  VERTRETER-SATZ.
     :
```

Wir haben dabei unterstellt, daß die Datei mit den Vertreterdaten dem Betriebssystem MS-DOS unter dem Namen "STAMM.VER" bekannt ist, weil bei der Erfassung der Vertreterdaten eine Datei dieses Namens vom Editierprogramm auf einem magnetischen Datenträger eingerichtet wurde.
Hinter dem Dateinamen "STAMM.VER" haben wir ergänzend die folgende Klausel angegeben:

> ORGANIZATION IS LINE SEQUENTIAL

Durch diese ORGANIZATION-Klausel, die nicht zum genormten COBOL-Sprachumfang gehört, legen wir fest, daß der Inhalt der Datei "STAMM.VER" mit einem Editierprogramm bearbeitbar ist.

Die soeben angegebene Beschreibung ist nicht die einzige Form, in der Dateinamen, die innerhalb des COBOL-Programms verwendet werden, den Kennungen der physikalischen Dateien und dem Drucker zugeordnet werden können. Eine Alternative besteht darin, daß für "SI" der Name "DISK" und für "LO" der Name "PRINTER" innerhalb der ASSIGN-Klauseln eingetragen wird. Ergänzend dazu muß – innerhalb des FD-Eintrags der Datei VERTRETER-DATEI – hinter der LABEL-Klausel eine VALUE OF FILE-ID-Klausel mit der Angabe "STAMM.VER" nachgetragen werden, so daß der oben angegebene Programmausschnitt in diesem Fall wie folgt abzuändern ist:

```
    :
FILE-CONTROL.
    SELECT VERTRETER-DATEI ASSIGN TO DISK
        ORGANIZATION IS LINE SEQUENTIAL.
    SELECT LISTE ASSIGN TO PRINTER.
DATA DIVISION.
FILE SECTION.
FD  VERTRETER-DATEI
    LABEL RECORD STANDARD
    VALUE OF FILE-ID "STAMM.VER".
01  VERTRETER-SATZ.
    :
```

Als weitere Alternative läßt sich innerhalb der ASSIGN-Klauseln das Wort "RANDOM" vor dem Dateinamen und das Wort "PRINT" vor der Druckerbezeichnung "PRINTER" angeben. In diesem Fall stellt sich der Programmausschnitt für die Zuordnung der Gerätebezeichnungen wie folgt dar:

```
    :
FILE-CONTROL.
    SELECT VERTRETER-DATEI ASSIGN TO RANDOM "STAMM.VER"
        ORGANIZATION IS LINE SEQUENTIAL.
    SELECT LISTE            ASSIGN TO PRINT "PRINTER".
DATA DIVISION.
FILE SECTION.
FD  VERTRETER-DATEI
    LABEL RECORD STANDARD.
01  VERTRETER-SATZ.
    :
```

3.3.4 Der Datenteil DATA DIVISION

Die DATA DIVISION muß dann angegeben werden, wenn Datenfelder vereinbart werden sollen.

Der *Datenteil DATA DIVISION* gliedert sich in die *FILE SECTION*, in der die Eingabe- und die Ausgabe-Puffer strukturiert werden, und in die *WORKING-STORAGE SECTION*, in der die für die Verarbeitung benötigten Hilfsfelder zu deklarieren sind.

Bei bestimmten Anwendungen besteht die DATA DIVISION gegebenenfalls nur aus der FILE SECTION oder auch nur aus der WORKING-STORAGE SECTION.

Werden beide Kapitel im COBOL-Programm angegeben, so ist die folgende Reihenfolge einzuhalten:

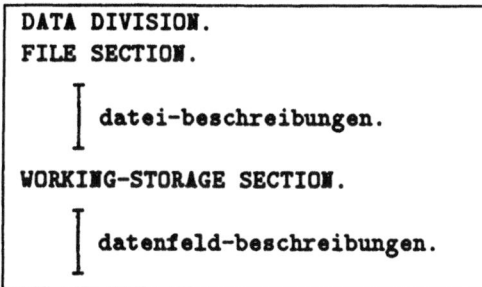

Die in der WORKING-STORAGE SECTION vereinbarten Hilfsfelder bilden den *Arbeitsspeicherbereich* (working storage) des Programms. In diesen Feldern werden z.B. Zwischenergebnisse gespeichert oder Zustandsindikatoren (z.B. für das Dateiende einer Eingabe-Datei) aufbewahrt.

Innerhalb der WORKING-STORAGE SECTION sind die elementaren Datenfelder und die Datengruppen genauso zu vereinbaren, wie wir es bei der Datensatz-Beschreibung innerhalb der FILE SECTION kennengelernt haben. Mehrere durch die Stufennummer 01 gekennzeichnete Strukturen können dabei in beliebiger Reihenfolge nacheinander aufgeführt werden.

Bei der Deklaration *elementarer* Datenfelder innerhalb des Arbeitsspeicherbereichs, die nicht Bestandteil einer Struktur sind, darf anstelle der Stufennummer 01 auch die besondere *Stufennummer 77* gewählt werden (siehe die oben angegebene Vereinbarung des Feldes DATEI-ENDE-FELD). Diese dokumentiert, daß das Datenfeld elementar ist. Unter Umständen hat diese Kennzeichnung auch einen Einfluß auf die Ausrichtung des Datenfeldes innerhalb des Hauptspeichers, so daß z.B. die mit 01 vereinbarten Felder auf Ganzwort- oder Doppelwortgrenze[3] und die mit der Stufennummer 77 definierten Felder an beliebigen Byte-Adressen beginnen.

---

[3] Ein Ganzwort ist die Zusammenfassung von im allgemeinen 4 Bytes, und ein Doppelwort besteht aus 2 Ganzwörtern.

3.4 Vorbereitungen zur Programmausführung

Bevor wir unser in der Programmiersprache COBOL abgefaßtes Programm zur Lösung unserer Aufgabenstellung LISTE-DER-VERTRETER-NAMEN — wir nennen es *COBOL-Quellprogramm* (source program) zur Unterscheidung vom daraus zu erzeugenden ablauffähigen *Objektprogramm* (object program) — zur Ausführung bringen können, sind die folgenden Schritte durchzuführen:

- *Programmerfassung*: Zunächst ist das in handschriftlicher Form vorliegende Quellprogramm auf einen maschinell lesbaren Datenträger zu übertragen. Für diese Erfassung benutzen wir einen Bildschirmarbeitsplatz, an dem wir die Programmzeilen des COBOL-Programms im Dialog mit einem Editierprogramm über die Tastatur in eine Datei auf einem magnetischen Datenträger eingeben.

- *Kompilierung*: Da die COBOL-Anweisungen unseres Quellprogramms nicht unmittelbar von der DVA ausgeführt werden können — sie gehören nicht zum Befehlsvorrat einer DVA — müssen sie in ausführbare Befehle, d.h. in elementare Maschineninstruktionen, übersetzt werden.

Die Umwandlung des COBOL-Quellprogramms in das zugehörige Objektprogramm, das die entsprechenden ausführbaren Befehle enthält, wird von einem speziellen Übersetzungsprogramm, dem COBOL-*Kompilierer* (compiler), durchgeführt. Das daraus resultierende Objektprogramm wird zur Ausführung vorbereitet und in einer Datei auf einem magnetischen Datenträger abgespeichert.

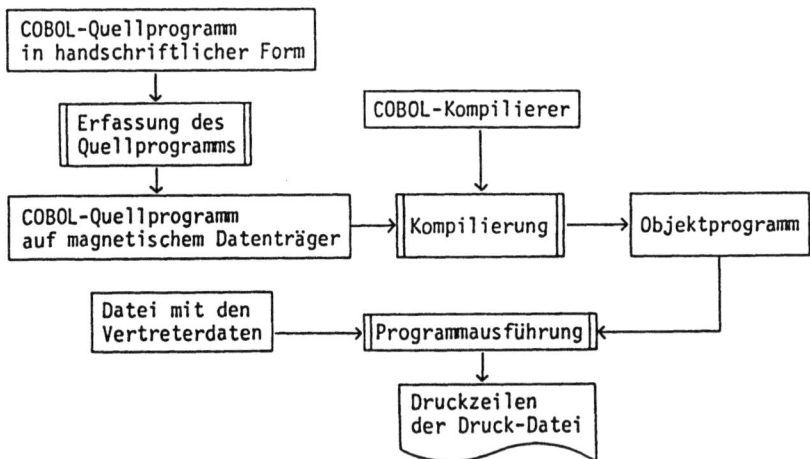

Abbildung 3.6: Erfassung, Kompilierung und Programmausführung

3.4 Vorbereitungen zur Programmausführung

Zunächst sind die Programmzeilen als Datensätze in eine Datei zu übertragen. Damit das COBOL-Quellprogramm nach der Erfassung vom Kompilierer verarbeitet werden kann, sind wir bei der Eingabe der Programmzeilen an ein festes *Erfassungsschema* gebunden, das sich folgendermaßen beschreiben läßt (Abbildung 3.7):

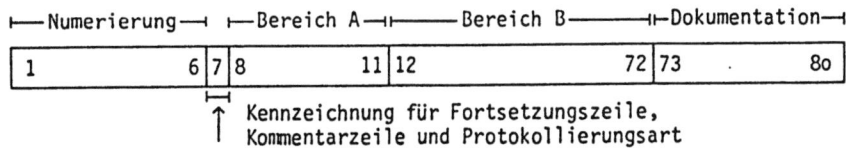

Abbildung 3.7: Erfassungsschema

Die aus 80 Zeichen bestehende Programmzeile teilt sich somit in fünf Bereiche auf. Die ersten sechs Stellen können zur *Zeilennumerierung* oder für einen erläuternden Text benutzt werden. Sofern eine Numerierung vorgenommen wird, sollten *alle* Programmzeilen *aufsteigend* numeriert sein. Dies läßt sich vom Kompilierer abprüfen, so daß eine fehlerhafte Einordnung einer Programmzeile rechtzeitig erkannt werden kann.

Im *Bereich A* (Zeichenposition 8 bis 11) müssen die folgenden COBOL-Sprachelemente beginnen:

- Programmteil-, Kapitel- und Paragraphennamen,

- das COBOL-Wort FD und

- die Stufennummern 01 und 77.[4]

Bis auf die von 01 und 77 verschiedenen Stufennummern, die ebenfalls im Bereich A beginnen können (aber nicht müssen), sind alle anderen Sprachelemente im *Bereich B* (Zeichenposition 12 bis 72) einzutragen.
Eine Ausnahme stellen die Datenfeldnamen dar, die hinter den sie einleitenden Stufennumern bereits innerhalb des Bereichs A beginnen dürfen.
Das *Dokumentationsfeld* besteht aus den Zeichenpositionen 73 bis 80 und kann einen das gesamte Programm kennzeichnenden Text enthalten oder auch eine Zeilennumerierung, die sich jedoch durch den Kompilierer nicht abprüfen läßt.

---

[4] Diese Liste wird durch die reservierten COBOL-Wörter SD, CD, RD, DECLARATIVES und END DECLARATIVES vervollständigt.

Kann ein COBOL-Wort nicht vollständig in einer Zeile dargestellt werden, weil
bei der Erfassung das Ende des Bereichs B erreicht wurde, so ist der Rest in die
nächste Programmzeile einzutragen. Diese neue Zeile muß durch die Angabe des
Zeichens Bindestrich "-" in der 7. Zeichenposition für den Kompilierer als *Fortsetzungszeile* markiert sein. Bei der Trennung eines reservierten COBOL-Worts oder
eines Programmierer-Worts dürfen am Anfang der Fortsetzungszeile und am Ende
der fortzusetzenden Zeile beliebig viele Leerzeichen stehen.
Als Beispiel geben wir eine mögliche Trennung innerhalb einer READ-Anweisung
in der folgenden Form an (Abbildung 3.8):

| | | READ VERTRETER-DATEI AT END MOVE 1 TO DAT |
| | - | EI-ENDE-FELD |

↑Zeichenposition 7   Zeichenposition 72↑

Abbildung 3.8: Trennung eines Bezeichners

Oftmals soll der Programmablauf zusätzlich durch die Angabe von Kommentaren
erläutert werden. Diese Kommentare lassen sich an beliebigen Stellen in ein Programm einfügen. Dabei ist jede *Kommentarzeile* durch die Eintragung des Sternzeichens "*" in der Zeichenposition 7 zu markieren.
Die Übersichtlichkeit der vom Kompilierer durchgeführten Protokollierung des
Quellprogramms kann verbessert werden, indem durch das *Positionierungszeichen*
"/" (stroke) auf den Anfang einer neuen Druckseite vorgeschoben wird. Sofern
dieses Zeichen in der Zeichenposition 7 angegeben ist, wird der Rest dieser Programmzeile als Kommentar gewertet.
Als Vorbereitung für die Erfassung haben wir die Programmzeilen unseres COBOL-
Programms LISTE-DER-VERTRETER-NAMEN (siehe Abschnitt 3.2) in geeigneter Form untereinander aufgeschrieben.
Um die Lesbarkeit unseres Programms zu verbessern, sind die Prozedurnamen
in einer Programmzeile allein angegeben. Außerdem sind gleiche Stufennummern
untereinander aufgeschrieben, höhere Stufennummern jeweils nach rechts eingerückt
und jede COBOL-Anweisung mit Beginn einer neuen Zeile eingetragen.
Obwohl diese Regeln keine COBOL-Vorschriften sind, wollen wir sie um einer
besseren Übersicht willen stets anwenden. Jeder Programmautor sollte sich
nämlich bemühen, die Programmstruktur durch eine übersichtliche Darstellung
leicht durchschaubar zu machen. Dadurch wird der Programmtest vereinfacht und
das Programm wartungsfreundlicher.

3.5 Kompilierung und Programmausführung

Für das folgende unterstellen wir, daß die Vertreterdaten und die Programmzeilen unseres COBOL-Programms LISTE-DER-VERTRETER-NAMEN auf magnetischen Datenträgern erfaßt worden sind. Wir verabreden für die weitere Darstellung, daß auf die Datei mit den Vertreterdaten über den Namen *"STAMM.VER"* und auf die Datei mit den Quellzeilen des COBOL-Programms über den Namen *"LISTEDVN.erg"* ("LISTEDVN" soll den Programmnamen "LISTE-DER-VERTRETER-NAMEN" mnemotechnisch abkürzen) zugegriffen werden kann. Dabei steht die Namensergänzung "erg" stellvertretend für die jeweils vom Kompilierer-Hersteller oder vom Betriebssystem geforderte konkrete Form der Namensergänzung für die Datei mit dem COBOL-Quellprogramm.

Zur Kompilierung und Ausführung des COBOL-Programms sind geeignete Anforderungen an das Betriebssystem in Form von *Kommandos* zu stellen, die am Bildschirmarbeitsplatz im Dialog mit dem Betriebssystem über die Tastatur einzugeben sind.

Zunächst muß der COBOL-Kompilierer unser Programm in ein ausführbares Programm übersetzen.

Dazu ist an einem Mikrocomputer (unter dem Betriebssystem MS-DOS) mit dem Kompilierer **PROFESSIONAL COBOL** der Firma Micro Focus oder dem Kompilierer **MS-COBOL** der Firma Microsoft das Kommando

```
COBOL LISTEDVN
```

für die Übersetzung des in der Datei LISTEDVN.CBL abgespeicherten Quellprogramms einzugeben. Dies gilt gleichfalls, wenn ein Risc-Rechner der Firma IBM unter dem Betriebssystem AIX eingesetzt wird.

Steht der Kompilierer **MS-COBOL** der Firma Microsoft unter dem Betriebssystem OS/2 oder der Kompilierer **RM-COBOL** der Firma Ryan McFarland zur Verfügung, so wird die Kompilierung durch das Kommando

```
PCOBOL LISTEDVN     bzw.    RMCOBOL LISTEDVN
```

für das in der Datei LISTEDVN.CBL enthaltene Quellprogramm abgerufen.

Bei einer Großrechenanlage, etwa der Firma IBM (unter dem Betriebssystem MVS/TSO), ist das Quellprogramm in die Datei LISTEDVN.COBOL zu erfassen und die Übersetzung durch das Kommando

```
COBOL LISTEDVN
```

vorzunehmen.

Der Kompilierer wird vom Betriebssystem in den Hauptspeicher geladen, liest die Programmzeilen des Quellprogramms und gibt diese Quellprogrammzeilen und die bei der Programmanalyse gegebenenfalls anfallenden Fehlermeldungen und Warnungen entweder direkt am Bildschirm aus, oder er trägt sie in eine Protokoll-Datei ein, deren Inhalt nach der Kompilierung am Bildschirm angezeigt oder ausgedruckt werden kann.

Ist bei der Programmanalyse kein schwerwiegender Fehler aufgetreten, so werden die vom Kompilierer durch die Übersetzung erzeugten Programmbefehle in eine Datei auf einem magnetischen Datenträger abgelegt. Es hängt vom Kompilierer und vom Betriebssystem ab, ob als Ergebnis der Kompilierung das Objektprogramm *unmittelbar* vorliegt oder ob noch ein weiteres Programm – der *Binder* (linkage editor) – zur Erzeugung des Objektprogramms auszuführen ist.

Bei Mikrocomputern wird das kompilierte Programm, das für die Systeme PROFESSIONAL COBOL, MS-COBOL und RM-COBOL in einer Datei namens LISTEDVN.INT, LISTEDVN.GNT bzw. LISTEDVN.OBJ abgespeichert wird, in der Regel durch die Ausführung eines vom Kompilierer-Herstellers mitgelieferten Programms – des sog. *COBOL-Laufzeitsystems* – zur Ausführung gebracht. Dies gilt gleichfalls für den Einsatz des COBOL-Kompilierers auf einem Risc-Rechner der Firma IBM unter dem Betriebssystem AIX.

Bei Großrechenanlagen ist das kompilierte Programm normalerweise durch den Lauf des Binders in das Objektprogramm umzuwandeln. Bei einer Großrechenanlage, etwa der Firma IBM (unter MVS/TSO), ist dazu das Kommando

```
LINK LISTEDVN.OBJ COBLIB
```

anzugeben.

Vor dem Start des Objektprogramms wird gegenüber dem Betriebssystem festgelegt, welche Bedeutung den innerhalb des Paragraphen FILE-CONTROL vereinbarten symbolischen Dateinamen – in unserem Fall den Namen SI und LO – zukommen soll. Im Hinblick auf die zuvor getroffene Verabredung über die Speicherung der Vertreterdaten muß der Name SI der Datei STAMM.VER zugeordnet sein. Zur Ausgabe der Druck-Datei ist dem Namen LO ein angeschlossener Drucker als Ausgabegerät zuzuweisen.

Während diese Angaben beim Einsatz eines Mikrocomputers bereits im Quellprogramm vorgenommen werden können (siehe Abschnitt 3.3), sind bei Großrechenanlagen geeignete Kommandos vor dem Programmstart anzugeben.

Z.B. ist die gewünschte Zuordnung bei einer Großrechenanlage der Firma IBM (unter MVS/TSO) durch die Kommandos

```
ALLOC DD(SI) DA(STAMM.VER)
ALLOC DD(LO) SYSOUT(X)
```

zu treffen.

Die Programmausführung wird bei Mikrocomputern (unter MS-DOS) z.B. wie folgt abgerufen:

3.5 Kompilierung und Programmausführung

```
COBOL RUN LISTEDVN        bei PROFESSIONAL COBOL,

LISTEDVN                  bei MS-COBOL und PROFESSIONAL COBOL und

RUNCOBOL LISTEDVN         bei RM-COBOL
```

Beim Einsatz eines Risc-Rechners der Firma IBM mit dem Betriebssystem AIX läßt sich die Programmausführung wie folgt aktivieren:

```
COBRUN LISTEDVN
```

Bei Großrechenanlagen wie z.B. Anlagen der Firma IBM (unter dem Betriebssystem MVS/TSO) läßt sich der Programmstart in der folgenden Form abrufen:

```
CALL LISTEDVN
```

Daraufhin lädt das Betriebssystem das Objektprogramm in den Hauptspeicher, so daß die Programmbefehle entweder unmittelbar durch den Prozessor oder aber vom COBOL-Laufzeitsystem interpretierend ausgeführt werden können.

Nach dem Programmstart läuft der von uns entwickelte Lösungsalgorithmus in seiner Ausführungsphase ab:

- ein Satz aus der Datei STAMM.VER mit den Vertreterdaten wird im Eingabe-Puffer bereitgestellt,

- der bei der Eröffnung der Druck-Datei angelegte Puffer-Bereich wird mit Leerzeichen gefüllt,

- der Vertretername wird vom Eingabe-Puffer in den vorgesehenen Bereich des Ausgabe-Puffers übertragen, und

- der Inhalt des Ausgabe-Puffers wird über einen angeschlossenen Drucker als Druckzeile ausgegeben.

Diese Schritte werden, beginnend mit dem Lesen des ersten Datensatzes, der Reihe nach durchlaufen und solange ausgeführt, bis der letzte Satz der Vertreterdaten eingelesen und verarbeitet worden ist. Nach dem Erreichen des Dateiendes wird die Ausführung des Objektprogramms beendet.

3.6 Änderung der Problemlösung und der Aufgabenstellung

3.6.1 Verarbeitung innerhalb des Arbeitsspeichers

Als nachteilig bei der von uns angegebenen Problemlösung LISTE-DER-VERTRETER-NAMEN ist anzusehen, daß vor jeder Aufbereitung eines Druckausgabesatzes (im Ausgabe-Puffer LISTE-SATZ) eine MOVE-Anweisung der Form

```
MOVE "⊔" TO LISTE-SATZ
```

erfolgen muß. Deshalb soll die Programmlösung derart geändert werden, daß der Ausgabe-Puffer nur *einmalig* – zu Programmbeginn – gelöscht wird.
Um dies zu erreichen, wird der auszudruckende Satzinhalt nicht im Ausgabe-Puffer, sondern im *Arbeitsspeicher* zusammengestellt.
Dazu vereinbaren wir das Datenfeld LISTE-SATZ-WS wie folgt:

```
01  LISTE-SATZ-WS.
    02  FILLER          PICTURE X(15).
    02  VERTRETER-NAME  PICTURE X(20).
    02  FILLER          PICTURE X(97).
```

Dieser Eintrag ist ebenso wie die Definition des Feldes DATEI-ENDE-FELD innerhalb der WORKING-STORAGE SECTION vorzunehmen. Das Kürzel "-WS" soll auf das Wort "WORKING-STORAGE" hindeuten. Selbstverständlich können wir die entsprechenden Bezeichner beliebig wählen, solange die Eindeutigkeit der Namensvergabe gewährleistet ist.
In dem Feld LISTE-SATZ-WS soll der Inhalt jeder Druckzeile vor der Druckausgabe zusammengestellt werden, um anschließend in den Ausgabe-Puffer und von dort aus zum Drucker übertragen zu werden. Damit erübrigt sich die ursprünglich innerhalb des Ausgabe-Puffers vorgenommene Strukturierung, so daß der Ausgabe-Puffer jetzt als elementares Datenfeld zu vereinbaren ist und sich demzufolge für die Druck-Datei der neue FD-Eintrag

```
FD  LISTE
    LABEL RECORD OMITTED.
01  LISTE-SATZ PICTURE X(132).
```

ergibt.
Insgesamt ist die alte DATA DIVISION innerhalb des Programms LISTE-DER-VERTRETER-NAMEN durch die folgenden Angaben zu ersetzen:

3.6 Änderung der Problemlösung und der Aufgabenstellung

```
DATA DIVISION.
FILE SECTION.
FD   VERTRETER-DATEI
     LABEL RECORD STANDARD.
01   VERTRETER-SATZ.
     02  FILLER     PICTURE X(6).
     02  NACHNAME   PICTURE X(20).
     02  FILLER     PICTURE X(54).
FD   LISTE
     LABEL RECORD OMITTED.
01   LISTE-SATZ   PICTURE X(132).
WORKING-STORAGE SECTION.
77   DATEI-ENDE-FELD PICTURE 9.
01   LISTE-SATZ-WS.
     02  FILLER          PICTURE X(15).
     02  VERTRETER-NAME  PICTURE X(20).
     02  FILLER          PICTURE X(97).
```

In Abänderung der ursprünglichen Prozedur VERARBEITUNG muß nach der Eingabe eines Vertreterdatensatzes (in den Eingabe-Puffer VERTRETER-SATZ) der Inhalt des Feldes NACHNAME in das Feld VERTRETER-NAME und anschließend der Inhalt von LISTE-SATZ-WS in den Ausgabe-Puffer LISTE-SATZ und von dort in die Druck-Datei LISTE übertragen werden. Dazu dient die in folgender Weise modifizierte Form der Prozedur VERARBEITUNG:

```
VERARBEITUNG.
    MOVE NACHNAME TO VERTRETER-NAME
    WRITE LISTE-SATZ FROM LISTE-SATZ-WS.
```

Der zusätzlich erforderliche Datentransport vom Arbeitsspeicher in den Ausgabe-Puffer wird mit einer *FROM-Klausel* innerhalb der WRITE-Anweisung vorgenommen. Diese Möglichkeit, durch die Ausführung der WRITE-Anweisung vor der Datenausgabe eine Übertragung in den Ausgabe-Puffer durchführen zu können, wird im Abschnitt 6.2 ausführlicher erläutert.
Die ursprünglich in der Prozedur VERARBEITUNG enthaltene MOVE-Anweisung zur Löschung des Ausgabe-Puffers verlegen wir in die Prozedur RAHMEN. Durch die daraufhin nur einmalige Initialisierung des Feldes LISTE-SATZ-WS im Arbeitsspeicherbereich ist für den gesamten Programmlauf gesichert, daß in den ersten 15 bzw. letzten 97 Druckpositionen immer Leerzeichen ausgegeben werden. Während der nachfolgenden Programmausführung wird allein der Bereich zur Aufnahme des Vertreternamens (Datenfeld VERTRETER-NAME) innerhalb des Feldes LISTE-SATZ-WS verändert.
Als neue PROCEDURE DIVISION ergibt sich somit:

```
PROCEDURE DIVISION.
RAHMEN.
    OPEN INPUT VERTRETER-DATEI OUTPUT LISTE
    MOVE 0 TO DATEI-ENDE-FELD
    MOVE "⌴" TO LISTE-SATZ-WS                <—— neu !
    READ VERTRETER-DATEI
        AT END MOVE 1 TO DATEI-ENDE-FELD
    END-READ
    PERFORM UNTIL DATEI-ENDE-FELD = 1
        PERFORM VERARBEITUNG
        READ VERTRETER-DATEI
            AT END MOVE 1 TO DATEI-ENDE-FELD
        END-READ
    END-PERFORM
    CLOSE VERTRETER-DATEI LISTE
    STOP RUN.
VERARBEITUNG.
    MOVE NACHNAME TO VERTRETER-NAME
    WRITE LISTE-SATZ FROM LISTE-SATZ-WS.      <—— neu !
```

3.6.2 Einsatz von Bedingungsnamen

Definition von Bedingungsnamen

Bislang haben wir die Abfrage auf das Dateiende von VERTRETER-DATEI durch den Vergleich

```
DATEI-ENDE-FELD = 1
```

geprüft. Diesen Vergleich wollen wir fortan in abgekürzter Form beschreiben. Dazu vereinbaren wir ein Programmierer-Wort namens DATEI-ENDE als *Bedingungsname*, indem wir unmittelbar nach der Definition von DATEI-ENDE-FELD einen Eintrag mit der gesonderten *Stufennummer 88* in der Form

```
77  DATEI-ENDE-FELD PICTURE 9.
    88  DATEI-ENDE VALUE 1.
```

vornehmen. Dies hat den Vorteil, daß wir das COBOL-Programm lesbarer machen können. Anstelle der ausführlichen Schreibweise "DATEI-ENDE-FELD = 1" läßt sich in der PROCEDURE DIVISION kurz "DATEI-ENDE" angeben. Dieser aussagekräftige Name entbindet uns davon, das Zutreffen des Vergleichs "DATEI-ENDE-FELD = 1" mit dem Dateiende in Verbindung bringen zu müssen, da der "sprechende" Bedingungsname DATEI-ENDE selbsterklärend ist.

3.6 Änderung der Problemlösung und der Aufgabenstellung

Im Programm LISTE-DER-VERTRETER-NAMEN läßt sich – nach der Vereinbarung des Bedingungsnamens DATEI-ENDE – die Programmschleife, die durch die PERFORM-Anweisung mit der UNTIL-Klausel umgesetzt wird, anschließend wie folgt angeben:

```
PERFORM UNTIL DATEI-ENDE                    <--- geaendert !
    PERFORM VERARBEITUNG
    READ VERTRETER-DATEI
        AT END MOVE 1 TO DATEI-ENDE-FELD
    END-READ
END-PERFORM
```

Zur Definition eines *Bedingungsnamens* (condition name) steht folgende allgemeine Form zur Verfügung:

```
stufennummer  name-des-abzupruefenden-feldes  PICTURE-klausel.
              88 bedingungsname VALUE wert-1 wert-2 ... .
```

Die Vereinbarung eines Bedingungsnamens wird stets durch die besondere *Stufennummer 88* eingeleitet und folgt unmittelbar im Anschluß an die Definition des elementaren Datenfeldes (conditional variable), dessen Werte durch diesen Bedingungsnamen abgeprüft werden sollen. Der Bedingungsname ist ein Programmierer-Wort. Dem Namen folgt die *VALUE-Klausel*, in der hinter dem reservierten COBOL-Wort VALUE alle Werte (wert-1 wert-2 ...) angegeben werden, die durch diesen Bedingungsnamen charakterisiert werden sollen. Der letzte Wert wird stets durch einen Punkt abgeschlossen. Die aufgeführten Werte müssen von derselben Kategorie wie das zugehörige Datenfeld sein.

Die THRU-Klausel

Die Angabe mehrerer Werte innerhalb der VALUE-Klausel kann mit Hilfe der *THRU-Klausel* in der Form

```
wert-1 THRU wert-2
```

vereinfacht werden[5].
Hat z.B. ein abzuprüfendes numerisches Feld einen ganzzahligen Inhalt, so können wir die VALUE-Klausel

```
VALUE 73 74 75 76 84 92 93 94 95.
```

durch die Klausel

```
VALUE 73 THRU 76 84 92 THRU 95.
```

abkürzen.

---

[5] Generell darf in einem COBOL-Programm anstelle des COBOL-Wortes THRU das Wort THROUGH verwendet werden.

Vereinbarung mehrerer Bedingungsnamen

Für jedes Datenfeld können mehrere Bedingungsnamen vereinbart werden, indem die jeweils durch die Stufennummer 88 eingeleiteten Eintragungen im Anschluß an die Datenfeld-Beschreibung des abzuprüfenden Feldes wie folgt *nacheinander* aufgeführt werden:

```
stufennummer  name-des-abzupruefenden-feldes PICTURE-klausel.
              88  bedingungsname-1 VALUE wert-1-1 wert-1-2 ... .
              88  bedingungsname-2 VALUE wert-2-1 wert-2-2 ... .
                :
```

Die SET-Anweisung

Zur Übertragung der Zahl "1" in das Feld DATEI-ENDE-FELD haben wir die *MOVE*-Anweisung

```
MOVE 1 TO DATEI-ENDE-FELD
```

angegeben. Sofern der Bedingungsname DATEI-ENDE vereinbart ist, läßt sich diese Übertragung noch prägnanter durch eine *SET*-Anweisung mit dem reservierten COBOL-Wort *TRUE* in der Form

```
SET DATEI-ENDE TO TRUE
```

beschreiben. Durch die Ausführung dieser Anweisung erhält das Datenfeld DATEI-ENDE-FELD denjenigen Wert, der in Verbindung mit dem Bedingungsnamen DATEI-ENDE durch die VALUE-Klausel vereinbart wurde. Somit wird der Wert "1" im Feld DATEI-ENDE-FELD gespeichert.
Folglich kann die READ-Anweisung im Programm LISTE-DER-VERTRETER-NAMEN fortan so angegeben werden:

```
READ VERTRETER-DATEI
     AT END SET DATEI-ENDE TO TRUE         <--- veraendert !
END-READ
```

Grundsätzlich läßt sich eine *SET*-Anweisung in der Form

```
SET bedingungsname TO TRUE
```

dazu verwenden, eine durch einen Bedingungsnamen gekennzeichnete Bedingung zu einer gültigen Bedingung zu machen. <u>Als Resultat der SET-Anweisung wird in das Datenfeld, zu dem der Bedingungsname vereinbart ist, derjenige Wert eingetragen, der hinter dem Bedingungsnamen in der zugehörigen VALUE-Klausel aufgeführt ist. Sind mehrere Werte in der VALUE-Klausel angegeben, so wird stets der zuerst aufgeführte Wert abgespeichert.</u>

3.6 Änderung der Problemlösung und der Aufgabenstellung

3.6.3 Zweiseitige Fallunterscheidung

Erweiterung der Aufgabenstellung LISTE-DER-VERTRETER-NAMEN

Die Verwendung mehrerer Bedingungsnamen wollen wir bei der Erweiterung unseres Beispielprogramms LISTE-DER-VERTRETER-NAMEN demonstrieren. Dazu soll die Vertreterkennzahl an ihren beiden ersten Ziffernstellen die zweiziffrige Kennzahl des Bezirks enthalten, in dem der Vertreter tätig ist. Ferner sollen die folgenden Zuordnungen von Bezirken zu Gebieten vorliegen:

- Gebiet "alte Bundesländer": enthält alle Bezirke mit den Nummern 04, 12 bis 23, 33, 34, 44 und 66.

- Gebiet "neue Bundesländer": besteht aus den Bezirken mit den Nummern 73 bis 76, 84 und 92 bis 95.

Als Erweiterung der Aufgabe LISTE-DER-VERTRETER-NAMEN soll für jeden Vertreter nicht nur der Nachname, sondern zusätzlich der jeweilige Gebietsname (von Druckposition 46 bis 67) ausgegeben werden.

Zur Lösung der Aufgabenstellung muß auf die Bezirkskennzahl zugegriffen werden. Da diese Kennzahl innerhalb jedes Vertreterdatensatzes an den beiden ersten Zeichenpositionen gespeichert ist, wählen wir den Datenfeldnamen BEZIRKS-KENNZAHL und gliedern den Datensatz VERTRETER-SATZ wie folgt:

```
01  VERTRETER-SATZ.
    02  BEZIRKS-KENNZAHL  PICTURE 99.        ⎤
    02  FILLER            PICTURE X(4).      ⎦ geaendert !
    02  NACHNAME          PICTURE X(20).
    02  FILLER            PICTURE X(54).
```

Um die den Bezirkskennzahlen zugeordneten Gebietsnamen "alte Bundesländer" sowie "neue Bundesländer" ausdrucken zu können, reservieren wir innerhalb der Datensatz-Beschreibung von LISTE-SATZ-WS einen Bereich von Zeichenposition 46 bis 67 namens GEBIETS-NAME in der folgenden Form[6]:

```
01  LISTE-SATZ-WS.
    02  FILLER            PICTURE X(15).
    02  VERTRETER-NAME    PICTURE X(20).
    02  FILLER            PICTURE X(10).     ⎤
    02  GEBIETS-NAME      PICTURE X(22).     ⎦ geaendert !
    02  FILLER            PICTURE X(65).
```

Indem wir zusätzlich die Bedingungsnamen ALTE-BUNDESLAENDER und NEUE-BUNDESLAENDER vereinbaren, ändern wir den ursprünglichen Inhalt der DATA DIVISION folgendermaßen ab:

---

[6] Obwohl wir mit der Reservierung von 18 Zeichenpositionen auskommen, verabreden wir im Hinblick auf eine nachfolgende Erweiterung der Aufgabenstellung einen Bereich von 22 Zeichenpositionen.

```
DATA DIVISION.
FILE SECTION.
FD  VERTRETER-DATEI
    LABEL RECORD STANDARD.
01  VERTRETER-SATZ.
    02  BEZIRKS-KENNZAHL PICTURE 99.
        88  ALTE-BUNDESLAENDER VALUE 04 12 THRU 23
                                     33 34 44 66.          geaendert !
        88  NEUE-BUNDESLAENDER VALUE 73 THRU 76
                                     84 92 THRU 95.
    02  FILLER          PICTURE X(4).
    02  NACHNAME        PICTURE X(20).
    02  FILLER          PICTURE X(54).
FD  LISTE
    LABEL RECORD OMITTED.
01  LISTE-SATZ PICTURE X(132).
WORKING-STORAGE SECTION.
77  DATEI-ENDE-FELD PICTURE 9.
    88  DATEI-ENDE VALUE 1.
01  LISTE-SATZ-WS.
    02  FILLER          PICTURE X(15).
    02  VERTRETER-NAME  PICTURE X(20).
    02  FILLER          PICTURE X(10).
    02  GEBIETS-NAME    PICTURE X(22).     geaendert !
    02  FILLER          PICTURE X(65).
```

Lösung der erweiterten Aufgabenstellung

Zur Lösung der oben angegebenen erweiterten Aufgabenstellung von LISTE-DER-VERTRETER-NAMEN kann die Prozedur RAHMEN in die Programmlösung übernommen werden.

Innerhalb der Prozedur VERARBEITUNG muß unterschieden werden, ob der Vertreter, dessen zugehöriger Datensatz in den Eingabe-Puffer übertragen wurde, in den alten oder in den neuen Bundesländern tätig ist. Dies läßt sich durch den Inhalt des Feldes BEZIRKS-KENNZAHL überprüfen. Für den Fall, daß ein durch den Bedingungsnamen ALTE-BUNDESLAENDER gekennzeichneter Wert vorliegt, ist der Text "alte Bundeslaender" in das Feld GEBIETS-NAME zu übertragen. Andernfalls muß der Text "neue Bundeslaender" im Feld GEBIETS-NAME bereitgestellt werden.

Um diese zweiseitige Fallunterscheidung mit den jeweils auszulösenden Aktionen deutlich zu machen, stellen wir diesen Sachverhalt durch einen *Bedingungs-Strukturblock* in der folgenden Form dar[7]:

---

[7] Dabei setzen wir voraus, daß keine anderen als die innerhalb der Aufgabenstellung aufgeführten Bezirkskennzahlen in den Datensätzen von VERTRETER-DATEI gespeichert sind.

3.6 Änderung der Problemlösung und der Aufgabenstellung

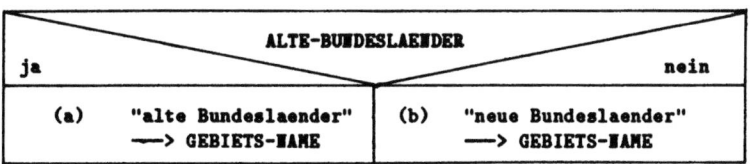

Bei der Ausführung des Bedingungs-Strukturblocks wird zunächst geprüft, ob die angegebene Bedingung erfüllt ist. In diesem Fall ist festzustellen, ob eine durch den Bedingungsnamen ALTE-BUNDESLAENDER gekennzeichnete Bezirkskennzahl in BEZIRKS-KENNZAHL vorliegt oder nicht. Trifft die Bedingung zu, so wird der *Ja-Zweig* "(a)" durchlaufen. Im anderen Fall wird der *Nein-Zweig* "(b)" ausgeführt.

Unter Berücksichtigung dieser Fallunterscheidung bildet das folgende Struktogramm die Grundlage für die innerhalb der PROCEDURE DIVISION neu zu konzipierende Prozedur VERARBEITUNG:

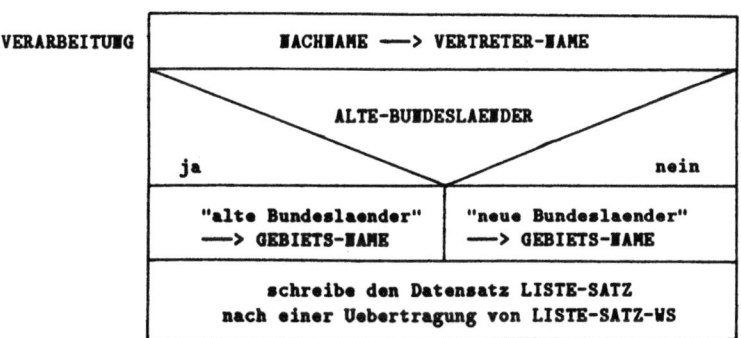

Der Bedingungs-Strukturblock läßt sich in die folgende IF-Anweisung umformen:

```
IF ALTE-BUNDESLAENDER
   THEN MOVE "alte Bundeslaender" TO GEBIETS-NAME
   ELSE MOVE "neue Bundeslaender" TO GEBIETS-NAME
END-IF
```

Bei dieser Umsetzung haben wir die folgende Vorschrift ausgeführt:

- Die IF-Anweisung wird durch das reservierte COBOL-Wort *IF* eingeleitet und durch das reservierte COBOL-Wort *END-IF* beendet,

- die innerhalb des Bedingungs-Blocks aufgeführte Bedingung wird hinter *IF* angegeben,

- der Inhalt des Ja-Zweiges wird hinter dem reservierten COBOL-Wort *THEN* eingetragen, und

- der Inhalt des Nein-Zweiges wird hinter dem reservierten COBOL-Wort *ELSE* aufgeführt.

Damit ergibt sich zur Lösung der erweiterten Aufgabenstellung insgesamt die folgende PROCEDURE DIVISION:

```
PROCEDURE DIVISION.
RAHMEN.
    OPEN INPUT VERTRETER-DATEI OUTPUT LISTE
    MOVE 0 TO DATEI-ENDE-FELD
    MOVE "⌴" TO LISTE-SATZ-WS
    READ VERTRETER-DATEI
        AT END SET DATEI-ENDE TO TRUE
    END-READ
    PERFORM UNTIL DATEI-ENDE
      PERFORM VERARBEITUNG
      READ VERTRETER-DATEI
          AT END SET DATEI-ENDE TO TRUE
      END-READ
    END-PERFORM
    CLOSE VERTRETER-DATEI LISTE
    STOP RUN.
VERARBEITUNG.
    MOVE NACHNAME TO VERTRETER-NAME
    IF ALTE-BUNDESLAENDER
        THEN MOVE "alte Bundeslaender" TO GEBIETS-NAME      ⎤
        ELSE MOVE "neue Bundeslaender" TO GEBIETS-NAME      ⎥  <— neu!
    END-IF                                                   ⎦
    WRITE LISTE-SATZ FROM LISTE-SATZ-WS.
```

Indem wir diese PROCEDURE DIVISION in Verbindung mit den oben angegebenen beschreibenden Programmteilen des Programms LISTE-DER-VERTRETER-NAMEN verwenden, haben wir den Lösungsalgorithmus der erweiterten Aufgabenstellung beschrieben. Auf Grund der Strukturierung unseres ersten Programms konnten wir die Modifikation ganz gezielt in der Prozedur VERARBEITUNG vornehmen. Derartige Änderungsmöglichkeiten machen sich vor allen Dingen bei der Wartung komplexer Algorithmen bezahlt, da man auf Grund der "strukturierenden Vorgehensweise" bei der Programmerstellung sicher sein kann, daß lokale Programmänderungen keine oder höchstens überschaubare Auswirkungen auf andere Programmteile haben.

Die angegebene Programmlösung gibt Anlaß, auf einen weiteren wichtigen Vorteil bei der Benutzung von Bedingungsnamen hinzuweisen:
Sollten zu einem späteren Zeitpunkt Änderungen in der Zuordnung von Bezirken zu Gebieten vorzunehmen sein, so braucht nur die in Verbindung mit der Stufennummer 88 aufgeführte VALUE-Klausel modifiziert zu werden. Daß in diesem Fall keine Anweisungen innerhalb des Programmteils PROCEDURE DIVISION zu ändern sind, unterstreicht die Bedeutung des Bedingungsnamens bei der Erstellung von COBOL-Programmen.

3.6 Änderung der Problemlösung und der Aufgabenstellung

3.6.4 Mehrfache Fallunterscheidung

Erweiterung der Aufgabenstellung LISTE-DER-VERTRETER-NAMEN

Im folgenden wollen wir die Zuordnung der Bezirkskennzahlen zu den Gebieten, in denen die Vertreter tätig sind, weiter verfeinern. Dazu gliedern wir die Gebiete "alte Bundesländer" und "neue Bundesländer" wie folgt:

- Gebiet "Norddeutschland": enthält alle Bezirke mit den Nummern 17 bis 23 und 44,

- Gebiet "Westdeutschland": besteht aus den Bezirken mit den Nummern 04 und 12 bis 16,

- Gebiet "Süddeutschland": enthält alle Bezirke mit den Nummern 33, 34 und 66, und

- Gebiet "Ostdeutschland": enthält alle Bezirke mit den Nummern 73 bis 76, 84 und 92 bis 95.

Genau wie bei der zuvor angegebenen Aufgabenstellung sollen die jeweiligen Gebietsnamen zusammen mit den Vertreternamen ausgegeben werden.

Zur Lösung dieser Aufgabe vereinbaren wir die Bedingungsnamen NORDDEUTSCHLAND, WESTDEUTSCHLAND, SUEDDEUTSCHLAND und OSTDEUTSCHLAND wie folgt innerhalb der Datei-Beschreibung von VERTRETER-DATEI:

```
FD  VERTRETER-DATEI
        LABEL RECORD STANDARD.
01  VERTRETER-SATZ.
    02  BEZIRKS-KENNZAHL PICTURE 99.
        88  NORDDEUTSCHLAND  VALUE 17 THRU 23 44 .
        88  WESTDEUTSCHLAND  VALUE 04 12 THRU 16.
        88  SUEDDEUTSCHLAND  VALUE 33 34 66.
        88  OSTDEUTSCHLAND   VALUE 73 THRU 76
                                   84 92 THRU 95.
    02  FILLER           PICTURE X(4).
    02  NACHNAME         PICTURE X(20).
    02  FILLER           PICTURE X(54).
```
geaendert !

Lösung der erweiterten Aufgabenstellung

Zur Lösung der erweiterten Aufgabenstellung kann die Prozedur RAHMEN erneut — ohne Änderung — in die Programmlösung übernommen werden.
Innerhalb der Prozedur VERARBEITUNG muß ergänzend festgestellt werden, in welchem Teil Deutschlands der Vertreter, dessen zugehöriger Datensatz in den Eingabe-Puffer übertragen wurde, tätig ist. Dies läßt sich wiederum durch den

Inhalt des Feldes BEZIRKS-KENNZAHL überprüfen. Für den Fall, daß ein durch den Bedingungsnamen NORDDEUTSCHLAND gekennzeichneter Wert vorliegt, ist der Text "Norddeutschland" in das Feld GEBIETS-NAME zu übertragen. Entsprechend sind die Texte "Westdeutschland", "Sueddeutschland" bzw. "Ostdeutschland" im Feld GEBIETS-NAME bereitzustellen.

Im Gegensatz zur bisherigen Prüfung der Zugehörigkeit haben wir es jetzt nicht mehr mit einer zweiseitigen, sondern mit einer mehrfachen Fallunterscheidung zu tun. Um diese _mehrfache Fallunterscheidung_ mit den jeweils auszulösenden Aktionen deutlich zu machen, stellen wir diesen Sachverhalt durch einen _Case-Strukturblock_ in der folgenden Form dar[8]:

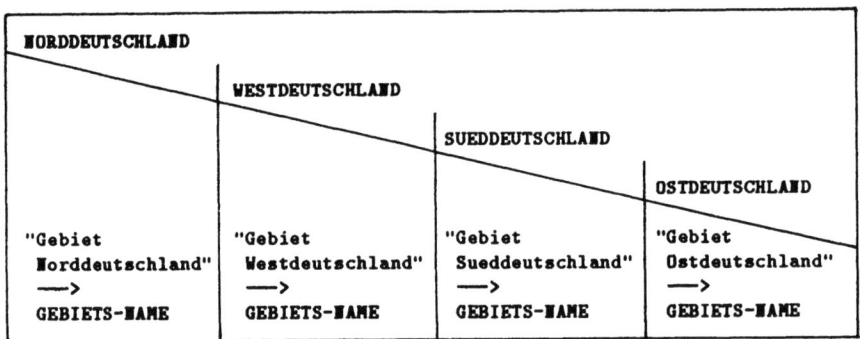

Bei der Ausführung des _Case-Blocks_ werden die aufgeführten Bedingungen, die durch die vier Bedingungsnamen gekennzeichnet sind, der Reihe nach von _links nach rechts_ überprüft. Es wird derjenige Zweig des Case-Blocks aktiviert, dessen Bedingung zutrifft. Mit der Bearbeitung des aktivierten Zweiges ist die Ausführung des Case-Blocks beendet.

Zur Umformung der durch einen Case-Block gekennzeichneten Mehrfachverzweigung läßt sich die _EVALUATE_-Anweisung in der folgenden Form einsetzen:

```
EVALUATE TRUE
    WHEN NORDDEUTSCHLAND
        MOVE "Gebiet Norddeutschland" TO GEBIETS-NAME
    WHEN WESTDEUTSCHLAND
        MOVE "Gebiet Westdeutschland" TO GEBIETS-NAME
    WHEN SUEDDEUTSCHLAND
        MOVE "Gebiet Sueddeutschland" TO GEBIETS-NAME
    WHEN OSTDEUTSCHLAND
        MOVE "Gebiet Ostdeutschland" TO GEBIETS-NAME
END-EVALUATE
```

Bei dieser Umformung haben wir die folgenden Regeln beachtet:

---

[8] Wir setzen erneut voraus, daß keine anderen als die innerhalb der Aufgabenstellung aufgeführten Bezirkskennzahlen in den Datensätzen von VERTRETER-DATEI gespeichert sind.

3.6 Änderung der Problemlösung und der Aufgabenstellung

- Die *EVALUATE*-Anweisung wird durch das reservierte COBOL-Wort *EVALUATE* mit nachfolgendem reservierten COBOL-Wort *TRUE* eingeleitet und durch das reservierte COBOL-Wort *END-EVALUATE* beendet,

- hinter *TRUE* werden geeignet viele *WHEN-Klauseln* für die einzelnen Alternativen der Mehrfachverzweigung angegeben, und

- in den *WHEN-Klauseln* sind die einzelnen Zweige des Case-Blocks – von links beginnend – nacheinander einzutragen; dabei folgt der jeweiligen Bedingung der Inhalt des zugehörigen Zweiges in Form einer oder mehrerer Anweisungen.

Unter Berücksichtigung der angegebenen EVALUATE-Anweisung, die die mehrfache Fallunterscheidung kennzeichnet, können wir die Lösung der erweiterten Aufgabenstellung insgesamt durch die folgende PROCEDURE DIVISION beschreiben:

```
PROCEDURE DIVISION.
RAHMEN.
    OPEN INPUT VERTRETER-DATEI OUTPUT LISTE
    MOVE 0 TO DATEI-ENDE-FELD
    MOVE "⌴" TO LISTE-SATZ-WS
    READ VERTRETER-DATEI
        AT END SET DATEI-ENDE TO TRUE
    END-READ
    PERFORM UNTIL DATEI-ENDE
        PERFORM VERARBEITUNG
        READ VERTRETER-DATEI
            AT END SET DATEI-ENDE TO TRUE
        END-READ
    END-PERFORM
    CLOSE VERTRETER-DATEI LISTE
    STOP RUN.
VERARBEITUNG.
    MOVE NACHNAME TO VERTRETER-NAME
    EVALUATE TRUE
        WHEN NORDDEUTSCHLAND
            MOVE "Gebiet Norddeutschland" TO GEBIETS-NAME
        WHEN WESTDEUTSCHLAND
            MOVE "Gebiet Westdeutschland" TO GEBIETS-NAME      <— neu
        WHEN SUEDDEUTSCHLAND
            MOVE "Gebiet Sueddeutschland" TO GEBIETS-NAME
        WHEN OSTDEUTSCHLAND
            MOVE "Gebiet Ostdeutschland" TO GEBIETS-NAME
    END-EVALUATE
    WRITE LISTE-SATZ FROM LISTE-SATZ-WS.
```

Gegenüber der zuletzt angegebenen PROCEDURE DIVISION haben wir die

EVALUATE-Anweisung – mit veränderten Bedingungsnamen – anstelle der ursprünglichen IF-Anweisung eingetragen.

Aufgabe 3

Aus den Sätzen der Inventurdaten-Datei, die gemäß der Datensatz-Struktur ARTIKEL-SATZ (siehe Aufgabe 2) erfaßt sind, soll eine in folgender Weise strukturierte Liste auf dem Drucker ausgegeben werden:

```
Druckposition:  1 - 20 : Artikelname
                    31 : Lagernummer
               42 - 46 : Menge
```

Für den Lösungsalgorithmus wählen wir den Programmnamen ARTIKEL-LISTE.

- Wie sehen mögliche Datei-Beschreibungen für die Eingabe- und die Ausgabe-Datei aus?
- Wie sind die IDENTIFICATION DIVISION und die ENVIRONMENT DIVISION anzugeben?
- Wie lautet der durch ein Struktogramm dargestellte Lösungsalgorithmus?
- Wie sieht die in Analogie zum Programm LISTE-DER-VERTRETER-NAMEN entwickelte zugehörige PROCEDURE DIVISION von ARTIKEL-LISTE aus?
- Welche Form hat die zugehörige DATA DIVISION?
- Geben Sie die von Ihnen verwendeten reservierten COBOL-Wörter, die Paragraphennamen und die Kapitelnamen an!

Aufgabe 4

Erfassen Sie das von Ihnen entwickelte Programm ARTIKEL-LISTE (siehe Aufgabe 3) und lassen Sie es kompilieren!
Erstellen Sie einige willkürliche Datensätze der Inventurdaten-Datei, erfassen Sie diese ebenfalls in eine Datei auf einem geeigneten Datenträger und lassen Sie das Objektprogramm auf einer DVA ablaufen!

Aufgabe 5

Erstellen Sie die Datensatz-Beschreibung der Inventurdaten-Datei (siehe Aufgabe 2), so daß unter dem Namen HAUPTLAGER diejenigen Artikel abgefragt werden können, die im Datenfeld LAGER-NUMMER den Wert 4 besitzen. Ferner soll mit den Namen REGAL-REIHE-1, REGAL-REIHE-2 bzw. REGAL-REIHE-3 abgeprüft werden können, ob sich ein Artikel in einem Regal mit der Nummer 1, 4 oder 10 (REGAL-REIHE-1) bzw. 2, 5 oder 11 (REGAL-REIHE-2) bzw. 3, 6, 9 oder 12 (REGAL-REIHE-3) befindet.

Kapitel 4

Syntax und Einteilung von COBOL-Anweisungen

Im Hinblick auf den Inhalt und die Strukturierung der PROCEDURE DIVISION haben wir bislang die folgenden Regeln kennengelernt:

- In der PROCEDURE DIVISION wird der Lösungsplan durch COBOL-Anweisungen beschrieben.

- Die PROCEDURE DIVISION läßt sich in eine oder mehrere Prozeduren gliedern.

- Jede Prozedur ist aus einem oder mehreren COBOL-Sätzen aufgebaut.

- Ein COBOL-Satz besteht aus einer oder mehreren Anweisungen.

- Jede Anweisung wird durch ein Verb der englischen Sprache wie z.B. MOVE, READ oder WRITE eingeleitet.

Bevor wir in den folgenden Kapiteln die Anweisungen im einzelnen angeben, machen wir uns zunächst damit vertraut, wie COBOL-Anweisungen formal beschrieben werden. In diesem Zusammenhang sind die beiden folgenden Fragen von Interesse:

- Wie ist eine Anweisung anzugeben, damit sie vom Kompilierer verstanden wird?

- Zu welchem Ergebnis führt die Bearbeitung einer Anweisung während der Ausführung des Objektprogramms?

Generell wird der formale Aufbau einer Anweisung ihre *Syntax* und die Bedeutung der Anweisung ihre *Semantik* genannt.

Stopwörter

Es gibt COBOL-Anweisungen, die durch reservierte COBOL-Wörter mit dem Wortanfang "END-" – wie z.B. "END-READ" bei der READ-Anweisung, "END-IF" bei

der IF-Anweisung und "END-EVALUATE" bei der EVALUATE-Anweisung – beendet werden können. Da derartige Wörter eine Anweisung abschließen, werden sie *Stopwörter* genannt.
So macht z.B. das Stopwort END-READ in den Programmzeilen

```
:
MOVE "⌴" TO LISTE-SATZ-WS
READ VERTRETER-DATEI
    AT END SET DATEI-ENDE TO TRUE
END-READ
PERFORM UNTIL DATEI-ENDE
:
```

deutlich, daß die hinter END-READ angegebene PERFORM-Anweisung nicht zur READ-Anweisung gehört, da sie nicht Bestandteil der AT END-Klausel ist.
Generell wird ein Stopwort durch die Vorsilbe "END-" eingeleitet und durch den Namen der Anweisung abgeschlossen, die durch das Stopwort beendet wird. Welche Stopwörter bei der Programmierung verwendet werden können, lernen wir im folgenden in Verbindung mit der Darstellung der zugehörigen Anweisungen kennen.

Bedingte und unbedingte Anweisungen

Die COBOL-Anweisungen werden in die unbedingten Anweisungen und in die bedingten Anweisungen eingeteilt. Diese Unterscheidung ist insofern bedeutsam, als bei der Syntax von bestimmten COBOL-Anweisungen – wie z.B. der READ-Anweisung – festgelegt ist, daß als Satzteile (der AT END-Klausel) nur unbedingte Anweisungen auftreten dürfen.
Unter einer *unbedingten* Anweisung (imperative statement) wird eine Anweisung verstanden, in der keine Bedingung aufgeführt ist, die über die Ausführbarkeit von Anweisungen entscheidet.
Somit handelt es sich z.B. bei der MOVE-Anweisung, bei der OPEN-Anweisung, bei der CLOSE-Anweisung und bei der STOP-Anweisung um unbedingte Anweisungen.
Ergänzend werden zu den unbedingten Anweisungen auch solche Anweisungen gerechnet, die durch ein Stopwort beendet werden.
Da z.B. die von uns bislang eingesetzten READ-, IF- und EVALUATE-Anweisungen jeweils durch ein zugehöriges Stopwort beendet wurden, haben wir die READ-, die IF- und die EVALUATE-Anweisung als unbedingte Anweisungen verwendet.
Grundsätzlich werden alle diejenigen COBOL-Anweisungen zu den *bedingten* Anweisungen (conditional statement) gerechnet, bei denen es sich nicht um unbedingte Anweisungen handelt.
So zählt z.B. die READ-Anweisung, sofern sie nicht durch das Stopwort END-READ beendet wird, zu den bedingten Anweisungen. Bei ihr wird nämlich über die Bedingung "Dateiende" gesteuert, ob der Inhalt der AT END-Klausel ausgeführt wird oder nicht.

4 Syntax und Einteilung von COBOL-Anweisungen

Grundsätzlich läßt sich jede Anweisung, die durch ein Stopwort beendet werden kann, als bedingte Anweisung einsetzen, sofern auf die Angabe des Stopwortes verzichtet wird.
Um z.B. die READ-Anweisung innerhalb eines Lösungsplans als bedingte Anweisung einzusetzen, reicht es jedoch nicht, wenn allein auf das Stopwort END-READ am Anweisungsende verzichtet wird. So würde etwa durch die Programmzeilen

```
    :
    MOVE "⌴" TO LISTE-SATZ-WS
    READ VERTRETER-DATEI
        AT END SET DATEI-ENDE TO TRUE
    PERFORM UNTIL DATEI-ENDE
    :
```

festgelegt werden, daß die PERFORM-Anweisung – als Bestandteil der AT END-Klausel – zur READ-Anweisung gehört. Um dies zu verhindern, muß die READ-Anweisung – ohne das Stopwort END-READ – als letzte Anweisung eines COBOL-Satzes angegeben werden. Schließen wir die READ-Anweisung somit durch einen Punkt "." ab, so stellt sich dies wie folgt dar:

```
    :
    MOVE "⌴" TO LISTE-SATZ-WS
    READ VERTRETER-DATEI
        AT END SET DATEI-ENDE TO TRUE.
    PERFORM UNTIL DATEI-ENDE
    :
```

So wie in diesem Beispiel muß bei der Verwendung von bedingten Anweisungen grundsätzlich verfahren werden. Jede bedingte Anweisung, die nicht als Bestandteil einer anderen bedingten Anweisung eingesetzt wird, ist immer mit einem Punkt "." abzuschließen, so daß sie als COBOL-Satz oder am Ende eines COBOL-Satzes aufgeführt wird.
In unseren Beispielprogrammen werden wir – von Ausnahmen wie etwa bei der Verschachtelung von IF-Anweisungen abgesehen – nur unbedingte Anweisungen verwenden. Dies bedeutet, daß wir auch dort Stopwörter einsetzen, wo wir eigentlich auf sie verzichten und stattdessen eine Anweisung durch einen Punkt abschließen könnten.

Interpunktionszeichen

Generell müssen alle Sprachelemente eines COBOL-Programms durch jeweils *mindestens* ein Leerzeichen voneinander abgegrenzt werden. Ausnahmen sind nur zulässig, wenn Vergleichsoperatoren wie z.B. das Gleichheitszeichen zwischen zwei zu vergleichenden Größen einzutragen sind.
Als Interpunktionszeichen sind das Komma ",", das Semikolon ";" und der Punkt

"." innerhalb eines COBOL-Programms zugelassen. Jedem dieser Interpunktionszeichen muß mindestens ein Leerzeichen folgen.
Wir werden auf die Angabe von Komma und Semikolon gänzlich verzichten. Ferner geben wir den Punkt "." nur dort an, wo er nicht fehlen darf. So beenden wir jeden Prozedurnamen und die jeweils letzte Anweisung einer Prozedur durch einen Punkt.

Syntax-Gerüst

Wir werden die Regeln, die bei der Verwendung der einzelnen Anweisungen zu beachten sind, durch geeignete *Syntax-Gerüste* beschreiben. Unmittelbar anschließend werden wir auf die zugehörige Semantik eingehen, damit erkennbar ist, wie die einzelne Anweisungsform die Ausführung der Anweisung während des Objektlaufs beeinflußt.
Zur Beschreibung der Syntax von COBOL-Anweisungen benutzen wir eine *Meta-Sprache*, deren Sprachelemente wir nachfolgend am Beispiel der READ-Anweisung demonstrieren.

Die *Syntax der READ-Anweisung* lautet:

```
READ dateiname RECORD [ INTO bezeichner ]
     [ { AT END | INVALID KEY } unb-anw-1 [ unb-anw-2 ]... ]
[ END-READ ]
```

Alternativklammern

Aus den in *Alternativklammern* "{" und "}" eingeschlossenen und durch das Trennzeichen "|" voneinander abgegrenzten Satzteilen ist immer *genau ein Satzteil* auszuwählen.
Somit beschreiben

```
READ dateiname RECORD [ INTO bezeichner ]
     [ AT END unb-anw-1 [ unb-anw-2 ]... ]
[ END-READ ]
```

und

```
READ dateiname RECORD [ INTO bezeichner ]
     [ INVALID KEY unb-anw-1 [ unb-anw-2 ]... ]
[ END-READ ]
```

die beiden – aus der angegebenen Syntax-Darstellung – ableitbaren Formen der

4 Syntax und Einteilung von COBOL-Anweisungen

READ-Anweisung.
Da die INVALID KEY-Klausel nur beim Einsatz der index-sequentiellen bzw. relativen Datei-Organisation einzusetzen ist (vgl. die Angaben im Kapitel 12), werden wir im folgenden nur auf die erste Form der READ-Anweisung – mit der AT END-Klausel – Bezug nehmen.

Schlüssel- und Wahlwörter

Die reservierten COBOL-Wörter sind in Großbuchstaben geschrieben. Bei den unterstrichenen Wörtern READ, INTO, END und END-READ handelt es sich um *Schlüsselwörter* (keyword). Diese Wörter erwartet der Kompilierer bei der Analyse des Quellprogramms. Sie sind daher auf jeden Fall innerhalb einer READ-Anweisung anzugeben[1].
Die nicht unterstrichenen Wörter RECORD und AT heißen *Wahlwörter* (optional word). Diese Wörter sollen die Lesbarkeit einer Anweisung erleichtern. Da sie keine weitere Funktion besitzen, dürfen sie auch weggelassen werden. Sofern sie in einer Anweisung angegeben sind, dürfen sie keine orthographischen Fehler enthalten (andernfalls führt dies zu einer Fehlermeldung des Kompilierers).
Die klein geschriebenen Wörter "dateiname" und "bezeichner" fungieren als Platzhalter für Programmierer-Wörter. In der Anweisung

```
READ VERTRETER-DATEI
    AT END SET DATEI-ENDE TO TRUE
END-READ
```

die wir bei Verzicht auf alle Wahlwörter auch (mit gleicher Wirkung der Anweisung)

```
READ VERTRETER-DATEI
    END SET DATEI-ENDE TO TRUE
END-READ
```

schreiben können, haben wir für den Platzhalter "dateiname" das Programmierer-Wort "VERTRETER-DATEI" und für den Platzhalter "unb-anw-1" die unbedingte Anweisung "SET DATEI-ENDE TO TRUE" eingesetzt.
Die klein geschriebenen Wörter "unb-anw-1" und "unb-anw-2" fungieren im Syntax-Gerüst als Platzhalter für vollständige unbedingte COBOL-Anweisungen (und nicht für einzelne Programmierer-Wörter).

Optionalklammern und Satzteil-Wiederholung

Bei der angegebenen READ-Anweisung haben wir auf die INTO-Klausel "INTO bezeichner" verzichtet. Dies ist kein Verstoß gegen die Syntax, weil ein Satzteil

---

[1] Das Stopwort "END-READ" nimmt eine Zwitterstellung ein. Wie oben angegeben, muß es nicht aufgeführt werden, wenn die READ-Anweisung als bedingte Anweisung eingesetzt werden soll.

dann fehlen darf, wenn er im Syntax-Gerüst in die *Optionalklammern* "[" und "]" eingeschlossen ist.

In unseren Beispielprogrammen haben wir jede READ-Anweisung durch das reservierte COBOL-Wort END-READ beendet. Dieses Schlüsselwort, das im Syntax-Gerüst in Optionalklammern eingeschlossen ist, bewirkt, daß die READ-Anweisung nicht als bedingte, sondern als unbedingte Anweisung verwendet wird.

Generell hängt die Wirkung von optionalen Satzteilen eng mit der Leistung der jeweiligen Anweisung zusammen und wird daher bei der Erläuterung der einzelnen COBOL-Anweisungen behandelt.

Folgen auf die schließende Optionalklammer die Zeichen "..." in der Form "]...", so kann der innerhalb der Klammern enthaltene Satzteil beliebig oft wiederholt werden. So ist etwa eine AT END-Klausel mit vier unbedingten Anweisungen in der Form

```
AT END unb-anw-1 unb-anw-2 unb-anw-3 unb-anw-4
```

als Bestandteil einer READ-Anweisung möglich. Wird das Dateiende beim Lesezugriff durch READ festgestellt, so werden die vier unbedingten Anweisungen "unb-anw-1", "unb-anw-2", "unb-anw-3" und "unb-anw-4" – in dieser Reihenfolge – ausgeführt.

Aufgabe 6

Welche Schlüssel- und Wahlwörter sind in den folgenden Syntax-Gerüsten enthalten?

a)   88 bedingungsname <u>VALUE</u> IS literal-1 [<u>THRU</u> literal-2]
                                        [literal-3 [<u>THRU</u> literal-4]]...

b)   stufennummer [{ bezeichner | <u>FILLER</u> }] <u>PICTURE</u> IS picture-maske.

c)   <u>WRITE</u> datensatzname [<u>FROM</u> bezeichner]

Kapitel 5

Datentransport und Wertzuweisung

Für den Datentransport im Hauptspeicher stellt COBOL mit der MOVE-Anweisung ein sehr flexibles und mächtiges Werkzeug bereit, das zudem äußerst einfach zu handhaben ist. Im Abschnitt 5.1 geben wir die wichtigsten Regeln für den Einsatz der MOVE-Anweisung an. Wir lernen ferner die Begriffe des numerischen und des alphanumerischen Literals kennen. Als spezielle Literale stellen wir die sog. figurativen Konstanten vor, welche die Belegung von Datenfeldern mit speziellen mehrfachen Zeichenmustern erleichtern.
Wie sich Wertzuweisungen an Bedingungsnamen durch die SET-Anweisung beschreiben lassen, stellen wir im Abschnitt 5.2 dar.
Als Gegenstück zur dynamischen Speicherbesetzung mit der MOVE-Anweisung beschreiben wir im Abschnitt 5.3 die Initialisierung von Datenfeldern mit der VALUE-Klausel und der INITIALIZE-Anweisung.

5.1 Die MOVE-Anweisung

Mit der MOVE-Anweisung können Daten von einem Datenfeld in andere Felder übertragen werden. In unserem Beispielprogramm LISTE-DER-VERTRETER-NAMEN haben wir diese Anweisung bereits mehrmals eingesetzt. Z.B. wurde der Strukturblock

| NACHNAME ⟶ VERTRETER-NAME |

durch die Anweisung

    MOVE NACHNAME TO VERTRETER-NAME

umgesetzt.
An dieser Stelle wollen wir uns mit den allgemeinen Regeln für den Einsatz einer MOVE-Anweisung vertraut machen.

Syntax der MOVE-Anweisung (noch unvollständig!)

```
MOVE bezeichner-1 TO bezeichner-2 [ bezeichner-3 ]...
```

Durch die Ausführung dieser Anweisung wird der Inhalt des Datenfeldes "bezeichner-1" in das Datenfeld "bezeichner-2" und alle weiteren angegebenen Datenfelder übertragen. Das Feld "bezeichner-1" wird deshalb als *Sendefeld* und die Felder hinter dem Schlüsselwort TO als *Empfangsfelder* bezeichnet. Durch die Übertragung vom Sendefeld in die Empfangsfelder wird der alte Inhalt der Empfangsfelder zerstört, während der Inhalt des Sendefeldes unverändert erhalten bleibt. So ergibt sich z.B. durch die Ausführung der Anweisung

```
MOVE NACHNAME TO VERTRETER-NAME
```

die folgende Veränderung der Speicherinhalte:

	Sendefeld NACHNAME	Empfangsfeld VERTRETER-NAME
vorher:	N E U M A N N ⊔ ... ⊔	A L T M A N N ⊔ ... ⊔
nachher:	N E U M A N N ⊔ ... ⊔	N E U M A N N ⊔ ... ⊔

Für die durch

```
77  ZAHLENFELD-1   PICTURE S99V99.
77  ZAHLENFELD-2   PICTURE S99V99.
```

vereinbarten Datenfelder (ohne Angabe einer SIGN- und SEPARATE-Klausel ist das Vorzeichen zusammen mit der letzten Ziffer abgespeichert) ändert sich durch die Ausführung der MOVE-Anweisung

```
MOVE ZAHLENFELD-1 TO ZAHLENFELD-2
```

der Speicherplatz wie folgt:

	Sendefeld ZAHLENFELD-1	Empfangsfeld ZAHLENFELD-2
vorher:	1 2 5 5−	0 4 2 5+
nachher:	1 2 5 5−	1 2 5 5−

In diesen beiden Beispielen besitzen Sende- und Empfangsfeld die gleichen Datenfeld-Beschreibungen bzgl. Länge, Kategorie, Stellung des Dezimalpunkts und

5.1 Die MOVE-Anweisung

Vorzeichen. Nach dem Datentransport ist deshalb der Inhalt des Empfangsfeldes mit dem des Sendefeldes identisch.
Wir zeigen nun, zu welchem Ergebnis die MOVE-Anweisung führt, wenn die Attribute von Empfangs- und Sendefeld unterschiedlich sind.

5.1.1 Alphanumerisches MOVE

Besitzen Sende- und Empfangsfeld(er) die alphanumerische Kategorie, so sprechen wir von einem *alphanumerischen MOVE*.
Beim alphanumerischen MOVE wird der Inhalt des Sendefeldes immer linksbündig im Empfangsfeld abgelegt, d.h. das erste Zeichen des Sendefeldes wird im Empfangsfeld als erstes Zeichen eingetragen, das zweite Zeichen des Sendefeldes wird als zweites Zeichen abgelegt usw.
Die *Übertragungslänge* entspricht dabei jeweils der Länge des Empfangsfeldes (gemessen in Byte). Ist das Empfangsfeld kürzer als das Sendefeld, so werden die überzähligen Zeichen (ohne Angabe einer Fehlermeldung) *abgeschnitten*. Bei kürzerem Sendefeld werden die restlichen Zeichen des Empfangsfeldes *mit Leerzeichen aufgefüllt*.
Sind in einer MOVE-Anweisung mehrere Empfangsfelder angegeben, so wird die Übertragungslänge für jedes Empfangsfeld einzeln ermittelt.
Mit den Vereinbarungen

```
    01  S-NAME.
        02  S-VORNAME      PICTURE X(10).
        02  S-NACHNAME     PICTURE X(10).
    01  E-NAME-1.
        02  E-VORNAME-1    PICTURE X(5).
        02  E-NACHNAME-1   PICTURE X(10).
    01  E-NAME-2.
        02  E-VORNAME-2    PICTURE X(12).
        02  E-NACHNAME-2   PICTURE X(7).
```

führen die Anweisungen

```
MOVE S-VORNAME  TO E-VORNAME-1  E-VORNAME-2
MOVE S-NACHNAME TO E-NACHNAME-1 E-NACHNAME-2
```

zu folgendem Ergebnis:

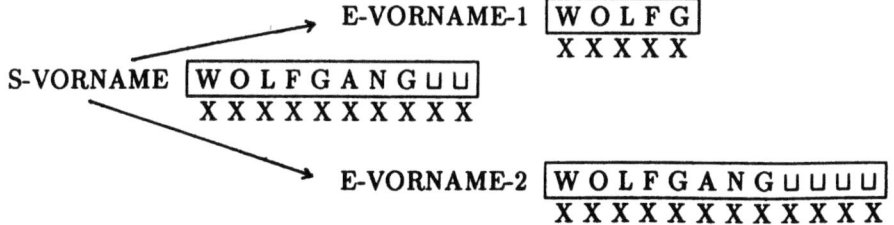

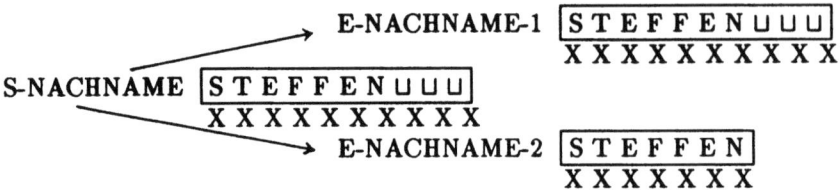

5.1.2 Numerisches MOVE

Besitzen Sende- und Empfangsfeld(er) die numerische Kategorie, so sprechen wir von einem *numerischen MOVE*.

Würden beim numerischen MOVE die Daten ebenfalls stets linksbündig in die Empfangsfelder übertragen, so würde dies offensichtlich in vielen Fällen zu falschen Ergebnissen führen.

Beim numerischen MOVE werden die Daten deshalb *dezimalpunktgerecht* übertragen. Enthält das Sendefeld mehr Ziffern links oder rechts vom Dezimalpunkt als das Empfangsfeld dort aufnehmen kann, so werden die restlichen Ziffern – ohne Angabe einer Fehlermeldung – nicht übertragen (es wird auch nicht gerundet!). Enthält dagegen das Empfangsfeld mehr Ziffernpositionen rechts bzw. links vom Dezimalpunkt als das Sendefeld, so werden in diese Positionen *Nullen eingefügt*. Auch beim numerischen MOVE entspricht daher die Übertragungslänge immer der Länge des Empfangsfeldes.

In ein vorzeichenlos beschriebenes Empfangsfeld wird stets der Betrag des Sendefeldes übertragen, d.h. der Wert ohne Vorzeichen.

Wir demonstrieren diese Regeln mit den folgendermaßen definierten Datenfeldern:

```
77   S-KONTO-1   PICTURE 9(3)V99.
77   S-KONTO-2   PICTURE S9(3)V99.
77   S-KONTO-3   PICTURE S9(3)V99.
77   E-KONTO-1   PICTURE S9(4)V999.
77   E-KONTO-2   PICTURE S9(3)V9.
77   E-KONTO-3   PICTURE S9(3).
77   E-KONTO-4   PICTURE S9V99.
77   E-KONTO-5   PICTURE 9(3)V99.
```

Dann führt sowohl die Anweisung

```
MOVE S-KONTO-1 TO
     E-KONTO-1 E-KONTO-2 E-KONTO-3 E-KONTO-4 E-KONTO-5
```

als auch die Anweisung

```
MOVE S-KONTO-2 TO
     E-KONTO-1 E-KONTO-2 E-KONTO-3 E-KONTO-4 E-KONTO-5
```

5.1 Die MOVE-Anweisung

zu dem folgenden Ergebnis:

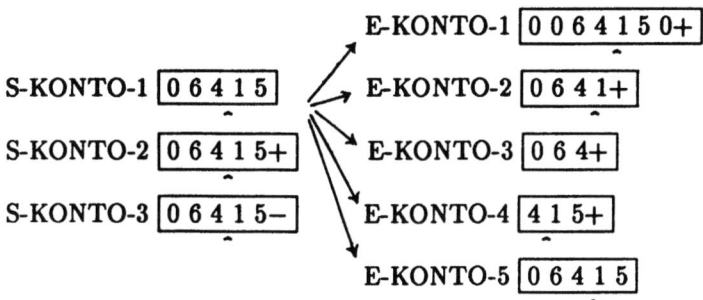

Bei der Ausführung der Anweisung

```
MOVE S-KONTO-3 TO
    E-KONTO-1 E-KONTO-2 E-KONTO-3 E-KONTO-4 E-KONTO-5
```

ändert sich die Speicherbelegung der Empfangsfelder insofern, als bei den Feldern E-KONTO-1, E-KONTO-2, E-KONTO-3 und E-KONTO-4 anstelle des Pluszeichens ein Minuszeichen als Vorzeichen an der letzten Ziffernposition eingetragen wird. Bei der Übertragung des Inhalts von S-KONTO-3 nach E-KONTO-5 geht das Vorzeichen ebenso verloren wie bei der Übertragung von S-KONTO-2 nach E-KONTO-5.

5.1.3 MOVE mit Datenfeldern unterschiedlicher Kategorie

Bisher haben wir die MOVE-Anweisung immer nur auf Datenfelder gleicher Kategorie angewandt. Im folgenden beschreiben wir, unter welchen Umständen es sinnvoll und auch möglich ist, Daten zwischen Feldern unterschiedlicher Kategorien zu übertragen.
Ein Transport von einem *numerischen Sendefeld* in ein *alphanumerisches Empfangsfeld* ist nur zulässig, wenn das Sendefeld ganzzahlig vereinbart ist. In diesem Fall gelten die Regeln wie beim alphanumerischen MOVE. Allerdings gehen vorhandene Vorzeicheninformationen hierbei verloren.
Mit der Vereinbarung

```
77  S-NUM-KONTO-1  PICTURE S9(4).
77  S-NUM-KONTO-2  PICTURE 9(5).
77  E-ALPH-KONTO-1 PICTURE X(6).
77  E-ALPH-KONTO-2 PICTURE X(4).
```

führen die MOVE-Anweisungen

```
MOVE S-NUM-KONTO-1 TO E-ALPH-KONTO-1 E-ALPH-KONTO-2
MOVE S-NUM-KONTO-2 TO E-ALPH-KONTO-1 E-ALPH-KONTO-2
```

zu folgenden Ergebnissen:

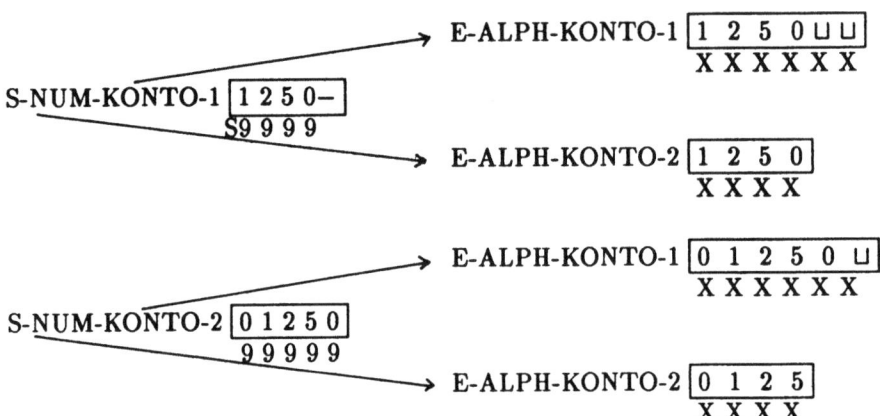

Beim Transport von einem *alphanumerischen Sendefeld* in ein *numerisches Empfangsfeld* können sinnvollerweise nur numerische Daten übertragen werden, d.h. die alphanumerische Zeichenfolge darf nur aus Ziffern bestehen. Werden nämlich andere Zeichenkombinationen in ein numerisches Empfangsfeld übertragen, so führt dies beim Objektlauf in dem Moment zu einem Programmabbruch, wenn mit diesem Empfangsfeld arithmetische Operationen (siehe Kapitel 8) durchgeführt werden. Mit den Datenfeldern

```
77  S-ALPH-KONTO-1 PICTURE X(4).
77  S-ALPH-KONTO-2 PICTURE X(5).
77  E-NUM-KONTO-1  PICTURE S99V99.
77  E-NUM-KONTO-2  PICTURE 9(4).
```

führen die MOVE-Anweisungen

```
MOVE S-ALPH-KONTO-1 TO E-NUM-KONTO-1 E-NUM-KONTO-2
MOVE S-ALPH-KONTO-2 TO E-NUM-KONTO-1 E-NUM-KONTO-2
```

zu folgenden Resultaten:

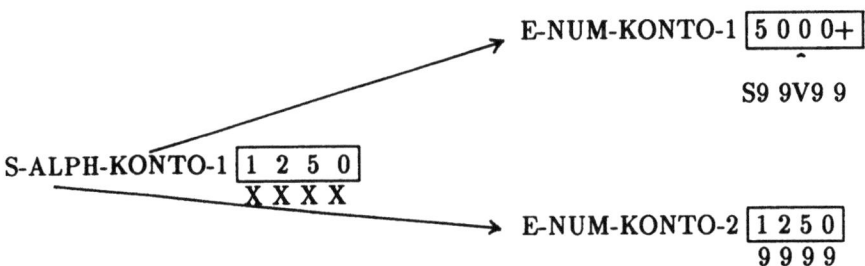

5.1 Die MOVE-Anweisung

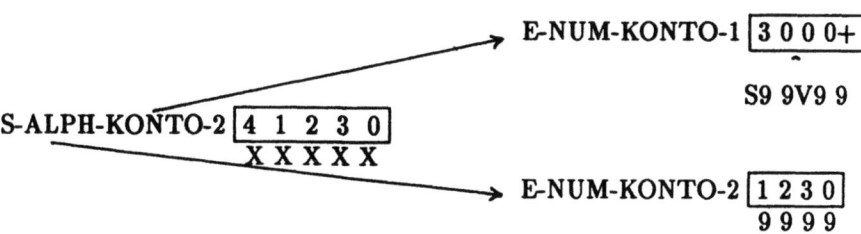

Der Transport wird also wie beim numerischen MOVE durchgeführt, wobei der Sendefeldinhalt ganzzahlig interpretiert wird. Die Übertragungslänge berechnet sich dabei wiederum aus der Länge des Empfangsfeldes.

5.1.4 Gruppen-MOVE

Bislang haben wir als Sende- und Empfangsfelder nur elementare Datenfelder eingesetzt. Erscheint eine *Datengruppe* als Operand in einer MOVE-Anweisung, so wird sie wie ein Datenfeld von alphanumerischer Kategorie behandelt. Die Länge dieses Feldes berechnet sich aus der Summe aller Längen der darin enthaltenen untergeordneten Datenfelder.

Tritt eine Datengruppe als Sende- oder Empfangsfeld in einer MOVE-Anweisung auf, so wird stets ein *alphanumerisches MOVE* durchgeführt, d.h. beim Transport wird die interne Darstellung der einzelnen Daten nicht verändert. So wird z.B. ein Vorzeichen in einem numerischen Datenfeld bei der Übertragung in eine Datengruppe nicht entfernt, sondern es wird zusammen mit dem ersten bzw. dem letzten Byte des Sendefeldes unverändert übernommen, sofern es zusammen mit einer Ziffer abgespeichert ist.

Mit der Vereinbarung

```
77  S-NUM   PICTURE S9(4).
77  S-ALPH  PICTURE X(4).
77  E-NUM   PICTURE 9(4).
77  E-ALPH  PICTURE X(5).
01  S-GRUPPE.
    02  FELD-1 PICTURE 99.
    02  FELD-2 PICTURE 99.
01  E-GRUPPE.
    02  FELD-3 PICTURE 99.
    02  FELD-4 PICTURE S99.
```

führen die Anweisungen

```
MOVE S-GRUPPE TO E-GRUPPE E-NUM E-ALPH
MOVE S-NUM TO E-GRUPPE
MOVE S-ALPH TO E-GRUPPE
```

zu folgenden Ergebnissen:[1]

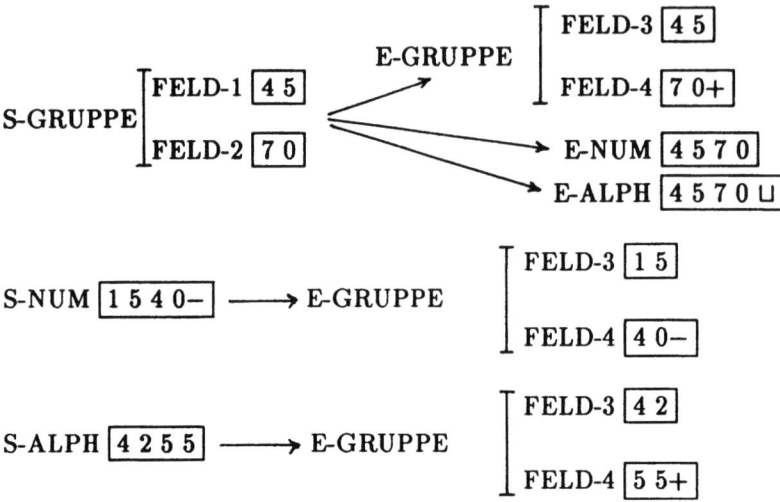

5.1.5 MOVE mit Literalen

Bislang haben wir beschrieben, wie Inhalte von Datenfeldern durch die Ausführung von MOVE-Anweisungen übertragen werden können. Darüberhinaus besteht die Möglichkeit, Literale auf Sendefeldposition innerhalb von MOVE-Anweisungen aufführen zu können.

Davon haben wir in unserem Beispielprogramm LISTE-DER-VERTRETER-NAMEN bereits Gebrauch gemacht, indem wir die Literale "Null" (0) und "Leerzeichen" ("⊔") durch die Anweisungen

    MOVE 0 TO DATEI-ENDE-FELD

bzw.

    MOVE "⊔" TO LISTE-SATZ

in die Empfangsfelder DATEI-ENDE-FELD bzw. LISTE-SATZ übertragen haben.

Ein *Literal* ist eine Zeichenkette, deren Wert durch die in dieser Zeichenkette verwendeten Zeichen bestimmt wird. Im Programm werden die Literale unter anderem als Konstante in speziellen COBOL-Anweisungen benutzt. Dabei wird zwischen numerischen und alphanumerischen Literalen unterschieden.

---

[1] Es erscheint so, als ob bei der durch die erste bzw. dritte MOVE-Anweisung vorgenommenen Übertragung in das Feld FELD-4 ein Vorzeichen zur letzten Stelle hinzugefügt worden sei. Das ist jedoch nicht der Fall. Vielmehr entspricht unsere Darstellung der Interpretation der Speicherdarstellung der letzten Ziffer, wie dies bei der Verarbeitung von Feldern geschieht, die mit dem Maskenzeichen S – ohne Angabe einer SIGN- und SEPARATE-Klausel – vereinbart sind (vgl. die Angaben im Anhang A.5).

5.1 Die MOVE-Anweisung

Somit stellt sich die Syntax der MOVE-Anweisung in ihrer allgemeinen Form wie folgt dar:

Syntax der MOVE-Anweisung

```
MOVE { bezeichner-1 | literal }
     TO bezeichner-2 [ bezeichner-3 ]...
```

Die Ausführung der MOVE-Anweisung mit einem Literal auf Sendefeld-Position geschieht genauso wie wir es für Datenfelder auf Sendefeld-Position kennengelernt haben. Allein ausschlaggebend für die Übertragungslänge ist stets die Definition des Empfangsfeldes, und über die Ausführungsart entscheidet stets die Kombination aus Sendefeld und Empfangsfeld.
In unserem Beispielprogramm wurde durch die Anweisung

    MOVE 0 TO DATEI-ENDE-FELD

ein numerisches MOVE und durch die Anweisung

    MOVE "⊔" TO LISTE-SATZ

ein alphanumerisches MOVE ausgeführt, da "0" ein numerisches und das Leerzeichen ("⊔") ein alphanumerisches Literal ist und die Empfangsfelder jeweils die gleiche Kategorie besitzen.

5.1.6 Numerische Literale

Numerische Literale (dies sind "Zahlen-Konstante") bestehen aus *maximal 18 Ziffern*, die von einem Vorzeichen ("+" oder "−") eingeleitet werden können. Zusätzlich ist die Angabe eines Dezimalpunktes "." möglich. Das Vorzeichen muß das erste Zeichen und der Dezimalpunkt darf nicht das letzte Zeichen sein, da ein Punkt am Ende einer Zeichenfolge in einem COBOL-Programm immer das Ende einer Datenfeld-Vereinbarung oder das Satzende kennzeichnet. Ohne Dezimalpunkt wird ein numerisches Literal als ganze Zahl und ohne Vorzeichen als positive Zahl interpretiert.
Beispiele für numerische Literale sind die Zeichenfolgen:

    0.12   und   +1250.15   und   -12

Dagegen ist die Schreibweise "−12." für das numerische Literal, das den Wert "−12." bezeichnet, nicht zulässig. Stattdessen muß in diesem Fall die Schreibweise "−12" gewählt werden.

5.1.7 Alphanumerische Literale

Alphanumerische Literale (dies sind "Text-Konstante") bestehen aus einem oder mehreren Zeichen, die durch *Anführungszeichen* (") (quotation mark) eingeleitet

und beendet werden. Soll ein Anführungszeichen innerhalb eines alphanumerischen Literals aufgeführt werden, so ist es – ersatzweise – durch die Angabe zweier aufeinanderfolgender Anführungszeichen ("") darzustellen.
Die maximale Länge eines alphanumerischen Literals ist auf *160 Zeichen* beschränkt, wobei die beiden Begrenzungszeichen nicht mitgezählt werden. Allerdings besteht bei vielen DVAn die Möglichkeit, weitaus längere Literale zu vereinbaren (was aus Gründen der Portabilität eines Programms nicht zu empfehlen ist!).
Beispiele für alphanumerische Literale sind die Zeichenfolgen:

```
"LISTE-DER-VERTRETER-NAMEN"   und   "+1250.25"   und   "+ - * /"
```

Auch

```
"DAS ZEICHEN "" IST EIN ANFUEHRUNGSZEICHEN"
```

ist ein zulässiges alphanumerisches Literal, dessen Wert der Text

```
DAS ZEICHEN " IST EIN ANFUEHRUNGSZEICHEN
```

ist.

5.1.8 Trennung von Literalen

Falls ein Literal bei der Programmerfassung nicht vollständig in einer Programmzeile Platz findet, müssen wir es trennen und dabei diesbezügliche Trennungsregeln beachten.
Dazu ergänzen wir die im Abschnitt 3.4 angegebenen Trennungsregeln für die COBOL-Wörter um die folgenden Vorschriften:

- Bei der *Trennung eines numerischen Literals* dürfen sowohl am Ende der fortzusetzenden Programmzeile als auch am Anfang der Fortsetzungszeile (gekennzeichnet durch den Bindestrich "–" in Zeichenposition 7) beliebig viele Leerzeichen auftreten.

Z.B. trennen wir:

		MOVE -231.
	-	55 TO KONTOSTAND-WS

↑ Zeichenposition 7

Abbildung 5.1: Trennung eines numerischen Literals

und erhalten für das durch

```
77 KONTOSTAND-WS PICTURE S9(3)V99.
```

5.1 Die MOVE-Anweisung

definierte numerische Feld KONTOSTAND-WS als Speicherinhalt:

KONTOSTAND-WS $\boxed{2\ 3\ 1\ 5\ 5-}$

- Bei der *Trennung eines alphanumerischen Literals* wird die gesamte Zeichenfolge ab dem einleitenden Anführungszeichen bis zur Zeichenposition 72 der fortzusetzenden Programmzeile als Beginn des Literals aufgefaßt. In der Fortsetzungszeile darf der folgende Literalbereich, der wiederum durch das Anführungszeichen einzuleiten ist, an einer beliebigen Stelle im Bereich B beginnen.

Z.B. trennen wir:

	MOVE "⊔LISTE⊔DER⊔VERTRETER	
-		"⊔DES⊔
-	"UNTERNEHMENS"	
	TO LISTE-SATZ	

↑ Zeichenposition 7   Zeichenposition 72 ↑

Abbildung 5.2: Trennung eines alphanumerischen Literals

und erhalten für das Feld LISTE-SATZ den Inhalt:

LISTE-SATZ $\boxed{\text{⊔LISTE⊔DER⊔VERTRETER⊔DES⊔UNTERNEHMENS⊔ ... ⊔}}$

5.1.9 Figurative Konstante

Eine besondere Art von Literalen stellen die *figurativen Konstanten* (figurative constant) dar, die durch COBOL-Schlüsselwörter bezeichnet werden. Zu den figurativen Konstanten zählen:[2]

---

[2] Für die figurative Konstante QUOTES ist zu beachten, daß ein alphanumerisches Literal wie z.B. "+ - * /" *nicht* QUOTE + - * / QUOTE geschrieben werden darf, da als Begrenzungszeichen für ein alphanumerisches Literal immer das Anführungszeichen (") verwendet werden muß.

COBOL-Wörter	bezeichnete Zeichen
SPACE bzw. SPACES	Leerzeichen (⊔)
QUOTE bzw. QUOTES	Anführungszeichen (")
ZERO bzw. ZEROES bzw. ZEROS	Null (als Ziffer 0 oder als numerischer Wert 0)
HIGH-VALUE bzw. HIGH-VALUES	Zeichen mit der höchsten Sortierfolge-Ordnungsnummer
LOW-VALUE bzw. LOW-VALUES	Zeichen mit der niedrigsten Sortierfolge-Ordnungsnummer

Eine besondere Form der figurativen Konstanten stellen die Wortverbindungen

```
ALL { alphanumerisches-literal
    | figurative-konstante-ohne-das-wort-ALL }
```

dar, mit denen Zeichenmuster in ein Datenfeld eingetragen werden können (dies wird im nächsten Abschnitt erläutert).
Weitere Beispiele für figurative Konstante sind daher die Zeichenfolgen:

    ALL SPACE   und   ALL "⊔"   und   ALL ":"   und   ALL ":::⊔"

5.1.10 MOVE mit figurativen Konstanten

Wird eine figurative Konstante auf Sendefeldposition innerhalb einer MOVE-Anweisung aufgeführt, so wird das Empfangsfeld in seiner ganzen Länge sukzessive mit der durch die figurative Konstante beschriebenen Zeichenfolge aufgefüllt. Im Einklang mit der linksbündigen Ablage bei alphanumerischen Datenfeldern wird die Besetzung vom Feldanfang aus durchgeführt.
Von einer Ausnahme (Null) abgesehen, dürfen als Empfangsfelder für figurative Konstante nur alphanumerische Datenfelder auftreten. Allein die durch ZERO (bzw. ZEROS oder ZEROES) bezeichnete Konstante Null darf auch in numerische Empfangsfelder übertragen werden. Mit den Vereinbarungen

```
77  E-ALPH-1  PICTURE X(5).
77  E-ALPH-2  PICTURE X(5).
77  E-ALPH-3  PICTURE X(5).
77  E-ALPH-4  PICTURE X(5).
77  E-ALPH-5  PICTURE X(5).
77  E-ALPH-6  PICTURE X(5).
77  E-ALPH-7  PICTURE X(5).
77  E-NUM-1   PICTURE S99V99.
77  E-NUM-2   PICTURE S99V99.
77  E-NUM-3   PICTURE S99V99.
77  E-NUM-4   PICTURE S99V99.
```

5.1 Die MOVE-Anweisung

führen die MOVE-Anweisungen

```
MOVE   ALL ":"      TO E-ALPH-1
MOVE   ":::"        TO E-ALPH-2
MOVE   ALL ":+"     TO E-ALPH-3
MOVE   ":+"         TO E-ALPH-4
MOVE   ZEROS        TO E-ALPH-5
MOVE   SPACES       TO E-ALPH-6
MOVE   120          TO E-ALPH-7
MOVE   -25.40       TO E-NUM-1
MOVE   ZERO         TO E-NUM-2
MOVE   1.20         TO E-NUM-3
MOVE   "012"        TO E-NUM-4
```

zu den folgenden Ergebnissen:

E-ALPH-1 `[: : : : :]`   E-ALPH-2 `[: : : ⊔ ⊔]`   E-ALPH-3 `[: + : + :]`

E-ALPH-4 `[: + ⊔ ⊔ ⊔]`   E-ALPH-5 `[0 0 0 0 0]`   E-ALPH-6 `[⊔ ⊔ ⊔ ⊔ ⊔]`

E-ALPH-7 `[1 2 0 ⊔ ⊔]`   E-NUM-1 `[2 5 4 0-]`   E-NUM-2 `[0 0 0 0+]`

E-NUM-3 `[0 1 2 0+]`   E-NUM-4 `[1 2 0 0+]`

Beim MOVE mit figurativen Konstanten darf das COBOL-Wort ALL vor einer durch ein COBOL-Wort bezeichneten figurativen Konstante auch fehlen. So ist z.B.

MOVE ALL QUOTES TO E-ALPH-6

gleichbedeutend mit

MOVE QUOTES TO E-ALPH-6

5.1.11 JUSTIFIED-Klausel

Standardmäßig werden die beim alphanumerischen MOVE übertragenen Zeichen des Sendefeldes immer *linksbündig* im Empfangsfeld abgespeichert. Soll von dieser Regel abgewichen und eine *rechtsbündige* Ablage durchgeführt werden, so ist in der Datenfeld-Beschreibung des Empfangsfeldes zusätzlich eine *JUSTIFIED-Klausel* in der folgenden Form anzugeben:

```
{ JUSTIFIED | JUST } RIGHT
```

Ist das Sendefeld länger als das Empfangsfeld, so werden die überzähligen Zeichen zu Beginn des Sendefeldes nicht übertragen. Umgekehrt wird bei größerer Länge des Empfangsfeldes die rechtsbündig abgelegte Zeichenfolge durch führende Leerzeichen ergänzt.
Generell darf die JUSTIFIED-Klausel nur bei der Vereinbarung von elementaren Datenfeldern angegeben werden, die nicht der numerischen Kategorie angehören.
Bei der Vereinbarung

```
77  S-ALPHA    PICTURE X(4).
77  E-ALPHA-1  PICTURE XX     JUSTIFIED RIGHT.
77  E-ALPHA-2  PICTURE X(6)   JUSTIFIED RIGHT.
```

führen die Anweisungen

```
MOVE S-ALPHA TO E-ALPHA-1 E-ALPHA-2
MOVE ALL "1234" TO E-ALPHA-1 E-ALPHA-2
```

zu folgenden Ergebnissen:

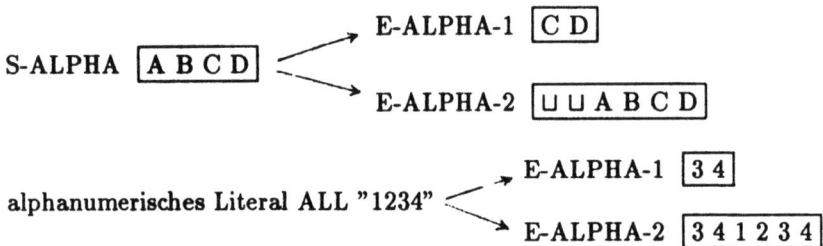

Abschließend fassen wir die dargestellten Anwendungen der MOVE-Anweisung in dem folgenden Schema zusammen:

Kategorie des Sendefelds	Kategorie des Empfangsfelds		
	Gruppe	AN	N
Datengruppe	a	a	d
AN (alphanumerisch)	a	a	c
N (numerisch) ganzzahlig	d	a	b
N nicht ganzzahlig	d	verboten!	b

Abbildung 5.3: Regeln für die Datenübertragung mit der MOVE-Anweisung

5.1 Die MOVE-Anweisung

Dabei gilt:

- -a: alphanumerisches MOVE, d.h. linksbündige Ablage (evtl. Abschneiden oder Auffüllen mit Leerzeichen) und bei Datenelementen gegebenenfalls auch rechtsbündige Ablage, falls für das Empfangsfeld die JUSTIFIED-Klausel angegeben ist,
- -b: numerisches MOVE, d.h. Dezimalpunkt-Ausrichtung und evtl. Auffüllung mit Nullen bzw. Abschneiden von Ziffern; das Ergebnis ist undefiniert, wenn die Zeichen des Sendefelds keine Ziffern sind,
- -c: wie b, aber: als Zeichen des Sendefeldes dürfen nur Ziffern auftreten, und
- -d: linksbündige Ablage ohne Daten-Umformung.

Im Zusammenhang mit der Druckaufbereitung (siehe Abschnitt 6.5) und im Hinblick auf die möglichen Speicherdarstellungen (siehe Abschnitt 8.4) gibt es weitere Regeln für die MOVE-Anweisung, die wir in den Abschnitten 6.5 bzw. 8.4 angeben werden.

5.1.12 Transport von Datenfeld-Bereichen

Es dürfen nicht nur gesamte Datenfeldinhalte, sondern auch Teilbereiche von Datenfeldern in der Form

```
bezeichner ( ganzzahl-1 : [ ganzzahl-2 ] )
```

adressiert werden. Dabei kennzeichnet "ganzzahl-1" die Zeichenposition innerhalb des Datenfeldes "bezeichner", an welcher der Datenfeld-Bereich beginnt. Ohne Angabe von "ganzzahl-2" reicht dieser Bereich bis zum Ende von "bezeichner". Mit der Angabe von "ganzzahl-2" umfaßt der adressierte Bereich "ganzzahl-2" Zeichenpositionen ab "ganzzahl-1".

So führt etwa für die durch

```
01  S-NUM-ALPH.
    02  NUM  PICTURE 99  VALUE 45.
    02  ALPH PICTURE XXX VALUE "123".
01  E-NUM PICTURE 9(3).
```

vereinbarten Datenfelder die Ausführung der Anweisung

```
MOVE S-NUM-ALPH (2 : 3) TO E-NUM
```

zu folgendem Ergebnis:

E-NUM ⌐5 1 2⌐

Diese Form der Adressierung erspart zusätzlich erforderliche Strukturierungen und Redefinitionen von Datenfeldern, sofern auf Teilbereiche der abgespeicherten Daten zugegriffen werden soll.
Es ist jedoch zu bedenken, daß dieser Komfort den Nachteil hat, daß ein Programm wegen des Fehlens geeigneter, den Inhalt von Datenfeldern kennzeichnender Bezeichner schwer lesbar ist.

5.2 Zuweisung an Bedingungsnamen

Wertzuweisungen an Bedingungsnamen lassen sich mit einer *SET-Anweisung* in der Form

```
SET bedingungsname-1 [ bedingungsname-2 ]... TO TRUE
```

vornehmen.
So haben wir etwa die Anweisung

```
MOVE 1 TO DATEI-ENDE-FELD
```

innerhalb unseres Beispielprogramms LISTE-DER-VERTRETER-NAMEN durch die SET-Anweisung

```
SET DATEI-ENDE TO TRUE
```

ersetzt. Bei der Ausführung dieser Anweisung wird dem Feld DATEI-ENDE-FELD der Wert 1 zugewiesen, da der Bedingungsname DATEI-ENDE durch die Angabe

```
77  DATEI-ENDE-FELD PICTURE 9.
    88  DATEI-ENDE VALUE 1.
```

vereinbart ist.
Grundsätzlich wird durch eine SET-Anweisung der oben angegebenen Form immer derjenige Wert in das zugehörige Datenfeld eingetragen, der bei der Vereinbarung des Bedingungsnamens innerhalb der VALUE-Klausel aufgeführt ist. Sind mehrere Werte in der diesbezüglichen VALUE-Klausel angegeben, so wird stets der zuerst aufgeführte Wert zugewiesen.

5.3 Initialisieren von Datenfeldern

5.3.1 Die VALUE-Klausel

Mit der MOVE-Anweisung können wir bei der Programmausführung die Inhalte der im Programm vereinbarten Datenfelder jederzeit *dynamisch* verändern. In bestimmten Situationen ist es jedoch ratsam, ein Datenfeld schon vor dem Programmstart durch den Kompilierer mit einem Wert vorbesetzen zu lassen. Dies ist vor allen Dingen dann empfehlenswert, wenn das betreffende Feld während der Programmausführung nicht verändert werden oder einen speziellen Anfangswert erhalten soll. Die Initialisierung von Datenfeldern wird durch die Angabe der *VALUE-Klausel* in der Form

```
VALUE IS literal
```

innerhalb der Datenfeld-Beschreibung veranlaßt. Diese Klausel darf nur in der WORKING-STORAGE SECTION benutzt werden, und das angegebene Literal muß von derselben Kategorie wie das zugehörige Datenfeld sein. Mit der VALUE-Klausel können nicht nur Datenfelder, sondern auch alle durch das Wort FILLER gekennzeichneten Speicherbereiche vorbesetzt werden (dies ist besonders vorteilhaft bei der Füllung von Speicherbereichen für die Druckausgabe). Bei der Initialisierung mit der VALUE-Klausel gelten im wesentlichen dieselben Regeln wie bei der Ausführung einer MOVE-Anweisung (siehe oben). Allerdings sind Literale immer so anzugeben, daß sie vollständig in den Datenfeldern Platz finden.

Beispielsweise führen die Vereinbarungen

```
77  DATEI-ENDE-FELD           PICTURE 9 VALUE ZERO.
77  ZAEHLER                   PICTURE 9(4) VALUE 1.
77  TITEL-ZEILE               PICTURE X(132) VALUE "NAMENSLISTE".
77  UNTERSTREICHUNGS-ZEILE    PICTURE X(132) VALUE ALL ":".
77  ANFANGS-KENNZEICHNUNG     PICTURE X(7) VALUE "⎵⎵⎵⎵⎵⎵:".
77  GESAMT-KONTOSTAND-ALT     PICTURE S9(6)V99 VALUE +5780.50.
```

zu den folgenden Speicherbelegungen zum Programmstart:

DATEI-ENDE-FELD $\boxed{0}$ ZAEHLER $\boxed{0\,0\,0\,1}$

TITEL-ZEILE $\boxed{\text{N A M E N S L I S T E ⎵ ... ⎵}}$

UNTERSTREICHUNGS-ZEILE $\boxed{: : : : : : : : \ ... \ : :}$

ANFANGS-KENNZEICHNUNG   `⎵⎵⎵⎵⎵⎵:`

GESAMT-KONTOSTAND-ALT   `0 0 5 7 8 0 5 0 +`

Die VALUE-Klausel darf auch hinter einem Bezeichner für eine Datengruppe aufgeführt werden. Das angegebene Literal muß dann von alphanumerischer Kategorie sein, und die der Datengruppe untergeordneten Felder dürfen selbst keine VALUE- und keine JUSTIFIED-Klausel (und auch keine SYNCHRONIZED- oder USAGE-Klausel außer mit dem Schlüsselwort DISPLAY, vgl. die Abschnitte 8.4 und 13.6) enthalten.

Z.B. führen die Datenfeld-Beschreibungen

```
01  ZAEHLER-LISTE  VALUE "001101".
    02  ZAEHLER-1  PICTURE 999.
    02  ZAEHLER-2  PICTURE 9.
    02  ZAEHLER-3  PICTURE 99.
01  VOKALE  VALUE "AEIOU".
    02  A  PICTURE X.
    02  E  PICTURE X.
    02  I  PICTURE X.
    02  O  PICTURE X.
    02  U  PICTURE X.
```

zu den Speicherinhalten:

ZAEHLER-1 `0 0 1`   ZAEHLER-2 `1`   ZAEHLER-3 `0 1`

A `A`   E `E`   I `I`   O `O`   U `U`

Grundsätzlich enthalten beim Programmstart alle diejenigen Datenfelder einen *undefinierten* Wert, die durch keine VALUE-Klausel vorbesetzt sind. Deshalb müssen wir strikt darauf achten, daß wir jedem nicht initialisierten Feld einen Anfangswert zuweisen, bevor wir es erstmalig als Operand in einer COBOL-Anweisung benutzen. Natürlich brauchen wir Empfangs- und Ergebnisfelder (bei arithmetischen Operationen) nicht extra zu initialisieren.

Wir weisen an dieser Stelle noch einmal besonders darauf hin, daß die Syntax der VALUE-Klausel für die Vorbesetzung von Datenfeldern von derjenigen *abweicht*, mit der Bedingungsnamen definiert werden.

5.3.2 Die INITIALIZE-Anweisung

Oftmals sollen in einem Programm die Inhalte von Zählfeldern mit dem Anfangswert 0 und die Inhalte von Datenfeldern für die Datenausgabe mit Leerzeichen vorbesetzt werden. Als Alternative zur gezielten Belegung der einzelnen Datenfelder durch den Einsatz der VALUE-Klausel oder der MOVE-Anweisung stellt COBOL ergänzend die *INITIALIZE-Anweisung* in der Form

```
INITIALIZE bezeichner-1 [ bezeichner-2 ]...
```

zur Verfügung. Durch die Ausführung dieser Anweisung wird jedes hinter dem Wort INITIALIZE angegebene numerische Datenfeld mit dem Wert 0 und jedes alphanumerische Datenfeld mit Leerzeichen gefüllt.

Adressiert ein in der INITIALIZE-Anweisung aufgeführter Bezeichner eine Datengruppe, so wird für jedes in dieser Gruppe enthaltene elementare Feld eine der jeweiligen Kategorie entsprechende Datenübertragung (Null bzw. Leerzeichen) vorgenommen.

Sollen für die Felder einer Datengruppe nicht die standardmäßigen Speicherbelegungen durch den Wert 0 bzw. das Leerzeichen ausgeführt werden, so ist die INITIALIZE-Anweisung in der Form

```
INITIALIZE bezeichner-1 [ bezeichner-2 ]...
          REPLACING{ ALPHANUMERIC | NUMERIC }
                   DATA BY { bezeichner-3 | literal-1 }
                [ { ALPHANUMERIC | NUMERIC }
                   DATA BY { bezeichner-4 | literal-2 } ]...
```

einzusetzen.

Soll z.B. auf die Initialisierung der oben definierten Datengruppe ZAEHLER-LISTE mit der VALUE-Klausel verzichtet werden, so lassen sich die elementaren Felder ZAEHLER-1, ZAEHLER-2 und ZAEHLER-3 durch die Anweisung

```
INITIALIZE ZAEHLER-LISTE REPLACING NUMERIC DATA BY 1
```

mit dem Anfangswert 1 belegen.

Im Hinblick auf die Vorbesetzung von numerisch- und alphanumerischdruckaufbereiteten Datenfeldern mit Hilfe der INITIALIZE-Anweisung verweisen wir auf die Darstellung im Abschnitt 6.5.

Aufgabe 7

Die durch die Datenfeld-Beschreibungen

```
01  S-GRUPPE.
    02  S1  PICTURE 99V9.
    02  S2  PICTURE S99.
    02  S3  PICTURE XX.
01  E-GRUPPE.
    02  E1  PICTURE S99V9.
    02  E2  PICTURE S9V9.
    02  E3  PICTURE 99.
    02  E4  PICTURE X(4).
```

vereinbarten Datenfelder haben die aktuellen Speicherbelegungen:

S1 $\boxed{0\ 1\ 2}$ S2 $\boxed{4\ 7-}$ S3 $\boxed{1\ 2}$

E1 $\boxed{0\ 0\ 5-}$ E2 $\boxed{4\ 5-}$ E3 $\boxed{6\ 2}$ E4 $\boxed{V\ I\ E\ L}$

Zu welchen Ergebnissen führen die folgenden MOVE-Anweisungen?

a) MOVE S1 TO E1 E2 E3   b) MOVE S2 TO E1 E2 E3
c) MOVE S3 TO E1 E2 E3   d) MOVE S-GRUPPE TO E-GRUPPE

Aufgabe 8

Welche der folgenden Literale sind korrekt und welche haben alphanumerische Kategorie:

a) "BENUTZER␣-␣DATEN"   b) 1.
c) +12.7   d) 78,4
e) "+&/-ZEICHEN"   f) "DAS␣"-ZEICHEN"
g) "50%"   h) "1."
i) 88.44-   j) "88.44-"

Aufgabe 9

Geben Sie auf der Basis der Datenfeld-Beschreibung

```
01  SATZ.
    02  FELD-1       PICTURE X(5).
    02  FELD-2.
        03  FELD-21  PICTURE 99.
        03  FELD-22  PICTURE 9V9.
    02  FILLER       PICTURE X.
    02  FELD-3       PICTURE S9.
    02  FELD-4       PICTURE X(3) JUSTIFIED RIGHT.
```

die Ergebnisse der folgenden MOVE-Anweisungen an:

a) MOVE "A" TO FELD-1
b) MOVE "⌴" TO FELD-1
c) MOVE ALL "A⌴" TO FELD-1
d) MOVE ALL "ABCD" TO FELD-1
e) MOVE 200 TO FELD-21
f) MOVE 2 TO FELD-21
g) MOVE 20 TO FELD-22
h) MOVE .437 TO FELD-22
i) MOVE 44.55 TO FELD-22
j) MOVE +4.5 TO FELD-3
k) MOVE -0.1 TO FELD-3
l) MOVE "2237" TO FELD-2
m) MOVE "ABCDE1122X7" TO SATZ
n) MOVE "A" TO FELD-4
o) MOVE ALL "A⌴" TO FELD-4
p) MOVE ALL "ABCD" TO FELD-4

Aufgabe 10

Welche Vorbesetzungen werden durch die folgenden Vereinbarungen ausgeführt?

```
01  LISTEN-KOPF.
    02  FILLER    PICTURE X(33) VALUE SPACES.
    02  L-ANFANG  PICTURE X(27) VALUE "LISTE-1".
    02  L-ENDE    PICTURE X(72) VALUE "SEITE-1".
```

Kapitel 6

Einfache Ein-/Ausgabe

In Anlehnung an die von uns gelöste Aufgabe LISTE-DER-VERTRETER-NAMEN stellen wir im Abschnitt 6.1 die Aufgabe KOPIE-LISTE vor. Ferner geben wir die Syntax und die Ausführung der OPEN- und CLOSE-Anweisungen an.
Im Abschnitt 6.2 vertiefen wir unsere Kenntnis über die Datei-Verarbeitung und beschreiben die Syntax und Semantik der READ- und WRITE-Anweisung. Daran anschließend lösen wir die Aufgabenstellung KOPIE-LISTE.
Den speziellen Fall der Druckausgabe erläutern wir im Abschnitt 6.3. Dazu stellen wir die Möglichkeiten zur Zeilen- und Seiten-Vorschub-Steuerung vor.
Im Abschnitt 6.4 zeigen wir, wie die gesamte Druckausgabe in "logische Druckseiten" gegliedert werden kann. Dadurch läßt sich bei der Datenausgabe das Ende einer Druckseite automatisch feststellen, so daß durch den Einsatz der WRITE-Anweisung mit der AT END-OF-PAGE-Klausel der weitere Programmablauf geeignet gestaltet werden kann. Wir setzen diese Technik ein, um in Form von KOPIE-LISTE-NEU eine neue Lösung für die Problemstellung KOPIE-LISTE anzugeben.
Die Druckaufbereitung von Datenfeld-Inhalten erläutern wir im Abschnitt 6.5, indem wir den Einsatz der wichtigen Maskenzeichen ".", "+", "-", "Z", "", "B" und "0" beispielhaft demonstrieren.*
Wir zeigen z.B., wie sich bei numerischen Datenfeldern führende Nullen unterdrücken und Vorzeichen bündig an erste signifikante Ziffern anschließen lassen.
Die Möglichkeiten der Dialogführung stellen wir im Abschnitt 6.6 vor. Dazu erläutern wir den Einsatz der Anweisungen ACCEPT und DISPLAY, über die der Anwender am Bildschirmarbeitsplatz mit dem laufenden Programm kommunizieren kann.

6.1 Eröffnen und Schließen von Dateien

6.1.1 Datei-Gerätezuordnungen

Nach den bereits erworbenen Vorkenntnissen über die Bearbeitung von Dateien wollen wir im folgenden die grundlegenden Sprachelemente für die Dateneingabe und die Datenausgabe ausführlicher beschreiben. Dazu erweitern wir die ursprüng-

6.1 Eröffnen und Schließen von Dateien

liche Aufgabenstellung LISTE-DER-VERTRETER-NAMEN zur Aufgabenstellung KOPIE-LISTE:

- Aus den Sätzen von VERTRETER-DATEI sollen neben dem Nachnamen auch die Kontostände in die Druck-Datei LISTE ausgegeben werden. Zusätzlich ist eine Datei auf einem magnetischen Datenträger einzurichten, die nur die Vertreterkennzahl und den Vertreternachnamen enthält (eine derart eingerichtete Datei kann einem Anwender zur Verfügung gestellt werden, der keinen Zugriff auf die Kontostände der Vertreter haben soll).

Wie wir bereits wissen, sind die folgenden Vorkehrungen zu treffen, um eine Datei innerhalb eines COBOL-Programms verarbeiten zu können:

- in der FILE SECTION ist die Datei durch eine Datei-Beschreibung zu vereinbaren, und
- im Paragraphen FILE-CONTROL (innerhalb der INPUT-OUTPUT SECTION) ist dem im FD-Eintrag verabredeten Bezeichner eine geeignete Gerätebezeichnung (in Form eines symbolischen Dateinamens) zuzuordnen, für die in der Regel Anlagen-abhängige Konventionen zu beachten sind.

Somit ist das folgende Programmgerüst einzuhalten:

```
FILE-CONTROL.
    SELECT dateiname-1 ASSIGN TO gerätebezeichnung-1
  [ SELECT dateiname-2 ASSIGN TO gerätebezeichnung-2 ]...
DATA DIVISION.
FILE SECTION.
FD dateiname-1
    LABEL-Klausel und Datensatz-Beschreibung für "dateiname-1"
[ FD dateiname-2
    LABEL-Klausel und Datensatz-Beschreibung für "dateiname-2"
                                                           ]...
```

Als Bezeichner für die einzurichtende Datei mit den Vertreterkennzahlen und den Vertreternachnamen verabreden wir das COBOL-Wort KOPIE, und wir ordnen dem Dateinamen KOPIE die Gerätebezeichnung "DO" zu.
Da wir stets eine DVA-neutrale Angabe innerhalb der ASSIGN-Klausel machen, verbinden wir mit dem Namen "DO" die abkürzende Bezeichnung von *"Disk Output"* – genauso wie wir zuvor die Namen "SI" und "LO" als abkürzende Bezeichnungen für die DVA-neutralen Kennzeichnungen "Source Input" und "List Output" gewählt

haben.
Wir greifen die ursprünglichen Datei-Gerätezuordnungen aus der Problemlösung
LISTE-DER-VERTRETER-NAMEN wieder auf und verabreden insgesamt

```
FILE-CONTROL.
    SELECT VERTRETER-DATEI ASSIGN TO SI.
    SELECT LISTE          ASSIGN TO LO.
    SELECT KOPIE          ASSIGN TO DO.
```

als neuen Pragraphen FILE-CONTROL.

6.1.2 OPEN-Anweisung

Bevor wir auf eine Datei lesend oder schreibend zugreifen können, müssen wir sie zur Bearbeitung eröffnen. Dies erreichen wir durch die Angabe einer OPEN-Anweisung, bei deren Ausführung die folgenden Vorgänge (vom Betriebssystem) *automatisch* durchgeführt werden:
Bei der *Eröffnung zum Lesen*, d.h. bei einer *Eingabe-Datei* (*input* file):

- Identifikation der Datei auf dem Datenträger,

- Prüfung der Zugriffsberechtigung und Ermittlung der Kenndaten wie z.B. der Satzlänge,

- Positionierung auf den Dateianfang, d.h. auf den ersten Datensatz, und

- Einrichtung eines Eingabe-Puffers im Hauptspeicher, auf den über diejenigen Bezeichner zugegriffen werden kann, die in der Datensatz-Beschreibung für die Eingabe-Datei vereinbart sind.

Bei der *Eröffnung zum Schreiben*, d.h. bei einer *Ausgabe-Datei* (*output* file):

- Reservierung des für die Ablage der Datensätze erforderlichen Speicherbereichs auf dem Datenträger bzw. – bei einer Druck-Datei – Herstellung der Verbindung mit dem Drucker (bei Großrechenanlagen wird die Druckausgabe in der Regel zunächst auf einem magnetischen Datenträger zwischengespeichert),

- Eintragung der Kennsätze auf einem magnetischen Datenträger, und

- Einrichtung eines Ausgabe-Puffers im Hauptspeicher, auf den über diejenigen Bezeichner zugegriffen werden kann, die innerhalb der Datensatz-Beschreibung der Ausgabe-Datei vereinbart sind.

Eine OPEN-Anweisung ist mit einer INPUT-Klausel oder mit einer OUTPUT-Klausel oder mit beiden Klauseln in der folgenden Form anzugeben:

6.1 Eröffnen und Schließen von Dateien

Syntax der OPEN-Anweisung:

```
OPEN { INPUT  dateiname-1 [ dateiname-2 ]...
             [ OUTPUT dateiname-3 [ dateiname-4 ]... ]
     | OUTPUT dateiname-5 [ dateiname-6 ]...
             [ INPUT  dateiname-7 [ dateiname-8 ]... ] }
```

In der *INPUT-Klausel* werden die Bezeichner der Eingabe-Dateien und in der *OUTPUT-Klausel* die Bezeichner der Ausgabe-Dateien aufgeführt.

Zur Lösung unserer Aufgabe KOPIE-LISTE eröffnen wir die Dateien durch die folgende Anweisung:

```
OPEN INPUT VERTRETER-DATEI OUTPUT LISTE KOPIE
```

Ebenso könnten wir auch

```
OPEN OUTPUT LISTE KOPIE INPUT VERTRETER-DATEI
```

oder auch

```
OPEN INPUT VERTRETER-DATEI
OPEN OUTPUT LISTE
OPEN OUTPUT KOPIE
```

angeben. Diese letzte Form ist in der Regel jedoch nicht zu empfehlen, weil sich die Zahl der vom Kompilierer generierten Maschineninstruktionen gegenüber der Situation, in der nur eine OPEN-Anweisung formuliert wird, nahezu verdreifacht. Sowohl die INPUT- als auch die OUTPUT-Klausel darf nur *einmal* innerhalb *einer* OPEN-Anweisung vorkommen. Die Anweisung

```
OPEN OUTPUT LISTE INPUT VERTRETER-DATEI OUTPUT KOPIE
```

ist daher unzulässig.

6.1.3 CLOSE-Anweisung

Spätestens am Ende der Programmausführung muß eine eröffnete Datei wieder von der Verarbeitung abgemeldet werden, damit die folgenden Vorgänge (vom Betriebssystem) durchgeführt werden können:

- bei einer Ausgabe-Datei sind die noch im Ausgabe-Puffer vorhandenen Sätze in die Datei zu übertragen (genauere Erläuterung erst im Abschnitt 12.1),
- der durch Eingabe- oder Ausgabe-Puffer belegte Hauptspeicherbereich ist freizugeben, und

- bei Ausgabe-Dateien mit Kennsätzen ist die Kennsatz-Abschlußbehandlung durchzuführen, d.h. bei einer Datei auf einem magnetischen Datenträger müssen die bereits eingerichteten Kennsätze vervollständigt werden, indem unter anderem die Anzahl der in diese Datei ausgegebenen Sätze einzutragen ist.

Alle diese Tätigkeiten werden vom Betriebssystem *automatisch* für diejenigen Dateien durchgeführt, deren Namen in einer CLOSE-Anweisung aufgeführt sind:

Syntax der CLOSE-Anweisung

```
CLOSE dateiname-1 [ dateiname-2 ]...
```

Die Abmeldung der Dateien VERTRETER-DATEI, LISTE und KOPIE erreichen wir somit durch die folgende Anweisung:

```
CLOSE VERTRETER-DATEI LISTE KOPIE
```

Natürlich könnten wir stattdessen auch

```
CLOSE VERTRETER-DATEI
CLOSE LISTE
CLOSE KOPIE
```

oder auch

```
CLOSE VERTRETER-DATEI
CLOSE LISTE KOPIE
```

schreiben. Die beiden letzten Möglichkeiten sind wiederum nicht zu empfehlen, da ein Kompilierer für jede CLOSE-Anweisung in etwa die gleiche Anzahl von Maschineninstruktionen generiert.
Jede durch eine OPEN-Anweisung eröffnete Datei wird am Programmende zwangsweise abgemeldet, sofern sie nicht zuvor durch eine CLOSE-Anweisung geschlossen wurde.

6.2 Eingabe- und Ausgabe von Datensätzen (READ, WRITE)

6.2.1 Mehrfache Datensatz-Beschreibungen

Da wir jeweils die Kennzahl und den Nachnamen eines Vertreters in die Datei KOPIE übertragen wollen, übernehmen wir der Einfachheit halber die ersten 26 Zeichen jedes von VERTRETER-DATEI eingelesenen Satzes und geben folglich den FD-Eintrag für die Datei KOPIE in der Form

6.2 Eingabe- und Ausgabe von Datensätzen (READ, WRITE)

```
FD KOPIE
    LABEL RECORD STANDARD.
01  KOPIE-SATZ PICTURE X(26).
```

an. Vor der Ausgabe in die Datei KOPIE ist der Ausgabe-Puffer KOPIE-SATZ mit dem Inhalt der ersten 26 Zeichenpositionen des Eingabe-Puffers VERTRETER-SATZ zu füllen. Somit könnten wir in der Datensatz-Beschreibung von VERTRETER-SATZ ein Datenfeld namens ZEICHEN-FUER-KOPIE zur Adressierung der ersten 26 Zeichenpositionen einrichten und – im Hinblick auf den erforderlichen Zugriff auf den Nachnamen und den Kontostand (für die Druckausgabe) – die ursprüngliche Datensatz-Beschreibung VERTRETER-SATZ (zur Lösung der Aufgabe LISTE-DER-VERTRETER-NAMEN) insgesamt wie folgt abändern:

```
01  VERTRETER-SATZ.
    02  ZEICHEN-FUER-KOPIE.
        03  FILLER    PICTURE X(6).
        03  NACHNAME  PICTURE X(20).
    02  FILLER        PICTURE X(21).
    02  KONTOSTAND    PICTURE S9(5)V99
                     SIGN IS LEADING SEPARATE CHARACTER.
    02  FILLER        PICTURE X(25).
```

Durch diese Beschreibung geht allerdings eine klare Trennung der beiden durch die Aufgabenstellung festgelegten Teil-Probleme verloren. Deshalb werden wir anders vorgehen und dabei den Eingabe-Puffer von VERTRETER-DATEI auf zwei verschiedene Arten gliedern.

Dazu vereinbaren wir neben der ursprünglichen Definition von VERTRETER-SATZ als weitere Strukturierung den Datensatz VERTRETER-SATZ-KOPIE durch die folgende Angabe:

```
01  VERTRETER-SATZ-KOPIE.
    02  ZEICHEN-FUER-KOPIE PICTURE X(26).
    02  FILLER             PICTURE X(54).
```

Allgemein ist es zulässig, beliebig viele Datensatz-Beschreibungen für eine Datei zu definieren. Die einzelnen Datensatz-Beschreibungen sind – in beliebiger Reihenfolge – gemäß dem folgenden Schema untereinander anzugeben:

```
FD dateiname
   LABEL RECORD { STANDARD | OMITTED }.
01 datensatzname-1

   │ Datensatz-Beschreibung von "datensatzname-1"

[ 01 datensatzname-2

   │ Datensatz-Beschreibung von "datensatzname-2"
                                                   ]...
```

Als neue Datensatz-Beschreibung der Datei VERTRETER-DATEI erhalten wir damit:

```
FD  VERTRETER-DATEI
    LABEL RECORD STANDARD.
01  VERTRETER-SATZ.
    02  FILLER      PICTURE X(6).
    02  NACHNAME    PICTURE X(20).
    02  FILLER      PICTURE X(21).
    02  KONTOSTAND  PICTURE S9(5)V99
                    SIGN IS LEADING SEPARATE CHARACTER.
    02  FILLER      PICTURE X(25).
01  VERTRETER-SATZ-KOPIE.
    02  ZEICHEN-FUER-KOPIE PICTURE X(26).
    02  FILLER             PICTURE X(54).
```

Durch mehrere Datensatz-Beschreibungen können verschiedene Schablonen für die Eingabe- und die Ausgabe-Puffer festgelegt werden, so daß z.B. auch unterschiedlich strukturierte Datensätze, die innerhalb *einer* Datei abgespeichert sind, bearbeitet werden können (vgl. z.B. die Aufgabe 11 am Ende von Kapitel 6).

Da wir für jeden Vertreter neben dem Nachnamen zusätzlich den jeweiligen Kontostand ausdrucken wollen, ändern wir die Datensatz-Beschreibung von LISTE-SATZ durch die Ergänzung des Feldes KONTOSTAND-AUSGABE und geben den FD-Eintrag in der folgenden Form an:

```
FD  LISTE
    LABEL RECORD OMITTED.
01  LISTE-SATZ.
    02  FILLER             PICTURE X(15).
    02  VERTRETER-NAME     PICTURE X(20).
    02  FILLER             PICTURE X(10).
    02  KONTOSTAND-AUSGABE PICTURE S9(5)V99
                           SIGN IS LEADING SEPARATE CHARACTER.
    02  FILLER             PICTURE X(79).
```

6.2 Eingabe- und Ausgabe von Datensätzen (READ, WRITE)

6.2.2 Struktogramm und Ein-/Ausgabe-Anweisungen

Ausgehend vom Struktogramm zur Lösung der Aufgabenstellung LISTE-DER-VERTRETER-NAMEN lösen wir das Problem KOPIE-LISTE, indem wir das ursprüngliche Struktogramm VERARBEITUNG in der folgenden Weise erweitern:

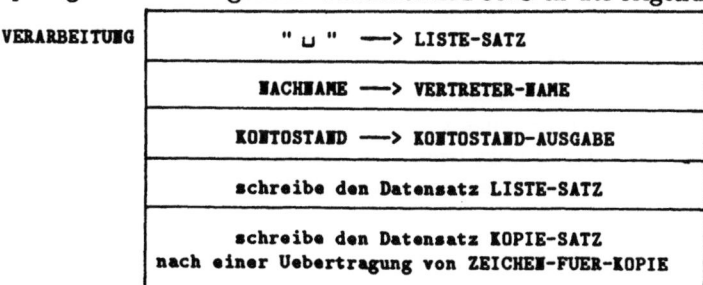

In unserem Beispielprogramm LISTE-DER-VERTRETER-NAMEN haben wir den Strukturblock

```
lies Satz der Datei VERTRETER-DATEI,
         falls Dateiende: 1 ──> DATEI-ENDE-FELD
```

durch die Anweisung

```
READ VERTRETER-DATEI
    AT END SET DATEI-ENDE TO TRUE
END-READ
```

und den Block

```
schreibe den Datensatz LISTE-SATZ
```

durch die Anweisung

```
WRITE LISTE-SATZ
```

umgesetzt.

Um die Ein- und Ausgabe von Datensätzen innerhalb eines COBOL-Programms beschreiben zu können, geben wir im folgenden die Syntax und Semantik der READ- und WRITE-Anweisungen an.

Syntax der READ-Anweisung

```
READ dateiname RECORD [ INTO bezeichner ]
    [ AT END unb-anw-1 [ unb-anw-2 ]... ]
[ END-READ ]
```

Durch die Ausführung der READ-Anweisung wird ein Satz der Datei "dateiname" eingelesen und im Eingabe-Puffer der Eingabe-Datei zur Verarbeitung bereitgestellt. Ist die *INTO*-Klausel angegeben, so wird der Satzinhalt nach den Regeln der MOVE-Anweisung zusätzlich in das Feld "bezeichner" übertragen.
Wurde der letzte Satz bereits eingelesen und wird durch einen erneuten Lesezugriff das Dateiende festgestellt, so werden die in der *AT END-Klausel* aufgeführten unbedingten Anweisungen ausgeführt.
Wird das Stopwort "END-READ" verwendet, so wird die READ-Anweisung als unbedingte Anweisung eingesetzt. Ohne dieses Stopwort muß eine READ-Anweisung als bedingte Anweisung mit einem Punkt beendet werden.
In unseren Beispielprogrammen schließen wir eine READ-Anweisung stets durch das Stopwort "END-READ" ab.
Nach dem Lesezugriff mit der Anweisung

```
READ VERTRETER-DATEI
    AT END SET DATEI-ENDE TO TRUE
END-READ
```

enthält folglich der Eingabe-Puffer VERTRETER-SATZ den eingelesenen Satz oder aber – falls das Dateiende erreicht ist – das Feld DATEI-ENDE-FELD den Wert 1. Ist das Dateiende noch nicht erreicht, so kann über die Bezeichner, die innerhalb der zu VERTRETER-DATEI gehörenden Datensatz-Beschreibung vereinbart sind, auf die durch sie adressierbaren Speicherbereiche des Eingabe-Puffers zugegriffen werden.
Bei der syntaktischen Beschreibung der WRITE-Anweisung klammern wir den Fall der Druckausgabe zunächst aus, da wir die Bearbeitung von Druck-Dateien im nächsten Abschnitt gesondert darstellen werden.

Syntax der WRITE-Anweisung (Format-1)

```
WRITE datensatzname [ FROM bezeichner ]
```

Die im Ausgabe-Puffer "datensatzname" enthaltenen Daten werden als ein Datensatz in die Datei ausgegeben, in deren Datei-Beschreibung der Bezeichner "datensatzname" als Datensatzname vereinbart wurde.
Bei der Angabe der *FROM-Klausel* wird der Inhalt des Datenfeldes "bezeichner" nach den Regeln der MOVE-Anweisung automatisch in den Ausgabe-Puffer übertragen und anschließend von dort als Datensatz ausgegeben.
Der grundsätzlich zu beachtende *Unterschied* in der Syntax der READ- und WRITE-Anweisung besteht darin, daß bei der READ-Anweisung stets der *Dateiname* und bei der WRITE-Anweisung immer der *Datensatzname*, der den Ausgabe-Puffer kennzeichnet, aufgeführt werden muß.
Wir fassen die vorab angegebenen Programmzeilen – ergänzt um die bereits innerhalb des ursprünglichen Programms LISTE-DER-VERTRETER-NAMEN verwen-

6.2 Eingabe- und Ausgabe von Datensätzen (READ, WRITE)

deten und wiederum einsetzbaren Programmabschnitte – zur Lösung der Aufgabe KOPIE-LISTE zusammen und geben die Programmlösung in Form des folgenden COBOL-Programms KOPIE-LISTE an:

```
IDENTIFICATION DIVISION.
PROGRAM-ID.
    KOPIE-LISTE.
ENVIRONMENT DIVISION.
SOURCE-COMPUTER.
    dva-name-1.
OBJECT-COMPUTER.
    dva-name-2.
INPUT-OUTPUT SECTION.
FILE-CONTROL.
    SELECT VERTRETER-DATEI ASSIGN TO SI.
    SELECT LISTE           ASSIGN TO LO.
    SELECT KOPIE           ASSIGN TO DO.
DATA DIVISION.
FILE SECTION.
FD  VERTRETER-DATEI
    LABEL RECORD STANDARD.
01  VERTRETER-SATZ.
    02 FILLER     PICTURE X(6).
    02 NACHNAME   PICTURE X(20).
    02 FILLER     PICTURE X(21).
    02 KONTOSTAND PICTURE S9(5)V99
              SIGN IS LEADING SEPARATE CHARACTER.
    02 FILLER     PICTURE X(25).
01  VERTRETER-SATZ-KOPIE.
    02 ZEICHEN-FUER-KOPIE PICTURE X(26).
    02 FILLER             PICTURE X(54).
FD  LISTE
    LABEL RECORD OMITTED.
01  LISTE-SATZ.
    02 FILLER            PICTURE X(15).
    02 VERTRETER-NAME    PICTURE X(20).
    02 FILLER            PICTURE X(10).
    02 KONTOSTAND-AUSGABE PICTURE S9(5)V99
              SIGN IS LEADING SEPARATE CHARACTER.
    02 FILLER            PICTURE X(79).
FD  KOPIE
    LABEL RECORD STANDARD.
01  KOPIE-SATZ PICTURE X(26).
```

```
WORKING-STORAGE SECTION.
77  DATEI-ENDE-FELD PICTURE 9 VALUE 0.
    88  DATEI-ENDE VALUE 1.
PROCEDURE DIVISION.
RAHMEN.
    OPEN INPUT VERTRETER-DATEI OUTPUT KOPIE LISTE
    READ VERTRETER-DATEI
        AT END SET DATEI-ENDE TO TRUE
    END-READ
    PERFORM UNTIL DATEI-ENDE
       PERFORM VERARBEITUNG
       READ VERTRETER-DATEI
           AT END SET DATEI-ENDE TO TRUE
       END-READ
    END-PERFORM
    CLOSE VERTRETER-DATEI KOPIE LISTE
    STOP RUN.
VERARBEITUNG.
    MOVE SPACES TO LISTE-SATZ
    MOVE NACHNAME TO VERTRETER-NAME
    MOVE KONTOSTAND TO KONTOSTAND-AUSGABE
    WRITE LISTE-SATZ
    WRITE KOPIE-SATZ FROM ZEICHEN-FUER-KOPIE.
```

6.3 Druckausgabe

Aus Gründen der Übersichtlichkeit und besseren Lesbarkeit ist es bei vielen Anwendungen erforderlich, die Sätze einer Druck-Datei durch jeweils eine oder mehrere Leerzeilen voneinander zu trennen.

Bei der Druckausgabe innerhalb des Programms KOPIE-LISTE können wir zwischen je zwei Druckzeilen jeweils eine Leerzeile einfügen, indem wir die Anweisungen

```
MOVE SPACES TO LISTE-SATZ
WRITE LISTE-SATZ
```

hinter der Anweisung

```
WRITE LISTE-SATZ
```

in der Prozedur VERARBEITUNG eintragen.
Bei diesem Vorgehen ergeben sich jedoch die folgenden Nachteile:

- die Transparenz geht verloren, da nicht erkennbar ist, daß die Anweisung

    ```
    WRITE LISTE-SATZ
    ```

6.3 Druckausgabe

einmal zur Ausgabe eines Datensatzes und ein anderes Mal zur Ausgabe einer Leerzeile benutzt wird, und

- es ist eine zusätzliche Zeichenübertragung in den Ausgabe-Puffer LISTE-SATZ durchzuführen.

Daher sollte besser eine (aussagekräftige) Anweisung benutzt werden, durch die kein unnötiger Datentransport erforderlich ist. Dazu läßt sich in COBOL die folgende Form der WRITE-Anweisung einsetzen, die *nur* für die Bearbeitung von Druck-Dateien verwendet werden darf:

Syntax der WRITE-Anweisung (Format-2)

```
WRITE datensatzname [ FROM bezeichner-1 ]
    [ { BEFORE | AFTER }
      ADVANCING { bezeichner-2 | ganzzahl } { LINES | LINE } ]
```

Mit der *ADVANCING-Klausel* wird festgelegt, wie die aktuelle Druckzeile relativ zur zuvor ausgegebenen Zeile auf dem Druckerpapier plaziert werden soll, d.h. um welche Zeilenzahl ein *Vorschub* des Druckerpapiers (in Vorwärtsrichtung) vorgenommen werden soll.
Bei der Verwendung der *BEFORE-Klausel* wird erst gedruckt und dann der Vorschub des Druckerpapiers um die angegebene Zahl von Zeilen ausgeführt.
Bei der Angabe der *AFTER-Klausel* wird erst der Vorschub durchgeführt und dann gedruckt. Nach dem Drucken wird kein weiterer Vorschub vorgenommen, so daß bei einer weiteren Druckausgabe (ohne vorausgehenden Papiervorschub) in dieselbe Zeile gedruckt wird.
Um wieviele Zeilen der Vorschub erfolgen soll, wird durch das numerische Literal "ganzzahl" bzw. durch den Inhalt des ganzzahlig numerischen Feldes "bezeichner-2" festgelegt. Ist der angegebene Wert gleich 0, so erfolgt kein Vorschub, sondern nur die Druckausgabe. Dadurch können wir einen Mehrfachdruck erreichen, wie er z.B. für die Unterstreichung mit dem Unterstreichungszeichen "_" notwendig ist.
Der maximal zulässige Wert für den Zeilenvorschub ist Anlagen-abhängig.
Wollen wir die Druckzeilen mit den Vertreterdaten durch jeweils eine Leerzeile voneinander trennen, so ist vor oder nach der Druckausgabe ein Vorschub um jeweils zwei Zeilen durchzuführen. Dies erreichen wir entweder durch die Angabe von

```
WRITE LISTE-SATZ AFTER ADVANCING 2 LINES
```

oder durch die Anweisung:

```
WRITE LISTE-SATZ BEFORE ADVANCING 2 LINES
```

Bei unseren Beispielprogrammen haben wir bei der Druckausgabe bislang keine Angaben zur Vorschubsteuerung gemacht. Dies war nicht erforderlich, weil bei der Ausführung einer WRITE-Anweisung – ohne Angabe einer ADVANCING-Klausel

– nach der Ausgabe der Druckzeile immer *automatisch* ein Vorschub um eine Zeile (Normalfall) durchgeführt wird.

Seitenvorschub

Neben der Steuerung des Zeilenvorschubs ist es gleichfalls möglich, einen Vorschub auf den Anfang einer neuen Druckseite zu erreichen. Dazu ist die folgende Form der WRITE-Anweisung einzusetzen:

Syntax der WRITE-Anweisung (Format-3)

```
WRITE datensatzname [ FROM bezeichner ]
      { BEFORE | AFTER } ADVANCING PAGE
```

Entsprechend den oben angegebenen Regeln für das Wirken der COBOL-Wörter "BEFORE" und "AFTER" wird der Vorschub auf den Anfang der nächsten Druckseite *nach* bzw. *vor* der Druckausgabe vorgenommen.

Angaben zur Vorschub-Steuerung

Bei vielen DVAn wird eine WRITE-Anweisung mit der ADVANCING-Klausel vom COBOL-Kompilierer in mehr als eine Maschineninstruktion für die Druckausgabe umgesetzt. Dabei können Informationen zur Vorschubsteuerung und die auszugebenden Daten gegebenenfalls getrennt übertragen werden, so daß die Satzlänge für die Druckausgabe nicht mehr einheitlich durch den Wert 132 festgelegt ist. In diesem Fall hat die Druck-Datei keine feste, sondern eine *variable* Satzlänge. Dies ist bei einer Großrechenanlage in der Regel durch geeignete Kommandos an das Betriebssystem mitzuteilen, z.B. bei einer DVA der Firma IBM durch die Kommandos:

```
ATTRIB SATZBAU RECFM(V B A) LRECL(137) BLKSIZE(141)
ALLOC DD(LO) SYSOUT(A) USING(SATZBAU)
```

Bei Mikrocomputern sind derartige Angaben normalerweise nicht erforderlich.

6.4 Logische Druckseiten

Als Mangel des Programms KOPIE-LISTE ist anzuführen, daß in der Druckliste keine Überschriftszeilen enthalten sind, mit der einzelne Kolumnen gekennzeichnet werden können. Ferner sind alle Sätze unmittelbar untereinander in der Liste eingetragen, ohne daß nach jeweils einer bestimmten Anzahl von Druckzeilen (z.B. 16 Zeilen) ein Zwischenraum vor dem nächsten Block von Sätzen eingefügt ist. Wir wollen das Programm KOPIE-LISTE daher so abändern, daß die Druckausgabe wie folgt strukturiert wird (Abbildung 6.1):

6.4 Logische Druckseiten

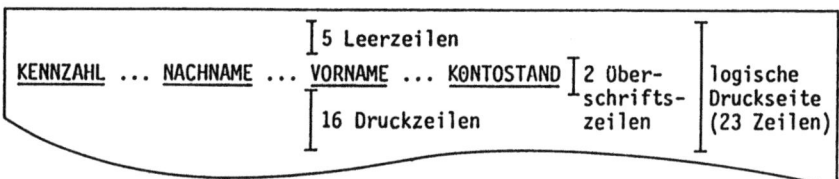

Abbildung 6.1: Strukturierung der Druckliste

Dazu müssen wir im FD-Eintrag der Druck-Datei LISTE diese Struktur in Form einer *logischen Druckseite* beschreiben. Dadurch wird die gesamte Druckausgabe in eine Folge von logischen Druckseiten gegliedert, die ohne Zwischenraum aufeinanderfolgen.

Die Strukturierung einer logischen Druckseite wird durch eine *LINAGE-*, eine *FOOTING-* und durch *LINES-Klauseln* mit den Schlüsselwörtern TOP und BOTTOM in der Form

```
LINAGE IS { bezeichner-1 | ganzzahl-1 } LINES
    [ WITH FOOTING AT { bezeichner-2 | ganzzahl-2 } ]
    [ LINES AT TOP { bezeichner-3 | ganzzahl-3 } ]
    [ LINES AT BOTTOM { bezeichner-4 | ganzzahl-4 } ]
```

beschrieben (Abbildung 6.2):

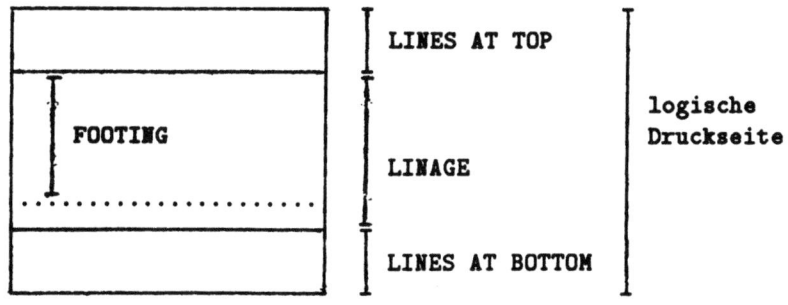

Abbildung 6.2: Gliederung einer logischen Druckseite

Eine *LINES-Klausel* gibt die Anzahl der Leerzeilen am Seitenanfang (TOP) bzw. am Seitenende (BOTTOM) an. Ohne diese Klausel wird bestimmt, daß am Seitenanfang bzw. am Seitenende kein Zwischenraum erzeugt werden soll.
Mit der *LINAGE-Klausel* wird die Anzahl der Zeilen festgelegt, die für die Druckausgabe (pro logische Druckseite) vorgesehen sind.
Die Zeilenzahl wird entweder als ganzzahliges numerisches Literal angegeben oder

aber durch den Inhalt eines numerischen Feldes ermittelt, das – innerhalb der
WORKING-STORAGE SECTION – ganzzahlig zu deklarieren ist.
Durch die *FOOTING-Klausel* wird bestimmt, daß bei der Druckausgabe überprüft
werden soll, ob die durch diese Klausel spezifizierte Zeilenposition innerhalb des
durch die LINAGE-Klausel festgelegten Zeilenbereichs schon erreicht ist. In diesem
Fall werden die Anweisungen ausgeführt, die in einer AT END-OF-PAGE-Klausel
innerhalb einer WRITE-Anweisung eingetragen sind. Diese besondere Form der
WRITE-Anweisung mit der AT END-OF-PAGE-Klausel erläutern wir weiter unten.
Zur Vereinbarung der oben angegebenen Struktur für die Druckausgabe legen wir
den FD-Eintrag für die Datei LISTE durch die Angabe

```
FD LISTE
   LABEL RECORD OMITTED
   LINAGE IS 18 LINES
   WITH FOOTING AT 18
   LINES AT TOP 5.
```

fest. Damit bestimmen wir:

- die Druckausgabe soll ab der 6. Zeilenposition (LINES AT TOP 5) einer logischen Druckseite beginnen,

- pro Druckseite sind 18 Zeilen (LINAGE IS 18 LINES) vorgesehen, die sich aus den einleitenden Überschriftszeilen und den nachfolgenden Zeilen mit den Vertreterdaten zusammensetzen,

- wird die Druckausgabe in die 18. Druckzeile vorgenommen und ist innerhalb der WRITE-Anweisung eine AT END-OF-PAGE-Klausel aufgeführt, so werden *nach* dieser Druckausgabe die innerhalb der AT END-OF-PAGE-Klausel angegebenen unbedingten Anweisungen ausgeführt, und

- am Ende einer Druckseite – beim Vorschub auf die nächste logische Druckseite – sollen keine Leerzeilen eingetragen werden, da keine LINES-Klausel mit dem Schlüsselwort BOTTOM im FD-Eintrag angegeben ist.

Während der Vorschub um die in der LINES-Klausel angegebene Zeilenzahl (in unserem Fall 5) automatisch vorgenommen wird, ist die Ausgabe der Überschriftszeilen durch geeignete WRITE-Anweisungen durchzuführen.
Als Indikator dafür, daß die Ausgabe der Überschriftszeilen zu erfolgen hat, soll der Bedingungsname SEITEN-ANFANG dienen, der zusammen mit dem Indikatorfeld SEITEN-ANFANG-FELD in der Form

```
77 SEITEN-ANFANG-FELD PICTURE 9 VALUE 1.
   88 SEITEN-ANFANG VALUE 1.
```

zu vereinbaren ist.
Die Bedingung SEITEN-ANFANG trifft somit dann zu, wenn SEITEN-ANFANG-FELD den Wert 1 enthält – anstelle des Wertes 0, der die erforderliche Ausgabe von

6.4 Logische Druckseiten

Nachname und Kontostand des eingelesenen Satzes mit den Vertreterdaten anzeigen soll.

Das Feld SEITEN-ANFANG-FELD wird durch den Einsatz der VALUE-Klausel mit dem Wert 1 vorbesetzt, da gleich zu Programmbeginn die Überschriftszeilen erstmalig auszudrucken sind.

Für die Überschriftszeilen richten wir die Felder UEBERSCHRIFT-ZEILE-1 und UEBERSCHRIFT-ZEILE-2 im Arbeitsspeicher ein, so daß sich die WORKING-STORAGE SECTION wie folgt darstellt:

```
WORKING-STORAGE SECTION.
77  DATEI-ENDE-FELD PICTURE 9 VALUE 0.
    88  DATEI-ENDE VALUE 1.
77  SEITEN-ANFANG-FELD PICTURE 9 VALUE 1.
    88  SEITEN-ANFANG VALUE 1.
01  UEBERSCHRIFT-ZEILE-1.
    02  FILLER PICTURE X(21) VALUE SPACES.
    02  FILLER PICTURE X(8)  VALUE "NACHNAME".
    02  FILLER PICTURE X(16) VALUE SPACES.
    02  FILLER PICTURE X(10) VALUE "KONTOSTAND".
    02  FILLER PICTURE X(77) VALUE SPACES.
01  UEBERSCHRIFT-ZEILE-2.
    02  FILLER PICTURE X(21) VALUE SPACES.
    02  FILLER PICTURE X(8)  VALUE ALL "-".
    02  FILLER PICTURE X(16) VALUE SPACES.
    02  FILLER PICTURE X(10) VALUE ALL "-".
    02  FILLER PICTURE X(77) VALUE SPACES.
01  LISTE-SATZ-WS.
    02  FILLER            PICTURE X(15) VALUE SPACES.
    02  VERTRETER-NAME    PICTURE X(20).
    02  FILLER            PICTURE X(10) VALUE SPACES.
    02  KONTOSTAND-AUSGABE PICTURE S9(5)V99
            SIGN IS LEADING SEPARATE CHARACTER.
    02  FILLER            PICTURE X(79) VALUE SPACES.
```

In Analogie zur Veränderung des Datenflusses bei der Lösung der Aufgabe LISTE-DER-VERTRETER-NAMEN durch die Darstellung im Abschnitt 3.6.1 soll der Inhalt für die Druckzeilen innerhalb des Arbeitsspeichers im Feld LISTE-SATZ-WS zusammengestellt werden, so daß der Ausgabe-Puffer LISTE-SATZ nur noch zum "Durchschleusen" der Druckzeilen zum Drucker benutzt wird. Damit erübrigt sich die ursprüngliche Strukturierung von LISTE-SATZ, so daß LISTE-SATZ als elementares Datenfeld zu vereinbaren und der FD-Eintrag durch die Angabe

```
    FD  LISTE
        LABEL RECORD OMITTED
        LINAGE IS 18 LINES
        WITH FOOTING AT 18
        LINES AT TOP 5.
    01  LISTE-SATZ PICTURE X(132).
```

vorzunehmen ist.
Die Problemlösung beschreiben wir durch die folgenden Struktogramme:

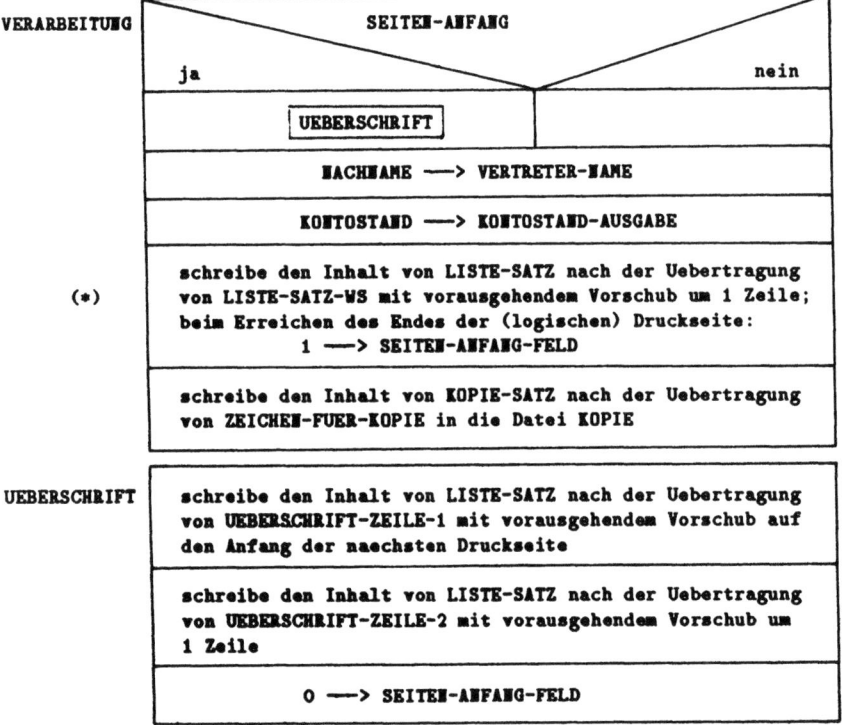

Im Hinblick auf das hieraus abzuleitende COBOL-Programm stellt sich die Frage, in welcher Weise der Inhalt von Block (*) innerhalb der Prozedur VERARBEITUNG umzusetzen ist.
Dazu gibt es eine weitere Form der WRITE-Anweisung, die für den Fall, daß eine Druck-Datei als Folge von "logischen" Druckseiten (durch LINAGE-, FOOTING- und LINES-Klauseln) vereinbart ist, wie folgt angegeben werden darf:

6.4 Logische Druckseiten

Syntax der WRITE-Anweisung (Format-4):

```
WRITE datensatzname [ FROM bezeichner ]
    AT END-OF-PAGE unb-anw-1 [ unb-anw-2 ]...
[ END-WRITE ]
```

Ohne Verwendung des Stopworts "END-WRITE" wird die WRITE-Anweisung als bedingte, ansonsten als unbedingte Anweisung eingesetzt.

Bei der Ausführung dieser WRITE-Anweisung wird *nach* jeder Druckausgabe überprüft, ob die *aktuelle Zeilenposition* noch *kleiner* ist als der innerhalb der FOOTING-Klausel spezifizierte Wert. Ist dies nicht der Fall, so werden die in der AT END-OF-PAGE-Klausel angegebenen unbedingten Anweisungen ausgeführt.

Mit Hilfe dieser Form der WRITE-Anweisung können wir aus dem oben angegebenen Struktogramm das folgende Programm – zur Unterscheidung gegenüber der alten Programmversion nennen wir es KOPIE-LISTE-NEU – ableiten:

```
IDENTIFICATION DIVISION.
PROGRAM-ID.
    KOPIE-LISTE-NEU.
ENVIRONMENT DIVISION.
SOURCE-COMPUTER.
    dva-name-1.
OBJECT-COMPUTER.
    dva-name-2.
INPUT-OUTPUT SECTION.
FILE-CONTROL.
    SELECT VERTRETER-DATEI ASSIGN TO SI.
    SELECT LISTE           ASSIGN TO LO.
    SELECT KOPIE           ASSIGN TO DO.
DATA DIVISION.
FILE SECTION.
FD  VERTRETER-DATEI
    LABEL RECORD STANDARD.
01  VERTRETER-SATZ.
    02  FILLER      PICTURE X(6).
    02  NACHNAME    PICTURE X(20).
    02  FILLER      PICTURE X(21).
    02  KONTOSTAND  PICTURE S9(5)V99
                SIGN IS LEADING SEPARATE CHARACTER.
    02  FILLER      PICTURE X(25).
01  VERTRETER-SATZ-KOPIE.
    02  ZEICHEN-FUER-KOPIE PICTURE X(26).
    02  FILLER             PICTURE X(54).
```

```cobol
    FD  LISTE
        LABEL RECORD OMITTED
        LINAGE IS 18 LINES
        WITH FOOTING AT 18
        LINES AT TOP 5.
    01  LISTE-SATZ PICTURE X(132).
    FD  KOPIE
        LABEL RECORD STANDARD.
    01  KOPIE-SATZ PICTURE X(26).
    WORKING-STORAGE SECTION.
    77  DATEI-ENDE-FELD PICTURE 9 VALUE 0.
        88  DATEI-ENDE VALUE 1.
    77  SEITEN-ANFANG-FELD PICTURE 9 VALUE 1.
        88  SEITEN-ANFANG VALUE 1.
    01  UEBERSCHRIFT-ZEILE-1.
        02  FILLER PICTURE X(21) VALUE SPACES.
        02  FILLER PICTURE X(8)  VALUE "NACHNAME".
        02  FILLER PICTURE X(16) VALUE SPACES.
        02  FILLER PICTURE X(10) VALUE "KONTOSTAND".
        02  FILLER PICTURE X(77) VALUE SPACES.
    01  UEBERSCHRIFT-ZEILE-2.
        02  FILLER PICTURE X(21) VALUE SPACES.
        02  FILLER PICTURE X(8)  VALUE ALL "-".
        02  FILLER PICTURE X(16) VALUE SPACES.
        02  FILLER PICTURE X(10) VALUE ALL "-".
        02  FILLER PICTURE X(77) VALUE SPACES.
    01  LISTE-SATZ-WS.
        02  FILLER         PICTURE X(15) VALUE SPACES.
        02  VERTRETER-NAME PICTURE X(20).
        02  FILLER         PICTURE X(10) VALUE SPACES.
        02  KONTOSTAND-AUSGABE PICTURE S9(5)V99
                   SIGN IS LEADING SEPARATE CHARACTER.
        02  FILLER         PICTURE X(79) VALUE SPACES.
    PROCEDURE DIVISION.
    RAHMEN.
        OPEN INPUT VERTRETER-DATEI OUTPUT KOPIE LISTE
        READ VERTRETER-DATEI
            AT END SET DATEI-ENDE TO TRUE
        END-READ
        PERFORM UNTIL DATEI-ENDE
           PERFORM VERARBEITUNG
           READ VERTRETER-DATEI
               AT END SET DATEI-ENDE TO TRUE
           END-READ
        END-PERFORM
```

6.4 Logische Druckseiten

```
        CLOSE VERTRETER-DATEI KOPIE LISTE
        STOP RUN.
    VERARBEITUNG.
        IF SEITEN-ANFANG
           THEN PERFORM UEBERSCHRIFT
        END-IF
        MOVE NACHNAME TO VERTRETER-NAME
        MOVE KONTOSTAND TO KONTOSTAND-AUSGABE
        WRITE LISTE-SATZ FROM LISTE-SATZ-WS
                         AFTER ADVANCING 1 LINE
               AT END-OF-PAGE SET SEITEN-ANFANG TO TRUE
        END-WRITE
        WRITE KOPIE-SATZ FROM ZEICHEN-FUER-KOPIE.
    UEBERSCHRIFT.
        WRITE LISTE-SATZ FROM UEBERSCHRIFT-ZEILE-1
                         AFTER ADVANCING PAGE
        WRITE LISTE-SATZ FROM UEBERSCHRIFT-ZEILE-2
                         AFTER ADVANCING 1 LINE
        MOVE ZERO TO SEITEN-ANFANG-FELD.
```

Abschließend geben wir eine zusammenfassende Syntax-Beschreibung für die WRITE-Anweisung bei der Druckausgabe an:

Syntax der WRITE-Anweisung:

```
WRITE datensatzname [ FROM bezeichner-1 ]
    [ { BEFORE | AFTER } ADVANCING { { bezeichner-2 | ganzzahl }
                                    [ { LINES | LINE } ] | PAGE } ]
    [ AT { END-OF-PAGE | EOP } unb-anw-1 [ unb-anw-2 ]... ]
    [ NOT AT { END-OF-PAGE | EOP } unb-anw-3 [ unb-anw-4 ]... ]
[ END-WRITE ]
```

Das Schlüsselwort "EOP" kann als Abkürzung des Schlüsselworts "END-OF-PAGE" verwendet werden.

Aus diesem Syntax-Gerüst ist erkennbar, daß eine *NOT AT END-OF-PAGE-Klausel* in der Form

```
NOT AT { END-OF-PAGE | EOP } unb-anw-3 [ unb-anw-4 ]...
```

innerhalb einer WRITE-Anweisung eingesetzt werden darf. Die in dieser Klausel aufgeführten unbedingten Anweisungen werden dann ausgeführt, wenn die aktuelle Druckzeile noch nicht die letzte innerhalb der "logischen" Druckseite vereinbarte Druckzeile ist.

Durch die Verwendung des Stopwortes *"END-WRITE"* ist es möglich, die WRITE-Anweisung beim Einsatz einer AT END-OF-PAGE- bzw. einer NOT AT END-OF-PAGE-Klausel als unbedingte Anweisung zu benutzen.

6.5 Druckaufbereitung

Bei der Druckausgabe der Sätze von VERTRETER-DATEI mit dem Programm KOPIE-LISTE (bzw. KOPIE-LISTE-NEU) sind die Ausgaben für die Kontostände schwer lesbar. Z.B. ergibt sich als Druckbild des Wertes, der innerhalb des Feldes KONTOSTAND-AUSGABE in der Form

KONTOSTAND-AUSGABE $\boxed{-0072915}$

abgespeichert ist, die folgende Zeichenfolge:

- 0 0 7 2 9 1 5

Dies liegt daran, daß der Dezimalpunkt nur virtuell und das Vorzeichen vor der ersten Ziffernposition abgelegt sind.

Wir sind gewohnt, eine nicht ganzzahlige Dezimalzahl stets mit einem Dezimalpunkt darzustellen und das zugehörige Vorzeichen vor die erste signifikante Ziffer einzutragen. Ferner unterdrücken wir gewöhnlich führende Nullen, so daß wir bei der Druckausgabe des oben angegebenen Wertes das folgende Druckbild erwarten:

⊔ ⊔ ⊔ - 7 2 9 . 1 5

Um diese Darstellung zu erreichen, müssen wir vor der Druckausgabe eine *Druckaufbereitung* (editing) durchführen. Dazu übertragen wir den Inhalt des Datenfeldes, der für die Ausgabe vorgesehen ist, in ein geeignetes Empfangsfeld. Bei der Vereinbarung dieses Empfangsfeldes sind in dessen Picture-Maske bestimmte *Druckaufbereitungszeichen* (editing characters) als Maskenzeichen zu verwenden.

Das generelle Prinzip für die Druckaufbereitung veranschaulichen wir uns durch das Schema (Abbildung 6.3):

Abbildung 6.3: Prinzip der Druckaufbereitung

Ein Sendefeld muß immer ein elementares Datenfeld (keine Datengruppe!) sein. Durch die Verwendung der Druckaufbereitungszeichen werden als neue Datenfeld-Kategorien die Kategorien der *numerisch-druckaufbereiteten* (numeric edited) und der *alphanumerisch-druckaufbereiteten* Datenfelder (alphanumeric edited) definiert.

6.5 Druckaufbereitung

Dabei bestehen die Picture-Masken der numerisch-druckaufbereiteten Felder aus den Zeichen

"9", "V", ".", "+", "-", "Z", "*", "B" und "0"

und die der alphanumerisch-druckaufbereiteten Felder setzen sich aus den Zeichen

"X", "B" und "0"

zusammen.

6.5.1 Die Druckaufbereitungszeichen ".", "+" und "-"

Wollen wir den Inhalt des Feldes

KONTOSTAND $\boxed{-0072915}$

für die Druckausgabe durch die Übertragung in das Feld KONTOSTAND-AUSGABE in der Form

$\boxed{-00729.15}$

aufbereiten, so definieren wir das Empfangsfeld z.B. durch

```
02  KONTOSTAND-AUSGABE PICTURE +9(5).99.
```

oder auch durch

```
02  KONTOSTAND-AUSGABE PICTURE -9(5).99.
```

und führen die Übertragung durch die MOVE-Anweisung

```
MOVE KONTOSTAND TO KONTOSTAND-AUSGABE
```

vom numerischen Sendefeld KONTOSTAND in das numerisch-druckaufbereitete Empfangsfeld KONTOSTAND-AUSGABE durch.
Das *Maskenzeichen* "." legt die Position des realen Dezimalpunkts fest und darf höchstens einmal in einer Picture-Maske auftreten.[1] Die Übertragung eines numerischen Sendefelds geschieht – wie beim numerischen MOVE – immer dezimalpunktgerecht.
Die *Maskenzeichen* "+" und "-" beschreiben die Position des Vorzeichens. An dieser Stelle wird das Vorzeichen eines mit dem Maskenzeichen S vereinbarten numerischen Sendefelds übertragen.

---

[1] Da die Verwendung des Dezimalkommas anstelle des Dezimalpunkts im deutschen Sprachraum verbreiteter ist, kann bei der Druckausgabe und bei der Darstellung von numerischen Literalen das Zeichen "." durch das Zeichen "," ersetzt werden. Dazu ist die DECIMAL-POINT-Klausel innerhalb des Paragraphen SPECIAL-NAMES anzugeben (siehe Abschnitt 13.6).

Für das Maskenzeichen "−" gilt davon abweichend:
Enthält das Sendefeld einen positiven Wert, so wird die Vorzeichenstelle mit einem Leerzeichen besetzt, so daß nur ein negativer Wert mit einem Vorzeichen versehen wird. Mit den Vereinbarungen

```
77  S-FELD-1 PICTURE S9V9 VALUE +1.4.
77  S-FELD-2 PICTURE S9V9 VALUE -1.4.
77  E-FELD-1 PICTURE +9.9.
77  E-FELD-2 PICTURE -9.9.
```

führt die Anweisung

```
MOVE S-FELD-1 TO E-FELD-1 E-FELD-2
```

zum Resultat:

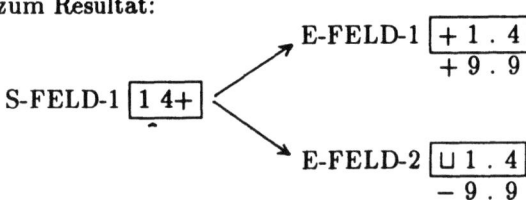

Dagegen liefert die Anweisung

```
MOVE S-FELD-2 TO E-FELD-1 E-FELD-2
```

das Ergebnis:

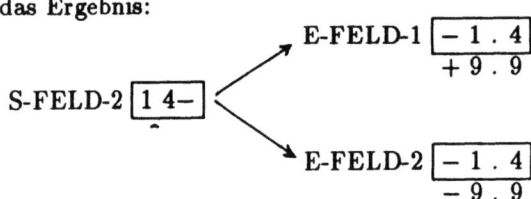

Die Druckaufbereitungszeichen beschreiben als Ausgabezeichen stets ein Byte. Durch die Picture-Masken "+9(5).99" bzw. "−9(5).99" werden daher jeweils neun Bytes reserviert. Deswegen müssen wir in der Datensatz-Beschreibung von LISTE-SATZ im Programm KOPIE-LISTE eine Änderung in der folgenden Form vornehmen:

```
01  LISTE-SATZ.
    02  FILLER              PICTURE X(15).
    02  VERTRETER-NAME      PICTURE X(20).
    02  FILLER              PICTURE X(10).
    02  KONTOSTAND-AUSGABE  PICTURE +9(5).99.   <-- geaendert!
    02  FILLER              PICTURE X(78).      <-- geaendert!
```

6.5 Druckaufbereitung

6.5.2 Unterdrückung führender Nullen

Wollen wir bei der Ausgabe eines numerischen Wertes evtl. vorhandene *führende Nullen* durch *Leerzeichen* ersetzen, so müssen wir anstelle des Maskenzeichens "9" das *Maskenzeichen* "Z" verwenden.

Zur Ersetzung führender Nullen durch den *Scheck-Schutz-Stern* "*" benutzen wir anstelle des Zeichens "9" das *Maskenzeichen* "*".

Eine MOVE-Anweisung mit dem numerischen Sendefeld

$$\boxed{0\,0\,0\,0\,5}$$

liefert für die folgenden Empfangsfelder die angegebenen Speicherinhalte:

␣00.05	␣␣␣.05	␣␣␣.05	***.05	***.05
Z99.99	ZZZ.99	ZZZ.ZZ	***.99	***.**

Bei der Ersetzung des Maskenzeichens "9" durch die Zeichen "Z" bzw. "*" gelten unter anderem die folgenden Regeln:

- "Z" und "*" kennzeichnen jeweils eine Ziffernstelle,

- rechts vom Zeichen "9" darf weder "Z" noch "*" in der Picture-Maske auftreten, und

- werden "Z" bzw. "*" rechts von "V" oder "." benutzt, so müssen diese Zeichen die Stellen hinter dem Dezimalpunkt *vollständig* beschreiben (dabei werden führende Nullen rechts vom Dezimalpunkt nicht unterdrückt).

Sind alle Ziffernstellen durch das Zeichen "Z" gekennzeichnet und enthält das Sendefeld den Wert 0, so werden *alle* Stellen mit Leerzeichen gefüllt.
Mit Ausnahme der durch das Zeichen "." markierten Dezimalpunktstelle werden alle Ziffernstellen durch das Zeichen "*" besetzt, wenn das Sendefeld den Wert 0 enthält und *alle* Ziffernstellen durch das Maskenzeichen "*" beschrieben sind.

6.5.3 BLANK WHEN ZERO-Klausel

Wollen wir unabhängig von den Zeichen der Picture-Maske, mit denen der Inhalt eines numerischen oder numerisch-druckaufbereiteten Datenfeldes interpretiert wird, bei der Druckaufbereitung in einem Empfangsfeld *Leerzeichen* erzeugen, wenn der Inhalt des Sendefeldes gleich dem Wert 0 ist, so müssen wir die *BLANK WHEN ZERO-Klausel* in der Form

$$\boxed{\underline{\text{BLANK WHEN ZERO}}}$$

im Anschluß an die PICTURE-Klausel bei der Definition des *Empfangsfeldes* angeben. Diese Klausel ist wirkungslos, falls das Zeichen "*" in der Picture-Maske auftritt.
Nach der Ausführung der Anweisung

    MOVE ZERO TO WERT-ED

enthält das durch die Eintragung

    77 WERT-ED PICTURE 99.99 BLANK WHEN ZERO.

definierte Datenfeld WERT-ED den folgenden Speicherinhalt:

WERT-ED ⌞⎵⎵⎵⎵⎵⌟

Jedes mit der BLANK WHEN ZERO-Klausel vereinbarte Datenfeld gehört *automatisch* der Kategorie numerisch-druckaufbereiteter Datenfelder an und darf trotz einer eventuell rein numerischen Picture-Maske nicht als Operand in einer arithmetischen Operation auftreten (ausgenommen sind in GIVING-Klauseln angegebene Ergebnisfelder, vgl. Kapitel 8).

6.5.4 Gleitende Ersetzungszeichen

Mit Hilfe der Maskenzeichen "+", "−", "." und "Z" können wir bei der Übertragung des Datenfeldinhalts

KONTOSTAND ⌞−0072915⌟

in das durch

    02 KONTOSTAND-AUSGABE PICTURE +Z(4)9.99.

definierte Feld bislang nur das folgende Druckbild erzeugen:

    −⎵⎵729.15

Da wir jedoch an einer bündigen Ausgabe des Vorzeichens in der Form

    ⎵⎵−729.15

interessiert sind, müssen wir das Maskenzeichen "+" nicht als einzelnes Zeichen, sondern als *gleitendes Ersetzungszeichen* verwenden, z.B. in der Form

    02 KONTOSTAND-AUSGABE PICTURE +++++9.99.

abkürzbar durch die Schreibweise:

6.5 Druckaufbereitung

```
02  KONTOSTAND-AUSGABE PICTURE +(5)9.99.
```

Innerhalb einer Picture-Maske beschreibt eine Zeichenfolge, die nur aus dem Maskenzeichen "+" oder nur aus dem Maskenzeichen "−" besteht, eine sog. *gleitende Ersetzung*[2]. Dabei kennzeichnet jedes Ersetzungszeichen eine Stelle des Datenfeldes.
Genau eines der Ersetzungszeichen charakterisiert die Stellung des Vorzeichens. Dieses Zeichen wird immer an der Stelle ausgegeben, die der *ersten* von Null verschiedenen Ziffer des Sendefeldes vorausgeht. Alle dem Vorzeichen vorausgehenden Ziffernstellen werden mit *Leerzeichen* besetzt (Nullenunterdrückung!).
Auch hierbei gilt wieder die oben angegebene Ausnahme für das Maskenzeichen "−":
Wird die gleitende Ersetzung durch das Maskenzeichen "−" beschrieben und hat das Sendefeld einen positiven Wert, so wird anstelle eines Vorzeichens ein *Leerzeichen* an die entsprechende Stelle im Empfangsfeld eingetragen.
Werden *alle* Ziffernstellen durch das gleitende Ersetzungszeichen charakterisiert und enthält das Sendefeld den Wert Null, so werden *alle* Stellen mit Leerzeichen gefüllt.
Z.B. ergibt sich für das in der Form

```
77  WERT-ED PICTURE ---.--.
```

definierte Feld durch die Ausführung der MOVE-Anweisung

```
MOVE ZERO TO WERT-ED
```

die folgende Speicherbelegung:

WERT-ED   ⌑⌑⌑⌑⌑⌑

6.5.5 Die Einfügungszeichen "B" und "0"

Bislang haben wir nur die Möglichkeiten der Druckaufbereitung von numerischen Datenfeldern dargestellt. Wollen wir bei der Druckausgabe in die Inhalte von alphanumerischen Datenfeldern ein oder mehrere Leerzeichen bzw. Nullen einfügen, so können wir durch die Verwendung der *Maskenzeichen "B" und "0"* entsprechend geeignete *alphanumerisch-druckaufbereitete* Datenfelder deklarieren.
Mit den Vereinbarungen

```
77  STADT      PICTURE X(8).
77  STADT-ED-1 PICTURE X000BX(7).
77  STADT-ED-2 PICTURE X000BBXBXBXBXBXBXBX.
```

führt die MOVE-Anweisung

---

[2] Die Maskenzeichen "+" und "−" dürfen nicht gleichzeitig in einer Picture-Maske enthalten sein.

MOVE STADT TO STADT-ED-1 STADT-ED-2

zu folgenden Ergebnissen:

Die Maskenzeichen "B" und "0" kennzeichnen die Positionen, in die bei der Übertragung Leerzeichen bzw. Nullen eingefügt werden sollen – dies gilt gleichfalls für die Druckaufbereitung von numerischen Datenfeldern.

So können wir z.B. – ohne eine arithmetische Operation – bei der Druckaufbereitung eine Multiplikation mit dem Faktor 1000 vornehmen, indem wir etwa für die durch

```
77 ZAHL    PICTURE S99.
77 ZAHL-ED PICTURE +990(3).
```

definierten Datenfelder die MOVE-Anweisung

MOVE ZAHL TO ZAHL-ED

mit dem Resultat

ZAHL $\boxed{1\,2-}$ $\longrightarrow$ ZAHL-ED $\boxed{-1\,2\,0\,0\,0}$
$\phantom{ZAHL \boxed{1\,2-} \longrightarrow \text{ZAHL-ED } }+9\,9\,0\,0\,0$

ausführen lassen.
Abschließend weisen wir darauf hin, daß numerisch-druckaufbereitete Datenfelder *nicht* als Operanden in arithmetischen Ausdrücken auftreten dürfen. Sie fungieren allein als Empfangsfelder für numerische Werte, die in eine Druck-Datei ausgegeben oder am Bildschirm angezeigt werden sollen.

6.5.6 Bearbeitung von druckaufbereiteten Datenfeldern

Es ist erlaubt, den Inhalt von numerisch-druckaufbereiteten Datenfeldern in numerische Datenfelder zu übertragen.
Z.B. liegen für die durch

```
77 KONTOSTAND         PICTURE S9(5)V99.
77 KONTOSTAND-AUSGABE PICTURE +(5)9.99.
```

definierten Datenfelder nach der Ausführung der Anweisungen

6.5 Druckaufbereitung

```
MOVE -729.15 TO KONTOSTAND-AUSGABE
MOVE KONTOSTAND-AUSGABE TO KONTOSTAND
```

die folgenden Datenfeldinhalte vor:

KONTOSTAND $\boxed{0\ 0\ 7\ 2\ 9\ 1\ 5-}$
                          S9 9 9 9 9V9 9

KONTOSTAND-AUSGABE $\boxed{\sqcup\sqcup-7\ 2\ 9\ .\ 1\ 5}$
                                         + + + + +9 . 9 9

6.5.7 Vorbesetzung von druckaufbereiteten Datenfeldern

Mit Hilfe der INITIALIZE-Anweisung, die wir bereits im Abschnitt 5.3 kennengelernt haben, lassen sich numerisch- bzw. alphanumerisch-druckaufbereitete Felder geeignet vorbesetzen. Dazu kann die *INITIALIZE-Anweisung* in der Form

```
INITIALIZE bezeichner-1 [ bezeichner-2 ]...
    REPLACING{ ALPHANUMERIC-EDITED | NUMERIC-EDITED }
            DATA BY { bezeichner-3 | literal-1 }
        [ { ALPHANUMERIC-EDITED | NUMERIC-EDITED }
            DATA BY { bezeichner-4 | literal-2 } ]...
```

verwendet werden.

Ohne Angabe der REPLACING-Klausel wird ein numerisch-druckaufbereitetes Feld mit Nullen besetzt, und in ein alphanumerisch-druckaufbereitetes Feld werden Leerzeichen eingetragen.

Wird die REPLACING-Klausel für eine Datengruppe eingesetzt, so werden diejenigen Feldelemente mit den aufgeführten Werten (nach den Regeln der MOVE-Anweisung) gefüllt, für welche die angegebene Eigenschaft zutrifft.

So werden z.B. durch die Anweisung

```
INITIALIZE GRUPPE REPLACING
        NUMERIC-EDITED DATA BY 10
        ALPHANUMERIC-EDITED DATA BY ALL "*"
```

die elementaren Datenfelder der durch

```
01  GRUPPE.
    02  STADT-ED PICTURE X000BX(7).
    02  KONTOSTAND-ED PICTURE +(5)9.99.
    02  ZAHL-ED PICTURE +990(3).
```

definierten Datengruppe GRUPPE wie folgt belegt:

STADT-ED `*000⊔*******`
X 0 0 0 B X X X X X X X

KONTOSTAND-ED `⊔⊔⊔+10.00`   ZAHL-ED `+10000`
++++++9.99   +99000

6.6 Dialogführung am Bildschirmarbeitsplatz

Oftmals ist es erforderlich, während der Programmausführung Eingabedaten über die Tastatur des Bildschirmarbeitsplatzes anzufordern und Daten auf dem Bildschirm auszugeben. Im Gegensatz zu der von uns bislang dargestellten Eingabe und Ausgabe von Datensätzen in Dateien handelt es sich hierbei in erster Linie um den Austausch von Nachrichten zwischen dem Programm und dem Anwender. In der Regel ist es zu umständlich, diese Daten so zu strukturieren, daß sie innerhalb von Datensätzen – im Rahmen einer Datei-Verarbeitung – über Eingabe- und Ausgabe-Puffer von der Tastur bzw. zum Bildschirm übertragen werden können. Für diesen Nachrichtenaustausch zwischen Programm und Anwender stehen in der Programmiersprache COBOL zwei besondere Anweisungen zur Verfügung:

- die DISPLAY-Anweisung zur Ausgabe von Daten auf den Bildschirm, und

- die ACCEPT-Anweisung zur Dateneingabe von der Tastatur des Bildschirmarbeitsplatzes.

Wollen wir z.B. erst zum Programmstart von KOPIE-LISTE-NEU (siehe Abschnitt 6.4) festlegen, wieviele Druckzeilen in jeweils einer (logischen) Druckseite einzutragen sind, so können wir verabreden, daß die gewünschte Anzahl über die Tastatur eingegeben werden soll. Zusätzlich ist es wünschenswert, daß die Anzahl der in die Druck-Datei auszugebenden Druckzeilen beim Programmende am Bildschirm angezeigt wird.
Dazu erweitern wir die WORKING-STORAGE SECTION von KOPIE-LISTE-NEU und richten die beiden Felder ZEILENZAHL-PRO-DRUCKSEITE und SATZ-ZAHL in der Form

```
77  ZEILENZAHL-PRO-DRUCKSEITE PICTURE 99.
77  SATZZAHL                  PICTURE 9(3) VALUE ZERO.
```

ein. Dabei unterstellen wir, daß weniger als 1000 Sätze in der Datei VERTRETER-DATEI enthalten sind.
Den ursprünglichen FD-Eintrag von LISTE müssen wir durch die Angabe

6.6 Dialogführung am Bildschirmarbeitsplatz

```
FD  LISTE
    LABEL RECORD OMITTED
    LINAGE IS ZEILENZAHL-PRO-DRUCKSEITE LINES
    WITH FOOTING AT ZEILENZAHL-PRO-DRUCKSEITE
    LINES AT TOP 5.
01  LISTE-SATZ PICTURE X(132).
```

ersetzen.
Wir ergänzen die Prozedur VERARBEITUNG und tragen als letzte Anweisung die ADD-Anweisung (diese Anweisung stellen wir im Abschnitt 8.1 ausführlich dar)

```
ADD 1 TO SATZZAHL.
```

ein. Dadurch wird beim Durchlaufen von VERARBEITUNG der Satzzähler, der im Feld SATZZAHL abgespeichert ist, um den Wert 1 erhöht.
Zur Ausgabe des Inhalts von SATZZAHL am Programmende verwenden wir die DISPLAY-Anweisung

```
DISPLAY "ES WURDEN " SATZZAHL " SAETZE AUSGEDRUCKT"
```

die wir vor der STOP-Anweisung innerhalb der Prozedur RAHMEN einfügen.
Die gewünschte Zeilenzahl für die Gliederung der Druckseiten fordern wir durch die DISPLAY-Anweisung

```
DISPLAY "GIB DIE ZEILENZAHL PRO DRUCKSEITE EIN:"
```

und die ACCEPT-Anweisung

```
ACCEPT ZEILENZAHL-PRO-DRUCKSEITE
```

an, die wir – in dieser Reihenfolge – in die Prozedur RAHMEN vor der OPEN-Anweisung eintragen.
Beim Einsatz der DISPLAY- und ACCEPT-Anweisung sind die folgenden Syntax-Darstellungen zu beachten:

Syntax der DISPLAY-Anweisung

```
DISPLAY { bezeichner-1 | literal-1 }
      [ { bezeichner-2 | literal-2 } ]...
```

Syntax der ACCEPT-Anweisung

```
ACCEPT bezeichner
```

Bei der Ausführung der DISPLAY-Anweisung werden die Literale bzw. die Inhalte der Datenfelder, die als Operanden hinter dem Wort DISPLAY aufgeführt sind, hintereinander – *ohne Druckaufbereitung* und ohne Zwischenraum – mit Beginn einer neuen Bildschirmzeile auf dem Bildschirm ausgegeben. Dabei werden bis zu insgesamt 132 Zeichen berücksichtigt. Reicht eine Bildschirmzeile zur Aufnahme der Daten nicht aus, so wird die Ausgabe in der nächsten Bildschirmzeile fortgesetzt. Wird dabei das Ende der letzten Bildschirmzeile erreicht, so wird die Ausgabe der überzähligen Zeichen unterdrückt.

Bei der Ausführung einer ACCEPT-Anweisung sind Zeichen einzugeben, die in das Datenfeld "bezeichner" übertragen werden – Zeichen für Zeichen, linksbündig und ohne Konvertierung. Die Eingabe wird abgebrochen, wenn das Feld "bezeichner" vollständig mit Zeichen gefüllt ist oder bereits 120 Zeichen übertragen wurden.

Die von uns angegebene Darstellung der DISPLAY- und ACCEPT-Anweisungen setzt voraus, daß der Kompilierer standardmäßig für die Datenausgabe mit der DISPLAY-Anweisung den Bildschirm als Ausgabegerät und für die Dateneingabe mit der ACCEPT-Anweisung die Tastatur als Eingabegerät unterstellt.

Ist dies nicht der Fall, weil z.B. ein Drucker für die DISPLAY-Anweisung als Ausgabegerät voreingestellt ist, so können wir die Zuordnung der von uns gewünschten Geräte in der folgenden Weise erreichen:

Wir wählen Programmierer-Wörter wie etwa "TASTATUR" und "BILDSCHIRM" und tragen sie als *Merknamen* gemäß der Syntax

```
DISPLAY { bezeichner-1 | literal-1 }
       [ { bezeichner-2 | literal-2 } ]... UPON merkname-1

ACCEPT bezeichner-3 FROM merkname-2
```

innerhalb von UPON- bzw. FROM-Klauseln ein, so daß wir in unserem Fall die folgenden Anweisungen erhalten:

```
DISPLAY "GIB DIE ZEILENZAHL PRO DRUCKSEITE EIN:"
     UPON BILDSCHIRM
ACCEPT ZEILENZAHL-PRO-DRUCKSEITE FROM TASTATUR

DISPLAY "ES WURDEN " SATZZAHL " SAETZE AUSGEDRUCKT"
     UPON BILDSCHIRM
```

Merknamen wie "TASTATUR" und "BILDSCHIRM" sind Anlagen-*unabhängige* Bezeichnungen für Ein-/Ausgabe-Geräte, die innerhalb des Sondernamen-Paragraphen *SPECIAL-NAMES* (siehe die Angaben im Abschnitt 13.6) in der CONFIGURATION SECTION spezifischen Anlagen-abhängigen Gerätebezeichnungen – *Funktionsnamen* genannt – in der Form

```
funktionsname IS merkname
```

zuzuordnen sind.

6.6 Dialogführung am Bildschirmarbeitsplatz

So muß z.B. bei der Programmausführung auf einem Großrechner unter dem Betriebssystem SIEMENS BS 2000 die folgende Angabe gemacht werden:

```
    :
ENVIRONMENT DIVISION.
CONFIGURATION SECTION.
SOURCE-COMPUTER.
    SIEMENS-BS-2000.
OBJECT-COMPUTER.
    SIEMENS-BS-2000.
SPECIAL-NAMES.
    TERMINAL IS BILDSCHIRM
    TERMINAL IS TASTATUR.
INPUT-OUTPUT SECTION.
    :
```

Beim Einsatz von Mikrocomputern brauchen in der Regel keine Merknamen ausgewählt und keine Zuordnungen im Paragraphen SPECIAL-NAMES vorgenommen zu werden, da die DISPLAY- und die ACCEPT-Anweisung für den Dialog mit dem Anwender ausgerichtet und daher Bildschirm und Tastatur für den Kompilierer als Ein- bzw. Ausgabe-Gerät voreingestellt sind.

Bis auf wenige Ausnahmen – wie z.B. SIEMENS BS 2000 – heißen bei Großrechenanlagen die für DISPLAY und ACCEPT voreingestellten Gerätebezeichnungen *SYSOUT* und *SYSIN*. Diesen Namen sind vor dem Programmstart der Bildschirm und die Tastatur zuzuordnen, z.B. bei einer Großrechenanlage der Firma IBM unter MVS/TSO durch die Kommandos

```
ALLOC DD(SYSIN) DA(*)
```

und

```
ALLOC DD(SYSOUT) DA(*)
```

Beim Einsatz der DISPLAY-Anweisung erfolgt grundsätzlich *nach* der Datenausgabe ein Vorschub um eine Zeilenposition. Soll dieser Vorschub unterbunden werden, damit – etwa für eine nachfolgende Dateneingabe über die Tastatur mit Hilfe der ACCEPT-Anweisung – die Bildschirmposition für das erste einzugebende Zeichen geeignet festgelegt werden kann, so ist die DISPLAY-Anweisung mit Hilfe der *WITH NO ADVANCING-Klausel* in der folgenden Form einzusetzen:

```
DISPLAY { bezeichner-1 | literal-1 }
      [ { bezeichner-2 | literal-2 } ]...
            [ UPON merkname ] WITH NO ADVANCING
```

Für den Dialog mit dem Anwender stellen die Kompilierer-Hersteller für den Einsatz bei Mikrocomputern Syntax-Erweiterungen der DISPLAY- und ACCEPT-

Anweisung zur Verfügung, die eine komfortable, Menü-gesteuerte, Bildschirm-orientierte Dialogverarbeitung ermöglichen. Da die vorliegenden Sprachelemente nicht Bestandteil der COBOL-Norm sind, verzichten wir auf ihre Darstellung.[3]

Aufgabe 11

Für jeden Artikel, der im Abrechnungsmonat von einem Vertreter verkauft wurde, sind die folgenden Daten satzweise erfaßt worden:

Zeichenbereich	Information
01 - 08	Artikelnummer
10 - 15	Stückzahl
20 - 26	Stückpreis
30 - 33	Vertreterkennzahl
80	das Zeichen "A" als Kennzeichen für einen Artikel-Satz (zur Unterscheidung von einem Vertretersatz)

In der auf einem magnetischen Datenträger eingerichteten Datei mit den Vertreterdaten, die wir im COBOL-Programm mit "VERTRETER-DATEI" ansprechen, sollen hinter jedem Vertreterdatensatz alle zugehörigen Artikel-Sätze – gemäß der angegebenen Satzstruktur – abgespeichert sein.
Für jeden Vertreter sind die folgenden Zeilen als Sätze einer Druck-Datei auszugeben:

- Inhalt der ersten fünf Druckzeilen:

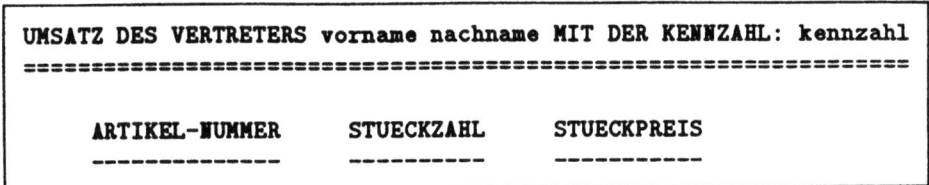

Abbildung 6.4: Struktur der Druckliste

In den folgenden Zeilen sind die Artikelnummern, die Stückzahlen und die Stückpreise in druckaufbereiteter Form auszugeben.
Die Angaben für je zwei Vertreter sind durch jeweils fünf Leerzeilen voneinander zu trennen.

Anmerkung:
Die Datensätze der Datei VERTRETER-DATEI sind nach Satzgruppen gegliedert.

---
[3] Der interessierte Leser findet eine Beschreibung dieser Möglichkeiten in dem Buch "COBOL 85 auf dem PC", W.-M. Kähler, Vieweg Verlag, Braunschweig/Wiesbaden, 1992.

6.6 Dialogführung am Bildschirmarbeitsplatz

Eine *Satzgruppe* besteht aus einer Folge von Datensätzen, die durch eine charakteristische Eigenschaft gekennzeichnet sind.
In unserer Situation besteht die 1. Satzgruppe aus dem ersten Vertreterdatensatz, die 2. Satzgruppe aus allen zugehörigen Artikel-Sätzen, die 3. Satzgruppe aus dem zweiten Vertreterdatensatz, die 4. Satzgruppe aus allen Artikel-Sätzen, die zum zweiten Vertreterdatensatz gehören, usw.
An der Stelle, an der sich der Indikatorwert (in Zeichenposition 80) für die Gruppenzugehörigkeit beim Übergang von einer Satzgruppe zur nächsten Satzgruppe ändert, liegt ein Satzgruppenwechsel – *Gruppenwechsel* genannt – vor.
Somit ist der Lösungsplan abzustimmen auf den jeweils auftretenden Gruppenwechsel, so daß in Abhängigkeit der gerade aktuellen Satzgruppenzugehörigkeit entweder der Listenkopf mit den Vertreterdaten oder eine Postenzeile mit den Artikeldaten auszugeben ist.

Aufgabe 12

Welches Ergebnis liefert die Ausführung einer MOVE-Anweisung in den folgenden Fällen:

	Literal auf Sendefeldposition:	Picture-Maske des Empfangsfeldes:
a)	15	99.9
b)	-4.7	-99.9
c)	+044	-ZZ9.9
d)	0	Z
e)	+1.0	+*.*
f)	+00.01	-***.**
g)	-04	-(4)
h)	+2	+++
i)	0.0	+.+
j)	+45	+09.09
k)	104837	99B99B99
l)	"EMIL"	XXBXBX
m)	"14"	X00X00

Kapitel 7

Einfache Steueranweisungen

In den Struktogrammen zur Beschreibung der Lösungspläne haben wir die Programm-Ablaufsteuerung durch Schleifen-, Bedingungs-, Case- und Prozeduraufruf-Strukturblöcke dargestellt. Innerhalb der PROCEDURE DIVISION wurde ein Schleifen-Block durch die PERFORM-Anweisung mit der UNTIL-Klausel, ein Bedingungs-Block durch die IF-Anweisung, ein Case-Block durch die EVALUATE-Anweisung und ein Prozeduraufruf-Block durch die PERFORM-Anweisung umgesetzt.

Nachdem wir diese Umformung von Strukturblöcken in die Anweisungen der PROCEDURE DIVISION bislang mehr oder minder schematisch durchgeführt haben, wollen wir nun unsere bisherige Kenntnis über die Anweisungen vertiefen, die sich zur Steuerung des Programmablaufs einsetzen lassen.

Zunächst beschreiben wir im Abschnitt 7.1, wie sich Prozeduren durch die PERFORM-Anweisung ausführen lassen. Anschließend stellen wir im Abschnitt 7.2 die IF-Anweisung dar, mit der eine ein- oder zweiseitige Auswahl gekennzeichnet werden kann. Es schließt sich im Abschnitt 7.3 die Darstellung an, wie sich Schleifen-Blöcke durch eine PERFORM-Anweisung umformen lassen. Die EVALUATE-Anweisung, mit der sich eine Mehrfachverzweigung beschreiben läßt, stellen wir im Abschnitt 7.4 vor. Die STOP-Anweisung, mit der die Programmausführung beendet wird, ist abschließend Gegenstand von Abschnitt 7.5.

7.1 Ausführung von Prozeduren (PERFORM)

7.1.1 Einfache Form der PERFORM-Anweisung

In dem Struktogramm des Lösungsalgorithmus LISTE-DER-VERTRETER-NAMEN haben wir den Prozeduraufruf-Block durch das graphische Symbol

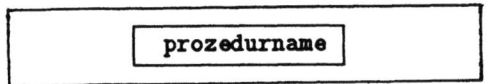

dargestellt. Dies soll bedeuten, daß bei der Ausführung dieses Blocks alle in der Prozedur "prozedurname" enthaltenen Strukturblöcke zu durchlaufen sind.

7.1 Ausführung von Prozeduren (PERFORM)

In COBOL wird ein Prozeduraufruf-Strukturblock durch eine PERFORM-Anweisung umgesetzt. Mit dieser Anweisung kann eine Prozedur – an jeder beliebigen Stelle im Programm – in der folgenden Form zur Verarbeitung aufgerufen werden:

Syntax der PERFORM-Anweisung (noch unvollständig!)

```
PERFORM prozedurname
```

Bei der Ausführung der PERFORM-Anweisung wird zu der Anweisung verzweigt, die als erste in der Prozedur "prozedurname" angegeben ist (zum Begriff des Prozedurnamens vgl. Abschnitt 3.2). Anschließend werden alle Anweisungen dieser Prozedur ausgeführt. Nach der Bearbeitung der letzten Prozedur-Anweisung wird das Programm mit der nächsten ausführbaren Anweisung, die der PERFORM-Anweisung folgt, fortgesetzt.
Z.B. wird in den Struktogrammen

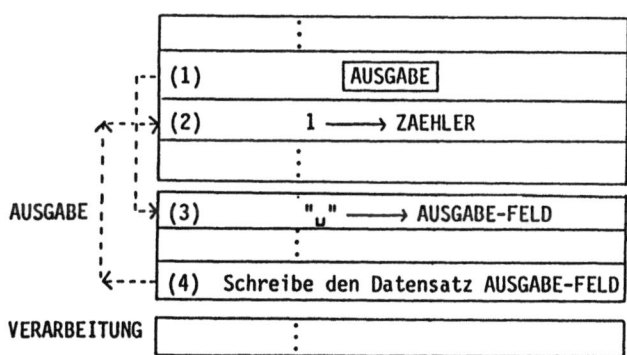

bei der Ausführung des Prozeduraufruf-Blocks (1) zunächst der erste in der Prozedur AUSGABE enthaltene Block (3) bearbeitet. Anschließend werden alle zwischen den Blöcken (3) und (4) vorhandenen Blöcke der Prozedur AUSGABE durchlaufen. Mit der Bearbeitung des letzten Prozedur-Blocks (4) wird die Ausführung des Prozeduraufruf-Blocks (1) beendet, und der Algorithmus wird mit der Bearbeitung von Block (2) fortgesetzt.
Durch den Einsatz der PERFORM-Anweisung formen wir diese Struktogramme durch die folgenden Anweisungen um:

```
    :
PERFORM AUSGABE
MOVE 1 TO ZAEHLER
    :
```

```
AUSGABE.
    MOVE "⌴" TO AUSGABE-FELD
    :
    WRITE AUSGABE-FELD.
VERARBEITUNG.
    :
```

7.1.2 Verzweigungsmechanismus

Bei der Kompilierung wird hinter jeder PERFORM-Anweisung ein sog. *Rückverzweigungspunkt* und im Anschluß an die letzte Anweisung der durch PERFORM aufgerufenen Prozedur (d.h. umittelbar vor dem Prozedurnamen der nachfolgenden Prozedur bzw. am Ende der PROCEDURE DIVISION, falls die aufgerufene Prozedur als letzte Prozedur im Programm eingetragen ist) die zugehörige *Rückverzweigungsroutine* generiert.

Zur Laufzeit des Objektprogramms wird die Ausführung einer PERFORM-Anweisung mit der *Aktivierung* des zugehörigen Rückverzweigungspunktes und der entsprechenden Rückverzweigungsroutine begonnen. Anschließend wird die Programmsteuerung an die erste Prozedur-Anweisung übertragen. Nach der Ausführung der letzten Prozedur-Anweisung verzweigt die aktivierte Rückverzweigungsroutine an den zugehörigen Rückverzweigungspunkt. Anschließend werden Rückverzweigungspunkt und -routine wieder *passiv* und das Programm wird mit der nächsten Anweisung fortgesetzt.

Bei unserem oben angegebenen Beispiel generiert der Kompilierer einen Rückverzweigungspunkt (a) und eine Rückverzweigungsroutine (b), so daß wir uns den Programmablauf folgendermaßen veranschaulichen können:

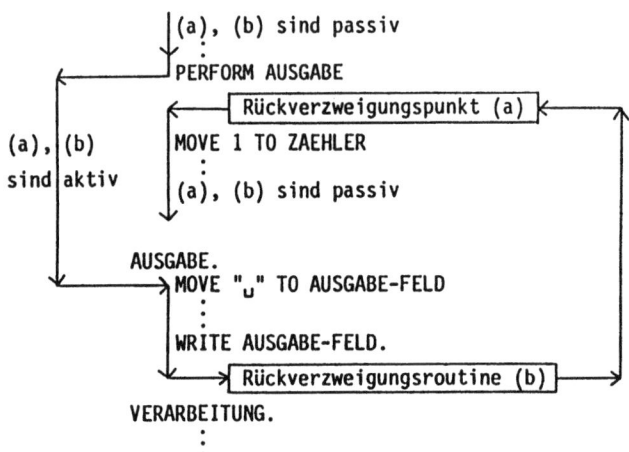

Ist eine Rückverzweigungsroutine nicht aktiv, weil die zugehörige PERFORM-

7.1 Ausführung von Prozeduren (PERFORM)

Anweisung noch nicht oder schon ausgeführt wurde, so läuft das Programm linear ab – auch über Prozedur-Grenzen hinweg. Daher werden die Anweisungen

```
    MOVE ALL "-" TO AUSGABE-FELD    (1)
    PERFORM AUSGABE                 (2)
    MOVE 1 TO ZAEHLER.              (3)
AUSGABE.
    WRITE AUSGABE-FELD.             (4)
VERARBEITUNG.
    ADD 1 TO FELD-1.                (5)
```

in der Reihenfolge (1), (2), (4), (3), (4) und (5) ausgeführt.
Die Prozeduren stellen in COBOL also keine in sich abgeschlossenen Bereiche dar, die dann und nur dann ausgeführt werden, wenn ein entsprechender Prozeduraufruf erfolgt. Vielmehr können wir uns eine Prozedur als *"Unterplan"* vorstellen, der einerseits durch seinen Namensaufruf an der entsprechenden Stelle "eingefügt" und ausgeführt wird und andererseits auch dann bearbeitet wird, wenn der Programmlauf bis an die Stelle gelangt ist, an der der "Unterplan" vereinbart ist. Dies hat den Vorteil, daß mehrere Prozeduren mit einer einzigen Anweisung (siehe unten) oder aber auch einzeln ausgeführt werden können.

7.1.3 Erweiterte Form der PERFORM-Anweisung

Wir stellen jetzt eine Methode vor, mit der wir die Ausführung mehrerer aufeinanderfolgender Prozeduren vereinfachen können.
Das Struktogramm

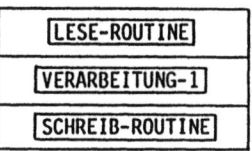

legt fest, daß die Prozeduren LESE-ROUTINE, VERARBEITUNG-1 und SCHREIB-ROUTINE in der angegebenen Reihenfolge ausgeführt werden sollen. Im COBOL-Programm setzen wir dieses Struktogramm durch die Anweisungen

```
PERFORM LESE-ROUTINE
PERFORM VERARBEITUNG-1
PERFORM SCHREIB-ROUTINE
```

um. Sind die drei Prozeduren in der angegebenen Reihenfolge *hintereinander* im Programm angegeben, so läßt sich die Ablaufsteuerung durch die Anweisung

```
PERFORM LESE-ROUTINE THRU SCHREIB-ROUTINE
```

vereinfachen.
Als Abkürzung für das obige Struktogramm schreiben wir in diesem Fall:

```
LESE-ROUTINE THRU SCHREIB-ROUTINE
```

Statt der sonst notwendigen Einsetzung von drei Rückverzweigungspunkten und der zugehörigen Rückverzweigungsroutinen braucht der Kompilierer jetzt nur noch eine Rückverzweigungsroutine hinter die letzte Anweisung der Prozedur SCHREIB-ROUTINE und nur noch einen Rückverzweigungspunkt zu generieren. Da in diesem Fall nur eine Aktivierung notwendig ist, verbessert sich nicht nur das Speicherplatz-, sondern auch das Laufzeitverhalten des Objektprogramms.
Fassen wir die einfache und die erweiterte Form der PERFORM-Anweisung in der Syntax-Beschreibung zusammen, so erhalten wir:

Syntax der PERFORM-Anweisung

```
PERFORM prozedurname-1 [ THRU prozedurname-2 ]
```

Bei der Verwendung der *THRU-Klausel* muß die Prozedur "prozedurname-2" im Programm hinter der Prozedur "prozedurname-1" angegeben sein, und bei der Ausführung wird der *Prozedurbereich* von "prozedurname-1" bis (einschließlich) "prozedurname-2" und damit jede zwischen diesen beiden Prozeduren aufgeführte Prozedur durchlaufen.[1]
So werden z.B. bei der Ausführung der PERFORM-Anweisung innerhalb des Programmausschnitts

```
    :
    PERFORM LESE-ROUTINE THRU SCHREIB-ROUTINE
    :
LESE-ROUTINE.
    :
VERARBEITUNG-1.
    :
VERARBEITUNG-2.
    :
SCHREIB-ROUTINE.
    :
```

auch alle Anweisungen der Prozedur VERARBEITUNG-2 ausgeführt. Soll jedoch diese Prozedur nicht bearbeitet werden, und darf (aus bestimmten problem-abhängigen Gründen) die Reihenfolge, in der die vier Prozeduren im Programm angegeben

---

[1] Wir weisen darauf hin, daß mit einer einzigen PERFORM-Anweisung auch mehrere zu einem Kapitel (vgl. Abschnitt 10.3) zusammengefaßte Paragraphen bzw. mehrere Kapitel durchlaufen werden können, wenn Kapitelnamen als Prozedurnamen in der PERFORM-Anweisung eingetragen werden.

7.2 Programmverzweigung (IF)

sind, nicht verändert werden, so müssen wir die obige PERFORM-Anweisung durch die folgenden Anweisungen ersetzen:

```
PERFORM LESE-ROUTINE THRU VERARBEITUNG-1
PERFORM SCHREIB-ROUTINE
```

7.2 Programmverzweigung (IF)

7.2.1 Bedingungs-Strukturblock und IF-Anweisung

Als wesentliches Steuerelement in einem Struktogramm haben wir den Bedingungs-Strukturblock

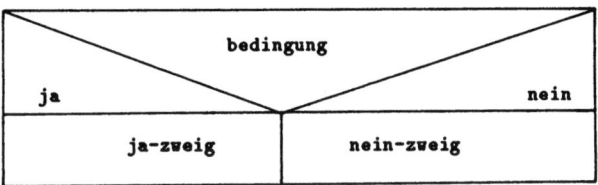

innerhalb eines Lösungsplans zur Beschreibung einer Verzweigung eingesetzt. In Abhängigkeit von einer *Bedingung* (condition) wird der Programmablauf entweder im Ja- oder im Nein-Zweig fortgesetzt. Im COBOL-Programm realisieren wir diesen Block durch eine *IF-Anweisung* in der folgenden Form:

Syntax der IF-Anweisung

```
IF bedingung
     THEN { anweisung-1 [ anweisung-2 ]... | NEXT SENTENCE }
     { ELSE anweisung-3 [ anweisung-4 ]... [ END-IF ]
          | [ ELSE NEXT SENTENCE ] | [ END-IF ] }
```

Die Anweisungen, die den Inhalt des Ja-Zweiges wiedergeben, sind hinter dem Wahlwort "THEN" bzw. unmittelbar hinter der Bedingung anzugeben. Diejenigen Anweisungen, die die im Nein-Zweig aufgeführten Aktionen beschreiben, müssen hinter dem Schlüsselwort "ELSE" eingetragen werden.

Sind in einem Zweig des Bedingungs-Blocks keine Aktionen festgelegt worden, so läßt sich dies innerhalb der IF-Anweisung durch die beiden Schlüsselwörter "NEXT SENTENCE" kennzeichnen.

Mit Ausnahme von Erfordernissen, die bei der Schachtelung von IF-Anweisungen auftreten (siehe unten), darf bei *leerem* Nein-Zweig die Angabe von

```
ELSE NEXT SENTENCE
```

unterbleiben.

Wird die IF-Anweisung nicht durch das Stopwort "END-IF" beendet, so zählt sie in dieser Form zu den bedingten Anweisungen. Daher muß sie – außer bei einer Verwendung innerhalb einer Schachtelung von IF-Anweisungen – in diesem Fall durch einen Punkt abgeschlossen werden. Andernfalls würden alle auf die IF-Anweisung folgenden Anweisungen noch dem Nein-Zweig (gegebenenfalls auch zum Ja-Zweig bei fehlendem Nein-Zweig) zugerechnet.

Soll eine IF-Anweisung als unbedingte Anweisung eingesetzt werden, so ist "END-IF" als Endekennzeichnung anzugeben. Dies setzt allerdings voraus, daß dem Stopwort keine ELSE-Klausel mit dem Eintrag "NEXT SENTENCE" vorausgeht.

Der Einsatz einer IF-Anweisung als unbedingte Anweisung ist z.B. dann erforderlich, wenn sie als Bestandteil einer Klausel innerhalb einer bedingten Anweisung aufgeführt werden soll, die nur unbedingte Anweisungen enthalten darf – wie etwa die AT END-Klausel innerhalb einer READ-Anweisung.

Bei der Ausführung der IF-Anweisung wird zunächst geprüft, ob die hinter dem Schlüsselwort IF angegebene Bedingung zutrifft.

- Bei erfüllter Bedingung werden alle Anweisungen, die hinter THEN bzw. – bei fehlendem THEN – unmittelbar hinter der Bedingung angegeben sind, zur Ausführung gebracht.

- Ist die Bedingung nicht erfüllt, so werden die vor dem Schlüsselwort ELSE aufgeführten Anweisungen "übersprungen" und die hinter ELSE angegebenen Anweisungen ausgeführt. Fehlt in dieser Situation das Schlüsselwort ELSE, so werden keine Anweisungen ausgeführt.

Nachdem die Anweisungen, die über die Bedingung angesteuert wurden, ausgeführt worden sind, ist die Bearbeitung der IF-Anweisung beendet. Die Programmausführung wird mit der Anweisung fortgesetzt, die hinter der IF-Anweisung folgt.

Wollen wir z.B. die Anzahl der Vertreter, die ihr Konto überzogen haben (einzutragen in ZAEHLER-NEG) bzw. ein Guthaben oder ein ausgeglichenes Konto besitzen (einzutragen in ZAEHLER-POS), und zusätzlich die Summe aller Überziehungen (SUMME-NEG) und Guthaben (SUMME-POS) berechnen, so beschreiben wir diese Verarbeitung durch das folgende Struktogramm:

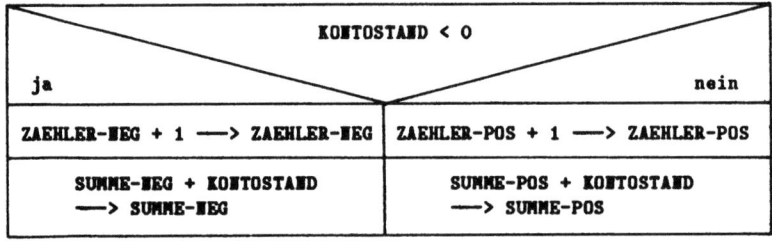

Im Bedingungs-Block wird der Inhalt des numerischen Feldes KONTOSTAND mit dem Wert 0 verglichen. Die Bedingung trifft dann zu, wenn der aktuelle Wert von

7.2 Programmverzweigung (IF)

KONTOSTAND kleiner als 0 ist.
Dieses Struktogramm setzen wir durch die folgende IF-Anweisung um:

```
IF KONTOSTAND < 0
   THEN ADD 1 TO ZAEHLER-NEG
        ADD KONTOSTAND TO SUMME-NEG
   ELSE ADD 1 TO ZAEHLER-POS
        ADD KONTOSTAND TO SUMME-POS
END-IF
```

Durch eine ADD-Anweisung wird der Wert des vor dem COBOL-Wort TO angegebenen numerischen Literals bzw. numerischen Datenfeldes zu dem Inhalt des hinter dem Wort TO angegebenen numerischen Feldes hinzugezählt (die Ausführung von arithmetischen Anweisungen stellen wir im Kapitel 8 dar). Vor der Ausführung dieser IF-Anweisung (und des entsprechenden zugehörigen Programmteils für die Berechnung der Anzahlen und Summen) müssen die Felder ZAEHLER-NEG, ZAEHLER-POS, SUMME-NEG und SUMME-POS mit dem Wert 0 vorbesetzt worden sein.

Um das Programm zu strukturieren und es damit lesbarer zu machen, schreiben wir die Anweisungen in den einzelnen Zweigen jeweils eingerückt in eine neue Zeile, und wir setzen die COBOL-Wörter IF und END-IF sowie THEN und ELSE direkt untereinander (nach den COBOL-Regeln ist dies nicht erforderlich!).

Bevor wir im folgenden darstellen, welche Arten von Bedingungen innerhalb von IF-Anweisungen angegeben werden dürfen, stellen wir zunächst die Möglichkeiten der arithmetischen Verknüpfung vor.

7.2.2 Arithmetische Ausdrücke

Werden numerische Datenfelder und numerische Literale durch *arithmetische Operatoren* miteinander verknüpft, so nennen wir dies einen *arithmetischen Ausdruck*. Ein einzelnes numerisches Feld oder numerisches Literal wird gleichfalls als arithmetischer Ausdruck angesehen. Für die arithmetischen Operatoren verwenden wir die folgenden Zeichen:

Operator:	Operation:
+	Addition
−	Subtraktion
*	Multiplikation
/	Division
**	Potenzierung

Die Berechnung eines Ausdrucks erfolgt nach der Regel "Punktrechnung geht vor Strichrechnung". Diese Vorschrift kann durch das Setzen von Klammern beeinflußt werden (eine ausführliche Beschreibung geben im Abschnitt 8.2).

Haben z.B. die numerischen Felder A1 und A2 die aktuellen Werte 10 und 4, so ist der Wert des arithmetischen Ausdrucks

```
A1 * 2 + A2 - A1 / 5
```

gleich 22. Dagegen errechnet sich der Wert von

```
(A1 * (2 + A2) - A1) / 5
```

zu 10.
Vor und hinter einem arithmetischen Operator muß immer *mindestens ein Leerzeichen* angegeben werden.

7.2.3 Einfache Bedingungen

Je zwei arithmetische Ausdrücke können durch die folgenden *Vergleichsoperatoren* (*Relationsoperatoren*) miteinander verglichen werden:[2]

Operator:	Bedeutung:	ausführliche Schreibweise:
<	kleiner als	IS LESS THAN
>	größer als	IS GREATER THAN
=	gleich	IS EQUAL TO

Bei der Auswertung des Vergleichs werden stets die *algebraischen* Werte der entsprechenden arithmetischen Ausdrücke berücksichtigt (unabhängig von z.B. den Ziffernstellen hinter dem Dezimalpunkt, die für die einzelnen Felder reserviert sind). Genauso wie bei den arithmetischen Operatoren muß auch vor und hinter jedem Vergleichsoperator *mindestens ein Leerzeichen* angegeben werden.
Eine Verknüpfung der Form

```
arith-ausdruck-1 vergleichsoperator arith-ausdruck-2
```

nennen wir eine *Vergleichsbedingung* (relation condition).
Wird z.B. abgeprüft, ob der Inhalt des numerischen Datenfeldes KONTOSTAND größer als Null ist, so schreiben wir

```
KONTOSTAND > 0
```

oder ausführlicher:

```
KONTOSTAND IS GREATER THAN ZERO
```

Diese Abfrage ist ein Beispiel für eine spezielle Vergleichsbedingung, die sog. *Vorzeichenbedingung* (sign condition), deren allgemeine Struktur sich folgendermaßen beschreiben läßt (mit "a" als Kurzform für einen "arithmetischen Ausdruck"):

---
[2]Ein entsprechender Vergleich zwischen zwei numerischen Literalen ist überflüssig und daher im COBOL-Programm auch verboten!

7.2 Programmverzweigung (IF)

Vorzeichenbedingung:	ausführliche Schreibweise:
a > 0	a IS <u>POSITIVE</u>
a = 0	a IS <u>ZERO</u>
a < 0	a IS <u>NEGATIVE</u>

Die Vergleichsbedingung (und damit insbesondere die Vorzeichenbedingung) zählt zur Gruppe der *einfachen Bedingungen* (simple condition).
Mit den oben angegebenen aktuellen Werten der Felder A1 und A2 trifft z.B. die folgende einfache Bedingung nicht zu:

```
A1 * 2 + A2 - A1 / 5  =  10
```

Dagegen ist die einfache Bedingung

```
(A1 * (2 + A2) - A1) / 5  =  10
```

erfüllt. Eine äquivalente Darstellung dieser Bedingung ist z.B. auch:

```
(A1 * (2 + A2) - A1) / 5 - 10 IS ZERO
```

Da Bedingungsnamen ebenfalls einen arithmetischen Vergleich beschreiben, zählen die durch Bedingungsnamen charakterisierten Bedingungen – *Bedingungsnamen-Bedingungen* (condition-name condition) genannt – gleichfalls zur Gruppe der einfachen Bedingungen.
Durch die Überprüfung der Bedingungsnamen-Bedingung

```
ALTE-BUNDESLAENDER
```

haben wir etwa in unserem Beispielprogramm die Ausführung der durch die IF-Anweisung

```
IF ALTE-BUNDESLAENDER
   THEN MOVE "alte Bundeslaender" TO GEBIETS-NAME
   ELSE MOVE "neue Bundeslaender" TO GEBIETS-NAME
END-IF
```

beschriebenen Verzweigungsmöglichkeiten vom Zutreffen der durch ALTE-BUNDESLAENDER gekennzeichneten Bedingung abhängig gemacht. Dieser Bedingungsname bezieht sich auf das Datenfeld BEZIRKS-KENNZAHL, das durch den Eintrag

```
02 BEZIRKS-KENNZAHL PICTURE 99.
   88 ALTE-BUNDESLAENDER VALUE 04 12 THRU 23 33 34 44 66.
   88 NEUE-BUNDESLAENDER VALUE 73 THRU 76 84 92 THRU 95.
```

definiert war. Somit wird durch die hinter IF aufgeführte Bedingungsnamen-Bedingung geprüft, ob BEZIRKS-KENNZAHL einen der hinter VALUE aufgeführten Werte enthält.

Neben der Vergleichs- und der Bedingungsnamen-Bedingung gibt es als weiteren Typ einer einfachen Bedingung die *Klassenbedingung* (class condition) zur Überprüfung von Eingabedaten in der Form von:

```
bezeichner IS { ALPHABETIC | ALPHABETIC-UPPER
              | ALPHABETIC-LOWER | NUMERIC }
```

Dabei ist die Klassenbedingung

```
bezeichner IS ALPHABETIC
```

mit dem Schlüsselwort *ALPHABETIC* dann erfüllt, wenn das alphanumerische Datenfeld "bezeichner" nur alphabetische Zeichen (alphabetic character), d.h. die Klein- und Großbuchstaben a,b,c,...,y,z,A,B,C,...,Y,Z und das Leerzeichen enthält. Soll der Inhalt eines Feldes nur auf Großbuchstaben hin untersucht werden, so ist das Schlüsselwort *ALPHABETIC-UPPER* zu verwenden. Durch den Einsatz des Schlüsselworts *ALPHABETIC-LOWER* kann eine Überprüfung auf Kleinbuchstaben vorgenommen werden.

Die Klassenbedingung

```
bezeichner IS NUMERIC
```

mit dem Schlüsselwort *NUMERIC* trifft dann zu, falls das numerische oder alphanumerische Feld "bezeichner" nur Ziffern enthält. Hat dieses Feld die numerische Kategorie und ist es mit einem Vorzeichen versehen (in der zugehörigen Picture-Maske ist das Zeichen S angegeben), so wird dieses Vorzeichen beim Vergleich nicht berücksichtigt.

Neben diesen standardmäßig zur Verfügung stehenden Möglichkeiten, lassen sich auch individuell festgelegte Klassenbedingungen verabreden.

So kann etwa durch die Anweisung

```
IF PRUEFZIFFER IS KORREKTE-PRUEFZIFFER ...
```

untersucht werden, ob das Feld PRUEFZIFFER (siehe die Angaben in Aufgabe 18) eine Ziffer oder den Buchstaben "A" enthält. Voraussetzung dafür ist, daß KORREKTE-PRUEFZIFFER eine Klassenbedingung bezeichnet, die durch

```
CLASS KORREKTE-PRUEFZIFFER IS "0" THRU "9" "A".
```

im Sondernamen-Paragraphen SPECIAL-NAMES (siehe Abschnitt 13.6) innerhalb der CONFIGURATION SECTION vereinbart ist, so daß die ENVIRONMENT DIVISION durch die Programmzeilen

7.2 Programmverzweigung (IF)

```
ENVIRONMENT DIVISION.
CONFIGURATION SECTION.
SOURCE-COMPUTER.
    dva-name-1.
OBJECT-COMPUTER.
    dva-name-2.
SPECIAL-NAMES.
    CLASS KORREKTE-PRUEFZIFFER IS "0" THRU "9" "A".
```
eingeleitet wird.

7.2.4 Zusammengesetzte Bedingungen

In der Regel hängt eine Verzweigung in einem Programm nicht allein von einer einfachen Bedingung ab.
So könnten wir in unserem Beispielprogramm LISTE-DER-VERTRETER-NAMEN nach dem Einlesen eines Datensatzes z.B. prüfen wollen, ob der Inhalt des Feldes KENNZAHL kleiner als 5000 und größer als Null ist. Dazu verbinden wir die beiden einfachen Bedingungen

    KENNZAHL < 5000   und   KENNZAHL IS POSITIVE

durch den *logischen Operator AND* zu einer *zusammengesetzten Bedingung* (combined condition) und schreiben:

    KENNZAHL < 5000 AND KENNZAHL IS POSITIVE

Eine zusammengesetzte Bedingung der Form

    ┌─────────────────────────────────┐
    │ bedingung-1 **AND** bedingung-2 │
    └─────────────────────────────────┘

ist nur dann erfüllt, wenn die beiden Bedingungen "bedingung-1" und "bedingung-2" gleichzeitig zutreffen.
Außer dem Operator AND dürfen zur Bildung von zusammengesetzten Bedingungen auch die *logischen Operatoren OR und NOT* eingesetzt werden.
Die zusammengesetzte Bedingung

    ┌────────────────────────────────┐
    │ bedingung-1 **OR** bedingung-2 │
    └────────────────────────────────┘

trifft nur dann zu, wenn mindestens eine der beiden Bedingungen "bedingung-1" und "bedingung-2" erfüllt ist.
Z.B. trifft die Bedingung

    KENNZAHL IS GREATER THAN 8000 OR KENNZAHL IS LESS THAN 5000

dann zu, wenn der Wert des Feldes KENNZAHL entweder größer als 8000 oder kleiner als 5000 ist.

Die aus der Anwendung des logischen Operators NOT resultierende Bedingung

```
NOT bedingung
```

ist nur dann erfüllt, wenn die hinter dem reservierten COBOL-Wort NOT angegebene Bedingung nicht zutrifft.
So ist z.B. die Bedingung

```
NOT KENNZAHL < 5000
```

dann gültig, wenn der aktuelle Wert von KENNZAHL größer oder gleich 5000 ist.
Bei Vergleichs- und Klassenbedingungen darf der Operator NOT in die Bedingung "hineingezogen" werden, so daß wir z.B. für die obige Bedingung auch

```
KENNZAHL NOT < 5000
```

schreiben dürfen (damit ist "NOT <" ein zusätzlicher Vergleichsoperator mit der Bedeutung "größer oder gleich"). Analog können wir für die Bedingung

```
NOT KENNZAHL IS NUMERIC
```

auch

```
KENNZAHL IS NOT NUMERIC
```

angeben.
Anstelle der Vergleichsbedingung

```
KENNZAHL NOT < 5000
```

in der auf "größer oder gleich" geprüft wird, darf auch

```
KENNZAHL IS GREATER THAN OR EQUAL 5000
```

oder dafür abkürzend

```
KENNZAHL >= 5000
```

geschrieben werden.
Entsprechend läßt sich die Vergleichsoperation "kleiner oder gleich" durch die COBOL-Wörter

```
IS LESS THAN OR EQUAL
```

bzw. abkürzend durch das Operationszeichen "<=" ausdrücken.

7.2 Programmverzweigung (IF)

7.2.5 Bearbeitung einer zusammengesetzten Bedingung

Eine zusammengesetzte Bedingung wird immer *"von links nach rechts"* ausgewertet. Sind in einer zusammengesetzten Bedingung Klammern enthalten, so werden die eingeklammerten Bedingungen stets zuerst bearbeitet, und bei einer geschachtelten Klammerung wird die Auswertung immer von *"innen nach außen"* vorgenommen. Sind keine Klammern vorhanden oder wird der Inhalt einer Klammer bearbeitet, so gilt die folgende *Auswertungs-Reihenfolge*:

- zuerst werden alle arithmetischen Ausdrücke berechnet,

- dann werden die einfachen Bedingungen ausgewertet, und zwar in der Rangfolge:

  - Vergleichsbedingung,
  - Klassenbedingung,
  - Bedingungsnamen-Bedingung und
  - Vorzeichenbedingung (in der ausführlichen Schreibweise),

- anschließend wird der NOT-Operator angewandt,

- danach wird das Zutreffen je zweier mit AND verbundener Bedingungen und

- schließlich die Gültigkeit je zweier mit OR verknüpfter Bedingungen ermittelt.

Mehrere durch AND bzw. OR verbundene Bedingungen werden dabei stets (schrittweise) von "links nach rechts" ausgewertet.

Z.B. ergibt sich für die folgende zusammengesetzte Bedingung die angegebene Auswertungs-Reihenfolge:

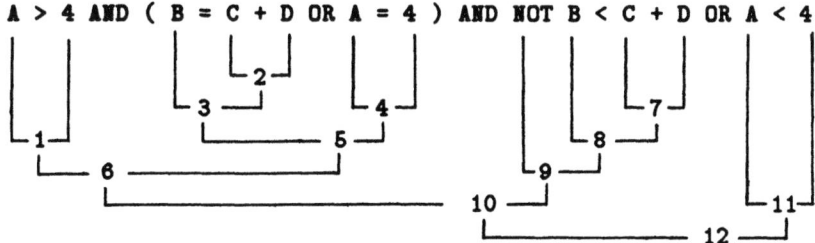

7.2.6 Vergleich von alphanumerischen Werten

Neben den numerischen Vergleichen können auch Textvergleiche bzgl. der *Sortierfolge-Ordnung* (collating sequence) der jeweiligen DVA durchgeführt werden. Für den Vergleich von alphanumerischen Werten gelten die folgenden Regeln:

- Haben beide Operanden *dieselbe* Länge, so werden die jeweils korrespondierenden Zeichenpaare – beginnend beim ersten Zeichen – von links nach rechts verglichen; die beiden Operanden sind dann gleich, wenn sie in allen Zeichen übereinstimmen; beim ersten Zeichenpaar, das zwei voneinander verschiedene Zeichen enthält, entscheidet die Sortierfolge-Ordnung der DVA über die Relation.

- Sind die Längen der beiden Operanden verschieden, so wird der kürzere Operand (intern) mit Leerzeichen aufgefüllt und anschließend derselbe Algorithmus (mit der größeren Länge) durchgeführt.

Z.B. gelten mit der Vereinbarung

```
77  F-1  PICTURE X(5)  VALUE "ALLE␣".
77  F-2  PICTURE X(5)  VALUE "ALL␣␣".
77  F-3  PICTURE X(6)  VALUE "ALLE␣␣".
```

die folgenden Relationen (wobei wir als Intern-Kode den Kode EBCDIC zugrundelegen, vgl. Anhang A.4):

"ALLE" = F-1   und   F-1 = F-3   und   F-1 > F-2   und   F-2 < F-3

Wie beim Vergleich von numerischen Werten ist auch beim alphanumerischen Vergleich eine Relation zwischen zwei alphanumerischen Literalen überflüssig und daher verboten.
Wollen wir etwa in unserem Beispielprogramm LISTE-DER-VERTRETER-NAMEN nur die Vertreternamen auflisten, die mit Buchstaben zwischen "K und Z" beginnen, so beschreiben wir diesen Vorgang in der Prozedur VERARBEITUNG und kennzeichnen ihn durch das Struktogramm

VERARBEITUNG

```
             NACHNAME < "K"
         ja                    nein
                  "␣" ---> LISTE-SATZ
                  NACHNAME ---> VERTRETER-NAME
                  schreibe den Datensatz LISTE-SATZ
```

das wir wie folgt umsetzen:

7.2 Programmverzweigung (IF)

```
VERARBEITUNG.
    IF NACHNAME < "K"
        THEN NEXT SENTENCE
        ELSE MOVE SPACES TO LISTE-SATZ
             MOVE NACHNAME TO VERTRETER-NAME
             WRITE LISTE-SATZ
    END-IF.
```

Diese Prozedur können wir durch die Negation der Vergleichsbedingung folgendermaßen vereinfachen:

```
VERARBEITUNG.
    IF NACHNAME NOT < "K"
        THEN MOVE SPACES TO LISTE-SATZ
             MOVE NACHNAME TO VERTRETER-NAME
             WRITE LISTE-SATZ
    END-IF.
```

Wir weisen darauf hin, daß die Bedingung

NACHNAME NOT < "K"

nicht zur folgenden Bedingung äquivalent ist:

NACHNAME > "J"

Im Anhang A.4 geben wir einen Überblick über die Sortierfolge-Ordnungen einiger DVAn. Da diese Ordnungen für gewisse Zeichen voneinander abweichen, sind COBOL-Programme, in denen alphanumerische Werte miteinander verglichen werden, oft nicht portabel.

Allerdings ist es möglich, die alphanumerischen Vergleiche auf der Basis einer von einer speziellen DVA unabhängigen Sortierfolge-Ordnung durchführen zu lassen. Dazu ist die CONFIGURATION SECTION in der folgenden Form anzugeben:

```
CONFIGURATION SECTION.
SOURCE-COMPUTER.
    dva-name-1.
OBJECT-COMPUTER.
    dva-name-2 PROGRAM COLLATING SEQUENCE IS alphabetname.
SPECIAL-NAMES.
    ALPHABET alphabetname IS
        { STANDARD-1 | STANDARD-2 | NATIVE }.
```

Innerhalb des Paragraphen OBJECT-COMPUTER wird durch "alphabetname" eine Verabredung über eine spezielle Sortierfolge-Ordnung getroffen, die allen alphanumerischen Vergleichen zugrundeliegen soll. Die Sortierfolge-Ordnung, die durch "alphabetname" gekennzeichnet ist, wird innerhalb des Sondernamen-Paragraphen SPECIAL-NAMES festgelegt.

Der Name "NATIVE" beschreibt die Sortierfolge-Ordnung, nach der auf der eingesetzten DVA standardmäßig alphanumerische Vergleiche durchgeführt werden.

Mit dem Namen "STANDARD-1" wird der vornehmlich auf Mikrocomputern verwendete ASCII-Kode (siehe Anhang A.4) gekennzeichnet.

Sollen Vergleiche auf der Basis des ISO-Kodes durchgeführt werden, so ist die Sortierfolge-Ordnung durch das reservierte COBOL-Wort "STANDARD-2" zu kennzeichnen (siehe Anhang A.4).

7.2.7 Schachtelung von IF-Anweisungen

Nach der Syntax der IF-Anweisung dürfen im Ja- und im Nein-Zweig beliebige Anweisungen – und damit auch wiederum IF-Anweisungen – angegeben werden, d.h. IF-Anweisungen lassen sich beliebig tief schachteln. Die äußere der geschachtelten IF-Anweisungen ist mit einem Punkt bzw. mit "END-IF" abzuschließen.

Wir erläutern diese Möglichkeit durch die Umformung des folgenden Struktogramms, das aus verschachtelten Bedingungs-Blöcken besteht:

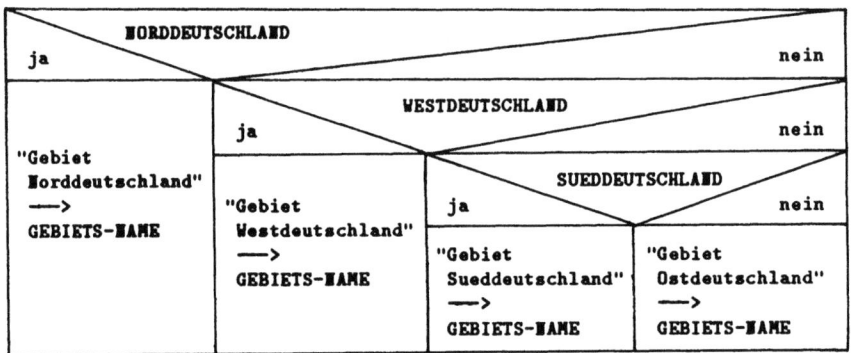

Indem wir jeden einzelnen Bedingungs-Block in eine IF-Anweisung umformen, erhalten wir:

```
IF NORDDEUTSCHLAND
   THEN MOVE "Gebiet Norddeutschland" TO GEBIETS-NAME
   ELSE IF WESTDEUTSCHLAND
           THEN MOVE "Gebiet Westdeutschland" TO GEBIETS-NAME
           ELSE IF SUEDDEUTSCHLAND
                   THEN MOVE "Gebiet Sueddeutschland" TO GEBIETS-NAME
                   ELSE MOVE "Gebiet Ostdeutschland" TO GEBIETS-NAME
END-IF
```

Bei der *Analyse einer geschachtelten IF-Anweisung* ordnet der Kompilierer jedes ELSE immer demjenigen direkt vorausgehenden Wort IF zu, das noch durch kein ELSE "gebunden" wurde.

7.2 Programmverzweigung (IF)

Für die oben angegebene IF-Anweisung ergibt sich daher die folgende "IF-ELSE-Zuordnung":

```
    IF NORDDEUTSCHLAND
       THEN MOVE ...
       ELSE
          IF WESTDEUTSCHLAND
             THEN MOVE ...
             ELSE
                IF SUEDDEUTSCHLAND
                   THEN MOVE ...
                   ELSE MOVE ...
    END-IF
```

Diese Klammerung legt genau die Verarbeitung fest, wie sie durch das oben angegebene Struktogramm beschrieben ist.

Für ein komplexeres Beispiel einer IF-Schachtelung nehmen wir an, daß B1, B2, B3 und B4 im Programm vereinbarte Bedingungsnamen und A1, A2 bis A8 Bezeichner von Prozeduren sind. Mit diesen Vereinbarungen kann das Struktogramm

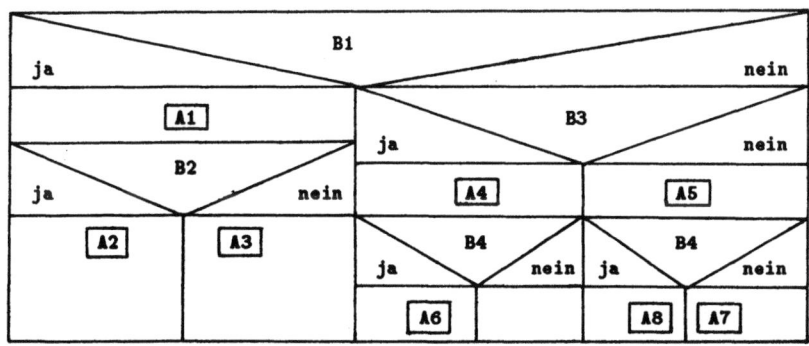

durch die folgende geschachtelte IF-Anweisung umgesetzt werden:

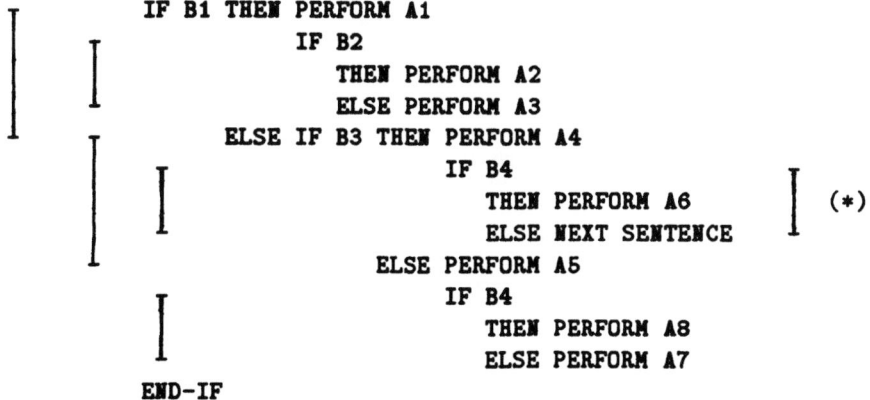

Dieses Beispiel unterstreicht die Wichtigkeit der NEXT SENTENCE-Klausel. Ließen wir nämlich den ELSE-Zweig mit der NEXT SENTENCE-Klausel weg, so erhielten wir für den ELSE-Zweig der (äußeren) IF-Anweisung eine völlig andere Struktur.

7.2.8 Die CONTINUE-Anweisung

Neben der Möglichkeit, einen leeren Zweig eines Bedingungs-Blocks durch die NEXT SENTENCE-Klausel zu kodieren, gibt es die Alternative, stattdessen eine CONTINUE-Anweisung in der folgenden Form einzusetzen:

```
CONTINUE
```

Wird die CONTINUE-Anweisung bearbeitet, so führt dies zu keiner Aktion.

Durch den Einsatz der CONTINUE-Anweisung kann der oben angegebene Programmausschnitt (*) durch die Anweisung

```
IF B4
   THEN PERFORM A6
   ELSE CONTINUE
```

ausgetauscht werden. Zudem ist es ebenfalls möglich, den Programmausschnitt (*) – durch den Einsatz des Stopwortes "END-IF" – wie folgt abzuändern:

```
IF B4
   THEN PERFORM A6
END-IF
```

7.3 Programmschleifen (PERFORM)

7.3.1 In-line-PERFORM mit der UNTIL-Klausel

Zur Darstellung einer Programmschleife haben wir einen Schleifen-Strukturblock in der folgenden Form eingesetzt:

```
┌─────────────────────────────────────────────┐
│ wiederhole, bis die Abbruch-Bedingung zutrifft │
│  ┌──────────────────────────────────────┐   │
│  │        eine oder mehrere Aktionen     │   │
│  └──────────────────────────────────────┘   │
└─────────────────────────────────────────────┘
```

Bei der Ausführung dieses Blocks wird zunächst die Abbruch-Bedingung geprüft, die zum Beispiel durch das Kriterium "Dateiende" festgelegt ist.

7.3 Programmschleifen (PERFORM)

Trifft die Bedingung unmittelbar zu, so ist die Ausführung des Schleifen-Blocks beendet. Ist die Bedingung nicht erfüllt, so werden die angegebenen Aktionen durchgeführt. Anschließend wird die Bedingung erneut geprüft. Ist die Bedingung wiederum nicht erfüllt, so werden die Aktionen erneut ausgeführt. Diese wiederholte Bearbeitung der Aktionen erfolgt solange, bis die Bedingung bei einer Überprüfung erstmalig zutrifft. In diesem Fall wird die Ausführung des Schleifen-Blocks beendet. Zur Umsetzung des Schleifen-Blocks haben wir die PERFORM-Anweisung mit der UNTIL-Klausel gemäß der folgenden Syntax eingesetzt[3]:

Syntax der In-line-PERFORM-Anweisung mit der UNTIL-Klausel

```
PERFORM [ WITH TEST { BEFORE | AFTER } ] UNTIL bedingung
            unb-anw-1 [ unb-anw-2 ]...
END-PERFORM
```

Diese Form der PERFOM-Anweisung wird "In-line-PERFORM" genannt, da die wiederholt auszuführenden Anweisungen unmittelbar zwischen den reservierten COBOL-Wörtern "PERFORM" und "END-PERFORM" eingetragen sind[4].

Ohne die Angabe der WITH TEST-Klausel erfolgt die Prüfung von "bedingung" stets *vor* der Ausführung der zwischen der Bedingung und dem Stopwort "END-PERFORM" angegebenen unbedingten Anweisungen. Damit gleichbedeutend ist die Angabe der WITH TEST-Klausel unter Einsatz des Schlüsselwortes "BEFORE" in der folgenden Form:

```
WITH TEST BEFORE
```

Soll dagegen die Prüfung der Abbruch-Bedingung nicht vor, sondern erst im Anschluß an die Ausführung der Anweisungen geschehen, so ist das Schlüsselwort "AFTER" innerhalb der WITH TEST-Klausel in der folgenden Form anzugeben:

```
WITH TEST AFTER
```

Um den Sachverhalt, daß eine Schleife mindestens einmal durchlaufen wird, zu dokumentieren, kann der Schleifen-Block in diesem Fall wie folgt angegeben werden:

---

[3] Es ist zu beachten, daß eine nach dieser Syntax eingesetzte PERFORM-Anweisung durch das Stopwort "END-PERFORM" beendet werden muß.

[4] Wir werden unten eine weitere Form der PERFORM-Anweisung angeben, die "Out-of-line-PERFORM" genannt wird.

```
                ┌─────────────────────────────────────┐
                │   eine oder mehrere Aktionen        │
                ├─────────────────────────────────────┤
                │ wiederhole, bis die Abbruch-Bedingung zutrifft │
                └─────────────────────────────────────┘
```

Soll z.B. die Satzzahl der Datei mit den Vertreterdatensätzen ermittelt werden, so kann dies – unter Einsatz eines ganzzahligen numerischen Datenfeldes namens ZAEHLER – mit der folgenden PROCEDURE DIVISION geschehen:

```
PROCEDURE DIVISION.
RAHMEN.
    OPEN INPUT VERTRETER-DATEI
    MOVE 0 TO DATEI-ENDE-FELD ZAEHLER
    PERFORM WITH TEST AFTER UNTIL DATEI-ENDE
        READ VERTRETER-DATEI
            AT END SET DATEI-ENDE TO TRUE
        END-READ
        ADD 1 TO ZAEHLER
    END-PERFORM
    CLOSE VERTRETER-DATEI
    DISPLAY ZAEHLER
    STOP RUN.
```

Durch die Ausgabe mit der DISPLAY-Anweisung wird am Programmende ein Wert angezeigt, der um 1 größer als die aktuelle Satzzahl der Datei ist.

7.3.2 In-line-PERFORM mit der TIMES-Klausel

Es muß grundsätzlich sichergestellt sein, daß die in der UNTIL-Klausel angegebene Bedingung durch die Ausführung der aufgeführten Anweisungen zu irgendeinem Zeitpunkt erfüllt und damit die Programmschleife ordnungsgemäß beendet wird – andernfalls wird von einer "Endlosschleife" gesprochen.
Bei bestimmten Anwendungen steht bereits von vornherein fest, wie häufig eine Programmschleife durchlaufen werden soll.
Sind wir z.B. an einer Verarbeitung der ersten 30 Vertreterdatensätze interessiert, so können wir die Verarbeitung – unter Einsatz des ganzzahlig numerischen Datenfeldes ZAEHLER – wie folgt festlegen:

7.3 Programmschleifen (PERFORM)

```
    :
MOVE 1 TO ZAEHLER
READ VERTRETER-DATEI
    AT END SET DATEI-ENDE TO TRUE
END-READ
PERFORM UNTIL ZAEHLER > 30
    PERFORM VERARBEITUNG
    READ VERTRETER-DATEI
        AT END SET DATEI-ENDE TO TRUE
    END-READ
    ADD 1 TO ZAEHLER
END-PERFORM
    :
```

Hierbei haben wir unterstellt, daß die Datei mit den Vertreterdatensätzen mehr als 30 Datensätze enthält, so daß das Dateiende beim Einlesen nicht erreicht wird.

Da die Anzahl der Wiederholungen zu Beginn der Programmschleife bekannt ist, läßt sich die Programmierung vereinfachen. Dazu kann eine PERFORM-Anweisung mit der TIMES-Klausel wie folgt eingesetzt werden:

```
    :
READ VERTRETER-DATEI
    AT END SET DATEI-ENDE TO TRUE
END-READ
PERFORM 30 TIMES
    PERFORM VERARBEITUNG
    READ VERTRETER-DATEI
        AT END SET DATEI-ENDE TO TRUE
    END-READ
END-PERFORM
    :
```

Durch diese Lösung kann auf das Datenfeld ZAEHLER, in dem die Anzahl der Schleifendurchläufe hochgezählt wurde, verzichtet werden.

Allgemein läßt sich eine PERFORM-Anweisung wie folgt mit der TIMES-Klausel einsetzen[5]:

Syntax der In-line-PERFORM-Anweisung mit der TIMES-Klausel

```
PERFORM { bezeichner | ganzzahl } TIMES
             unb-anw-1 [ unb-anw-2 ]...
END-PERFORM
```

---

[5] Es ist zu beachten, daß eine nach dieser Syntax eingesetzte PERFORM-Anweisung durch das Stopwort "END-PERFORM" beendet werden muß.

Bei der Verwendung der *TIMES-Klausel* legt der durch diese Klausel bestimmte
Wert fest, wie oft die Wiederholung durchgeführt werden soll. Ist dieser Wert
nicht positiv, so wird das Programm – ohne Ausführung der angegebenen unbedingten Anweisungen – mit derjenigen Anweisung fortgesetzt, die hinter dem Stopwort
"END-PERFORM" aufgeführt ist.

7.3.3 Out-of-line-PERFORM

Grundsätzlich ist es zulässig, anstelle der vor dem Stopwort "END-PERFORM"
aufgeführten unbedingten Anweisungen eine Prozedur oder einen Prozedurbereich
anzugeben, der geeignet oft wiederholt durchlaufen werden soll. Dies gilt für die
PERFORM-Anweisung mit der TIMES- als auch mit der UNTIL-Klausel. Dadurch
läßt sich die Syntax der PERFORM-Anweisung in der bisher bekannten Form

```
PERFORM prozedurname-1 [ THRU prozedurname-2 ]
```

für einen nur *einmaligen* Durchlauf des angegebenen Prozedurbereichs wie folgt
erweitern[6]:

Syntax der Out-of-line-PERFORM-Anweisung

```
PERFORM prozedurname-1 [ THRU prozedurname-2 ]
     [ { { bezeichner | ganzzahl } TIMES
       | UNTIL bedingung } ]
```

Weil die auszuführenden Anweisungen nicht unmittelbar innerhalb der PERFORM-Anweisung aufgeführt werden, wird diese Form der PERFORM-Anweisung als
"Out-of-line-PERFORM" bezeichnet.

Die Prozedur "prozedurname-1" muß vor "prozedurname-2" angegeben sein, und
das Datenfeld "bezeichner" muß numerisch ganzzahlig sein.

Dabei besteht der zu durchlaufende Prozedurbereich entweder nur aus der Prozedur
"prozedurname-1" oder aus dem Bereich, der von den Prozeduren "prozedurname-1" und "prozedurname -2" eingeschlossen wird.

Eine Programmierung mit einem Out-of-line-PERFORM ist immer dann vorzunehmen, wenn die Wiederholung durch einen der wie folgt modifizierten Schleifen-Strukturblöcke beschrieben werden kann:

---

[6] Es ist zu beachten, daß eine nach dieser Syntax eingesetzte PERFORM-Anweisung *nicht* durch
das Stopwort "END-PERFORM" beendet werden darf.

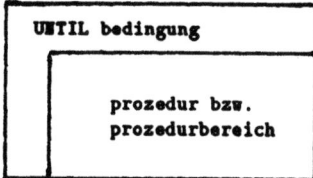 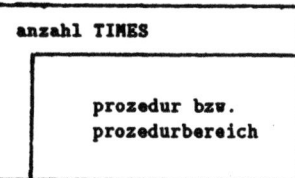

Bei der Verwendung der *TIMES-Klausel* legt der ermittelte Wert fest, wie oft der Prozedurbereich durchlaufen werden soll. Ist dieser Wert nicht positiv, so wird das Programm – ohne Aufruf des Prozedurbereichs – mit der Anweisung fortgesetzt, die hinter der PERFORM-Anweisung aufgeführt ist.

Beim Einsatz der *UNTIL-Klausel* wird der Prozedurbereich solange wiederholt durchlaufen, bis die angegebene (Abbruch-)Bedingung erfüllt ist. Trifft diese Bedingung schon *vor* Aufruf der PERFORM-Anweisung zu, so wird das Programm – ohne Ausführung des Prozedurbereichs – mit der Anweisung fortgesetzt, die hinter der PERFORM-Anweisung angegeben ist.

So läßt sich z.B. der oben durch ein In-line-PERFORM umgesetzte Lösungsplan auch wie folgt beschreiben:

```
    :
READ VERTRETER-DATEI
    AT END SET DATEI-ENDE TO TRUE
END-READ
PERFORM VERARBEITUNG-LESEN 30 TIMES
    :
    :
VERARBEITUNG-LESEN.
    PERFORM VERARBEITUNG
    READ VERTRETER-DATEI
        AT END SET DATEI-ENDE TO TRUE
    END-READ.
VERARBEITUNG.
    :
```

7.4 Mehrfachauswahl (EVALUATE)

Zur Beschreibung einer *Mehrfachauswahl* läßt sich ein *Case-Strukturblock* verwenden, der in seiner allgemeinen Form wie folgt eingesetzt werden kann:

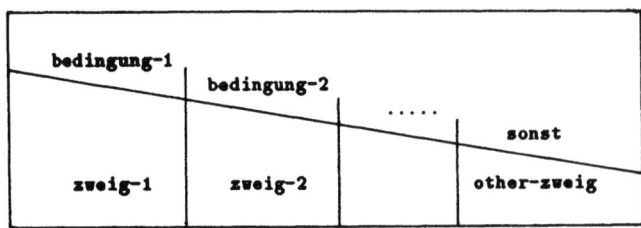

In Abhängigkeit von den jeweils aufgeführten Bedingungen, die der Reihe nach von *links nach rechts* überprüft werden, wird derjenige Zweig des Case-Blocks aktiviert, dessen Bedingung als *erste* zutrifft. Sofern *keine* der aufgeführten Bedingungen erfüllt ist, wird derjenige Zweig durchlaufen, der durch den Text "sonst" gekennzeichnet ist. Mit der Bearbeitung des aktivierten Zweiges ist die Ausführung des Case-Blocks beendet.

Zur Umformung der durch einen Case-Block gekennzeichneten Mehrfachverzweigung läßt sich die *EVALUATE*-Anweisung in der folgenden Form einsetzen:

Syntax der EVALUATE-Anweisung (noch unvollständig!)

```
EVALUATE { TRUE | FALSE }
     WHEN bedingung-1 unb-anw-1 [ unb-anw-2 ]...
   [ WHEN bedingung-2 unb-anw-3 [ unb-anw-4 ]... ]...
   [ WHEN OTHER unb-anw-5 [ unb-anw-6 ]... ]
[ END-EVALUATE ]
```

Die *EVALUATE*-Anweisung wird durch das Schlüsselwort *EVALUATE* eingeleitet und läßt sich durch das Schlüsselwort *END-EVALUATE* beenden. Wir entnehmen der Syntax, daß die EVALUATE-Anweisung als bedingte Anweisung (ohne Angabe von END-EVALUATE) oder auch als unbedingte Anweisung eingesetzt werden kann, sofern das Stopwort "END-EVALUATE" am Anweisungsende aufgeführt wird.

Hinter dem Schlüsselwort *TRUE* bzw. dem Schlüsselwort *FALSE* werden geeignet viele *WHEN-Klauseln* für die einzelnen Alternativen der Mehrfachverzweigung angegeben.

In den *WHEN-Klauseln* sind die Zweige des Case-Blocks – von links beginnend – nacheinander einzutragen. Dabei folgt der jeweiligen Bedingung der Inhalt des zugehörigen Zweiges in Form einer oder mehrerer unbedingter Anweisungen. Der Inhalt des durch "sonst" gekennzeichneten Zweiges ist hinter dem Schlüsselwort *OTHER* aufzuführen.

Durch den Einsatz des Schlüsselwortes "TRUE" ("FALSE") wird bestimmt, daß die in den WHEN-Klauseln aufgeführten Bedingungen jeweils mit dem Wahrheitswert "wahr" ("falsch") zu vergleichen sind. Bei der Ausführung der EVALUATE-Anweisung werden die unbedingten Anweisungen derjenigen WHEN-Klausel ausgeführt, für welche der Vergleich der Bedingung mit dem angegebenen Wahrheits-

7.4 Mehrfachauswahl (EVALUATE)

wert als erste zutrifft.

Die Angabe der WHEN-Klausel mit dem Schlüsselwort OTHER ist optional. Fehlt diese Klausel, so wird die Programmausführung mit der ersten hinter EVALUATE angegebenen Anweisung fortgesetzt, sofern keine der durch die WHEN-Klauseln spezifizierten Bedingungen zutrifft.

Für den Fall, daß innerhalb eines Zweiges des Case-Blocks keine Angaben enthalten sind (es soll *keine* Aktion durchgeführt werden), muß die *CONTINUE*-Anweisung in der Form

```
 CONTINUE 
```

innerhalb der zugehörigen WHEN-Klausel aufgeführt werden.

Durch den Einsatz der EVALUATE-Anweisung lassen sich z.B. Lösungspläne übersichtlich beschreiben, die – ohne Einsatz eines Case-Blocks – nur als verschachtelte Verzweigungen programmiert werden können.

Z.B. können wir den Lösungsplan, der durch die im Abschnitt 7.2 angegebene Verschachtelung von IF-Anweisungen in der Form

```
IF NORDDEUTSCHLAND
  THEN MOVE "Gebiet Norddeutschland" TO GEBIETS-NAME
  ELSE IF WESTDEUTSCHLAND
         THEN MOVE "Gebiet Westdeutschland" TO GEBIETS-NAME
         ELSE IF SUEDDEUTSCHLAND
                THEN MOVE "Gebiet Sueddeutschland" TO GEBIETS-NAME
                ELSE MOVE "Gebiet Ostdeutschland" TO GEBIETS-NAME
END-IF
```

beschrieben wurde, übersichtlicher darstellen, wenn wir die EVALUATE-Anweisung wie folgt verwenden:

```
EVALUATE TRUE
    WHEN NORDDEUTSCHLAND
        MOVE "Gebiet Norddeutschland" TO GEBIETS-NAME
    WHEN WESTDEUTSCHLAND
        MOVE "Gebiet Westdeutschland" TO GEBIETS-NAME
    WHEN SUEDDEUTSCHLAND
        MOVE "Gebiet Sueddeutschland" TO GEBIETS-NAME
    WHEN OTHER
        MOVE "Gebiet Ostdeutschland" TO GEBIETS-NAME
END-EVALUATE
```

Durch den Einsatz des Schlüsselwortes "FALSE" und der Negation der Bedingungen durch den Operator NOT ist die letzte EVALUATE-Anweisung gleichbedeutend mit der folgenden (unübersichtlicheren) Form:

```
EVALUATE FALSE
        WHEN NOT NORDDEUTSCHLAND
            MOVE "Gebiet Norddeutschland" TO GEBIETS-NAME
        WHEN NOT WESTDEUTSCHLAND
            MOVE "Gebiet Westdeutschland" TO GEBIETS-NAME
        WHEN NOT SUEDDEUTSCHLAND
            MOVE "Gebiet Sueddeutschland" TO GEBIETS-NAME
        WHEN OTHER
            MOVE "Gebiet Ostdeutschland" TO GEBIETS-NAME
END-EVALUATE
```

Bei dem Struktogramm am Ende von Abschnitt 7.2, das aus verschachtelten Bedingungs-Strukturblöcken besteht, ist es ebenfalls wünschenswert, eine übersichtlichere Umformung vorzunehmen, als es durch die Verschachtelung von geeignet vielen IF-Anweisungen möglich ist. Auch für diesen Fall kann eine erweiterte Form der EVALUATE-Anweisung eingesetzt werden, welche die *parallele Auswertung* mehrerer Bedingungen unterstützt (siehe dazu die Angaben im Abschnitt 11.2).

7.5 Beendigung der Programmausführung (STOP)

Das dynamische Ende eines COBOL-Programms wird durch eine *STOP-Anweisung* festgelegt, die wie folgt anzugeben ist:

Syntax der STOP-Anweisung

```
STOP RUN
```

Mit der Ausführung dieser Anweisung wird der Lauf des COBOL-Objektprogramms beendet. Im Hinblick auf die Zielsetzung des "Strukturierten Programmierens" sollte die STOP- Anweisung *genau einmal* im Programm enthalten sein.

Unsere Beispielprogramme strukturieren wir so, daß wir die STOP-Anweisung direkt vor den Prozeduren angeben, die während des Programmlaufs durch PERFORM-Anweisungen ausgeführt werden. Dadurch erreichen wir eine übersichtliche Gliederung, so daß die Zuordnung eines Struktogramms zur entsprechenden Prozedur unmittelbar erkennbar ist.

Aufgabe 13

Welche Ausgaben werden bei der Ausführung der folgenden Programmzeilen erzeugt?

```
        PERFORM AUSGABE-1 THRU AUSGABE-4
        PERFORM AUSGABE-1 THRU AUSGABE-3.
AUSGABE-1.
        DISPLAY " :::  :::  :::  :::".
        DISPLAY "  :   :   :      :".
        PERFORM AUSGABE-2
        DISPLAY "  :   :       :  :".
AUSGABE-2.
        DISPLAY "  :   :::  :::   :".
AUSGABE-3.
        DISPLAY " ".
AUSGABE-4.
        CONTINUE.
```

Aufgabe 14

Welche der Relationen "<", ">" bzw. "=" bestehen zwischen den folgenden Werten, wenn die Sortierfolge-Ordnung des Kodes EBCDIC zugrunde gelegt wird?

a) +12   12.000   b) -78   -93
c) 12.00   12.001   d) "78FR"   "FR78"
e) "789"   "678"   f) "JOE "   "JOSEPH"
g) "JOE"   "JOE "   h) "7"   "ACHT"

Aufgabe 15

Gegeben seien die Datenfeld-Beschreibungen:

```
77  NAME-WS       PICTURE X(13) VALUE "MEYER-NEUMANN".
77  KONTOSTAND-WS PICTURE S9(5)V99 VALUE -01000.10.
```

Welche der folgenden Bedingungen sind erfüllt?

a) NAME-WS > "K" AND NAME-WS < "S"
b) KONTOSTAND-WS IS POSITIVE AND NAME-WS IS ALPHABETIC
             AND KONTOSTAND-WS IS NUMERIC

Kapitel 8

Arithmetische Operationen

Für die kommerziellen und administrativen Anwendungen verfügt COBOL über (ausreichend) leistungsfähige Anweisungen für die vier arithmetischen Grundoperationen Addition (ADD), Subtraktion (SUBTRACT), Multiplikation (MULTIPLY) und Division (DIVIDE). Im Vordergrund steht dabei nicht die Auswertung mathematischer Formeln, sondern die Berechnung einfacher Ausdrücke aus dem Anwendungsbereich.
Mit der Syntax und Semantik dieser Anweisungen befassen wir uns im Abschnitt 8.1. Anschließend stellen wir im Abschnitt 8.2 die COMPUTE-Anweisung dar, mit der beliebige arithmetische Ausdrücke berechnet werden können.
Im Abschnitt 8.3 geben wir an, wie sich mit Hilfe der SIZE ERROR-Klausel ein Überlauf abfangen läßt, und im Abschnitt 8.4 stellen wir dar, wie die interne Datenablage durch die USAGE-Klausel bestimmt wird. Diese Kenntnis ist besonders für die Laufzeit- und die Speicherplatz-Optimierung erforderlich.

8.1 ADD-, SUBTRACT-, MULTIPLY- und DIVIDE-Anweisung

8.1.1 ADD-Anweisung

Im Abschnitt 7.2 wurde der Strukturblock

```
| ZAEHLER-POS + 1 ⟶ ZAEHLER-POS |
```

durch die Anweisung

```
ADD 1 TO ZAEHLER-POS
```

umgewandelt. Damit haben wir eine erste Form der ADD-Anweisung benutzt, deren allgemeine Darstellung wir wie folgt angeben können:

8.1 ADD-, SUBTRACT-, MULTIPLY- und DIVIDE-Anweisung

Syntax der ADD-Anweisung (Format-1)

```
ADD { bezeichner-1 | num-literal-1 }
  [ { bezeichner-2 | num-literal-2 } ]...
     TO bezeichner-3 [ ROUNDED ] [ bezeichner-4 [ ROUNDED ] ]...
```

Die Inhalte und Werte der vor dem Schlüsselwort TO aufgeführten numerischen Datenfelder bzw. numerischen Literale werden zu einem Zwischenergebnis addiert. Anschließend wird dieses Zwischenergebnis auf die einzelnen Werte der hinter dem Wort TO angegebenen Datenfelder *hinzuaddiert.*
Während den Ergebnisfeldern der errechnete Summenwert zugewiesen wird (die alten Werte werden überschrieben!), bleiben die Inhalte der vor dem Wort TO angegebenen Summandenfelder unverändert.
Durch die Ausführung der ADD-Anweisung

```
ADD UMSATZ-GEBIET-1 UMSATZ-GEBIET-2 UMSATZ-GEBIET-3
   TO UMSATZ-MONAT UMSATZ-JAHR
```

ergeben sich für die einzelnen Datenfelder die folgenden Veränderungen:

	alter Inhalt:	neuer Inhalt:
UMSATZ-GEBIET-1	0 0 4 5 0 5 0	0 0 4 5 0 5 0
UMSATZ-GEBIET-2	0 0 4 9 7 1 5	0 0 4 9 7 1 5
UMSATZ-GEBIET-3	0 0 3 1 6 7 5	0 0 3 1 6 7 5
UMSATZ-MONAT	0 0 2 4 1 8 5 0	0 0 3 6 8 2 9 0
UMSATZ-JAHR	0 0 0 0 8 5 1 6 7 5	0 0 0 0 9 7 8 1 1 5

8.1.2 ROUNDED-Klausel

Sind bei den Ergebnisfeldern immer ausreichend viele Dezimalstellen hinter dem Dezimalpunkt reserviert, so ist die Ausführung einer ADD-Anweisung problemlos. Zu welchem Resultat führt aber z.B. die Anweisung

```
ADD ZINSEN TO KONTOSTAND
```

bei folgenden Feldinhalten:

ZINSEN $\boxed{0\ 6\ 0\ 7\ 4\ 6+}$ und KONTOSTAND $\boxed{0\ 4\ 4\ 1\ 6\ 7\ 8+}$

Generell wird das Ergebnis einer arithmetischen Operation in einem vom Kompilierer intern verwalteten *Zwischenergebnisfeld* (intermediate data item) abgespeichert. Dieses Feld besitzt vor und hinter dem Dezimalpunkt stets die maximal bei Mitnahme aller Ziffern erforderliche Anzahl von Stellen. Im obigen Beispiel hat dieses Zwischenfeld den Inhalt:

$\boxed{0\ 4\ 4\ 7\ 7\ 5\ 2\ 6+}$

Bei der Zuweisung dieses Wertes an das Ergebnisfeld KONTOSTAND wird standardmäßig nach den Regeln des numerischen MOVE's verfahren, d.h. überzählige Stellen des Zwischenergebnisfeldes werden bei der Übertragung *abgeschnitten*. Daher geht in diesem Beispiel die letzte Ziffer verloren, so daß wir

KONTOSTAND $\boxed{0\ 4\ 4\ 7\ 7\ 5\ 2+}$

als Ergebnis erhalten.

Oftmals soll im Lösungsalgorithmus die erste abzuschneidende Ziffer (hinter dem Dezimalpunkt) berücksichtigt werden, um den Wert des Ergebnisfeldes gegebenenfalls *auf-* oder *abzurunden*. Dabei ist die letzte rechtsstehende Ziffer des Ergebnisfeldes um den Wert 1 zu erhöhen, wenn die erste unterdrückte Ziffer größer oder gleich 5 ist. Diese *Rundung* wird für alle diejenigen Ergebnisfelder durchgeführt, deren Bezeichner durch eine nachfolgende *ROUNDED-Klausel* in der Form

$\boxed{\text{ROUNDED}}$

gekennzeichnet sind.
Mit der Anweisung

    ADD ZINSEN TO KONTOSTAND ROUNDED

ergibt sich für das obige Beispiel als Resultat:

KONTOSTAND $\boxed{0\ 4\ 4\ 7\ 7\ 5\ 3+}$

Z.B. erhalten wir mit den aufgeführten Werten des Zwischenergebnisfeldes die nachfolgend angegebenen Ergebnisfelder:

8.1 ADD-, SUBTRACT-, MULTIPLY- und DIVIDE-Anweisung

Zwischenergebnisfeld:	Ergebnisfeld mit ROUNDED-Klausel	Ergebnisfeld ohne ROUNDED-Klausel
1 2 3 5	1 2 4	1 2 3
1 2 6	1 3	1 2
1 2 4 5	1 2	1 2
1 2 5 5	1 3	1 2

Bei der Ausführung der Anweisung

```
ADD 10 SUMMAND-1 SUMMAND-2 TO S-1 ROUNDED S-2
```

ergeben sich die folgenden Veränderungen:

	alter Inhalt:	neuer Inhalt:
SUMMAND-1	0 1 3+	0 1 3+
SUMMAND-2	4 2+	4 2+
S-1	1 0+	2 6+
S-2	2 0−	0 4−

8.1.3 GIVING-Klausel

Bislang wurden die Inhalte der Ergebnisfelder als *zusätzliche* Summanden in die Addition einbezogen. Wollen wir jedoch den ursprünglichen Inhalt der Ergebnisfelder von der Summation ausschließen, so wählen wir die folgende Form der ADD-Anweisung:

Syntax der ADD-Anweisung (Format-2)

```
ADD { bezeichner-1 | num-literal-1 }
    { bezeichner-2 | num-literal-2 }
  [ { bezeichner-3 | num-literal-3 } ]...
         GIVING bezeichner-4 [ ROUNDED ]
       [ GIVING bezeichner-5 [ ROUNDED ] ]...
```

In diesem Format darf (muß aber nicht!) jedes in einer GIVING-Klausel angegebene Ergebnisfeld numerisch-druckaufbereitet sein. Die vor dem Schlüsselwort GIVING aufgeführten Summanden werden addiert, und das Ergebnis dieser Addition (eingespeichert in einem Zwischenergebnisfeld) wird durch ein implizites MOVE den Ergebnisfeldern zugewiesen.

Mit den Eintragungen

```
77  S1       PICTURE S99V9 VALUE +20.2.
77  S2       PICTURE S9V99 VALUE +3.07.
77  SUMME-ED PICTURE +99.9.
```

resultiert aus der Anweisung

```
ADD S1 S2 GIVING SUMME-ED ROUNDED
```

als Speicherinhalt des Ergebnisfeldes (der ursprüngliche Wert wird überschrieben!):

SUMME-ED $\boxed{+2\,3\,.\,3}$
$\phantom{\text{SUMME-ED }}+9\,9\,.\,9$

8.1.4 SUBTRACT-Anweisung

Für die Subtraktion stehen ebenfalls zwei Anweisungsformen zur Verfügung:

Syntax der SUBTRACT-Anweisung

Format-1:
```
SUBTRACT { bezeichner-1 | num-literal-1 }
       [ { bezeichner-2 | num-literal-2 } ]...
       FROM bezeichner-3 [ ROUNDED ]
          [ bezeichner-4 [ ROUNDED ] ]...
```

Format-2:
```
SUBTRACT { bezeichner-1 | num-literal-1 }
       [ { bezeichner-2 | num-literal-2 } ]...
       FROM { bezeichner-3 | num-literal-3 }
            GIVING bezeichner-4 [ ROUNDED ]
          [ GIVING bezeichner-5 [ ROUNDED ] ]...
```

Im Format-1 müssen alle Bezeichner Namen von numerischen Datenfeldern sein. Darüberhinaus dürfen im Format-2 die in GIVING-Klausel angegebenen Ergebnisfelder auch numerisch-druckaufbereitet sein. Zunächst werden die Werte der vor

8.1 ADD-, SUBTRACT-, MULTIPLY- und DIVIDE-Anweisung

dem Schlüsselwort FROM aufgeführten Datenfelder bzw. numerischen Literale addiert (und in ein Zwischenergebnisfeld eingespeichert). Beim Format-1 wird diese Summe vom Inhalt *jedes* hinter dem Wort FROM angegebenen Datenfeldes subtrahiert und das entsprechende Resultat in das jeweilige Ergebnisfeld übertragen.
Im Format-2 wird die Summe vom Inhalt des Datenfeldes "bezeichner-3" bzw. vom numerischen Literal "num-literal-3" subtrahiert und die Differenz in die Ergebnisfelder eingespeichert.
Bei jeder Zuweisung an ein Ergebnisfeld wird immer dann gerundet, falls die ROUNDED-Klausel hinter dem entsprechenden Bezeichner aufgeführt ist.
Im Format-2 bleibt der Inhalt des Feldes "bezeichner-3" stets unverändert.
Mit den Datenfeldern

STEUER $\boxed{2\,9\,0\,0\,0\,0}$ STEUER-N $\boxed{0\,2\,8\,0\,0\,0}$

BRUTTO-EINKOMMEN $\boxed{2\,0\,0\,0\,0\,0\,0}$

ergibt die Anweisung

```
SUBTRACT STEUER STEUER-N FROM BRUTTO-EINKOMMEN
                        GIVING NETTO-EINKOMMEN
```

das Resultat:

STEUER $\boxed{2\,9\,0\,0\,0\,0}$ STEUER-N $\boxed{0\,2\,8\,0\,0\,0}$

BRUTTO-EINKOMMEN $\boxed{2\,0\,0\,0\,0\,0\,0}$ NETTO-EINKOMMEN $\boxed{1\,6\,8\,2\,0\,0\,0}$

Durch die Ausführung von

```
SUBTRACT STEUER STEUER-N FROM BRUTTO-EINKOMMEN
```

erhalten wir

STEUER $\boxed{2\,9\,0\,0\,0\,0}$ STEUER-N $\boxed{0\,2\,8\,0\,0\,0}$

BRUTTO-EINKOMMEN $\boxed{1\,6\,8\,2\,0\,0\,0}$

als Ergebnis.

8.1.5 MULTIPLY-Anweisung

Im Gegensatz zur ADD- und zur SUBTRACT-Anweisung hat die MULTIPLY-Anweisung immer genau zwei Operanden. Gleichfalls existieren auch für diese Anweisung zwei Formen.

Syntax der MULTIPLY-Anweisung

Format-1:
```
MULTIPLY { bezeichner-1 | num-literal }
         BY bezeichner-2 [ ROUNDED ]
```

Format-2:
```
MULTIPLY { bezeichner-1 | num-literal-1 }
         BY { bezeichner-2 | num-literal-2 }
            GIVING bezeichner-3 [ ROUNDED ]
          [ GIVING bezeichner-4 [ ROUNDED ] ]...
```

Aus den Werten der numerischen Größen vor und hinter dem Schlüsselwort BY wird das Produkt gebildet und in das Ergebnisfeld unter Beachtung einer evtl. vorhandenen ROUNDED-Klausel eingespeichert.
Im Format-1 ist das Feld "bezeichner-2" das Ergebnisfeld und im Format-2 sind es die in den GIVING-Klauseln aufgeführten Datenfelder, welche die numerischdruckaufbereitete Kategorie besitzen dürfen.
Mit den Eintragungen

```
77  KAPITAL-ALT PICTURE 9(5)V99 VALUE 00400.00.
77  ZINSFAKTOR  PICTURE 9V99 VALUE 1.10.
77  KAPITAL-NEU PICTURE +(6).99.
```

führt die Anweisung

```
MULTIPLY KAPITAL-ALT BY ZINSFAKTOR GIVING KAPITAL-NEU ROUNDED
```

zu folgendem Resultat:

KAPITAL-NEU ⎣␣ ␣ + 4 4 0 . 0 0⎦
            + + + + + . 9 9

8.1.6 DIVIDE-Anweisung

Eine Division (als Umkehrung der Multiplikation) können wir durch den Einsatz der DIVIDE-Anweisung ausführen.
Teilen wir z.B. die Zahl 10 durch die Zahl 5 mit dem Ergebnis 2, so nennen wir 10 den *Dividenden*, 5 den *Divisor* und 2 den *Quotienten* der Division.
Mit der Vereinbarung

8.1 ADD-, SUBTRACT-, MULTIPLY- und DIVIDE-Anweisung

```
77  ZAHL-1  PICTURE 9(3) VALUE 010.
77  ZAHL-2  PICTURE 9(3) VALUE 005.
```

können wir die obige Divisionsaufgabe z.B. durch folgende Anweisung ausführen lassen:

```
DIVIDE ZAHL-2 INTO ZAHL-1
```

Als Ergebnis erhalten wir:

ZAHL-1 $\boxed{0\ 0\ 2}$ ZAHL-2 $\boxed{0\ 0\ 5}$

Damit haben wir die erste Form der DIVIDE-Anweisung eingesetzt:

Syntax der DIVIDE-Anweisung (Format-1)

```
DIVIDE { bezeichner-1 | num-literal }
       INTO bezeichner-2 [ ROUNDED ]
```

Die Felder "bezeichner-1" und "bezeichner-2" müssen die numerische Kategorie besitzen. Der Wert des numerischen Literals "num-literal" bzw. der Inhalt des Datenfeldes "bezeichner-1" fungiert als Divisor und der Inhalt des Feldes "bezeichner-2" als Dividend. Der Quotient als Ergebnis der Division wird – gegebenenfalls unter Beachtung der ROUNDED-Klausel – in das Ergebnisfeld "bezeichner-2" übertragen, und der Wert des Feldes "bezeichner-1" bleibt unverändert.
Mit der Vereinbarung

```
77  DIVIDEND  PICTURE 9(3)V99 VALUE 421.05.
```

ergibt sich durch die Ausführung der Anweisung

```
DIVIDE 2 INTO DIVIDEND  ROUNDED
```

als Quotient:

DIVIDEND $\boxed{2\ 1\ 0\ 5\ 3}$

Wollen wir den Quotienten nicht in das Datenfeld einspeichern, das vor der Division den Divisor enthält, so wählen wir das folgende Anweisungsformat:

Syntax der DIVIDE-Anweisung (Format-2)

```
DIVIDE { bezeichner-1 | num-literal-1 }
       { INTO | BY } { bezeichner-2 | num-literal-2 }
          GIVING bezeichner-3 [ ROUNDED ]
          [ REMAINDER bezeichner-4 ]
```

Alle Bezeichner sind Namen von numerischen Datenfeldern, und das Feld "bezeichner-3" darf darüberhinaus auch die numerisch-druckaufbereitete Kategorie haben. Bei der Angabe des Schlüsselworts INTO fungiert der zweite Operand als Dividend und der erste als Divisor. Wird stattdessen das Schlüsselwort BY benutzt, so kehrt sich dieser Sachverhalt um. In jedem Fall wird der Quotient der Division in das Ergebnisfeld "bezeichner-3" übertragen und die Werte der Felder "bezeichner-1" und "bezeichner-2" bleiben unverändert.
Um Flüchtigkeitsfehler zu vermeiden, sollte durchgängig nur eine Klausel (z.B. die BY-Klausel) eingesetzt werden.
Bei der Vereinbarung

```
77  Z-1      PICTURE 9V9 VALUE 8.1.
77  Z-2      PICTURE 9V9 VALUE 2.0.
77  ERGEBNIS PICTURE 9.9.
```

führt die Anweisung

```
DIVIDE Z-1 BY Z-2  GIVING ERGEBNIS
```

zum Resultat:

ERGEBNIS $\boxed{4.0}$
　　　　　　9.9

Bei diesem Beispiel erhalten wir den Wert "0.1" als Divisionsrest. Dieser Wert ergibt sich aus der Differenz von Dividend und dem Produkt von Divisor und Quotient zu:

```
8.1 - (2.0 * 4.0) = 0.1
```

Die Kenntnis des Divisionsrestes ist vor allen Dingen beim Überprüfen spezieller Kenngrößen (z.B. Prüfziffernverfahren, siehe Aufgabe 18) eine wertvolle Hilfe. Im Format-2 der DIVIDE-Anweisung können wir durch die Angabe der *REMAINDER-Klausel* (remainder = Rest) in der Form

```
REMAINDER bezeichner-4
```

den Divisionsrest im numerischen Datenfeld "bezeichner-4" sichern.
Z.B. erhalten wir (in Ergänzung des obigen Beispiels) mit der Vereinbarung

8.1 ADD-, SUBTRACT-, MULTIPLY- und DIVIDE-Anweisung

```
77  REST   PICTURE 9V9.
```

durch die Ausführung der Anweisung

```
DIVIDE Z-1 BY Z-2 GIVING ERGEBNIS REMAINDER REST
```

das folgende Resultat:

ERGEBNIS $\boxed{4.0}$ REST $\boxed{0\,1}$

Damit bei der Übertragung des Divisionsrestes in das Feld "bezeichner-4", das in der REMAINDER-Klausel angegeben ist, keine Stellen verloren gehen, müssen wir für das Feld "bezeichner-4" mindestens so viele Stellen nach dem Dezimalpunkt reservieren wie für die Divisor-, Dividenden- und Quotienten-Felder vereinbart sind. Beispielsweise führt die Deklaration

```
77  Z-1      PICTURE 9V9 VALUE 8.1.
77  Z-2      PICTURE 9V9 VALUE 2.0.
77  ERGEBNIS PICTURE 9.9.
77  REST     PICTURE 9. <- geaendert gegenueber obigem Beispiel!
```

mit der Anweisung

```
DIVIDE Z-2 INTO Z-1 GIVING ERGEBNIS ROUNDED REMAINDER REST
```

zum Resultat:

ERGEBNIS $\boxed{4.1}$ REST $\boxed{0}$
  9.9   9

Das Feld REST enthält also nicht den Divisionsrest "0.1". Durch dieses Beispiel haben wir somit die Wirkung demonstriert, die aus der *gleichzeitigen* Angabe von ROUNDED- und REMAINDER-Klausel resultiert:
Die *Rundung* wird nämlich in jedem Fall als *letzter* Schritt, d.h. nach der Ermittlung des Divisionsrestes, bei der Ausführung der DIVIDE-Anweisung vorgenommen.
Bei der Anwendung der DIVIDE-Anweisung müssen wir uns immer vergewissern, daß der Divisor von Null verschieden ist. Eine *Division durch Null* führt nämlich im allgemeinen zu einem Programmabbruch – es sei denn, daß in der DIVIDE-Anweisung als weitere Klausel eine SIZE ERROR-Klausel aufgeführt ist, die einen derartigen Überlauf abfängt (siehe die Angaben im Abschnitt 8.3).

8.2 Die COMPUTE-Anweisung

Die Ausführung von komplexen und gemischten arithmetischen Operationen wird in COBOL durch die COMPUTE-Anweisung unterstützt. Diese Anweisung ergänzt die Leistungen der elementaren arithmetischen Anweisungen ADD, SUBTRACT, MULTIPLY und DIVIDE.

Syntax der COMPUTE-Anweisung

```
COMPUTE bezeichner-1 [ ROUNDED ] [ bezeichner-2 [ ROUNDED ] ]...
      = arithmetischer-ausdruck
```

Die hinter dem COBOL-Wort COMPUTE aufgeführten Felder müssen die numerische oder die numerisch-druckaufbereitete Kategorie besitzen. Das Gleichheitszeichen "=" wirkt als Zuweisungsoperator und wird rechts und links von *mindestens einem Leerzeichen* begrenzt. Nach der Berechnung des rechts vom Zuweisungsoperator angegebenen arithmetischen Ausdrucks wird das Ergebnis unter Beachtung einer evtl. angegebenen ROUNDED-Klausel in die Ergebnisfelder übertragen.[1]
Mit den Vereinbarungen

```
77  FELD-1    PICTURE S9V99 VALUE -1.50.
77  FELD-2    PICTURE S9V99 VALUE -2.55.
77  FELD-3    PICTURE S9V99 VALUE +0.82.
77  FELD-ED   PICTURE +99.99.
```

erhalten wir durch die Ausführung der Anweisung

```
COMPUTE FELD-ED ROUNDED = FELD-1 * FELD-2 - FELD-3
```

das Resultat:

FELD-1 $\boxed{1\ 5\ 0-}$ FELD-2 $\boxed{2\ 5\ 5-}$ FELD-3 $\boxed{0\ 8\ 2+}$ FELD-ED $\boxed{+\ 0\ 3\ .\ 0\ 1}$
$+9\ 9\ .\ 9\ 9$

Dieses Ergebnis ließe sich ohne Anwendung der COMPUTE-Anweisung z.B. auch durch die Ausführung der beiden Anweisungen

---

[1] Die Genauigkeit der Zwischenrechnungen hängt von der gewählten Arithmetik ab (vgl. Abschnitt 8.4) und ist zudem Anlagen-abhängig.

8.2 Die COMPUTE-Anweisung

```
MULTIPLY FELD-1 BY FELD-2 GIVING HILFS-FELD
SUBTRACT FELD-3 FROM HILFS-FELD GIVING FELD-ED ROUNDED
```

unter zusätzlicher Benutzung des geeignet zu definierenden numerischen Datenfeldes HILFS-FELD erreichen. Diese Berechnung ist jedoch unökonomisch und unübersichtlich.

Arithmetische Ausdrücke

Den Begriff des arithmetischen Ausdrucks haben wir schon im Abschnitt 7.2 (bei der Darstellung der IF-Anweisung) kennengelernt. An dieser Stelle wollen wir unsere bisherigen Kenntnisse bzgl. der Regeln zur Bildung und Auswertung von arithmetischen Ausdrücken vertiefen.
Ein *arithmetischer Ausdruck* ist entweder

- ein elementarer Ausdruck, d.h. ein numerisches Datenfeld, oder ein numerisches Literal oder

- eine durch die Operationszeichen

  ```
  +  (Addition)
  -  (Subtraktion)
  *  (Multiplikation)
  /  (Division)
  ** (Potenzierung) (z.B.   A ** 2  anstelle von  A * A )
  ```

  verknüpfte Folge von arithmetischen Ausdrücken. Dabei muß vor und hinter einem Operationszeichen stets *mindestens ein Leerzeichen* aufgeführt sein.

Die Berechnung eines arithmetischen Ausdrucks erfolgt nach den folgenden *Prioritätsregeln*:
Zuerst werden alle Potenzierungen (höchste Priorität), dann alle Multiplikationen und Divisionen (zweithöchste Priorität) und schließlich alle Additionen und Subtraktionen (niedrigste Priorität) durchgeführt.
Z.B. wird der Ausdruck

```
A * B + C ** D - F
└1┘   └2┘
└─ 3 ─┘
└──────── 4 ┘
```

in der angegebenen Reihenfolge berechnet.

Bei mehreren aufeinanderfolgenden Operatoren der *gleichen Prioritätsstufe* werden die Operationen *"von links nach rechts"* ausgeführt.
So gilt beispielsweise:

```
A * B - C / D * E + F
└1┘   └2┘
      └─3─┘
   └──4──┘
   └────5──┘
```

Die Reihenfolge, nach der die Operatoren gemäß den Prioritätsregeln ausgewertet werden, kann durch das Setzen von öffnenden "(" und schließenden Klammern ")" verändert werden. Dabei müssen alle aufgeführten Klammernpaare *ausbalanciert* sein, d.h. öffnende und schließende Klammern müssen paarweise einander zugeordnet sein.
Daher ist z.B. die Zeichenfolge

A + (B + (C + A)

kein korrekter arithmetischer Ausdruck.
In Klammern eingeschlossene Ausdrücke werden immer zuerst ausgewertet. Bei mehreren aufeinanderfolgenden eingeklammerten Ausdrücken wird die Auswertung wiederum "von links nach rechts" vorgenommen.
Z.B. gilt:

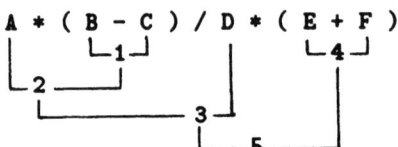

Enthält ein eingeklammerter arithmetischer Ausdruck weitere Klammern, so werden zuerst die Operationen der tiefsten Klammerstufe durchgeführt.
So gilt z.B.:

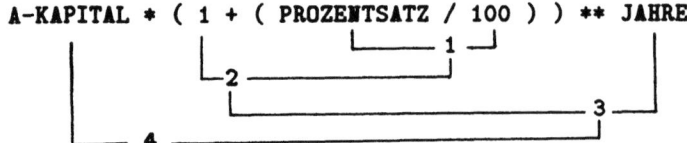

8.3 Die SIZE ERROR-Klausel

Nach einer Formel aus der Zinsrechnung kann das Endkapital in folgender Weise berechnet werden:

```
COMPUTE E-KAPITAL = A-KAPITAL * (1 + (PROZENTSATZ / 100)) ** JAHRE
```

Das Setzen von Klammern ist immer dann zu empfehlen, wenn ein komplexer arithmetischer Ausdruck lesbarer gestaltet werden soll. Außerdem können dadurch die Flüchtigkeitsfehler bei der Einschätzung der Bearbeitungs-Reihenfolge der Operanden reduziert werden.

In COBOL können auch Wurzel-Ausdrücke wie etwa "$\sqrt{A}$" ohne Schwierigkeit berechnet werden wie z.B. durch die Anweisung

```
COMPUTE ERGEBNIS = A ** 0.5
```

Abschließend merken wir an, daß das Minuszeichen "-" auch als *unärer* Operator eingesetzt werden darf.
So ist z.B.

```
- (A + B)
```

mit dem Ausdruck

```
(-1) * (A + B)
```

äquivalent.

8.3 Die SIZE ERROR-Klausel

Bei allen arithmetischen Anweisungen werden die Rechenergebnisse von einem (internen) Zwischenergebnisfeld durch ein implizit ausgeführtes MOVE in die entsprechenden Ergebnisfelder übertragen. Mit den Vereinbarungen

```
77  A  PICTURE 99 VALUE 10.
77  B  PICTURE 99 VALUE 48.
```

führt z.B. die Anweisung

```
MULTIPLY A BY B
```

zum Ergebnis:

A $\boxed{1\,0}$ B $\boxed{8\,0}$

Durch das implizite numerische MOVE wird nämlich die "4" als führende Ziffer im Zwischenergebnisfeld mit dem Inhalt

```
| 4 8 0 |
```

wegen der dezimalpunktgerechten Übertragung abgeschnitten.
Zur Überprüfung und Kontrollierung eines derartigen *Überlaufs* (overflow) kann die *SIZE ERROR-Klausel* in der Form

```
| ON SIZE ERROR unb-anw-1 [ unb-anw-2 ]... |
```

eingesetzt werden, die mit einem Punkt abzuschließen ist.
In dieser Klausel können wir z.B. eine Ausgabe-Anweisung angeben, mit welcher der Überlauf protokolliert wird, so daß wir uns vor einer falschen Interpretation von Ergebnissen schützen können.
Die SIZE ERROR-Klausel darf am Ende jeder arithmetischen Anweisung gemäß der folgenden Syntax aufgeführt werden:

```
{ ADD-anweisung | SUBTRACT-anweisung | MULTIPLY-anweisung
              | DIVIDE-anweisung | COMPUTE-anweisung }
     [ ON SIZE ERROR unb-anw-1 [ unb-anw-2 ]... ]
     [ NOT ON SIZE ERROR unb-anw-3 [ unb-anw-4 ]... ]
[ END-anweisungsname ]
```

Die in der SIZE ERROR-Klausel angegebenen unbedingten Anweisungen werden dann ausgeführt, wenn der ganzzahlige Anteil des Rechenergebnisses (im Zwischenergebnisfeld) mehr signifikante Ziffern enthält als für das Ergebnisfeld reserviert sind. Bei einem derartigen Überlauf bleibt der Wert des entsprechenden Ergebnisfeldes *unverändert* (und ist damit nicht interpretierbar).
Wird die arithmetische Anweisung, die die SIZE ERROR-Klausel enthält, mit einem Stopwort abgeschlossen, so wird eine derartig erweiterte arithmetische Anweisung zu den unbedingten Anweisungen gerechnet. Das jeweilige Stopwort orientiert sich am Anweisungsnamen, so daß entweder END-ADD, END-SUBTRACT, END-MULTIPLY, END-DIVIDE oder END-COMPUTE aufzuführen ist.
Aus dem angegebenen Syntax-Gerüst ist erkennbar, daß die Möglichkeit besteht, anstelle bzw. zusätzlich zu einer SIZE ERROR-Klausel eine *NOT ON SIZE ERROR-Klausel* in der Form

```
| NOT ON SIZE ERROR unb-anw-1 [ unb-anw-2 ]... |
```

8.3 Die SIZE ERROR-Klausel

in einer arithmetischen Anweisung anzugeben. In diesem Fall werden die spezifizierten unbedingten Anweisungen dann ausgeführt, wenn *kein* Überlauf vorliegt.

Sind in einer arithmetischen Anweisung mit SIZE ERROR-Klausel *mehrere* Ergebnisfelder aufgeführt, so wird erst nach der Berechnung aller Ergebnisse auf einen Überlauf reagiert. Die Inhalte aller von einem Überlauf betroffenen Ergebnisfelder bleiben unverändert, und es werden die in der SIZE ERROR-Klausel angegebenen unbedingten Anweisungen ausgeführt.

Z.B. ergibt sich mit der Vereinbarung

```
77  A  PICTURE S99 VALUE +04.
77  B  PICTURE S99 VALUE +16.
77  C  PICTURE S99 VALUE +34.
77  D  PICTURE S99 VALUE +80.
77  E  PICTURE S99 VALUE -31.
```

durch die Ausführung der Anweisung

```
ADD A B TO C D E ON SIZE ERROR MOVE 1 TO UEBERLAUF-KENN-FELD.
```

das Resultat:

A `|0 4+|`   B `|1 6+|`   C `|5 4+|`   D `|8 0+|`   E `|1 1-|`

Wegen des Überlaufs bei der Addition der Werte von A, B und D (das Zwischenergebnisfeld enthält den Wert "+100") bleibt der Wert des Ergebnisfeldes D unverändert, und es wird die unbedingte Anweisung

```
MOVE 1 TO UEBERLAUF-KENN-FELD
```

ausgeführt.

Treten die SIZE ERROR-Klausel und die ROUNDED-Klausel *gemeinsam* in einer arithmetischen Anweisung auf, so wird immer *erst gerundet* und dann erst auf einen Überlauf hin abgeprüft.

Mit der Vereinbarung

```
77  X  PICTURE 99V9 VALUE 13.4.
77  Y  PICTURE 9V99 VALUE 7.43.
77  Z  PICTURE 99   VALUE 14.
```

erhalten wir daher durch die Ausführung von

```
COMPUTE Z ROUNDED = X * Y
        ON SIZE ERROR PERFORM UEBERLAUF-ROUTINE
END-COMPUTE
```

das Ergebnis

X $\boxed{1\ 3\ 4}$ Y $\boxed{7\ 4\ 3}$ Z $\boxed{1\ 4}$

und wegen des Überlaufs (das Zwischenergebnisfeld enthält den Wert "99.562")
wird die folgende Anweisung ausgeführt:

```
PERFORM UEBERLAUF-ROUTINE
```

Ohne die Angabe der ROUNDED-Klausel erhalten wir durch die Ausführung von

```
COMPUTE Z = X * Y
         ON SIZE ERROR PERFORM UEBERLAUF-ROUTINE
END-COMPUTE
```

dagegen das folgende Resultat:

X $\boxed{1\ 3\ 4}$ Y $\boxed{7\ 4\ 3}$ Z $\boxed{9\ 9}$

Wie wir bereits oben im Zusammenhang mit der Darstellung der DIVIDE-Anweisung angemerkt haben, ist eine *Division durch Null* zu vermeiden, da dies stets zu einem Überlauf führt.
Abschließend weisen wir darauf hin, daß jede arithmetische Anweisung – ohne Angabe einer SIZE ERROR-Klausel (bzw. einer NOT ON SIZE ERROR-Klausel) – zur Gruppe der unbedingten Anweisungen gehört und durch die zusätzliche Angabe dieser Klausel zur Gruppe der *bedingten* Anweisungen gezählt wird. Daher darf eine arithmetische Anweisung mit der SIZE ERROR-Klausel – ohne das zugehörige Stopwort – z.B. nicht innerhalb der AT END-Klausel einer READ-Anweisung angegeben werden.

8.4 Interne Daten-Darstellung (USAGE-Klausel)

Für den Programmierer ist es in der Regel nicht erforderlich, die interne Darstellung der Daten im Hauptspeicher zu kennen. Soll jedoch das Laufzeit- und das Speicherplatz-Verhalten eines Programms optimiert werden, so kann die Wahl einer geeigneten Speicherungsform von großer Wichtigkeit sein.
Bislang haben wir als Speicherungsform die *Standard-Ablage* (standard data format) kennengelernt. Dabei wurde jedes Zeichen eines alphanumerischen oder numerisch- bzw. alphanumerisch-druckaufbereiteten Feldes in jeweils einem Byte dargestellt.

8.4 Interne Daten-Darstellung (USAGE-Klausel)

Die in numerischen Datenfeldern abgespeicherten Ziffern sind ebenfalls jeweils in einem Byte abgelegt, da die Standard-Ablage für numerische Datenfelder stets in der *ungepackten Dezimal-Darstellung* (unpacked decimal) erfolgt (vgl. Anhang A.5). Diese Standard-Ablage wird in der Datenfeld-Beschreibung durch die Angabe der *USAGE-Klausel* in der Form

> USAGE IS DISPLAY

festgelegt, d.h. der Inhalt des Datenfeldes kann ohne Druckaufbereitung direkt ausgedruckt werden.

Bislang haben wir bei der Definition eines Datenfeldes keine Vereinbarung über dessen Ablageform getroffen. Dies war deswegen nicht erforderlich, weil der Kompilierer die Standard-Ablage (USAGE IS DISPLAY) immer dann durchführt, wenn für das betreffende Datenfeld keine explizite Angabe gemacht ist.

Für ein *numerisches Datenfeld* ist eine andere Ablage als die Standard-Ablage immer dann sinnvoll, wenn das Datenfeld als Operand in einer arithmetischen Anweisung oder in einem numerischen Vergleich auftritt.

Vor der Durchführung einer Rechenoperation müssen die Speicherinhalte von numerischen Feldern nämlich immer erst von der ungepackten Dezimal-Darstellung in die *interne Zahlen-Darstellung*[2] der DVA konvertiert werden. Nach der arithmetischen Operation muß das Ergebnis von der internen Zahlen-Darstellung wieder in die ungepackte Dezimal-Darstellung umgewandelt werden. Die für diese Konvertierungen notwendigen Maschineninstruktionen werden zwar vom Kompilierer automatisch generiert, jedoch kostet die Ausführung dieser Instruktionen im allgemeinen sehr viel Zeit. Soll das Laufzeitverhalten des Programms verbessert werden, so sollte für alle Felder, die häufig als Operanden in arithmetischen Ausdrücken oder in numerischen Vergleichen auftreten, möglichst immer die interne Zahlen-Darstellung als Ablageform gewählt werden.

Die möglichen internen Zahlen-Darstellungen richten sich danach, ob in der *Binär-*, in der *Dezimal-* oder in der *Gleitkomma-Arithmetik*[3] gerechnet werden soll.

Bei der *Binär-Arithmetik* wird mit Festpunktzahlen (binary) gearbeitet (vgl. Anhang A.5). Diese Größen werden in Abhängigkeit von der jeweiligen, durch die Picture-Maske festgelegten Stellenzahl entweder in einem Halb- oder in einem Ganzwort abgespeichert[4] (dabei erfolgt im allgemeinen keine Ausrichtung auf Wortgrenzen, vgl. dazu die Beschreibung der SYNCHRONIZED-Klausel im Abschnitt 13.6).

---

[2] Das ist die Speicherungsform, die der jeweiligen Arithmetik angepaßt ist, in der die Rechenoperationen durchgeführt werden.

[3] Die Gleitkomma-Arithmetik ist im allgemeinen nur für den Einsatz im technisch-wissenschaftlichen Bereich erforderlich. Allerdings gibt es bei einigen Kompilierern die Möglichkeit, mit der Gleitkomma-Arithmetik zu rechnen. In der entsprechenden Datenfeld-Vereinbarung sind dazu die Wörter COMPUTATIONAL-1 oder auch COMPUTATIONAL-2 zu verwenden. Bei DVAn mit einer Wortlänge von 32 Bits lassen sich dann Zahlen absolutmäßig im Bereich von $5.4 * 10^{-79}$ bis $6.5 * 10^{63}$ bzw. von $5.4 * 10^{-79}$ bis $7.2 * 10^{75}$ approximativ darstellen.

[4] Der Zahlenbereich von Festpunktzahlen reicht bei DVAn mit einer Wortlänge von 32 Bits absolutmäßig bis zu 32767 (Halbwort) bzw. bis zu $2.15 * 10^9$ (Ganzwort).

Die Ablage als Festpunktzahl wird durch die *USAGE-Klausel* in der Form[5]

```
USAGE IS { COMPUTATIONAL | BINARY }
```

festgelegt. Dabei darf das Wort COMPUTATIONAL durch *COMP* abgekürzt werden.
Die *Dezimal-Arithmetik* arbeitet mit Daten in der *gepackten Dezimal-Darstellung* (packed decimal), vgl. auch Anhang A.5. In COBOL kann diese Ablageform durch die Angabe einer *USAGE-Klausel* in der Form[6]

```
USAGE IS PACKED-DECIMAL
```

vereinbart werden.
Werden die Inhalte von numerischen Datenfeldern in der gepackten anstatt in der ungepackten Dezimal-Darstellung abgelegt, so kann bei vielen Anwendungen im allgemeinen erheblicher Speicherraum eingespart werden.
Zusammenfassend merken wir uns, daß die Ablageform der Inhalte numerischer Datenfelder dadurch bestimmt wird, daß eine *USAGE-Klausel* in der Form

```
[ USAGE IS ] { DISPLAY | COMPUTATIONAL | BINARY | PACKED-DECIMAL }
```

bei der Datenfeld-Vereinbarung festgelegt wird.
Bei der Definition eines Datenfeldes ist die Reihenfolge von USAGE-, PICTURE- und VALUE-Klauseln beliebig.
Die USAGE-Klausel darf auch hinter dem Bezeichner einer Datengruppe aufgeführt werden. Dadurch wird die Ablageform der Datenelemente festgelegt, die dieser Datengruppe untergeordnet sind.
Als Beispiele für den Einsatz der USAGE-Klausel geben wir die folgenden Vereinbarungen an:

---

[5] Während das Schlüsselwort COMPUTATIONAL kennzeichnet, daß die interne Darstellung Hersteller-abhängig ist, wird durch das Schlüsselwort BINARY bestimmt, daß die interne Ablage zur Basis 2 erfolgt.

[6] In der gepackten Dezimal-Darstellung können Zahlen im allgemeinen mit bis zu 18 Ziffern abgelegt werden.

8.4 Interne Daten-Darstellung (USAGE-Klausel)

```
77  FELD-1  PICTURE S9 USAGE IS PACKED-DECIMAL.
77  FELD-2  PICTURE S999 PACKED-DECIMAL VALUE -380.
77  FELD-3  USAGE PACKED-DECIMAL PICTURE S9(5).
77  FELD-4  PICTURE S999 USAGE BINARY.
01  FELD-5  USAGE BINARY.
    02  FELD-5-1  PICTURE S9.
    02  FELD-5-2  PICTURE S9(7).
```

Dadurch werden die Inhalte der Felder FELD-4, FELD-5-1 und FELD-5-2 als Festpunktzahlen und die Inhalte der übrigen Felder in der gepackten Dezimal-Darstellung abgespeichert.

Mit Hilfe der MOVE-Anweisung kann der Inhalt eines Datenfeldes in jede gewünschte Ablageform übertragen werden. Dabei wird der Inhalt des Sendefeldes immer in die Ablageform des Empfangsfeldes umgewandelt.

Z.B. wird bei der Ausführung der Anweisung

```
MOVE FELD-2 TO FELD-4
```

der in der gepackten Dezimal-Darstellung abgespeicherte Wert "-380" in die Festpunkt-Darstellung umgewandelt und in das Feld FELD-4 eingetragen.

Obwohl in einigen Fällen die Ablage in gepackter Dezimal-Darstellung für die Erhöhung der Ausführungsgeschwindigkeit günstiger wäre, wollen wir in unseren Beispielprogrammen auch weiterhin stets die ungepackte Dezimal-Darstellung für die Ablage von numerischen Datenfeldern wählen.

Wir heben an dieser Stelle auch hervor, daß für den Datenaustausch von einer DVA zu einer anderen DVA die durch ein COBOL-Programm erzeugten und weiterzuverarbeitenden numerischen Daten sinnvollerweise in der ungepackten Dezimal-Darstellung gespeichert werden sollten. Sofern es sich um signierte Werte handelt, sind die für die Datenausgabe einzurichtenden Datenfelder mit der SIGN- und der SEPARATE-Klausel zu vereinbaren.

Aufgabe 16

In die Druck-Datei, die in der Aufgabe 11 beschrieben wurde, sind zusätzlich die folgenden Daten geeignet einzutragen:

- Umsatz pro Artikel und Gesamtumsatz des Vertreters.

Aufgabe 17

Die in der Aufgabe 11 beschriebenen Artikelsätze seien aufsteigend sortiert nach den Vertreterkennzahlen und als Datei mit dem COBOL-Dateinamen ARTIKEL-BESTELL bereitgestellt. Ferner unterstellen wir, daß die Vertreterdatensätze in der Datei mit dem COBOL-Dateinamen VERTRETER-DATEI abgespeichert und bzgl. der Vertreterkennzahl ebenfalls aufsteigend sortiert sind.
Es ist eine Druck-Datei zu erstellen, welche die in Aufgabe 11 beschriebene Struktur besitzt, wobei wiederum die folgenden Daten geeignet einzutragen sind:

- Umsatz pro Artikel und Gesamtumsatz des Vertreters.

Aufgabe 18

Um numerische Eingabedaten gegenüber Erfassungs- und Übertragungsfehlern zu sichern, werden *Prüfziffern-Verfahren* angewendet, d.h. es wird eine Prüfziffer gebildet, die im Anschluß an das zu sichernde Datum angegeben wird. Zur Sicherung der Vertreterkennzahl in dem Datensatz VERTRETER-SATZ sehen wir dazu das Datenfeld PRUEFZIFFER vor, das durch

```
02 PRUEFZIFFER PICTURE X.
```

deklariert wird und die fünfte Zeichenposition innerhalb des Datensatzes VERTRETER-SATZ beschreibt.
Enthält das Datenfeld KENNZAHL, in dem die Vertreterkennzahl abgespeichert ist, die Ziffernfolge "$i_1 i_2 i_3 i_4$" so wird die gewichtete Summe

$$5 * i_1 + 4 * i_2 + 3 * i_3 + 2 * i_4$$

gebildet und deren Wert durch die Zahl 11 geteilt. Der ganzzahlige Rest dieser Division wird von der Zahl 11 subtrahiert, und das Ergebnis (die sog. *11-Ergänzung*) wird in das Feld PRUEFZIFFER eingetragen.
Führt die Division durch 11 zum Rest 0, so wird die Ziffer 0 abgespeichert, und bei einem Divisionsrest von 1 wird anstelle der Zahl 10 der Buchstabe A eingetragen.
Enthält das Feld KENNZAHL z.B. den Wert 3416, so ergibt sich als Inhalt des Feldes PRUEFZIFFER die Ziffer 9 als Ergebnis von:

```
11 - ganzzahliger Rest von ((5*3 + 4*4 + 3*1 + 2*6) / 11)
```

Übertragen Sie den beschriebenen Prüfziffern-Algorithmus in ein COBOL-Programm und bringen Sie dieses Programm auf einer DVA zur Ausführung!

Aufgabe 19

Ein in einer Datei gespeichertes COBOL-Programm ist einzulesen und in eine Datei auf einem magnetischen Datenträger zu übertragen. Dabei ist eine mit "000010" beginnende und in Zehnerschritten fortlaufende Numerierung an den jeweils ersten sechs Zeichenpositionen (Numerierungsfeld) der Quellprogrammzeilen zu erzeugen!

Kapitel 9

Tabellenverarbeitung

Als bedeutsames Hilfsmittel für die kommerzielle und administrative Datenverarbeitung stellt COBOL die Tabellenverarbeitung (table handling) bereit. Im Abschnitt 9.1 stellen wir dar, wie einstufige Tabellen mit der OCCURS-Klausel zu deklarieren sind und wie auf die Tabellenelemente mit der Subskript-Methode zugegriffen werden kann.
Im Abschnitt 9.2 erklären wir, wie sich mit der REDEFINES-Klausel mehreren Datenfeldern derselbe Speicherbereich zuweisen läßt und wie diese Möglichkeit bei der Vorbesetzung von Tabellenelementen genutzt werden kann. Ferner stellen wir die dynamische Wertzuweisung an Tabellenelemente vor.
Im Abschnitt 9.3 lernen wir die Index-Methode als ein weiteres Verfahren zur Adressierung von Tabellenelementen kennen. Wir erläutern die dafür notwendige Definition von Index-Namen mit der INDEXED-Klausel und den Unterschied zwischen dem Zugriff mit Index-Werten und dem Zugriff mit Subskript-Werten. Wir erklären, wie sich Index-Namen mit der SET-Anweisung bearbeiten lassen, und wir stellen die USAGE INDEX-Klausel zur Vereinbarung von Index-Datenfeldern vor. Als Möglichkeit zur Deklaration von Tabellen mit einer variablen Anzahl von Tabellenelementen geben wir ferner die OCCURS DEPENDING ON-Klausel an.
Im Abschnitt 9.4 stellen wir dar, wie sich eine Tabelle linear durchsuchen läßt. Dabei realisieren wir den Suchprozeß sowohl mit der Subskript- als auch mit der Index-Methode. Als komfortable und leistungsfähige Anweisung zum vereinfachten Tabellen-Durchsuchen lernen wir im Abschnitt 9.5 die SEARCH-Anweisung kennen. Für sortierte Tabellen läßt sich der Suchprozeß auch als logarithmische Suche organisieren. Für dieses beschleunigte Suchverfahren muß eine spezielle Form der SEARCH-Anweisung angegeben werden. Die dafür notwendige Tabellenvereinbarung mit der KEY-Klausel und die Wirkung der SEARCH-Anweisung mit der ALL-Klausel erklären wir im Abschnitt 9.6.
Zum Abschluß dieses Kapitels stellen wir im Abschnitt 9.7 die Definition von mehrstufigen Tabellen dar. Dabei demonstrieren wir die Techniken zur Verarbeitung von diesen Tabellen anhand der Aufgabe HOCHREGAL-LAGER-VERWALTUNG.

9.1 Einstufige Tabellen (OCCURS-Klausel)

Um die Möglichkeiten der Tabellenverarbeitung kennenzulernen, stellen wir uns die folgende Aufgabe "KONTOSTAND-LISTEN":

- Aus den Vertreterdaten sind zwei aufeinanderfolgende Listen zu erstellen, wobei die erste Liste die Vertreternamen und die Kontostände der Vertreter mit einem Kontoguthaben bzw. ausgeglichenem Konto enthält und die zweite Liste diese Eintragungen für alle diejenigen Vertreter enthält, die ihr Konto überzogen haben. Diese Listen sind folgendermaßen zu strukturieren:

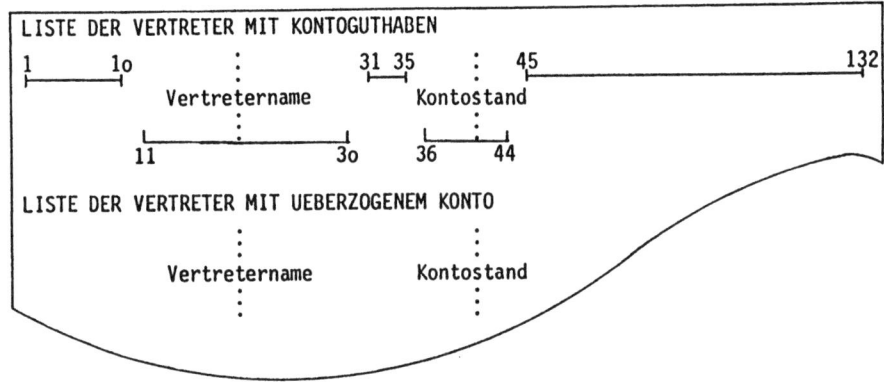

Abbildung 9.1: Struktur der Ausgabeliste

Wir setzen der Einfachheit halber voraus, daß in jeder Liste mindestens eine Eintragung vorzunehmen ist (andernfalls sind entsprechende Vorkehrungen im Lösungsalgorithmus zu treffen!).
Die Datei-Beschreibung für die Druck-Datei, der wir wieder den Dateinamen LISTE geben, können wir somit wie folgt angeben:

```
FD  LISTE
    LABEL RECORD OMITTED.
01  LISTE-SATZ.
    02  FILLER              PICTURE X(10).
    02  VERTRETER-NAME      PICTURE X(20).
    02  FILLER              PICTURE X(5).
    02  KONTOSTAND-AUSGABE  PICTURE +(6).99.
    02  FILLER              PICTURE X(88).
```

9.1 Einstufige Tabellen (OCCURS-Klausel)

Für die Verarbeitung der Vertreterdaten vereinbaren wir wieder den Dateinamen VERTRETER-DATEI und legen den folgenden FD-Eintrag fest:

```
FD  VERTRETER-DATEI
    LABEL RECORD STANDARD.
01  VERTRETER-SATZ.
    02  FILLER      PICTURE X(6).
    02  NACHNAME    PICTURE X(20).
    02  FILLER      PICTURE X(21).
    02  KONTOSTAND  PICTURE S9(5)V99
                    SIGN IS LEADING SEPARATE CHARACTER.
    02  FILLER      PICTURE X(25).
```

Innerhalb der WORKING-STORAGE SECTION vereinbaren wir die Felder:

```
77  DATEI-ENDE-FELD  PICTURE 9   VALUE ZERO.
    88  DATEI-ENDE   VALUE 1.
77  UEBERSCHRIFT-LISTE-1  PICTURE X(132)
        VALUE "LISTE DER VERTRETER MIT KONTOGUTHABEN".
77  UEBERSCHRIFT-LISTE-2 PICTURE X(132)
        VALUE "LISTE DER VERTRETER MIT UEBERZOGENEM KONTO".
```

Beim Entwurf des Lösungsalgorithmus ergibt sich die folgende Schwierigkeit:
Da die Sätze von VERTRETER-DATEI *nicht* nach den Kontoständen *sortiert* sind, müssen die Daten für die zweite Liste (mit den überzogenen Konten) im Arbeitsspeicherbereich in geeigneter Form zwischengespeichert werden.
Wir organisieren die Ablage in Form einer einstufigen Tabelle.

Tabellendefinition und OCCURS-Klausel

Durch die Verwendung der *OCCURS-Klausel* in der Form

```
OCCURS ganzzahl TIMES
```

lassen sich mehrere Datenfelder zu einer *einstufigen Tabelle* (table) zusammenfassen. Diese Datenfelder, die alle gleich strukturiert sind, heißen *Tabellenelemente* und ihre Anzahl wird durch den Wert "ganzzahl" festgelegt.
Handelt es sich bei den Tabellenelementen um *Datengruppen*, so vereinbaren wir eine einstufige Tabelle durch die Eintragung:

```
stufennummer datenfeldname OCCURS ganzzahl TIMES.

     Datenfeld-Beschreibungen der Felder, die der
     Datengruppe "datenfeldname" untergeordnet sind
```

Sind die Tabellenelemente jedoch *Datenelemente*, so vereinbaren wir:

```
stufennummer datenfeldname PICTURE-klausel OCCURS ganzzahl TIMES.
```

Dabei darf die Reihenfolge von PICTURE- und OCCURS-Klausel auch vertauscht werden.

Z.B. werden durch die Tabellendefinition

```
01  NAME-TAB-BEREICH.
    02  NAME-TAB  PICTURE X(20)  OCCURS 200 TIMES.
```

200 Exemplare des Datenfeldes NAME-TAB vereinbart und damit ein Speicherbereich von 4000 Bytes reserviert, der durch den Bezeichner NAME-TAB-BEREICH adressiert wird.

Die zunächst als überflüssig erscheinende Definition des Datenfeldes NAME-TAB-BEREICH ist deswegen notwendig, weil die OCCURS-Klausel *nicht zusammen* mit den Stufennummern 01 bzw. 77 verwendet werden darf.

Der Bezeichner NAME-TAB-BEREICH adressiert den gesamten Tabellenbereich, und wir sprechen in dieser Situation von einem *Tabellenbereichsnamen*.[1] Um in unseren Beschreibungen auf eine Tabelle verweisen zu können, werden wir als *Tabellennamen* stets den Datenfeldnamen bezeichnen, der zusammen mit der OCCURS-Klausel vereinbart ist. Anhand der oben gegebenen Definition der Tabelle NAME-TAB wollen wir nun darstellen, wie wir in der PROCEDURE DIVISION eines COBOL-Programms auf die einzelnen Tabellenelemente zugreifen können.

Die Subskript-Methode

Da der Bezeichner NAME-TAB allein nicht ausreicht (Mehrdeutigkeit!), um ein entsprechendes Tabellenelement zu adressieren, wird dem Datenfeldnamen NAME-TAB eine in öffnende und schließende Klammer eingeschlossene Positionsnummer als *Subskript* (subscript) angefügt.

---

[1] Erfolgt die Tabellendefinition innerhalb einer Struktur, so kann die Vereinbarung eines gesonderten Tabellenbereichsnamens entfallen.

9.1 Einstufige Tabellen (OCCURS-Klausel)

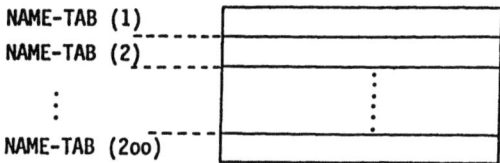

Abbildung 9.2: Adressierung mit der Subskript-Methode

Mit den Subskript-Werten 1 und 200 bezeichnet NAME-TAB (1) das erste und NAME-TAB (200) das letzte Tabellenelement der Tabelle NAME-TAB. Anstelle einer positiven ganzen Zahl kann auch ein numerisches Datenfeld als Subskript eingesetzt werden.
Ist z.B. das Subskript POS durch

```
77 POS PICTURE 999 VALUE 7.
```

vereinbart, so bezeichnet NAME-TAB (POS) das siebte Element der Tabelle NAME-TAB.
Bei der *Subskript-Methode* (subscripting) wird die Adressierung der Tabellenelemente (subscripted data-name) in der Form

```
datenfeldname ( subskript [ { + | - } positive-ganzzahl ] )
```

vorgenommen. Als Subskript fungiert dabei entweder

- eine positive ganze Zahl oder

- ein ganzzahlig numerisches Datenfeld, das selbst kein Tabellenelement sein darf.

Ein Subskript muß auf ein vorhandenes Tabellenelement verweisen, d.h. der Subskript-Wert darf z.B. niemals größer als die ganze Zahl sein, die bei der Tabellendefinition innerhalb der OCCURS-Klausel angegeben wurde.
Wir organisieren die Zwischenspeicherung der Vertreternamen und der Kontostände der für die zweite Liste (mit den negativen Kontoständen) bestimmten Daten in Form einstufiger Tabellen. Dabei setzen wir voraus, daß die zweite Liste aus höchstens 200 Fällen besteht und daher 200 Tabellenelemente für die Ablage ausreichen.

Vereinbaren wir die Tabellenelemente als elementare Datenfelder, so können wir
z.B. die beiden folgenden Tabellen festlegen:

```
01  NAME-TAB-BEREICH.
    02  NAME-TAB PICTURE X(20) OCCURS 200 TIMES.
01  KONTOSTAND-TAB-BEREICH.
    02  KONTOSTAND-TAB PICTURE S9(5)V99 OCCURS 200 TIMES.
```

Durch die PICTURE-Klausel von KONTOSTAND-TAB bestimmen wir, daß für
die Ablage des Vorzeichens – anders als bei der Speicherung innerhalb eines Datensatzes der Datei mit den Vertreterdaten – kein eigenständiges Byte innerhalb des
Arbeitsspeichers reserviert werden soll. Vielmehr soll das Vorzeichen zusammen mit
der letzten Ziffer abgespeichert werden.

Hinsichtlich der Aufgabenstellung erscheint es jedoch sinnvoller, den Vertreternamen und den Kontostand zu einer Datengruppe zusammenzufassen und eine einstufige Tabelle in folgender Weise zu definieren:

```
01  NAME-KONTOSTAND-TAB.
    02  NAME-KONTOSTAND   OCCURS 200 TIMES.
        03  NAME-TAB         PICTURE X(20).
        03  KONTOSTAND-TAB   PICTURE S9(5)V99.
```

Diese Tabelle veranschaulichen wir uns graphisch durch das Schema:

```
NAME-KONTOSTAND (1)   | NAME-TAB (1)   | KONTOSTAND-TAB (1)   |
NAME-KONTOSTAND (2)   | NAME-TAB (2)   | KONTOSTAND-TAB (2)   |
        ⋮                    ⋮                  ⋮
NAME-KONTOSTAND (2oo) | NAME-TAB (2oo) | KONTOSTAND-TAB (2oo) |
```

Abbildung 9.3: Struktur der Tabelle NAME-KONTOSTAND

Mit dem Subskript "i" bezeichnet NAME-KONTOSTAND (i) die i-te Datengruppe
mit den Datenfeldern NAME-TAB (i) und KONTOSTAND-TAB (i). Falls es sich
bei den Tabellenelementen um Datengruppen handelt, wird das Subskript des jeweiligen Tabellenelements auf die ihm untergeordneten Datenfelder "durchgereicht".

Wir beschreiben den Lösungsalgorithmus für die Aufgabe KONTOSTAND-LISTEN
durch die folgenden Struktogramme:

9.1 Einstufige Tabellen (OCCURS-Klausel)

RAHMEN

eroeffne VERTRETER-DATEI zur Eingabe und LISTE zur Ausgabe
schreibe den Datensatz LISTE-SATZ von UEBERSCHRIFT-LISTE-1 mit anschliessendem Vorschub um 3 Zeilen
0 ---> POS
lies Satz von VERTRETER-DATEI; falls Dateiende: TRUE ---> DATEI-ENDE
wiederhole, bis DATEI-ENDE
AUSG-LISTE-1---SPEICH-LISTE-2
lies Satz von VERTRETER-DATEI; falls Dateiende: TRUE ---> DATEI-ENDE
AUSGABE-LISTE-2
schliesse VERTRETER-DATEI und LISTE
beende den Programmlauf

AUSG-LISTE-1---SPEICH-LISTE-2

KONTOSTAND < 0	
ja	nein
POS + 1 ---> POS	"␣" ---> LISTE-SATZ
NACHNAME ---> NAME-TAB (POS)	NACHNAME ---> VERTRETER-NAME
KONTOSTAND ---> KONTOSTAND-TAB (POS)	KONTOSTAND ---> KONTOSTAND-AUSGABE
	schreibe den Datensatz LISTE-SATZ mit anschliessendem Vorschub um 1 Zeile

AUSGABE-LISTE-2

"␣" ---> LISTE-SATZ
schreibe den Datensatz LISTE-SATZ mit anschliessendem Vorschub um 5 Zeilen
schreibe den Datensatz LISTE-SATZ von UEBERSCHRIFT-LISTE-2 mit anschliessendem Vorschub um 3 Zeilen
"␣" ---> LISTE-SATZ
NAME-TAB (POS) ---> VERTRETER-NAME
KONTOSTAND-TAB (POS) ---> KONTOSTAND-AUSGABE
schreibe den Datensatz LISTE-SATZ mit anschliessendem Vorschub um 1 Zeile
POS - 1 ---> POS
wiederhole, bis POS = 0

Als Lösung der Aufgabe KONTOSTAND-LISTEN leiten wir das folgende Programm ab:

```
IDENTIFICATION DIVISION.
PROGRAM-ID.
    KONTOSTAND-LISTEN.
ENVIRONMENT DIVISION.
CONFIGURATION SECTION.
SOURCE-COMPUTER.
    dva-name-1.
OBJECT-COMPUTER.
    dva-name-2.
INPUT-OUTPUT SECTION.
FILE-CONTROL.
    SELECT VERTRETER-DATEI  ASSIGN TO SI.
    SELECT LISTE            ASSIGN TO LO.
DATA DIVISION.
FILE SECTION.
FD  LISTE
    LABEL RECORD OMITTED.
01  LISTE-SATZ.
    02  FILLER              PICTURE X(10).
    02  VERTRETER-NAME      PICTURE X(20).
    02  FILLER              PICTURE X(5).
    02  KONTOSTAND-AUSGABE  PICTURE +(6).99.
    02  FILLER              PICTURE X(88).
FD  VERTRETER-DATEI
    LABEL RECORD STANDARD.
01  VERTRETER-SATZ.
    02  FILLER      PICTURE X(6).
    02  NACHNAME    PICTURE X(20).
    02  FILLER      PICTURE X(21).
    02  KONTOSTAND  PICTURE S9(5)V99
                    SIGN IS LEADING SEPARATE CHARACTER.
    02  FILLER      PICTURE X(25).
WORKING-STORAGE SECTION.
77  DATEI-ENDE-FELD PICTURE 9 VALUE ZERO.
    88  DATEI-ENDE VALUE 1.
77  POS   PICTURE 999.
77  UEBERSCHRIFT-LISTE-1 PICTURE X(132)
        VALUE "LISTE DER VERTRETER MIT KONTOGUTHABEN".
77  UEBERSCHRIFT-LISTE-2 PICTURE X(132)
        VALUE "LISTE DER VERTRETER MIT UEBERZOGENEM KONTO".
```

9.1 Einstufige Tabellen (OCCURS-Klausel)

```
      01  NAME-KONTOSTAND-TAB.
          02  NAME-KONTOSTAND OCCURS 200 TIMES.
              03  NAME-TAB PICTURE X(20).
              03  KONTOSTAND-TAB PICTURE S9(5)V99.
  PROCEDURE DIVISION.
  RAHMEN.
      OPEN INPUT VERTRETER-DATEI OUTPUT LISTE
      WRITE LISTE-SATZ FROM UEBERSCHRIFT-LISTE-1
                  BEFORE ADVANCING 3 LINES
      MOVE ZERO TO POS
      READ VERTRETER-DATEI
          AT END SET DATEI-ENDE TO TRUE
      END-READ
      PERFORM UNTIL DATEI-ENDE
         PERFORM AUSG-LISTE-1---SPEICH-LISTE-2
         READ VERTRETER-DATEI
             AT END SET DATEI-ENDE TO TRUE
         END-READ
      END-PERFORM
      PERFORM AUSGABE-LISTE-2
      CLOSE VERTRETER-DATEI LISTE
      STOP RUN.
  AUSG-LISTE-1---SPEICH-LISTE-2.
      IF KONTOSTAND < ZERO
         THEN ADD 1 TO POS
              MOVE NACHNAME TO NAME-TAB (POS)
              MOVE KONTOSTAND TO KONTOSTAND-TAB (POS)
         ELSE MOVE SPACES TO LISTE-SATZ
              MOVE NACHNAME TO VERTRETER-NAME
              MOVE KONTOSTAND TO KONTOSTAND-AUSGABE
              WRITE LISTE-SATZ BEFORE ADVANCING 1 LINE
      END-IF.
  AUSGABE-LISTE-2.
      MOVE SPACES TO LISTE-SATZ
      WRITE LISTE-SATZ BEFORE ADVANCING 5 LINES
      WRITE LISTE-SATZ FROM UEBERSCHRIFT-LISTE-2
                  BEFORE ADVANCING 3 LINES
      PERFORM WITH TEST AFTER UNTIL POS = ZERO
          MOVE SPACES TO LISTE-SATZ
          MOVE NAME-TAB (POS) TO VERTRETER-NAME
          MOVE KONTOSTAND-TAB (POS) TO KONTOSTAND-AUSGABE
          WRITE LISTE-SATZ BEFORE ADVANCING 1 LINE
          SUBTRACT 1 FROM POS
      END-PERFORM.
```

9.2 Vorbesetzung von Tabellenelementen (REDEFINES-Klausel)

Im vorigen Abschnitt haben wir die Organisationsform einer Tabelle gewählt, um Daten im Arbeitsspeicherbereich zwischenzuspeichern. Diese Form der Tabellenverarbeitung hat in der Praxis jedoch nur geringe Bedeutung. Vielmehr wird mit Tabellen hauptsächlich dann gearbeitet, wenn durch spezielle Kenngrößen gekennzeichnete Informationen identifiziert werden sollen.

Die Aufgabe LISTE-DER-NAMEN-UND-BEZIRKE

Als Anwendungsbeispiel wollen wir eine Liste der Vertreternamen und zugehörigen Bezirke erstellen – wir nennen dieses Problem "LISTE-DER-NAMEN-UND-BEZIRKE" –, in denen die einzelnen Vertreter für das Unternehmen tätig sind. Dazu sollen die beiden ersten Ziffern der vierstelligen Vertreterkennzahl den jeweiligen Bezirk identifizieren. Wir unterstellen, daß die folgenden 26 Bezirkskennzahlen vergeben wurden (siehe Abschnitt 3.6.4):

04, 12 - 23, 33, 34, 44, 66, 73 - 76, 84 und 92 - 95.

Die entsprechende Zuordnung dieser Zahlen zu den Bezirken enthält das folgende Schema:

04	BOCHUM⊔⊔	... ⊔
12	KOELN⊔	... ⊔
...	...	
44	BREMEN⊔	... ⊔
66	NUERNBERG⊔	... ⊔
...	...	
94	ROSTOCK⊔	... ⊔
95	MAGDEBURG⊔	... ⊔

Diese Struktur legen wir im COBOL-Quellprogramm durch die folgende Tabellendefinition fest:

```
01  BEZIRKE-TAB.
    02  BEZIRKE  OCCURS 26 TIMES.
        03  BEZIRKS-KENN-TAB  PICTURE 99.
        03  BEZIRKS-NAME-TAB  PICTURE X(25).
```

Wir haben damit einen Tabellenbereich von 26*27 = 702 Bytes vereinbart, der in Form der einstufigen Tabelle BEZIRKE mit 26 Tabellenelementen strukturiert ist. Jedes Tabellenelement ist in zwei Datenelemente unterteilt, die über die Namen BEZIRKS-KENN-TAB und BEZIRKS-NAME-TAB und einem entsprechenden Subskript adressiert werden.
Ist die Tabelle mit den oben angegebenen Werten gefüllt (wie wir dies erreichen,

9.2 Vorbesetzung von Tabellenelementen (REDEFINES-Klausel)

werden wir im folgenden darstellen), so greifen wir z.B. mit dem Namen BEZIRKS-KENN-TAB (2) auf den numerischen Wert 12 und mit BEZIRKS-NAME-TAB (26) auf den Text "MAGDEBURG" zu.

Im Lösungsalgorithmus für die Aufgabe LISTE-DER-NAMEN-UND-BEZIRKE muß die jeweilige Bezirkskennzahl eines eingelesenen Satzes von VERTRETER-DATEI sukzessive mit den Inhalten der 26 Datenfelder BEZIRKS-KENN-TAB der Tabelle BEZIRKE verglichen werden. Speichern wir die identifizierte Tabellenposition im Datenfeld POS ab, so enthält das Feld BEZIRKS-NAME-TAB (POS) den gesuchten Bezirk.[2]

Als Beispiele für Algorithmen zum Durchsuchen einer Tabelle werden wir in den folgenden Abschnitten die Algorithmen der linearen und der logarithmischen Suche darstellen.

Zunächst beschreiben wir, wie die Datenfelder einer Tabelle zur Kompilationszeit mit Werten vorbesetzt werden können.

Sollen alle Tabellenelemente einheitlich mit demselben Wert vorbesetzt werden, so läßt sich hierzu die VALUE-Klausel verwenden. Wollen wir z.B. alle Tabellenelemente eines Tabellenbereichs namens ZAEHLER-TAB mit dem Wert "1" vorbesetzen, so kann dies wie folgt geschehen:

```
01  ZAEHLER-TAB.
    02  ZAEHLER  OCCURS 4 TIMES  PICTURE 999 VALUE "001".
```

Sollen die Tabellenelemente nicht alle mit dem gleichen Wert vorbesetzt werden, so muß der Tabellenbereich mehrfach strukturiert werden.

Redefinition von Datenfeldern

Die Technik der mehrfachen Strukturierung eines Speicherbereichs heißt *Redefinition*. Dieses Verfahren ist in COBOL sowohl im Puffer-Bereich als auch im Arbeitsspeicherbereich zulässig und wird durch die *REDEFINES-Klausel* in der Form

```
stufennummer bezeichner-1 REDEFINES bezeichner-2
```

angezeigt. Hierdurch erhält das Feld "bezeichner-1" denselben Speicherbereich wie das Feld "bezeichner-2". Eine Zuweisung an das Datenfeld "bezeichner-1" bzw. an ein Feld, das "bezeichner-1" untergeordnet ist, bewirkt gleichzeitig eine Veränderung des entsprechenden Speicherbereichs im Datenfeld "bezeichner-2" (und umgekehrt).

---

[2] Bei der Problemlösung können wir auf den Suchvorgang verzichten, wenn wir die Tabelle BEZIRKE mit 95 Tabellenelementen BEZIRKS-NAME-TAB definieren und die entsprechenden 26 Tabellenelemente mit den zugehörigen Bezirksnamen füllen würden. Dann könnten wir die Bezirkskennzahl als Subskript-Wert zur direkten Adressierung benutzen. Allerdings würden wir bei diesem Verfahren einen Speicherbereich von 2565 (= 95 * 27) Bytes (im Gegensatz zu nur 702 Bytes) benötigen, und wir müßten auch stets die Zulässigkeit der jeweiligen Bezirkskennzahl überprüfen.

Z.B. werden durch die Vereinbarung

```
01  VERTRETER-SATZ-WS.
    02  KENNZAHL-WS PICTURE 9(4).
    02  KENNZAHL-UNTERTEILUNG   REDEFINES KENNZAHL-WS.
        03  BEZIRKS-KENN-WS PICTURE 99.
        03  FILLER          PICTURE XX.
    02  FILLER PICTURE XX.
    02  NAME-WS PICTURE X(20).
    02  FILLER PICTURE X(54).
```

die ersten vier Bytes des Feldes VERTRETER-SATZ-WS folgendermaßen adressiert:

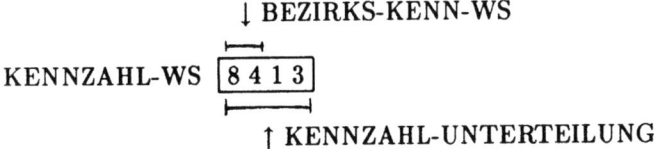

Durch diese Redefinition haben sowohl KENNZAHL-WS als auch BEZIRKS-KENN-WS die numerische Kategorie und können daher als Operanden in arithmetischen Operationen auftreten.

Als weiteres Beispiel geben wir die folgende Vereinbarung an:

```
77  X       PICTURE 9.
01  ZAHL    PICTURE 999.
01  ZAHL-UNTERTEILUNG-1 REDEFINES ZAHL.
    02  ZAHL-HUNDERTER  PICTURE 9.
    02  ZAHL-ZEHNER     PICTURE 9.
    02  ZAHL-EINER      PICTURE 9.
01  ZAHL-UNTERTEILUNG-2 REDEFINES ZAHL.
    02  FILLER          PICTURE X.
    02  ZAHL-MOD-100    PICTURE 99.
```

Dann stimmt das Ergebnis der Anweisung

COMPUTE X = ZAHL / 100

mit dem der Anweisung

MOVE ZAHL-HUNDERTER TO X

überein, und der Divisionsrest der arithmetischen Operation

ZAHL / 100

9.2 Vorbesetzung von Tabellenelementen (REDEFINES-Klausel)

ist gleich dem Inhalt des Feldes ZAHL-MOD-100.
Generell sind bei der Anwendung der REDEFINES-Klausel die folgenden Regeln zu beachten:

- in der WORKING-STORAGE SECTION und in der FILE SECTION ist eine Redefinition bei den Stufennummern 02 bis 49 erlaubt,

- darüberhinaus ist in der WORKING-STORAGE SECTION auch eine Redefinition auf der Stufe 01 zugelassen,

- definierter und redefinierter Speicherbereich müssen stets dieselbe Stufe haben,

- es kann immer nur eine Erstdefinition redefiniert werden und dies kann beliebig oft geschehen,

- ein redefinierter Bereich darf kürzer als der definierte Bereich sein,

- bei der Redefinition darf die neue Datenfeld-Beschreibung *keine VALUE-Klausel* (zur Vorbesetzung von Datenfeldern) enthalten, und

- in der Datenfeld-Beschreibung des redefinierten Feldes "bezeichner-2" (siehe die oben angegebene Syntax der REDEFINES-Klausel) darf der Name "bezeichner-2" nicht mit einer OCCURS-Klausel vereinbart sein.

Mit Hilfe der REDEFINES-Klausel können wir die Elemente unserer oben verabredeten Tabelle BEZIRKE folgendermaßen mit den jeweiligen Kennzahlen und Bezirksnamen vorbesetzen:

```
01  BEZIRKE-TAB-WERTE.
    02  FILLER    PICTURE 99      VALUE 04.
    02  FILLER    PICTURE X(25)   VALUE "BOCHUM".
    02  FILLER    PICTURE 99      VALUE 12.
    02  FILLER    PICTURE X(25)   VALUE "KOELN".
             :
    02  FILLER    PICTURE 99      VALUE 95.
    02  FILLER    PICTURE X(25)   VALUE "MAGDEBURG".
01  BEZIRKE-TAB   REDEFINES BEZIRKE-TAB-WERTE.
    02  BEZIRKE   OCCURS 26 TIMES.
        03  BEZIRKS-KENN-TAB  PICTURE 99.
        03  BEZIRKS-NAME-TAB  PICTURE X(25).
```

Um Schreibarbeit zu sparen, können wir das Feld BEZIRKE-TAB-WERTE z.B. auch folgendermaßen vorbesetzen:

```
01  BEZIRKE-TAB-WERTE.
    02  FILLER    PICTURE X(27)   VALUE "04BOCHUM".
    02  FILLER    PICTURE X(27)   VALUE "12KOELN".
```

```
        02  FILLER   PICTURE  X(27)   VALUE "95MAGDEBURG".
```

Bei dieser Vorbesetzung haben wir das Picture-Maskenzeichen X für alle Feldinhalte benutzt. Natürlich werden die Tabellenelemente BEZIRKS-KENN-TAB dadurch nicht zu alphanumerischen Datenfeldern. Ausschlaggebend für die jeweilige Kategorie ist allein die zugehörige Datenfeld-Beschreibung, und bei der oben angegebenen Tabellenvereinbarung ist BEZIRKS-KENN-TAB als numerisches Feld festgelegt worden.

Laden einer Tabelle aus einer Datei

Bei vielen Anwendungen ist es nicht sinnvoll, eine Tabelle mit Hilfe der VALUE-Klausel (statisch) durch den Kompilierer vorbesetzen zu lassen. Daher stellen wir jetzt dar, wie eine Tabelle während des Objektlaufs (dynamisch) mit Werten gefüllt werden kann. Sind die Tabellenwerte innerhalb von Datensätzen einer Datei auf einem magnetischen Datenträger abgespeichert, so können wir zum Programmbeginn die Tabelle *laden*, d.h. die Sätze einlesen und die ausgewählten Satzinhalte in die jeweiligen Tabellenelemente übertragen.

Im folgenden wollen wir dieses Verfahren mit den Sätzen einer Datei durchführen, für die wir im COBOL-Programm den Dateinamen BEZIRKE-DATEI verabreden. Wir setzen voraus, daß diese Datei die folgende Struktur besitzt:

```
04BOCHUM⊔⊔            ...⊔
12KOELN⊔              ...⊔
      :
95MAGDEBURG⊔          ...⊔
```

Die jeweils ersten beiden Zeichen des i. Satzes müssen in das Feld BEZIRKS-KENN-TAB (i) und die restlichen 25 Zeichen in das Feld BEZIRKS-NAME-TAB (i) der Tabelle BEZIRKE eingetragen werden.

Um auf die Datei BEZIRKE-DATEI zugreifen zu können, ordnen wir dieser Datei die *symbolische Gerätebezeichnung DI* (*D*isk *I*nput) durch die Eintragung

```
SELECT BEZIRKE-DATEI ASSIGN TO DI.
```

im Paragraphen FILE-CONTROL zu und legen die Datei-Beschreibung in der FILE SECTION durch die folgende Deklaration fest:

```
FD  BEZIRKE-DATEI
    LABEL RECORD STANDARD.
01  BEZIRKE-SATZ PICTURE X(27).
```

Vereinbaren wir die Tabelle BEZIRKE in der WORKING-STORAGE SECTION durch:

9.3 Index-Methode und variable Anzahl von Tabellenelementen

```
01  BEZIRKE-TAB.
    02  BEZIRKE  OCCURS 26 TIMES.
        03  BEZIRKS-KENN-TAB  PICTURE 99.
        03  BEZIRKS-NAME-TAB  PICTURE X(25).
```

so beschreibt das folgende Struktogramm den Algorithmus zum Laden der Tabelle BEZIRKE mit den entsprechenden Werten aus der Datei BEZIRKE-DATEI:[3]

TAB-LADEN	
	eroeffne BEZIRKE-DATEI zur Eingabe
	1 ——> POS
	wiederhole bis POS > 26 oder DATEI-ENDE
	lies Satz von BEZIRKE-DATEI nach BEZIRKE (POS); falls Dateiende: TRUE ——> DATEI-ENDE
	POS + 1 ——> POS
	schliesse VERTRETER-DATEI

Adressieren wir die Tabellenelemente mit der Subskript-Methode, so können wir dieses Struktogramm folgendermaßen umsetzen:

```
TAB-LADEN.
    OPEN INPUT BEZIRKE-DATEI
    MOVE 1 TO POS
    PERFORM UNTIL POS > 26 OR DATEI-ENDE
        READ BEZIRKE-DATEI INTO BEZIRKE (POS)
            AT END SET DATEI-ENDE TO TRUE
        END-READ
        ADD 1 TO POS
    END-PERFORM
    CLOSE BEZIRKE-DATEI.
```

Dabei ist vorauszusetzen, daß das Subskript POS und der Bedingungsname DATEI-ENDE durch die Angaben:

```
77  POS  PICTURE 99.
77  DATEI-ENDE-FELD  PICTURE 9  VALUE ZERO.
    88  DATEI-ENDE  VALUE 1.
```

in der WORKING-STORAGE SECTION deklariert sind.

---
[3] Um die Darstellung des Algorithmus zu vereinfachen, wollen wir den Ausnahmefall – vorzeitiges Erreichen des Dateiendes von BEZIRKE-DATEI wegen einer fehlerhaften Datei-Eintragung – nicht weiter erörtern. Trotzdem müssen wir – aus formalen Gründen – eine Dateiende-Behandlung vorsehen.

9.3 Index-Methode und variable Anzahl von Tabellenelementen (SET-Anweisung und OCCURS DEPENDING ON-Klausel)

Index-Methode

Die Adressierung von Tabellenelementen mit der Subskript-Methode hat den gravierenden Nachteil, daß bei jedem Zugriff auf ein Tabellenelement der Subskript-Wert intern erst in die zum Tabellenanfang gehörige *Relativadresse* (displacement) umgewandelt werden muß. Da dieser Vorgang z.B. bei Suchprozessen in größeren Tabellen sehr zeitaufwendig ist, sieht COBOL als weitere Möglichkeit des Tabellenzugriffs die *Index-Methode* (indexing) vor. Bei der Adressierung mit dieser Methode reduziert sich i.a. der vom Kompilierer generierte Kode, und das Objektprogramm hat i.a. auch eine erheblich kürzere Laufzeit.

Bei der Index-Methode erfolgt der Zugriff auf ein Tabellenelement über einen *Index-Namen* (index-name) in der Form:

```
datenfeldname ( index-name )
```

Dabei enthält der Index-Name eine auf den Tabellenanfang bezogene Relativadresse als *Index-Wert*. Diese Relativadresse korrespondiert mit der jeweiligen Positionsnummer, welche die Lage des Tabellenelements innerhalb der Tabelle festlegt. Eine Relativadresse wird dabei stets in Byte angegeben. Legen wir die Tabellendefinition von BEZIRKE zugrunde, so beginnt BEZIRKE (1) bei der Relativadresse 0 und BEZIRKE (2) bei der Relativadresse 27, da jedes Tabellenelement aus 27 Bytes besteht. Ist z.B. der Tabelle BEZIRKE der Index-Name IND zugeordnet (wie man dies erreicht, werden wir sogleich kennenlernen) und besitzt IND die Relativadresse 27 als Index-Wert, so adressiert

```
BEZIRKE (IND)
```

folglich das zweite Element der Tabelle BEZIRKE.

Definition von Index-Namen

Ein Index-Name wird stets bei der Deklaration der zugehörigen Tabelle durch die Eintragung innerhalb einer *INDEXED-Klausel* in der Form

```
INDEXED BY index-name-1 [ index-name-2 ]...
```

im Anschluß an die OCCURS-Klausel vereinbart. Dabei ist die maximale Anzahl der Index-Namen, die in der INDEXED-Klausel angegeben werden dürfen, von der jeweiligen DVA abhängig. Bei den meisten Anwendungen reicht jedoch die Deklaration *eines* Index-Namens aus. Der Speicherbereich, der durch einen Index-Namen adressiert wird, darf *nicht* explizit deklariert werden (Index-Namen dürfen in kei-

9.3 Index-Methode und variable Anzahl von Tabellenelementen

ner Datenfeld-Beschreibung aufgeführt sein!), weil er vom Kompilierer *automatisch* reserviert wird.

Wenn wir die Elemente der Tabelle BEZIRKE über den Index-Namen IND adressieren wollen, so müssen wir die oben angegebene Definition des Tabellenbereichs BEZIRKE-TAB folgendermaßen abändern:

```
01  BEZIRKE-TAB.
    02  BEZIRKE   OCCURS 26 TIMES   INDEXED BY IND.
        03  BEZIRKS-KENN-TAB  PICTURE 99.
        03  BEZIRKS-NAME-TAB  PICTURE X(25).
```

In Abhängigkeit von der jeweiligen Tabellendefinition entspricht jedem Subskript-Wert ein Index-Wert als korrespondierende Relativadresse und jedem Index-Wert ein Subskript-Wert als entsprechende Positionsnummer. Im COBOL-Programm werden derartige Umrechnungen stets vom Kompilierer durchgeführt – der Programmierer selbst darf keine expliziten Berechnungen mit Index-Werten vornehmen. Trotzdem wollen wir an dieser Stelle das Verständnis für die Wirkung der Index-Methode vertiefen. Die Kenntnis der Korrespondenz von Index- und Subskript-Werten ist nämlich besonders nützlich für das Verständnis der SET-Anweisung, die wir anschließend kennenlernen wollen.

Um den *Unterschied zwischen der Subskript- und der Index-Methode* in der Adressierung von Tabellenelementen zu demonstrieren, verwenden wir die folgenden Vereinbarungen:

```
77  SUB   PICTURE 99.
01  BEZIRKE-TAB-IND.
    02 BEZIRKE-IND PICTURE X(27) OCCURS 26 TIMES INDEXED BY IND.
01  BEZIRKE-TAB-SUB REDEFINES BEZIRKE-TAB-IND.
    02  BEZIRKE-SUB   PICTURE X(27)  OCCURS 26 TIMES.
```

Die Namen BEZIRKE-TAB-IND und BEZIRKE-TAB-SUB adressieren vermöge der REDEFINES-Klausel denselben Speicherbereich. Verwenden wir den Bezeichner BEZIRKE-SUB, so setzen wir die Subskript-Methode ein. Bezeichnen wir dagegen die Tabellenelemente mit dem Namen BEZIRKE-IND, so adressieren wir mit der Index-Methode.

Enthält das Feld SUB z.B. den Wert 1, so bezeichnet BEZIRKE-SUB (SUB) das erste Tabellenelement. Bei der Index-Methode wird durch den Zugriff über BEZIRKE-IND (IND) dann das erste Tabellenelement adressiert, falls der Index-Name IND den Wert 0 enthält – für das erste Tabellenelement ist 0 die entsprechende Relativadresse zum Tabellenanfang.

Wollen wir z.B. das dritte Tabellenelement ansprechen, so müssen wir beim Zugriff mit BEZIRKE-SUB (SUB) dem Subskript SUB den Wert 3 zugewiesen haben. Verwenden wir dagegen den Namen BEZIRKE-IND (IND), so muß der Index-Wert von IND gleich 54 sein, weil dieser Wert die entsprechende Relativadresse (gemessen in Byte) für das dritte Tabellenelement ist.

Im Rahmen der angegebenen Tabellenvereinbarungen korrespondieren also jeweils die folgenden Werte miteinander:

Wert des Subskripts SUB bei der Adressierung mit BEZIRKE-SUB (SUB)	1	2	3		i		26
Wert des Index-Namens IND bei der Adressierung mit BEZIRKE-IND (IND)	o	27	54		(i - 1) * 27		675

Im Gegensatz zu einem Subskript darf ein Index-Name *niemals* als Operand in einer MOVE-Anweisung bzw. einer arithmetischen Anweisung aufgeführt werden. Stattdessen muß jede Wertzuweisung an einen Index-Namen durch eine SET-Anweisung erfolgen.[4]

Die Zuweisung des Index-Wertes 0 bzw. 54 an den Index-Namen IND (siehe oben) können wir durch eine geeignete SET-Anweisung vornehmen.

SET-Anweisung

Mit der SET-Anweisung kann einem Index-Namen der zu einem Subskript-Wert korrespondierende Index-Wert zugewiesen werden, und umgekehrt läßt sich ein aktueller Index-Wert in den zugeordneten Subskript-Wert umwandeln:

Syntax der SET-Anweisung (Format-1)

```
SET { bezeichner-1 | index-name-1 }
  [ { bezeichner-2 | index-name-2 } ]...
               TO { bezeichner-3 | index-name-3 | ganzzahl }
    |--------------------------|    |--------------------------|
      Empfangsfeld-Position           Sendefeld-Position
```

Das Feld "bezeichner-3" muß numerisch ganzzahlig sein und eine positive ganze Zahl enthalten, die eine Position in der jeweiligen Tabelle angibt.

Entspricht z.B. dem aktuellen Wert des Index-Namens IND, welcher der Tabelle BEZIRKE-IND zugeordnet ist, die Positionsnummer 2 (der Index-Wert ist also gleich 27), so wird durch die Anweisung

    SET POS TO IND

---

[4] Eine automatische Veränderung von Index-Werten wird ferner durch spezielle Anwendungen der PERFORM- und der SEARCH-Anweisung bewirkt.

9.3 Index-Methode und variable Anzahl von Tabellenelementen

dem numerischen Datenfeld POS der Wert 2 zugewiesen.
Eine Wertzuweisung an die vor dem COBOL-Wort TO angegebenen Datenfelder bzw. Index-Namen wird bei der SET-Anweisung stets nach folgenden Regeln ausgeführt:

Empfangsfeld: (bezeichner-1,-2,... index-name-1,-2,...)	Sendefeld: (bezeichner-3, index-name-3, ganzzahl)	
	Index-Name	ganzzahl oder num. Datenfeld
Index-Name	Relativadresse ⟶ Relativadresse	Positionsnummer ⟶ Relativadresse
num. Datenfeld	Relativadresse ⟶ Positionsnummer	verboten !

Steht ein Index-Name sowohl auf Sendefeld- als auch auf Empfangsfeldposition, so gilt:
Aus dem Wert des Index-Namens auf Sendefeldposition wird die korrespondierende Positionsnummer ermittelt, und der zugehörige Index-Wert wird in den Index-Namen auf Empfangsfeldposition eingetragen. Dieser Index-Wert bezieht sich auf die Tabelle, bei deren Definition der Index-Name auf Empfangsfeldposition vereinbart ist.
Die Kenntnis der angegebenen Konvertierungsregeln ist vor allen Dingen dann sehr wichtig, wenn ein mit der Index-Methode umgeformter Lösungsalgorithmus einer Fehleranalyse unterzogen werden muß.
Während das Format-1 der SET-Anweisung nur einfache Zuweisungen an Index-Namen ermöglicht, können Additionen und Subtraktionen in folgender Form ausgeführt werden:

Syntax der SET-Anweisung (Format-2)

```
SET index-name-1 [ index-name-2 ]...
    { UP | DOWN } BY { bezeichner | ganzzahl }
```

Die Werte der vor dem COBOL-Wort UP bzw. DOWN angegebenen Index-Namen werden um den Wert des Feldes "bezeichner" bzw. um die ganze Zahl "ganzzahl" erhöht (bei UP) bzw. vermindert (bei DOWN).
Entspricht z.B. dem aktuellen Wert des Index-Namens IND, welcher der Tabelle BEZIRKE-IND zugeordnet ist, die Positionsnummer 2 (der Index-Wert ist also gleich 27), so ergibt sich durch die Anweisung

```
SET IND UP BY 11
```

als neuer Wert von IND die Größe, die mit der Positionsnummer 13 korrespondiert (das ist der Index-Wert 324). Durch

```
BEZIRKE-IND (IND)
```

wird folglich das 13. Tabellenelement von BEZIRKE-IND adressiert.

Vergleich mit Index-Namen

In Vergleichsrelationen dürfen Index-Namen sowohl mit Index-Namen, numerischen Datenfeldern als auch mit ganzzahligen numerischen Literalen verglichen werden:

Vergleich:	Wirkung:
Index-Name mit Index-Name	Vergleich der zugehörigen Positionsnummern
Index-Name mit numerischen Datenfeld bzw. ganzzahligem numerischen Literal	Vergleich der dem Wert des Indexnamens entsprechenden Positionsnummer mit dem Wert des Datenfeldes bzw. dem ganzzahligen numerischen Literal

Ist IND als Index-Name der Tabelle BEZIRKE-IND definiert, so ist die Bedingung

```
IND = 26
```

dann erfüllt, wenn der aktuelle Index-Wert von IND mit der Positionsnummer 26 korrespondiert (dazu muß die in IND abgespeicherte Relativadresse gleich dem Wert 675 sein, weil jedes Tabellenelement von BEZIRKE-IND aus 27 Bytes besteht).

Erweiterte Adressierung bei der Index-Methode

Genau wie bei der Subskript-Methode, bei der sich jedes Tabellenelement durch

```
datenfeldname ( subskript [ { + | - } positive-ganzzahl ] )
```

ansprechen läßt, ist auch bei der Index-Methode eine Adressierung in der Form

```
datenfeldname ( index-name [ { + | - } positive-ganzzahl ] )
```

erlaubt.
Entspricht z.B. dem aktuellen Index-Wert des Index-Namens IND, der zur Tabelle BEZIRKE-IND gehört, die Positionsnummer 2 (der Index-Wert ist also gleich 27), so adressiert

```
BEZIRKE-IND (IND - 1)
```

das erste und

```
BEZIRKE-IND (IND + 4)
```

9.3 Index-Methode und variable Anzahl von Tabellenelementen

das sechste Tabellenelement von BEZIRKE-IND.

Um das am Ende von Abschnitt 9.2 angegebene Struktogramm zum Laden der Tabelle BEZIRKE mit Hilfe der Index-Methode umsetzen zu können, vereinbaren wir die Tabelle BEZIRKE durch:

```
01  BEZIRKE-TAB.
    02  BEZIRKE   OCCURS 26 TIMES   INDEXED BY POS.
        03  BEZIRKS-KENN-TAB  PICTURE 99.
        03  BEZIRKS-NAME-TAB  PICTURE X(25).
```

Damit ist POS als Index-Name definiert, so daß wir den Strukturblock

```
| 1 ⟶ POS |
```

aus dem Struktogramm durch die Anweisung

```
SET POS TO 1
```

und den Block

```
| POS + 1 ⟶ POS |
```

durch die Anweisung

```
SET POS UP BY 1
```

umsetzen können.

Insgesamt stellt sich der Programmabschnitt zum Laden der Tabelle BEZIRKE wie folgt dar:

```
TAB-LADEN.
   OPEN INPUT BEZIRKE-DATEI
   SET POS TO 1                              <--- geaendert!
   PERFORM UNTIL POS > 26 OR DATEI-ENDE
      READ BEZIRKE-DATEI INTO BEZIRKE (POS)
          AT END SET DATEI-ENDE TO TRUE
      END-READ
      SET POS UP BY 1                        <--- geaendert!
   END-PERFORM
   CLOSE BEZIRKE-DATEI.
```

USAGE INDEX-Klausel

Sollen Index-Werte zwischengespeichert werden, so ist zu berücksichtigen, daß die Speicherablage von Index-Namen anlagen-abhängig ist. Um die Portabilität des

Quellprogramms zu gewährleisten, müssen Index-Werte daher immer in besondere
Datenfelder übertragen werden.
Diese Felder heißen *Index-Datenfelder* (index data item). Sie lassen sich in der folgenden Weise durch eine *USAGE INDEX-Klausel* vereinbaren:[5]

```
stufennummer bezeichner USAGE IS INDEX.
```

Z.B. wird durch

```
77  POS-MERKFELD  USAGE INDEX.
```

das Index-Datenfeld POS-MERKFELD deklariert.
Bei der Vereinbarung eines Index-Datenfeldes darf außer der USAGE INDEX-Klausel keine weitere Klausel angegeben werden. Auf ein Index-Datenfeld kann nur mit der SET- und der SEARCH-Anweisung, nicht jedoch mit der MOVE-Anweisung zugegriffen werden. Mit der SET-Anweisung läßt sich einem Index-Datenfeld der aktuelle Wert eines Index-Namens (bzw. eines Index-Datenfeldes) zuweisen. Umgekehrt kann ein Index-Wert, der in einem Index-Datenfeld zwischengespeichert ist, mit der SET-Anweisung abgerufen werden. In jedem Fall erfolgt bei diesen Zuweisungen keine Konvertierung der jeweiligen Index-Werte.

OCCURS DEPENDING ON-Klausel

Bislang haben wir bei einer Tabellendefinition eine Tabelle stets mit einer festen Anzahl von Tabellenelementen vereinbart. Bei der Zuordnung der Bezirkskennzahlen zu den jeweiligen Bezirken ist damit zu rechnen, daß sich neben der gegebenen Korrespondenz der Kennzahlen zu den Bezirken auch die Reihenfolge der Kennzahlen und die Anzahl der Bezirke ändern kann, indem z.B. alte Bezirke wegfallen und neue Bezirke hinzukommen. Beim Einlesen der entsprechenden Daten aus einer Datei sollte daher nicht stets die Eintragung in der zur Tabelle BEZIRKE gehörigen OCCURS-Klausel geändert werden müssen, wenn sich die Anzahl der Sätze von BEZIRKE-DATEI erhöht oder erniedrigt hat.
Um eine flexible Tabellenverarbeitung zu ermöglichen, erlaubt COBOL die Deklaration von Tabellen mit einer *variablen* Anzahl von Tabellenelementen (variable-occurence data item). Dazu muß bei der Tabellenvereinbarung eine *OCCURS DEPENDING ON-Klausel* in der folgenden Form angegeben werden:

```
OCCURS ganzzahl-1 TO ganzzahl-2 TIMES DEPENDING ON bezeichner
```

Der Wert "ganzzahl-1" muß kleiner als "ganzzahl-2" sein, und bei dem Feld "bezeichner" muß es sich um ein numerisches Datenfeld handeln. Vom Kompilierer wird ein Speicherbereich für eine Tabelle mit "ganzzahl-2" Elementen reserviert

---
[5] Da Index-Datenfelder (im Gegensatz zu Index-Namen) in einer Datensatz-Beschreibung vereinbart werden können, ist auf diesem Weg auch eine Ein-/Ausgabe von Index-Werten möglich.

9.3 Index-Methode und variable Anzahl von Tabellenelementen

(der Wert "ganzzahl-1" wird als Kommentar aufgefaßt). Der jeweils aktuelle Wert des Feldes "bezeichner" hat keinen Einfluß auf die Größe des Speicherbereichs, sondern fungiert als Parameter für die jeweilige (logische) Länge der Tabelle. Natürlich muß dieser Wert stets kleiner oder gleich "ganzzahl-2" sein, und er sollte auch stets größer oder gleich "ganzzahl-1" sein (dies wird bei der Programmausführung nicht automatisch abgeprüft).

Eine besondere Bedeutung kommt der OCCURS DEPENDING ON-Klausel im Zusammenhang mit dem Tabellen-Durchsuchen zu. Bei der Ausführung der SEARCH-Anweisung (siehe die Abschnitte 9.5 und 9.6) wird der aktuelle Inhalt des in dieser Klausel angegebenen Datenfeldes "bezeichner" stets *automatisch* ausgewertet.

Deklarieren wir die Tabelle BEZIRKE als Tabelle mit einer variablen Anzahl von Tabellenelementen (mindestens 10 und maximal 50) in der Form

```
01  BEZIRKE-TAB.
    02  BEZIRKE OCCURS 10 TO 50 TIMES
             DEPENDING ON TAB-LAENGE INDEXED BY POS.
        03  BEZIRKS-KENN-TAB PICTURE 99.
        03  BEZIRKS-NAME-TAB PICTURE X(25).
```

und vereinbaren wir zusätzlich die Datenfelder

```
77  DATEI-ENDE-FELD  PICTURE 9  VALUE ZERO.
    88  DATEI-ENDE   VALUE 1.
77  TAB-LAENGE       PICTURE 99.
```

so können wir das Struktogramm zum Laden der Tabelle BEZIRKE wie folgt abändern:

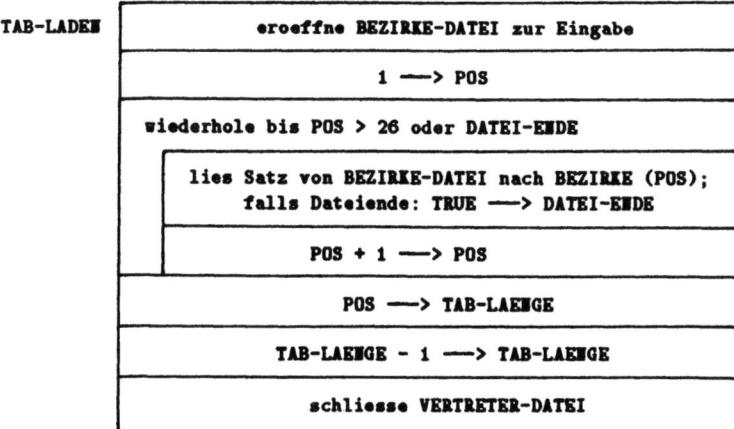

Dieses Struktogramm zum Laden der Tabelle BEZIRKE formen wir wie folgt um:

```
TAB-LADEN.
    OPEN INPUT BEZIRKE-DATEI
    SET POS TO 1
    PERFORM UNTIL POS > 26 OR DATEI-ENDE
        READ BEZIRKE-DATEI INTO BEZIRKE (POS)
            AT END SET DATEI-ENDE TO TRUE
        END-READ
        SET POS UP BY 1
    END-PERFORM
    SET TAB-LAENGE TO POS
    SUBTRACT 1 FROM TAB-LAENGE
    CLOSE BEZIRKE-DATEI.
```

Damit braucht bei einer Änderung in der Datei BEZIRKE-DATEI, sofern die Anzahl der Bezirke den Wert 50 nicht übersteigt, keine Programmänderung für das Laden der Tabelle mehr vorgenommen zu werden. Natürlich muß sichergestellt sein, daß nicht mehr als 50 Sätze in den Tabellenbereich BEZIRKE-TAB eingetragen werden, da sonst ungewollt der Inhalt von anderen Datenfeldern (ohne Fehlermeldung) überschrieben würde. Um sich gegenüber daraus resultierenden Folgefehlern abzusichern, sollte z.B. nach der Erhöhung von POS um den Wert 1 abgefragt werden, ob die Bedingung "POS > 50" erfüllt ist. Bei einer positiven Antwort ist der Programmlauf abzubrechen oder geeignet zu reagieren.

9.4 Durchsuchen einer einstufigen Tabelle

Wir greifen das Anwendungsbeispiel LISTE-DER-NAMEN-UND-BEZIRKE des Abschnitts 9.2 wieder auf und geben den zugehörigen Lösungsalgorithmus unter Verwendung der Subskript-Methode als COBOL-Programm an. Als beschreibende Programmteile erhalten wir:

```
IDENTIFICATION DIVISION.
PROGRAM-ID.
    LISTE-DER-NAMEN-UND-BEZIRKE.
ENVIRONMENT DIVISION.
CONFIGURATION SECTION.
SOURCE-COMPUTER.
    dva-name-1.
OBJECT-COMPUTER.
    dva-name-2.
INPUT-OUTPUT SECTION.
FILE-CONTROL.
    SELECT VERTRETER-DATEI   ASSIGN TO SI.
    SELECT LISTE             ASSIGN TO LO.
```

9.4 Durchsuchen einer einstufigen Tabelle

```
       DATA DIVISION.
       FILE SECTION.
       FD  VERTRETER-DATEI
           LABEL RECORD STANDARD.
       01  VERTRETER-SATZ.
           02  BEZIRKS-KENN    PICTURE 99.
           02  FILLER          PICTURE X(4).
           02  NACHNAME        PICTURE X(20).
           02  FILLER          PICTURE X(54).
       FD  LISTE
           LABEL RECORD OMITTED.
       01  LISTE-SATZ.
           02  FILLER          PICTURE X(15).
           02  VERTRETER-NAME  PICTURE X(20).
           02  FILLER          PICTURE X(10).
           02  BEZIRKS-NAME    PICTURE X(25).
           02  FILLER          PICTURE X(62).
       WORKING-STORAGE SECTION.
       77  DATEI-ENDE-FELD  PICTURE 9   VALUE ZERO.
           88  DATEI-ENDE   VALUE 1.                               (a)
       77  POS              PICTURE 99.   <————————— zu aendern bei
       77  FEHLER-FELD  PICTURE 9   VALUE ZERO.        Index-Methode
           88  KEINE-UEBEREINSTIMMUNG  VALUE 1.
       77  TREFFER-FELD PICTURE 9.
           88  TREFFER   VALUE 1.
       01  BEZIRKE-TAB-WERTE.
           02  FILLER   PICTURE X(27)  VALUE "04BOCHUM".
           02  FILLER   PICTURE X(27)  VALUE "12KOELN".
                :
           02  FILLER   PICTURE X(27)  VALUE "95MAGDEBURG".
       01  BEZIRKE-TAB  REDEFINES BEZIRKE-TAB-WERTE.               (b)
           02  BEZIRKE    OCCURS 26 TIMES.   <————————— zu aendern bei
               03  BEZIRKS-KENN-TAB  PICTURE 99.       Index-Methode
               03  BEZIRKS-NAME-TAB  PICTURE X(25).
```

Gemäß der Aufgabenstellung LISTE-DER-NAMEN-UND-BEZIRKE adressieren wir von den Vertreterdaten die Bezirkskennzahl (Zeichenpositionen 1 und 2) durch den Bezeichner BEZIRKS-KENN und den Vertreternamen (Zeichenpositionen 7 bis 26) durch den Bezeichner NACHNAME. Die Eingabe-Datei bezeichnen wir wiederum mit VERTRETER-DATEI, und für den Datensatz wählen wir erneut den Namen VERTRETER-SATZ. Zur Bezeichnung der Druck-Datei, bei der wir den Vorschub durch die Angabe der ADVANCING-Klausel bei der WRITE-Anweisung steuern, verwenden wir wieder den Namen LISTE, und den zugehörigen Datensatz nennen wir erneut LISTE-SATZ. In diesem Satz sind die für die Lösung benötigten Felder VERTRETER-NAME (Druckpositionen 16 bis 35) und BEZIRKS-NAME

(Druckpositionen 46 bis 70) definiert.
Da beim Erfassen der Bezirkskennzahlen in den Sätzen von VERTRETER-DATEI oder beim Erfassen der VALUE-Klauseln (bei der Programmeingabe) von BEZIRKE-TAB-WERTE Fehler auftreten können[6] und daher beim Suchvorgang gegebenenfalls keine Übereinstimmung zwischen den Tabellenwerten und dem Inhalt von BEZIRKS-KENN gefunden werden kann, sehen wir für den Suchprozeß einen gezielten Fehlerausgang vor (Programmabbruch!). In diesem Zusammenhang werden das Datenfeld FEHLER-FELD und der Bedingungsname KEINE-UEBEREINSTIMMUNG benötigt. Für den Fall, daß eine Übereinstimmung festgestellt wird, soll dies durch den Bedingungsnamen TREFFER, der das Zutreffen der Bedingung "TREFFER-FELD = 1" bezeichnen soll, gekennzeichnet werden.
Das Feld POS benutzen wir als *Suchindex*, d.h. in POS ist die Positionsnummer des Tabellenelements gespeichert, dessen Inhalt gerade mit dem von BEZIRKS-KENN verglichen wird. Dabei werden wir den Namen POS zunächst als Subskript und anschließend als Index-Namen verwenden (bei der Subskript-Methode ist der Suchindex also ein Subskript-Wert, und bei der Index-Methode ist er ein Index-Wert). Bei der Entwicklung des Lösungsalgorithmus in Form eines Struktogramms brauchen wir jedoch noch keine Spezifizierung vorzunehmen.
Zum Durchsuchen der Tabelle BEZIRKE geben wir den folgenden Algorithmus TABELLE-DURCHSUCHEN an:

- Durchsuche die Tabelle BEZIRKE;
  falls der Wert von BEZIRKS-KENN nicht mit dem Inhalt eines der Felder BEZIRKS-KENN-TAB übereinstimmt, weise FEHLER-FELD den Wert 1 zu und gib eine Fehlermeldung aus;
  bei (der ersten) gefundenen Übereinstimmung übertrage (nach der Löschung des Ausgabe-Puffers LISTE-SATZ) den zugehörigen Wert von BEZIRKS-NAME-TAB in das Feld BEZIRKS-NAME, übertrage den Inhalt von NACH-NAME nach VERTRETER-NAME und gib den Inhalt von LISTE-SATZ mit anschließendem Vorschub um 1 Zeile auf dem Drucker aus!

Im folgenden wollen wir verschiedene Möglichkeiten aufzeigen, wie wir diesen Suchalgorithmus näher spezifizieren und als Programm formulieren können. Zunächst geben wir einen Algorithmus an, bei dem die Tabelle BEZIRKE *sukzessive* vom ersten Tabellenelement an durchsucht und dabei der Suchindex *schrittweise* um jeweils eine Position erhöht wird. Dies geschieht solange, bis entweder der gesuchte Wert gefunden ist oder bis das Tabellenende erreicht wird (der gesuchte Wert ist nicht in der Tabelle enthalten). Wir sprechen in diesem Fall von einer *linearen* oder *sequentiellen* Suche.
Diesen Algorithmus können wir durch das folgende Struktogramm beschreiben:

---

[6] In der Praxis kann man von einer Erfassungsfehlerrate bei geprüften Daten von ungefähr 0.5% ausgehen.

9.4 Durchsuchen einer einstufigen Tabelle

TABELLE-DURCHSUCHEN

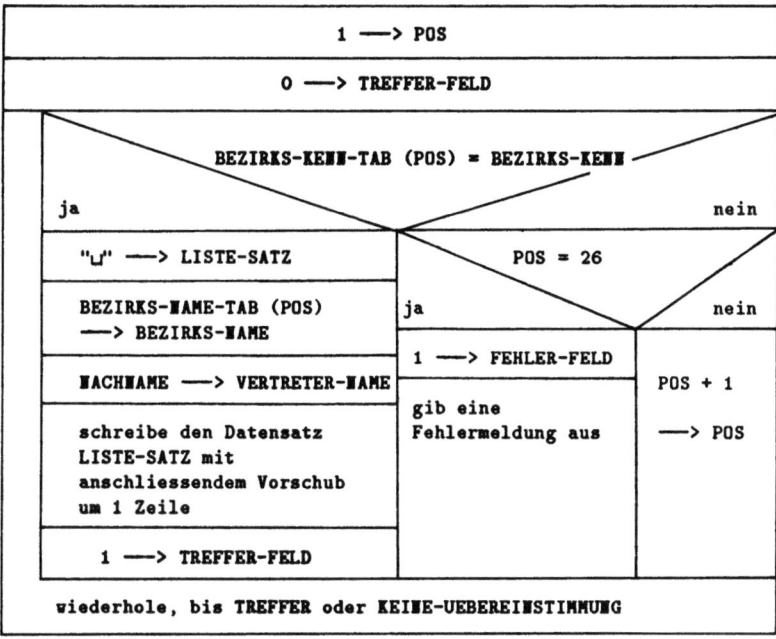

Der gesamte Lösungsalgorithmus für die Aufgabe LISTE-DER-NAMEN-UND-BEZIRKE ergibt sich dann durch das folgende Struktogramm:

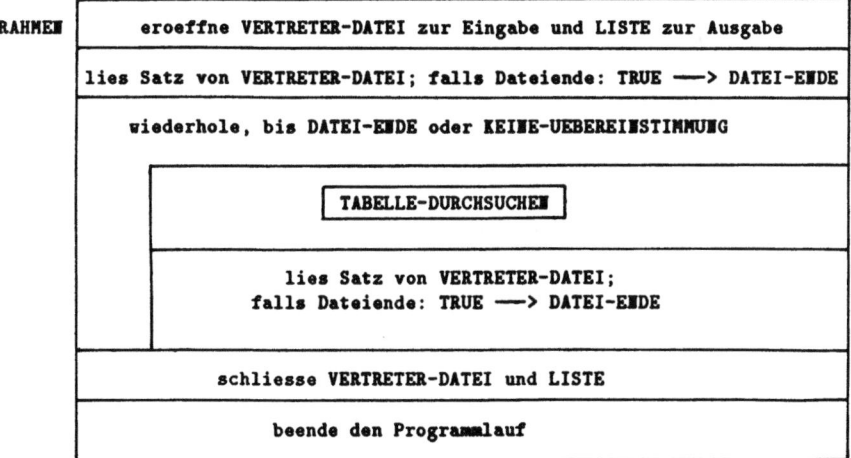

Als PROCEDURE DIVISION des Programms LISTE-DER-NAMEN-UND-BEZIRKE erhalten wir unter Anwendung der Subskript-Methode:

```
        PROCEDURE DIVISION.
        RAHMEN.
            OPEN INPUT VERTRETER-DATEI OUTPUT LISTE
            READ VERTRETER-DATEI
                AT END SET DATEI-ENDE TO TRUE
            END-READ
            PERFORM UNTIL DATEI-ENDE OR KEINE-UEBEREINSTIMMUNG
                PERFORM TABELLE-DURCHSUCHEN
                READ VERTRETER-DATEI
                    AT END SET DATEI-ENDE TO TRUE
                END-READ
            END-PERFORM
            CLOSE VERTRETER-DATEI LISTE
            STOP RUN.
        TABELLE-DURCHSUCHEN.
            MOVE 1 TO POS
            MOVE ZERO TO TREFFER-FELD
            PERFORM WITH TEST AFTER UNTIL TREFFER OR KEINE-UEBEREINSTIMMUNG
                IF BEZIRKS-KENN-TAB (POS) = BEZIRKS-KENN
                    THEN MOVE SPACES TO LISTE-SATZ
                        MOVE BEZIRKS-NAME-TAB (POS) TO BEZIRKS-NAME
                        MOVE NACHNAME TO VERTRETER-NAME
                        WRITE LISTE-SATZ BEFORE ADVANCING 1 LINE
                        SET TREFFER TO TRUE
                    ELSE
                        IF POS = 26
                            THEN SET KEINE-UEBEREINSTIMMUNG TO TRUE
                                DISPLAY "KEINE UEBEREINSTIMMUNG BEI KENNZAHL:"
                                        BEZIRKS-KENN
                            ELSE ADD 1 TO POS
                        END-IF
                END-IF
            END-PERFORM.
```

Wenden wir bei der Adressierung der Tabellenelemente anstelle der Subskript-Methode die Index-Methode an, so müssen wir in der oben angegebenen DATA DIVISION die Vereinbarung von POS in der Zeile (a) streichen und die ursprüngliche Deklaration von BEZIRKE-TAB durch eine Änderung in der Zeile (b) wie folgt ersetzen:

```
 01 BEZIRKE-TAB   REDEFINES BEZIRKE-TAB-WERTE.
     02 BEZIRKE   OCCURS 26 TIMES   INDEXED BY POS.
         03 BEZIRKS-KENN-TAB   PICTURE 99.
         03 BEZIRKS-NAME-TAB   PICTURE X(25).
```

9.5 Lineares Tabellen-Durchsuchen mit der SEARCH-Anweisung

Daraufhin können wir die Prozedur TABELLE-DURCHSUCHEN in der folgender Weise angeben:

```
TABELLE-DURCHSUCHEN.
    SET POS TO 1 <————————————————— geaendert!
    MOVE ZERO TO TREFFER-FELD
    PERFORM WITH TEST AFTER UNTIL TREFFER OR KEINE-UEBEREINSTIMMUNG
        IF BEZIRKS-KENN-TAB (POS) = BEZIRKS-KENN
            THEN MOVE SPACES TO LISTE-SATZ
                 MOVE BEZIRKS-NAME-TAB (POS) TO BEZIRKS-NAME
                 MOVE NACHNAME TO VERTRETER-NAME
                 WRITE LISTE-SATZ BEFORE ADVANCING 1 LINE
                 SET TREFFER TO TRUE
            ELSE
               IF POS = 26
                   THEN SET KEINE-UEBEREINSTIMMUNG TO TRUE
                        DISPLAY "KEINE UEBEREINSTIMMUNG BEI KENNZAHL:"
                                BEZIRKS-KENN
                   ELSE SET POS UP BY 1 <——— geaendert!
               END-IF
        END-IF
    END-PERFORM.
```

9.5 Lineares Tabellen-Durchsuchen mit der SEARCH-Anweisung

Der Algorithmus TABELLE-DURCHSUCHEN wurde im Programm LISTE-DER-NAMEN-UND-BEZIRKE durch eine Programmschleife angegeben, in der verschachtelte IF-Anweisungen enthalten sind.

Im folgenden stellen wir eine *kompaktere* und *übersichtlichere* Darstellung in Form der SEARCH-Anweisung vor, die gleichzeitig zu einer effizienteren Kode-Generierung durch den Kompilierer führt. Ist POS ein Index-Name der Tabelle BEZIRKE, so läßt sich der Algorithmus TABELLE-DURCHSUCHEN durch die folgende Prozedur umsetzen:

```
TABELLE-DURCHSUCHEN.
    SET POS TO 1
    SEARCH BEZIRKE VARYING POS
        AT END SET KEINE-UEBEREINSTIMMUNG TO TRUE
            DISPLAY "KEINE UEBEREINSTIMMUNG BEI KENNZAHL:"
                    BEZIRKS-KENN
        WHEN BEZIRKS-KENN-TAB (POS) = BEZIRKS-KENN
            MOVE SPACES TO LISTE-SATZ
            MOVE BEZIRKS-NAME-TAB (POS) TO BEZIRKS-NAME
            MOVE NACHNAME TO VERTRETER-NAME
            WRITE LISTE-SATZ BEFORE ADVANCING 1 LINE
    END-SEARCH.
```

Durch die Ausführung der SEARCH-Anweisung (genaue Beschreibung siehe unten) wird die Tabelle BEZIRKE – durch die Variation von POS – linear durchsucht. Ist die Bedingung

```
BEZIRKS-KENN-TAB (POS) = BEZIRKS-KENN
```

für ein Tabellenelement BEZIRKS-KENN-TAB (POS) erfüllt, so werden die hinter der Bedingung angegebenen Anweisungen ausgeführt. Da in diesem Fall die durch die SEARCH-Anweisung beschriebene Suche beendet ist, braucht – im Gegensatz zur früheren Programmierung – eine Übereinstimmung nicht gesondert abgeprüft zu werden.

Wird bei dem Suchprozeß innerhalb der Tabelle insgesamt keine Übereinstimmung festgestellt, so werden die Anweisungen der AT END-Klausel ausgeführt.

Mit der angegebenen Prozedur TABELLE-DURCHSUCHEN können wir die PROCEDURE DIVISION des Programms LISTE-DER-NAMEN-UND-BEZIRKE folgendermaßen umsetzen:

```
PROCEDURE DIVISION.
RAHMEN.
    OPEN INPUT VERTRETER-DATEI OUTPUT LISTE
    READ VERTRETER-DATEI
        AT END SET DATEI-ENDE TO TRUE
    END-READ
    PERFORM UNTIL DATEI-ENDE OR KEINE-UEBEREINSTIMMUNG
        PERFORM TABELLE-DURCHSUCHEN
        READ VERTRETER-DATEI
            AT END SET DATEI-ENDE TO TRUE
        END-READ
    END-PERFORM
    CLOSE VERTRETER-DATEI LISTE
    STOP RUN.
```

9.5 Lineares Tabellen-Durchsuchen mit der SEARCH-Anweisung

```
TABELLE-DURCHSUCHEN.
    SET POS TO 1
    SEARCH BEZIRKE VARYING POS
        AT END SET KEINE-UEBEREINSTIMMUNG TO TRUE
                DISPLAY "KEINE UEBEREINSTIMMUNG BEI KENNZAHL:"
                        BEZIRKS-KENN
        WHEN BEZIRKS-KENN-TAB (POS) = BEZIRKS-KENN
            MOVE SPACES TO LISTE-SATZ
            MOVE BEZIRKS-NAME-TAB (POS) TO BEZIRKS-NAME
            MOVE NACHNAME TO VERTRETER-NAME
            WRITE LISTE-SATZ BEFORE ADVANCING 1 LINE
    END-SEARCH.
```

Mit der SEARCH-Anweisung können beliebige Tabellen *linear* durchsucht werden. Als *Suchindex* fungiert dabei immer ein Index-Name, der mit der zu durchsuchenden Tabelle definiert sein muß. Wir haben bereits im Abschnitt 9.3 darauf hingewiesen, daß bei einer mit der OCCURS DEPENDING ON-Klausel deklarierten Tabelle der aktuelle Inhalt des in dieser Klausel angegebenen Datenfeldes *automatisch* von der SEARCH-Anweisung zur Feststellung des Tabellenendes ausgewertet wird.

Wir betrachten das folgende Anwendungsbeispiel:

In das numerische Feld ANZAHL-UEBERZIEHUNGEN soll die Anzahl der Vertreter eingespeichert werden, die ihr Konto um mehr als 1000.00 DM überzogen haben. Dazu gehen wir von folgender geänderter Definition der Tabelle NAME-KONTOSTAND aus:

```
01  NAME-KONTOSTAND-TAB.
    02  NAME-KONTOSTAND    OCCURS 150 TO 300 TIMES
                           DEPENDING ON VERTRETER-ZAHL
                           INDEXED BY POS.
        03  NAME-TAB         PICTURE X(20).
        03  KONTOSTAND-TAB   PICTURE S9(5)V99.
```

Ferner sei in der WORKING-STORAGE SECTION vereinbart:

```
77  ANZAHL-UEBERZIEHUNGEN   PICTURE 999.
77  VERTRETER-ZAHL          PICTURE 999.
77  TABELLEN-ENDE-FELD      PICTURE 9 VALUE ZERO.
    88  TABELLEN-ENDE       VALUE 1.
```

Die Tabelle NAME-KONTOSTAND sei bereits mit Werten gefüllt, und das Feld VERTRETER-ZAHL enthalte die Anzahl der Vertreter, d.h. die logische Tabellenlänge. Das numerische Datenfeld TABELLEN-ENDE-FELD verwenden wir als Indikator für das Tabellenende, das innerhalb der SEARCH-Anweisung automatisch über den Inhalt des Datenfeldes VERTRETER-ZAHL verwaltet wird. Ist also das letzte Tabellenelement von NAME-KONTOSTAND erfolglos untersucht worden, so wird TABELLEN-ENDE-FELD der Wert 1 zugewiesen. Somit können wir die Lösung des Problems durch den folgenden Programmausschnitt wiedergeben:

```
      :
      MOVE ZERO TO ANZAHL-UEBERZIEHUNGEN
      SET POS TO 1
      PERFORM UNTIL TABELLEN-ENDE
         SEARCH NAME-KONTOSTAND VARYING POS
                AT END SET TABELLEN-ENDE TO TRUE
                WHEN KONTOSTAND-TAB (POS) < -1000.00
                     ADD 1 TO ANZAHL-UEBERZIEHUNGEN
                     SET POS UP BY 1
         END-SEARCH
      END-PERFORM
      :
```

Bevor wir eine weitere Möglichkeit der Umsetzung des Algorithmus TABELLE-DURCHSUCHEN kennenlernen, beschreiben wir zunächst die Syntax und Semantik der *SEARCH-Anweisung*:

Syntax der SEARCH-Anweisung (noch unvollständig!)

```
SEARCH bezeichner-1 VARYING index-name
     [ AT END unb-anw-1 [ unb-anw-2 ]... ]
       WHEN bedingung-1
         { unb-anw-3 [ unb-anw-4 ]... | NEXT SENTENCE }
     [ WHEN bedingung-2
         { unb-anw-5 [ unb-anw-6 ]... | NEXT SENTENCE } ]...
[ END-SEARCH ]
```

Ohne Angabe des Stopwortes "END-SEARCH" zählt SEARCH zu den bedingten Anweisungen. Um die SEARCH-Anweisung als unbedingte Anweisung einzusetzen, muß das Stopwort *"END-SEARCH"* (hinter der letzten WHEN-Klausel) eingetragen werden.

Beim Einsatz der SEARCH-Anweisung sind die folgenden Regeln zu beachten:

- der Name "bezeichner-1" adressiert die zu durchsuchende Tabelle, bei deren Definition mindestens ein Index-Name vereinbart sein muß,

- der hinter VARYING aufgeführte Index-Name fungiert als Suchindex und muß in einer INDEXED-Klausel definiert sein,

- der beim Aufruf der SEARCH-Anweisung aktuelle Wert des Suchindexes legt den *Ausgangspunkt* des Suchprozesses fest (diesem Feld muß also z.B. durch eine SET-Anweisung *vorher* explizit ein Wert zugewiesen sein!),

- die unbedingten Anweisungen der AT END-Klausel werden immer dann ausgeführt, wenn das Ende der Tabelle erreicht ist; diese Anweisungen werden auch dann bearbeitet, wenn der aktuelle Wert des Suchindexes beim Aufruf

9.5 Lineares Tabellen-Durchsuchen mit der SEARCH-Anweisung

von SEARCH größer als der durch die Tabellenvereinbarung zulässige Wert ist; beim Erreichen des Tabellenendes wird das Programm anschließend direkt hinter der SEARCH-Anweisung fortgesetzt,

- ist die Tabelle mit der OCCURS DEPENDING ON-Klausel vereinbart, so wird der aktuelle Inhalt des in dieser Klausel angegebenen numerischen Datenfeldes *automatisch* zur Feststellung des Tabellenendes ausgewertet,

- ohne Angabe der AT END-Klausel wird beim Erreichen des Tabellenendes stets hinter der SEARCH-Anweisung fortgefahren,

- nach jedem Suchschritt wird der Suchindex erhöht, so daß er auf das nächste Element der Tabelle "bezeichner-1" zeigt, und

- die in den *WHEN-Klauseln* angegebenen Bedingungen "bedingung-1", "bedingung-2",... werden in der Reihenfolge ihrer Angabe bei jedem Suchschritt überprüft; mit der Erfüllung einer Bedingung ist der *Suchprozeß beendet*; dann werden die hinter dieser Bedingung angegebenen Anweisungen ausgeführt oder es wird im Fall der Angabe von NEXT SENTENCE mit der hinter SEARCH folgenden Anweisung fortgefahren; nach der Ausführung der unbedingten Anweisungen in der WHEN-Klausel wird das Programm ebenfalls hinter der SEARCH-Anweisung fortgesetzt.

Der in der VARYING-Klausel aufgeführte Index-Name braucht nicht unbedingt als Index-Name in der zu durchsuchenden Tabelle "bezeichner-1" definiert zu sein. Ist dieser Index-Name bei der Vereinbarung einer anderen Tabelle (die nicht durchsucht werden soll) festgelegt worden, so nimmt bei der Ausführung der SEARCH-Anweisung der *erste* (bzw. einzige) in der zur Tabelle "bezeichner-1" gehörenden INDEXED-Klausel definierte Index-Name den Suchindex auf. Diesem Index-Namen muß *vor* Aufruf der SEARCH-Anweisung ein Anfangswert zugewiesen sein. Der in der VARYING-Klausel angegebene Index-Name wird – ausgehend von einem Startwert – bei jedem Suchschritt erhöht, so daß er auf das nächste Element der Tabelle zeigt, mit der er verknüpft ist (vgl. nachfolgendes Beispiel).

Von der geschilderten Möglichkeit wollen wir Gebrauch machen, indem wir zur Lösung der Aufgabe LISTE-DER-NAMEN-UND-BEZIRKE den Suchprozeß in einer Tabelle durchführen, die nur die Bezirkskennzahlen als Suchbegriffe enthält. Bei erfolgreicher Suche greifen wir mit dem in der VARYING-Klausel angegebenen Index-Namen unmittelbar auf das korrespondierende Tabellenelement der Tabelle zu, in der die Bezirksnamen abgespeichert sind. Ersetzen wir die ursprüngliche Tabellendefinition im Programm LISTE-DER-NAMEN-UND-BEZIRKE durch die Vereinbarung

```
01  BEZIRKE-TAB-1-WERTE   PICTURE X(52)
    VALUE "0412131415161718192021222333344466737475768492939495".
01  BEZIRKE-TAB-1 REDEFINES BEZIRKE-TAB-1-WERTE.
    02 BEZIRKS-KENN-TAB PICTURE 99 OCCURS 26 TIMES
                            INDEXED BY POS1.
01  BEZIRKE-TAB-2-WERTE.
    02 FILLER   PICTURE X(25)   VALUE "BOCHUM".
    02 FILLER   PICTURE X(25)   VALUE "KOELN".
       :
    02 FILLER   PICTURE X(25)   VALUE "MAGDEBURG".
01  BEZIRKE-TAB-2  REDEFINES BEZIRKE-TAB-2-WERTE.
    02 BEZIRKS-NAME-TAB  PICTURE X(25)  OCCURS 26 TIMES
                            INDEXED BY POS2.
```

so können wir den Suchprozeß in der Tabelle BEZIRKS-KENN-TAB ablaufen lassen und dazu den Algorithmus TABELLE-DURCHSUCHEN in der folgenden Form umsetzen:

```
TABELLE-DURCHSUCHEN.
    SET POS1 POS2 TO 1
    SEARCH BEZIRKS-KENN-TAB VARYING POS2
       AT END SET KEINE-UEBEREINSTIMMUNG TO TRUE
              DISPLAY "KEINE UEBEREINSTIMMUNG BEI KENNZAHL:"
                      BEZIRKS-KENN
       WHEN BEZIRKS-KENN-TAB (POS1) = BEZIRKS-KENN
           MOVE SPACES TO LISTE-SATZ
           MOVE BEZIRKS-NAME-TAB (POS2) TO BEZIRKS-NAME
           MOVE NACHNAME TO VERTRETER-NAME
           WRITE LISTE-SATZ BEFORE ADVANCING 1 LINE
    END-SEARCH.
```

Es ist zulässig, die SEARCH-Anweisung auch *ohne* VARYING-Klausel anzugeben. In diesem Fall wird der *erste* (bzw. einzige) für die zu durchsuchende Tabelle definierte Index-Name als Suchindex benutzt. Diesem Index-Namen muß *vor* Aufruf der SEARCH-Anweisung ein Anfangswert zugewiesen sein.

Ohne Angabe der VARYING-Klausel können wir den zuletzt angegebenen Algorithmus TABELLE-DURCHSUCHEN daher auch so formulieren:

9.6 Logarithmisches Durchsuchen einer Tabelle (SEARCH ALL)

```
TABELLE-DURCHSUCHEN.
    SET POS1 TO 1
    SEARCH BEZIRKS-KENN-TAB
        AT END SET KEINE-UEBEREINSTIMMUNG TO TRUE
                DISPLAY "KEINE UEBEREINSTIMMUNG BEI KENNZAHL:"
                        BEZIRKS-KENN
        WHEN BEZIRKS-KENN-TAB (POS1) = BEZIRKS-KENN
             SET POS2 TO POS1
             MOVE SPACES TO LISTE-SATZ
             MOVE BEZIRKS-NAME-TAB (POS2) TO BEZIRKS-NAME
             MOVE NACHNAME TO VERTRETER-NAME
             WRITE LISTE-SATZ BEFORE ADVANCING 1 LINE
    END-SEARCH.
```

Wir merken abschließend an, daß in der VARYING-Klausel der SEARCH-Anweisung anstelle eines Index-Namens auch ein Index-Datenfeld, das mit der USAGE INDEX-Klausel vereinbart ist, oder auch ein numerisches Datenfeld in der Form

> **VARYING** bezeichner

angegeben werden darf. In diesen Fällen fungiert der *erste* (bzw. einzige) innerhalb der zu durchsuchenden Tabelle "bezeichner-1" deklarierte Index-Name als Suchindex.

Bezeichnet der Name "bezeichner" ein *Index-Datenfeld*, so wird der Inhalt dieses Feldes bei jedem Suchschritt stets um denselben Wert erhöht, der zum Suchindex addiert wird. Adressiert der Name "bezeichner" dagegen ein *numerisches Datenfeld*, so wird der Inhalt dieses Feldes bei jedem Suchschritt um den Wert 1 erhöht.

Abschließend geben wir die allgemeine Form der SEARCH-Anweisung in der folgenden zusammenfassenden Darstellung an:

Syntax der SEARCH-Anweisung (Format-1)

```
SEARCH bezeichner-1
    [ VARYING { bezeichner-2 | index-name } ]
    [ AT END unb-anw-1 [ unb-anw-2 ]... ]
    WHEN bedingung-1
       { unb-anw-3 [ unb-anw-4 ]... | NEXT SENTENCE }
    [ WHEN bedingung-2
       { unb-anw-5 [ unb-anw-6 ]... | NEXT SENTENCE } ]...
[ END-SEARCH ]
```

9.6 Logarithmisches Durchsuchen einer Tabelle (SEARCH ALL)

Beim linearen Durchsuchen einer Tabelle ist es unerheblich, ob zwischen den Inhalten der untersuchten Datenfelder irgendwelche Ordnungsbeziehungen existieren. Der Suchindex wird, ausgehend von einem Startwert, jeweils um eine Position erhöht. Wenn jedoch die Anzahl der Tabellenelemente besonders groß ist oder im Abfrage-Algorithmus alle zu identifizierenden Werte ungefähr gleich häufig vorkommen, kann es sinnvoll sein, die Tabelle nicht linear, sondern *logarithmisch* (binär) zu durchsuchen.

Der logarithmische Suchalgorithmus

Für die Durchführung der logarithmischen Suche muß eine *aufsteigende* (ascending) oder *absteigende* (descending) Sortierfolge-Ordnung[7] der Datenfeld-Inhalte vorausgesetzt werden. Das logarithmische Tabellen-Durchsuchen läuft nach der *Halbierungs-Methode* ab. Bei jedem Schritt wird der noch zu durchsuchende Tabellenbereich in zwei Hälften eingeteilt, und es wird geprüft, in welcher Hälfte der gesuchte Wert auf Grund der Sortierung liegen muß.
Beim logarithmischen Durchsuchen der aufsteigend geordneten Tabelle BEZIRKS-KENN-TAB wird demnach folgendermaßen vorgegangen:
Zunächst wird die Tabelle mit den Werten

04, 12, 13, 14, 15, 16, 17, 18, 19, 20, 21, 22, 23,
33, 34, 44, 66, 73, 74, 75, 76, 84, 92, 93, 94, 95

in die beiden Hälften 04 - 23 und 33 - 95 eingeteilt[8], d.h. die erste Hälfte besteht aus den ersten 13 Feldern, welche die Werte von 04 bis einschließlich 23 enthalten, und die zweite Hälfte enthält die restlichen 13 Felder mit den Werten von 33 bis einschließlich 95. Durch den Vergleich mit dem Inhalt des Feldes zu Beginn der zweiten Tabellenhälfte kann wegen der aufsteigenden Ordnung festgestellt werden, ob der gesuchte Wert in der ersten oder in der zweiten Hälfte liegt. Ist der gesuchte Wert z.B. in der zweiten Tabellenhälfte enthalten, so beschreibt das folgende Struktogramm den restlichen Teil des Suchalgorithmus:

---

[7] Für den Vergleich alphanumerischer Datenfeldinhalte wird die durch den Intern-Kode der jeweiligen Anlage implizierte Sortierfolge-Ordnung zugrunde gelegt bzw. die Ordnung, die durch einen Alphabetnamen (siehe Abschnitt 7.2) festgelegt wurde. Da die Ordnung der in einer DVA darstellbaren Zeichen von DVA zu DVA variieren kann (siehe Anhang A.4), muß sich jeder Anwender der logarithmischen Suche über die vorliegende Sortierfolge-Ordnung seiner DVA informieren.
[8] Bei einer ungeraden Anzahl von Tabellenwerten wird der mittlere Wert *stets* entweder der ersten oder der zweiten Hälfte zugerechnet.

9.6 Logarithmisches Durchsuchen einer Tabelle (SEARCH ALL)

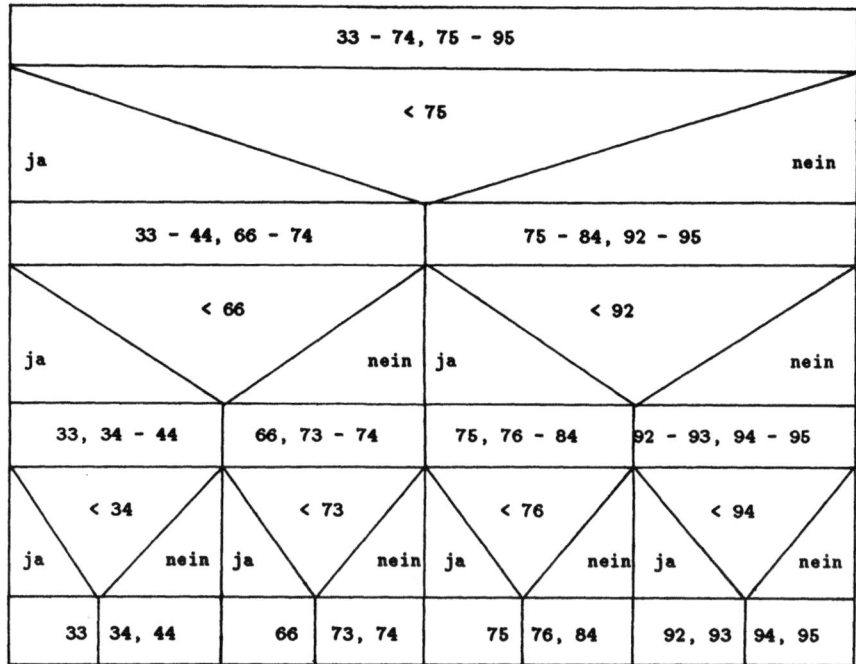

Spätestens nach dem 5. Schritt ist das gesuchte Datenfeld und damit die entsprechende Tabellenposition identifiziert.

Enthält z.B. das Feld BEZIRKS-KENN die Werte 33, 66 oder 75, so werden nur 4 Suchschritte benötigt. Für den Wert 95 brauchen wir beim linearen Suchen 26 und beim logarithmischen Suchen nur 5 Schritte. Dagegen werden die Werte 04, 12 bzw. 13 beim logarithmischen Suchen erst nach dem 5. bzw. 4. Schritt identifiziert, während sie (in der angegebenen Reihenfolge) beim linearen Durchsuchen schon beim 1., 2. bzw. 3. Suchschritt erkannt werden.

Allgemein läßt sich feststellen, daß beim Suchen mehrerer Werte die logarithmische Suche *durchschnittlich* weitaus effektiver als die lineare Suche ist, da beim logarithmischen Suchalgorithmus nur *maximal* "n" Suchschritte bei einer Tabelle mit "$2^n - 1$" Elementen gebraucht werden.

KEY-Klausel

Zum logarithmischen Durchsuchen einer Tabelle müssen bei der Tabellenvereinbarung – zwischen OCCURS- und INDEXED-Klausel – zusätzlich eine oder mehrere *KEY-Klauseln* in der Form

```
{ ASCENDING | DESCENDING } KEY IS bezeichner-1 [ bezeichner-2 ]...
```

aufgeführt werden, so daß eine Tabellendefinition generell durch das folgende Schema beschrieben wird:

```
OCCURS { ganzzahl-1 TO ganzzahl-2 TIMES
         DEPENDING ON bezeichner-1 | ganzzahl-3 TIMES }
    [ { ASCENDING | DESCENDING }
          KEY IS bezeichner-2 [ bezeichner-3 ]... ]...
    [ INDEXED BY index-name-1 [ index-name-2 ]... ]
```

Dabei bezeichnen die hinter dem COBOL-Wort KEY angegebenen Datenfelder diejenigen Felder in der Tabelle, welche die *Suchbegriffe* (key) enthalten.

Hinter dem Wort *ASCENDING* werden stets die Bezeichner angegeben, bei denen die Inhalte *aufsteigend* sortiert vorliegen, und mit *DESCENDING* werden die Felder festgelegt, deren Inhalte *absteigend* sortiert sind.

Bei mehreren Bezeichnern wird durch die Reihenfolge, in der die Bezeichner angegeben sind, eine *Ordnungshierarchie* zwischen den einzelnen Suchbegriffen impliziert. Dabei legt das zuerst angegebene Datenfeld den obersten Suchbegriff und die anschließend aufgeführten Felder in absteigender Folge die nächstfolgenden untergeordneten Ordnungsbegriffe fest.

Bei der Angabe der Bezeichner innerhalb der KEY-Klauseln muß die folgende Regel beachtet werden:

Entweder ist der Tabellenname, der zusammen mit der OCCURS-Klausel vereinbart ist, als einziger Bezeichner angegeben oder alle aufgeführten Datenfelder sind

- in der Tabelle als *untergeordnete* Datenfelder enthalten,

- selbst *nicht* als Tabelle definiert, und

- auch *keiner anderen* Tabelle untergeordnet.

Sind z.B. die Sätze von VERTRETER-DATEI nach aufsteigend sortierten Nachnamen, relativ dazu nach absteigend sortierten Vornamen und wiederum relativ dazu nach aufsteigend sortierten Kennzahlen geordnet worden[9], so können wir alle Vertreterdaten in eine einstufige Tabelle mit folgendem Inhalt eintragen:

---

[9] Dieses Beispiel ist natürlich sehr konstruiert. Es soll allein dazu dienen, die Wirksamkeit der KEY-Klausel zu demonstrieren.

9.6 Logarithmisches Durchsuchen einer Tabelle (SEARCH ALL)

Kennzahl	Nachname	Vorname	Kontostand
8444	BERGER	MANFRED	+1200.30
:	:	:	:
2344	MEYER	FRIEDRICH	−1000.00
0418	MEYER	EGON	+64.60
8413	MEYER	EGON	+380.00
:	:	:	:
1933	ZEISEL	FRANZ	−5.00

Zur Bestimmung der Kontostände ausgewählter Vertreter können wir z.B. die einstufige Tabelle VERTRETER durch

```
01  VERTRETER-TAB.
    02  VERTRETER   OCCURS 800 TO 1200 TIMES
        DEPENDING ON VERTRETER-ZAHL
                ASCENDING KEY IS NACHNAME-TAB
                DESCENDING KEY IS VORNAME-TAB
                ASCENDING KEY IS KENNZAHL-TAB
                INDEXED BY SUCHINDEX.
        03  KENNZAHL-TAB   PICTURE 9(4).
        03  NACHNAME-TAB   PICTURE X(20).
        03  VORNAME-TAB    PICTURE X(20).
        03  KONTOSTAND-TAB PICTURE S9(5)V99.
```

deklarieren und die entsprechende Suchbedingung folgendermaßen formulieren:

```
        NACHNAME-TAB (SUCHINDEX) = nachname
    AND VORNAME-TAB  (SUCHINDEX) = vorname
    AND KENNZAHL-TAB (SUCHINDEX) = kennzahl
```

Den zugehörigen Suchalgorithmus können wir z.B. für den Vertreter Egon Meyer mit der Kennzahl 8413 durch die folgende SEARCH-Anweisung – mit der Klausel ALL für das logarithmische Tabellen-Durchsuchen – angeben:[10]

---

[10] Natürlich ist durch die Vertreterkennzahl der zugehörige Vertreter Egon Meyer eindeutig charakterisiert. Jedoch ist der angegebene Suchalgorithmus insofern sinnvoll, weil Erfassungsfehler in den Sätzen der Vertreterdaten nicht unwahrscheinlich sind und damit das Erfassen einer falschen Kennzahl nicht ausgeschlossen werden kann. In jedem Fall hätte aber der Tabellenbereich mit den Kennzahlen nicht logarithmisch, sondern nur linear durchsucht werden können, weil die Kennzahlen weder aufsteigend noch absteigend geordnet sind.

```
    SEARCH ALL VERTRETER
        AT END   PERFORM FEHLER-ROUTINE
        WHEN NACHNAME-TAB (SUCHINDEX) = "MEYER"
            AND VORNAME-TAB (SUCHINDEX) = "EGON"
            AND KENNZAHL-TAB (SUCHINDEX) = 8413
                MOVE KONTOSTAND-TAB (SUCHINDEX) TO KONTOSTAND-ED
    END-SEARCH
```

Allgemein muß für das logarithmische Tabellen-Durchsuchen die folgende spezielle Form der uns vom linearen Suchalgorithmus her bekannten SEARCH-Anweisung angegeben werden:

Syntax der SEARCH-Anweisung (Format-2)

```
  SEARCH ALL bezeichner
         [ AT END unb-anw-1 [ unb-anw-2 ]... ]
         WHEN bedingung
             { unb-anw-3 [ unb-anw-4 ]... | NEXT SENTENCE }
[ END-SEARCH ]
```

Genau wie bei der SEARCH-Anweisung ohne die ALL-Klausel darf diese SEARCH-Anweisung ebenfalls mit dem Stopwort *END-SEARCH* beendet werden, so daß sie in dieser Form als *unbedingte* Anweisung eingesetzt werden kann.

Der Name "bezeichner" adressiert die Tabelle, die logarithmisch durchsucht werden soll. Diese Tabelle muß mit einer INDEXED-Klausel vereinbart sein und der *erste* (bzw. einzige) in dieser Klausel definierte Index-Name fungiert als *Suchindex*. Da alle Wertzuweisungen an diesen Suchindex automatisch vorgenommen werden, braucht diesem Feld beim logarithmischen Suchen *kein* Anfangswert zugewiesen zu werden. Demzufolge kann auch immer nur die gesamte Tabelle durchsucht werden. Ist die Tabelle mit einer OCCURS DEPENDING ON-Klausel vereinbart, so wird der aktuelle Inhalt des in dieser Klausel angegebenen Datenfeldes *automatisch* ausgewertet, um das (logische) Tabellenende zu bestimmen.

In der *WHEN-Klausel* ist immer eine einfache oder eine zusammengesetzte Bedingung in der folgenden Form anzugeben:

```
gleichheitsrelation-1 [ AND gleichheitsrelation-2 ]...
```

9.6 Logarithmisches Durchsuchen einer Tabelle (SEARCH ALL)

In diesen Gleichheitsrelationen müssen die Datenfelder – indiziert mit dem Suchindex – in der Reihenfolge auftreten, in der sie in den KEY-Klauseln bei der Tabellenvereinbarung angegeben sind. Neben den zu prüfenden Datenfeldern müssen ferner alle diejenigen Datenfelder in die Bedingung einbezogen werden, die in einer KEY-Klausel vor einem zu prüfenden Datenfeld aufgeführt sind.

Vor einem Gleichheitszeichen *muß* immer ein Bezeichner angegeben sein, der in einer KEY-Klausel aufgeführt ist. Dagegen darf hinter einem Gleichheitszeichen *niemals* ein Bezeichner eingetragen sein, der in einer KEY-Klausel angegeben ist.

Bei *erfolgreicher Suche* wird die identifizierte Tabellenposition in den Suchindex gespeichert und die Ausführung der SEARCH-Anweisung mit der Bearbeitung der hinter der Bedingung aufgeführten unbedingten Anweisungen abgeschlossen.

Bei *erfolgloser Suche* werden – falls eine AT END-Klausel angegeben ist – die in der AT END-Klausel enthaltenen unbedingten Anweisungen ausgeführt.

Da in dem im Abschnitt 9.4 entwickelten Programm LISTE-DER-NAMEN-UND-BEZIRKE die Bezirkskennzahlen in aufsteigender Folge in den Datenfeldern BEZIRKS-KENN-TAB eingetragen sind, können wir den Algorithmus TABELLE-DURCHSUCHEN als logarithmische Suche in folgender Weise durchführen:

Wir ändern die Programmzeile (b), indem wir die Tabelle BEZIRKE wie folgt vereinbaren:

```
01  BEZIRKE-TAB   REDEFINES BEZIRKE-TAB-WERTE.
    02  BEZIRKE   OCCURS 26 TIMES
                  ASCENDING KEY IS BEZIRKS-KENN-TAB
                  INDEXED BY POS.
        03  BEZIRKS-KENN-TAB   PICTURE 99.
        03  BEZIRKS-NAME-TAB   PICTURE X(25).
```

Ferner löschen wir die Zeile (a) mit dem Inhalt

```
77  POS   PICTURE 99.
```

und formen den Algorithmus TABELLE-DURCHSUCHEN durch die folgende Prozedur um:

```
TABELLE-DURCHSUCHEN.
    SEARCH ALL BEZIRKE
        AT END SET KEINE-UEBEREINSTIMMUNG TO TRUE
               DISPLAY "KEINE UEBEREINSTIMMUNG BEI KENNZAHL:"
                   BEZIRKS-KENN
        WHEN BEZIRKS-KENN-TAB (POS) = BEZIRKS-KENN
            MOVE SPACES TO LISTE-SATZ
            MOVE BEZIRKS-NAME-TAB (POS) TO BEZIRKS-NAME
            MOVE NACHNAME TO VERTRETER-NAME
            WRITE LISTE-SATZ BEFORE ADVANCING 1 LINE
    END-SEARCH.
```

9.7 Mehrstufige Tabellen

In den vorangegangenen Abschnitten haben wir uns ausführlich mit der Behandlung von einstufigen Tabellen befaßt. Als Erweiterung wollen wir nun die Vereinbarung von mehrstufigen Tabellen kennenlernen.

Definition mehrstufiger Tabellen

Einem mit der OCCURS-Klausel beschriebenen Datenfeld können Datenfelder untergeordnet werden, deren Datenfeld-Beschreibungen wiederum OCCURS-Klauseln enthalten. Dabei dürfen *bis zu sieben* jeweils einander untergeordnete OCCURS-Klauseln auftreten.
Handelt es sich bei den Elementen einer Tabelle wieder um Tabellen, so dürfen diese Tabellen nur mit einer OCCURS-Klausel, nicht aber mit einer OCCURS DEPENDING ON-Klausel vereinbart sein. Daher ist eine DEPENDING ON-Klausel nur im Anschluß an eine OCCURS-Klausel möglich, die eine Tabelle der ersten Stufe definiert.
Soll z.B. in einem Programm vor der Druckausgabe die gesamte Information einer Druckseite (bestehend aus 66 Zeilen) im Arbeitsspeicher zwischengespeichert werden, so kann dies mit Hilfe der folgenden zweistufigen Tabelle erreicht werden:

```
01  DRUCKSEITE.
    02  ZEILE  OCCURS 66 TIMES.
        03  SPALTE  PICTURE X  OCCURS 132 TIMES.
```

Dabei enthält die (äußere) Tabelle ZEILE 66 Tabellenelemente. Jedes dieser Elemente besteht aus einer (inneren) Tabelle namens SPALTE, die aus jeweils 132 Tabellenelementen aufgebaut ist.
Zur flexiblen Verwaltung der Zeilenzahl pro Druckseite ließe sich die OCCURS DEPENDING ON-Klausel z.B. folgendermaßen einsetzen:

```
01  DRUCKSEITE.
    02  ZEILE OCCURS 60 TO 70 TIMES DEPENDING ON SEITEN-LAENGE.
        03  SPALTE PICTURE X OCCURS 132 TIMES.
```

Dabei muß SEITEN-LAENGE ein ganzzahlig numerisches Datenfeld sein.
Genau wie einstufige Tabellen lassen sich auch mehrstufige Tabellen entweder mit der Subskript- oder mit der Index-Methode adressieren. Bei Verwendung der Index-Methode müssen für die entsprechenden Tabellenstufen — im Anschluß an die OCCURS-Klausel — ein oder mehrere Index-Namen mit der INDEXED-Klausel angegeben werden.
Als Anwendungsbeispiel — wir geben der Problemstellung den Namen "HOCHREGAL-LAGER-VERWALTUNG" — für die Bearbeitung mehrstufiger Tabellen wählen wir die Lagerhaltung des Unternehmens, das die von uns schon

9.7 Mehrstufige Tabellen

so oft bemühten Vertreter beschäftigt. Bei dem Lager soll es sich um ein Hochregallager handeln, das aus 4 Regalen mit jeweils 10 Reihen besteht, wobei jede Reihe jeweils 16 Fächer enthält.

Abbildung 9.1: Struktur des Hochregallagers

Die angemessene Datenorganisation zur Beschreibung dieser Lagerhaltung ist die drei-stufige Tabelle. Wir deklarieren dazu auf der ersten Stufe eine Tabelle REGAL mit 4 Elementen, welche die Regale darstellen. Jedes Tabellenelement von REGAL kann als Tabelle auf der zweiten Stufe aufgefaßt werden. Jede dieser Tabellen soll 10 Elemente enthalten und den Namen REIHE tragen. Jedes Tabellenelement von REIHE wiederum deklarieren wir als Tabelle auf der dritten Stufe mit dem Namen FACH und jeweils 16 Tabellenelementen.
Damit können wir das Hochregallager durch den Tabellenbereich HOCHREGAL-LAGER — zunächst noch unvollständig — in folgender Weise beschreiben:

```
01  HOCHREGAL-LAGER.
    02  REGAL   OCCURS 4 TIMES.
        03  REIHE   OCCURS 10 TIMES.
            04  FACH OCCURS 16 TIMES.

                Beschreibung der Datenfelder,
                die FACH untergeordnet sind
```

Bevor wir die Elemente FACH in geeigneter Weise strukturieren und damit diese Tabellendefinition auch syntaktisch einwandfrei gestalten, erklären wir zunächst die Adressierung der einzelnen Tabellenelemente bei einer mehrstufigen Tabelle.

Adressierung von Elementen mehrstufiger Tabellen

Für den Zugriff auf eine mehrstufige Tabelle ist bezüglich jeder Tabellenstufe die Angabe je einer Positionsnummer notwendig.
Bei der Subskript-Methode wird die Positionsnummer durch ein Subskript festgelegt, und bei der Index-Methode muß der Wert des entsprechenden Index-Namens mit der zugehörigen Positionsnummer korrespondieren.
Die Positionsnummern werden gemäß der Reihenfolge der Tabellenstufen — beginnend bei der mit der niedrigsten Stufennummer — hintereinander aufgeführt. Sie werden durch Kommata — mit jeweils mindestens einem nachfolgenden Leerzeichen

— voneinander getrennt (die Trennung darf auch nur mit Leerzeichen vorgenommen werden), durch die Klammern "(" und ")" eingeschlossen und folgen dem Bezeichner[1] des entsprechenden Tabellenelements.

Für die Adressierung mit der Index-Methode muß bei der Tabellendefinition auf jeder Tabellenstufe eine INDEXED-Klausel angegeben werden. Als jeweilige Positionsnummern dürfen anstelle von Index-Namen gegebenenfalls auch ganzzahlige numerische Literale aufgeführt sein.

Genau wie bei der Adressierung von Elementen einer einstufigen Tabelle dürfen auch positive ganze Zahlen zu Index-Namen hinzuaddiert werden. Ferner ist es – im Zusammenhang mit der Index-Methode – auch zulässig, numerische Datenfelder zur Adressierung zu verwenden.

Setzen wir bei der Adressierung mit der Subskript-Methode für die Positionsnummern numerische Literale ein, so können wir die Elemente des Tabellenbereichs HOCHREGAL-LAGER folgendermaßen bezeichnen:

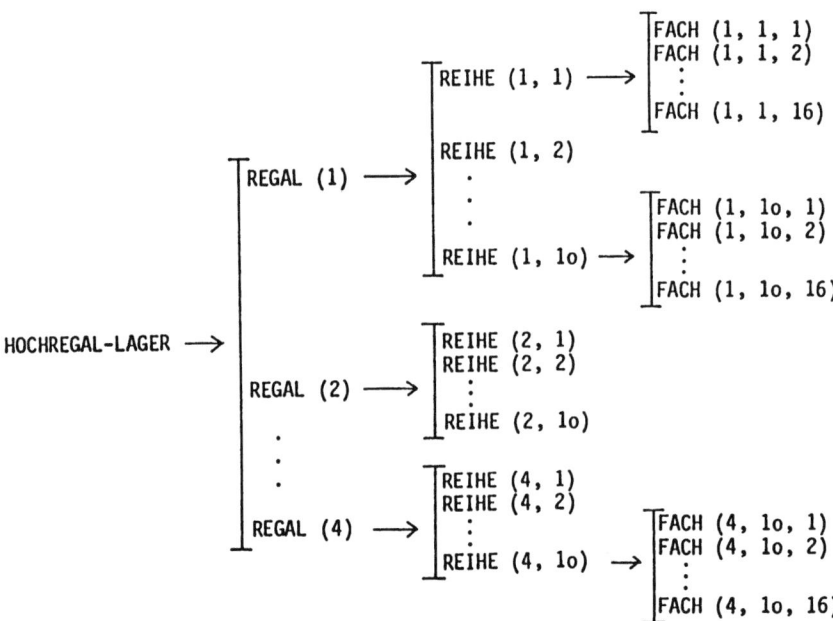

Abbildung 9.2: Tabellenstruktur von HOCHREGAL-LAGER

Somit können wir z.B. durch FACH (3, 4, 10) auf den Inhalt des Faches zugreifen, das im Regal-3 in der dortigen Reihe-4 und dort wiederum als Fach-10 eingetragen ist.

---
[1] Der Bezeichner des Tabellenelements darf auch Qualifizierer enthalten (s. Abschnitt 10.1).

9.7 Mehrstufige Tabellen 217

Die Aufgabe HOCHREGAL-LAGER-VERWALTUNG

Auf Grund von vorliegenden Bestellungen soll auf das Hochregallager zugegriffen werden. Dabei gehen wir davon aus, daß diese Bestellungen in Form einer Eingabe-Datei auf einem magnetischen Datenträger mit folgender Datensatz-Struktur vorliegen:

Zeichenbereich	Inhalt
01 - 04	Vertreterkennzahl
11 - 16	Artikelnummer
21 - 23	Stückzahl

Wir bezeichnen diese Datei mit dem Namen BESTELL-DATEI und definieren die folgende Datei-Beschreibung:

```
    FD  BESTELL-DATEI
        LABEL RECORD STANDARD.
    01  BESTELL-SATZ.
        02  KENNZAHL         PICTURE 9(4).
        02  FILLER           PICTURE X(6).
        02  ARTIKEL-NUMMER   PICTURE 9(6).
        02  FILLER           PICTURE X(4).
        02  STUECKZAHL       PICTURE 999.
        02  FILLER           PICTURE X(57).
```

Im Paragraphen FILE-CONTROL ordnen wir dieser Datei die symbolische Dateikennung "SI" durch

```
    SELECT BESTELL-DATEI  ASSIGN TO SI.
```

zu.

Für jeden Satz von BESTELL-DATEI muß im Hochregallager das Fach identifiziert werden, für das die zugehörige Artikelnummer mit der Artikelnummer aus dem Satz übereinstimmt.
Bei der Abbuchung der bestellten Mengen soll gedruckt werden:

```
AN DEN VERTRETER MIT DER KENNZAHL kennzahl WURDEN
stueck STUECK DES ARTIKELS bezeichnung
              MIT DEM GESAMTPREIS preis DM AUSGELIEFERT.
```

Ist die Anzahl der vorrätigen Exemplare eines Artikels kleiner als die Bestellmenge, so ist der folgende Text auszugeben:

```
VON DEM ARTIKEL MIT DER NUMMER nummer SIND stueck STUECK
          VOM VERTRETER MIT KENNZAHL kennzahl BESTELLT WORDEN.
ES SIND ZUR ZEIT JEDOCH NUR stueck STUECK VORRAETIG.
PREIS FUER DIE AUSGELIEFERTEN ARTIKEL : preis DM
```

Ist kein Exemplar des bestellten Artikels vorrätig, so ist folgendes einzutragen:

```
VON DEM ARTIKEL MIT DER NUMMER nummer SIND stueck STUECK
     VOM VERTRETER MIT KENNZAHL kennzahl BESTELLT WORDEN.
DIESER ARTIKEL IST ZUR ZEIT NICHT VORRAETIG.
```

Kann jedoch auf Grund von Erfassungsfehlern kein Fach des Lagers identifiziert werden, so soll folgende Meldung gedruckt werden:

```
FEHLER : ARTIKEL-NUMMER NICHT VORHANDEN : nummer
```

Wir nennen die Druck-Datei wiederum LISTE, vereinbaren sie durch

```
FD  LISTE
        LABEL RECORD OMITTED.
01  ZEILE PICTURE X(132).
```

und ordnen dem Namen LISTE im Paragraphen FILE-CONTROL die symbolische Dateikennung "LO" durch

```
SELECT LISTE  ASSIGN TO LO.
```

zu.
Den Text für die Ausgabe legen wir durch die folgenden Eintragungen innerhalb der WORKING-STORAGE SECTION fest:

```
01  S-1-ZEILE-1-WS.
    02  FILLER            PICTURE X(34)
                    VALUE "AN DEN VERTRETER MIT DER KENNZAHL ".
    02  KENNZAHL-1-A      PICTURE 9(4).
    02  FILLER            PICTURE X(94) VALUE " WURDEN ".
01  S-1-ZEILE-2-WS.
    02  STUECKZAHL-1-A PICTURE ZZ9.
    02  FILLER            PICTURE X(21)
                    VALUE " STUECK DES ARTIKELS ".
    02  ARTIKEL-BEZEICHNUNG-A PICTURE X(25).
    02  FILLER            PICTURE X(21)
                    VALUE " MIT DEM GESAMTPREIS ".
    02  PREIS-1-A         PICTURE Z(9).99.
    02  FILLER            PICTURE X(50) VALUE "DM AUSGELIEFERT.".
01  S-2-ZEILE-1-WS.
    02  FILLER            PICTURE X(31)
                    VALUE "VON DEM ARTIKEL MIT DER NUMMER ".
    02  ARTIKEL-NR-A      PICTURE 9(6).
    02  FILLER            PICTURE X(6) VALUE " SIND ".
    02  STUECKZAHL-2-A PICTURE ZZ9.
    02  FILLER            PICTURE X(35)
```

9.7 Mehrstufige Tabellen

```
                         VALUE " STUECK VOM VERTRETER MIT KENNZAHL ".
      02  KENNZAHL-2-A    PICTURE 9(4).
      02  FILLER          PICTURE X(47) VALUE " BESTELLT WORDEN.".
  01  S-2-ZEILE-2-WS.
      02  FILLER          PICTURE X(28)
                          VALUE "ES SIND ZUR ZEIT JEDOCH NUR ".
      02  ARTIKEL-ANZAHL-A PICTURE ZZZ9.
      02  FILLER          PICTURE X(100)
                 VALUE " STUECK VORRAETIG.".
  01  S-2-ZEILE-3-WS.
      02  FILLER          PICTURE X(40)
              VALUE "PREIS FUER DIE AUSGELIEFERTEN ARTIKEL : ".
      02  PREIS-2-A       PICTURE Z(9).99.
      02  FILLER          PICTURE X(80)  VALUE "DM".
  01  S-2-ZEILE-4-WS      PICTURE X(132)
              VALUE "DIESER ARTIKEL IST ZUR ZEIT NICHT VORRAETIG.".
  01  S-3-ZEILE-WS.
      02  FILLER          PICTURE X(42)
              VALUE "FEHLER : ARTIKEL-NUMMER NICHT VORHANDEN : ".
      02  ARTIKEL-NUMMER-A PICTURE 9(6).
      02  FILLER          PICTURE X(84) VALUE SPACES.
```

Die zuvor angegebene Beschreibung des Tabellenbereichs HOCHREGAL-LAGER ergänzen wir dadurch, daß wir die folgenden Felder als Datenelemente in die Tabelle FACH aufnehmen:

- Artikelnummer,

- Artikelbezeichnung,

- Artikelbestand und

- Artikelpreis.

Da wir die Tabelle FACH mit der Index-Methode durchsuchen wollen, vereinbaren wir gleichzeitig für jede Tabellenstufe einen geeigneten Index-Namen:

```
  01  HOCHREGAL-LAGER.
      02  REGAL   OCCURS 4 TIMES   INDEXED BY REGAL-I.
          03  REIHE   OCCURS 10 TIMES   INDEXED BY REIHE-I.
              04  FACH   OCCURS 16 TIMES   INDEXED BY FACH-I.
                  05  ARTIKEL-NR          PICTURE 9(6).
                  05  ARTIKEL-BEZEICHNUNG PICTURE X(25).
                  05  ARTIKEL-ANZAHL      PICTURE 9(4).
                  05  ARTIKEL-PREIS       PICTURE 9(5)V99.
```

Durch diese Eintragung in der WORKING-STORAGE SECTION legen wir fest, daß

- die Artikelnummern (abgespeichert in ARTIKEL-NR) aus 6 Ziffern bestehen,
- jede Artikelbezeichnung (abgespeichert in ARTIKEL-BEZEICHNUNG) maximal 25 Zeichen enthält,
- die Anzahl der in einem Fach enthaltenen Artikel (abgespeichert in ARTIKEL-ANZAHL) nicht größer als 9999 ist, und
- jeder Artikel nicht mehr als 99999.99 DM kostet (der Betrag ist in ARTIKEL-PREIS abgespeichert).

Gemäß der Definition des Tabellenbereichs HOCHREGAL-LAGER adressiert dann z.B.

```
ARTIKEL-ANZAHL (3, 7, 9)
```

das Datenfeld, in dem die Anzahl der Exemplare desjenigen Artikels abgelegt ist, der im 3. Regal in der dortigen 7. Reihe und dort wiederum im 9. Fach lagert.

Vorbesetzung des Tabellenbereichs HOCHREGAL-LAGER

Die aktuellen Werte des Tabellenbereichs HOCHREGAL-LAGER sollen in einer Datei namens LAGER-DATEI-ALT auf einem magnetischen Datenträger abgespeichert sein. Als Daten enthalte jeder Satz die 42 Bytes eines Tabellenelements der Tabelle FACH. Dabei soll die Reihenfolge der Sätze in der Datei mit der Reihenfolge der Tabellenelemente von FACH innerhalb des Bereichs HOCHREGAL-LAGER übereinstimmen (dabei ist zu berücksichtigen, daß der letzte Index am schnellsten und der erste am langsamsten läuft):

FACH (1, 1, 1)	1. Satz
⋮	
FACH (1, 1o, 16)	(1o * 16). = 16o. Satz
⋮	
FACH (4, 1o, 16)	(4 * 1o * 16). = 64o. Satz = letzter Satz

Als zugehörige Datei-Beschreibung vereinbaren wir:

```
FD  LAGER-DATEI-ALT
    LABEL RECORD STANDARD.
01  LAGER-ALT-SATZ PICTURE X(42).
```

Im Paragraphen FILE-CONTROL ordnen wir LAGER-DATEI-ALT die symbolische Dateikennung "DI" durch

```
SELECT LAGER-DATEI-ALT  ASSIGN TO DI.
```

9.7 Mehrstufige Tabellen

zu.
Für die Vorbesetzung von HOCHREGAL-LAGER geben wir das folgende Struktogramm an:[2]

VORBESETZUNG-FACH-TAB

eroeffne LAGER-DATEI-ALT zur Eingabe
1 ---> REGAL-I
wiederhole, bis REGAL-I > 4 oder DATEI-ENDE
1 ---> REIHE-I
wiederhole, bis REIHE-I > 10 oder DATEI-ENDE
1 ---> FACH-I
wiederhole, bis FACH-I > 16 oder DATEI-ENDE
lies Satz von LAGER-DATEI-ALT nach FACH (REGAL-I, REIHE-I, FACH-I); falls Dateiende: TRUE ---> DATEI-ENDE
FACH-I + 1 ---> FACH-I
REIHE-I + 1 ---> REIHE-I
REGAL-I + 1 ---> REGAL-I
schliesse LAGER-DATEI-ALT

Sicherung des Tabellenbereichs HOCHREGAL-LAGER

Da die Werte der Datenfelder ARTIKEL-ANZAHL bei der Durchführung der Bestellungen geändert werden, müssen wir zum Abschluß des Programms den aktuellen Datenbestand in einer Datei sichern. Wir erstellen dazu eine Datei namens LAGER-DATEI-NEU auf einem magnetischen Datenträger und speichern die Werte der Tabelle FACH — gemäß dem bei der Datei LAGER-DATEI-ALT angegebenen Schema — als Sätze in dieser Datei ab.
Dazu vereinbaren wir die Datei-Beschreibung

```
    FD  LAGER-DATEI-NEU
        LABEL RECORD STANDARD.
    01  LAGER-NEU-SATZ PICTURE X(42).
```

---

[2] Um die Darstellung des Algorithmus zu vereinfachen, wollen wir den Ausnahmefall — die Datei enthält keine 640 Sätze — nicht erörtern. Trotzdem müssen wir — aus formalen Gründen — eine Dateiende-Behandlung vorsehen.

und ordnen dieser Datei im Paragraphen FILE-CONTROL die symbolische Dateikennung "DO" in der folgenden Form zu:

```
SELECT LAGER-DATEI-NEU   ASSIGN TO DO.
```

In Analogie zum soeben erarbeiteten Algorithmus für die Vorbesetzung geben wir für die Sicherung der Werte von FACH das folgende Struktogramm an:

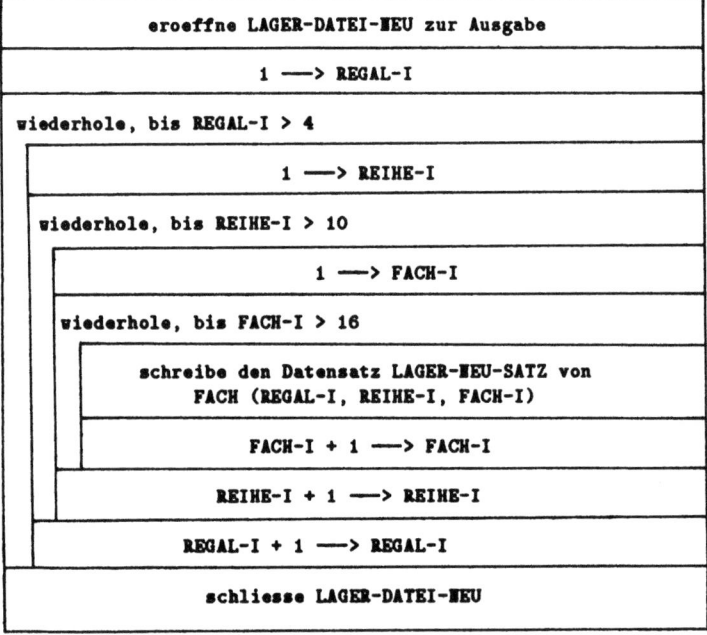

Der Lösungsalgorithmus HOCHREGAL-LAGER-VERWALTUNG

Nachdem wir uns bereits die Teil-Algorithmen für die Vorbesetzung und die Sicherung des Tabellenbereichs HOCHREGAL-LAGER erarbeitet haben, stellen wir nun den gesamten Lösungsalgorithmus durch die folgenden Struktogramme dar:

9.7 Mehrstufige Tabellen

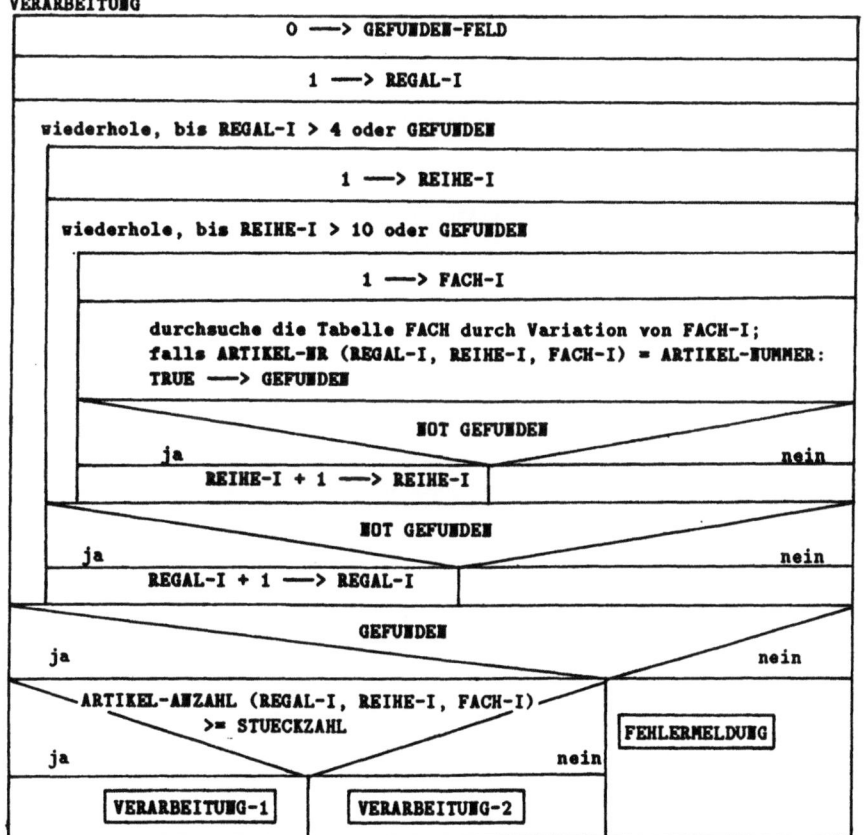

VERARBEITUNG-1

KENNZAHL ---> KENNZAHL-1-A
STUECKZAHL ---> STUECKZAHL-1-A
ARTIKEL-BEZEICHNUNG (REGAL-I, REIHE-I, FACH-I) ---> ARTIKEL-BEZEICHNUNG-A
STUECKZAHL * ARTIKEL-PREIS (REGAL-I, REIHE-I, FACH-I) ---> PREIS-1-A
ARTIKEL-ANZAHL (REGAL-I, REIHE-I, FACH-I) - STUECKZAHL ---> ARTIKEL-ANZAHL (REGAL-I, REIHE-I, FACH-I)
schreibe den Datensatz ZEILE von S-1-ZEILE-1-WS nach einem Vorschub um 3 Zeilen
schreibe den Datensatz ZEILE von S-1-ZEILE-2-WS nach einem Vorschub um 1 Zeile

VERARBEITUNG-2

ARTIKEL-NUMMER ---> ARTIKEL-NR-A
STUECKZAHL ---> STUECKZAHL-2-A
KENNZAHL ---> KENNZAHL-2-A

ARTIKEL-ANZAHL (REGAL-I, REIHE-I, FACH-I) = 0

ja	nein
schreibe den Datensatz ZEILE von S-2-ZEILE-1-WS nach einem Vorschub um 3 Zeilen	ARTIKEL-ANZAHL (REGAL-I, REIHE-I, FACH-I) ---> ARTIKEL-ANZAHL-A
schreibe den Datensatz ZEILE von S-2-ZEILE-4-WS nach einem Vorschub um 1 Zeile	ARTIKEL-ANZAHL (REGAL-I, REIHE-I, FACH-I) * ARTIKEL-PREIS (REGAL-I, REIHE-I, FACH-I) ---> PREIS-2-A
	0 ---> ARTIKEL-ANZAHL (REGAL-I, REIHE-I, FACH-I)
	schreibe den Datensatz ZEILE von S-2-ZEILE-1-WS nach einem Vorschub um 3 Zeilen
	schreibe den Datensatz ZEILE von S-2-ZEILE-2-WS nach einem Vorschub um 1 Zeile
	schreibe den Datensatz ZEILE von S-2-ZEILE-3-WS nach einem Vorschub um 1 Zeile

FEHLERMELDUNG

ARTIKEL-NUMMER ---> ARTIKEL-NUMMER-A
schreibe den Datensatz ZEILE von S-3-ZEILE-WS nach einem Vorschub um 3 Zeilen

9.7 Mehrstufige Tabellen

Aus diesen Struktogrammen entnehmen wir, daß die WORKING-STORAGE SECTION noch um die Definition der Datenfelder DATEI-ENDE-FELD und GEFUNDEN-FELD mit den zugehörigen Bedingungsnamen DATEI-ENDE und GEFUNDEN durch folgende Eintragung ergänzt werden muß:

```
77  DATEI-ENDE-FELD PICTURE 9 VALUE ZERO.
    88  DATEI-ENDE   VALUE 1.
77  GEFUNDEN-FELD PICTURE 9.
    88  GEFUNDEN     VALUE 1.
```

Insgesamt können wir den Lösungsalgorithmus durch das folgende COBOL-Programm beschreiben:

```
IDENTIFICATION DIVISION.
PROGRAM-ID.
    HOCHREGAL-LAGER-VERWALTUNG.
ENVIRONMENT DIVISION.
CONFIGURATION SECTION.
SOURCE-COMPUTER.
    dva-name-1.
OBJECT-COMPUTER.
    dva-name-2.
INPUT-OUTPUT SECTION.
FILE-CONTROL.
    SELECT LAGER-DATEI-ALT    ASSIGN TO DI.
    SELECT LAGER-DATEI-NEU    ASSIGN TO DO.
    SELECT BESTELL-DATEI      ASSIGN TO SI.
    SELECT LISTE              ASSIGN TO LO.
DATA DIVISION.
FILE SECTION.
FD  LAGER-DATEI-ALT
    LABEL RECORD STANDARD.
01  LAGER-ALT-SATZ PICTURE X(42).
FD  LAGER-DATEI-NEU
    LABEL RECORD STANDARD.
01  LAGER-NEU-SATZ PICTURE X(42).
FD  BESTELL-DATEI
    LABEL RECORD STANDARD.
01  BESTELL-SATZ.
    02  KENNZAHL         PICTURE 9(4).
    02  FILLER           PICTURE X(6).
    02  ARTIKEL-NUMMER   PICTURE 9(6).
    02  FILLER           PICTURE X(4).
    02  STUECKZAHL       PICTURE 999.
    02  FILLER           PICTURE X(57).
```

```
    FD  LISTE
        LABEL RECORD OMITTED.
    01  ZEILE  PICTURE X(132).
WORKING-STORAGE SECTION.
    77  DATEI-ENDE-FELD PICTURE 9 VALUE ZERO.
        88  DATEI-ENDE  VALUE 1.
    77  GEFUNDEN-FELD  PICTURE 9.
        88  GEFUNDEN  VALUE 1.
    01  S-1-ZEILE-1-WS.
        :
    01  S-2-ZEILE-4-WS  PICTURE X(132)                         ⎫  siehe
        VALUE "DIESER ARTIKEL IST ZUR ZEIT NICHT VORRAETIG.".  ⎬  oben
        :                                                      ⎪
    01  S-3-ZEILE-WS.                                          ⎭
        :
    01  HOCHREGAL-LAGER.
        02  REGAL OCCURS 4 TIMES   INDEXED BY REGAL-I.
            03  REIHE OCCURS 10 TIMES INDEXED BY REIHE-I.
                04  FACH OCCURS 16 TIMES INDEXED BY FACH-I.
                    05  ARTIKEL-NR            PICTURE 9(6).
                    05  ARTIKEL-BEZEICHNUNG   PICTURE X(25).
                    05  ARTIKEL-ANZAHL        PICTURE 9(4).
                    05  ARTIKEL-PREIS         PICTURE 9(5)V99.
PROCEDURE DIVISION.
RAHMEN.
    PERFORM VORBESETZUNG-FACH-TAB
    OPEN INPUT BESTELL-DATEI OUTPUT LISTE
    READ BESTELL-DATEI
        AT END SET DATEI-ENDE TO TRUE
    END-READ
    PERFORM UNTIL DATEI-ENDE
       PERFORM VERARBEITUNG
       READ BESTELL-DATEI
           AT END SET DATEI-ENDE TO TRUE
       END-READ
    END-PERFORM
    CLOSE BESTELL-DATEI LISTE
    PERFORM SICHERN-FACH-TAB
    STOP RUN.
VORBESETZUNG-FACH-TAB.
    OPEN INPUT LAGER-DATEI-ALT
    SET REGAL-I TO 1
```

9.7 Mehrstufige Tabellen

```
        PERFORM UNTIL REGAL-I > 4 OR DATEI-ENDE
           SET REIHE-I TO 1
           PERFORM UNTIL REIHE-I > 10 OR DATEI-ENDE
              SET FACH-I TO 1
              PERFORM UNTIL FACH-I > 16 OR DATEI-ENDE
                 READ LAGER-DATEI-ALT INTO FACH (REGAL-I, REIHE-I, FACH-I)
                    AT END SET DATEI-ENDE TO TRUE
                 END-READ
                 SET FACH-I UP BY 1
              END-PERFORM
              SET REIHE-I UP BY 1
           END-PERFORM
           SET REGAL-I UP BY 1
        END-PERFORM
        CLOSE LAGER-DATEI-ALT.
     VERARBEITUNG.
        MOVE ZERO TO GEFUNDEN-FELD
        SET REGAL-I TO 1
        PERFORM UNTIL REGAL-I > 4 OR GEFUNDEN
           SET REIHE-I TO 1
           PERFORM UNTIL REIHE-I > 10 OR GEFUNDEN
              SET FACH-I TO 1
              SEARCH FACH VARYING FACH-I
                    WHEN ARTIKEL-NR (REGAL-I, REIHE-I, FACH-I)
                       = ARTIKEL-NUMMER
                          SET GEFUNDEN TO TRUE
              END-SEARCH
              IF NOT GEFUNDEN THEN SET REIHE-I UP BY 1
              END-IF
           END-PERFORM
           IF NOT GEFUNDEN THEN SET REGAL-I UP BY 1
           END-IF
        END-PERFORM
        IF GEFUNDEN THEN IF ARTIKEL-ANZAHL (REGAL-I, REIHE-I, FACH-I)
                          >= STUECKZAHL
                             THEN PERFORM VERARBEITUNG-1
                             ELSE PERFORM VERARBEITUNG-2
                       END-IF
                    ELSE PERFORM FEHLERMELDUNG
        END-IF.
     VERARBEITUNG-1.
        MOVE KENNZAHL TO KENNZAHL-1-A
        MOVE STUECKZAHL TO STUECKZAHL-1-A
```

```
            MOVE ARTIKEL-BEZEICHNUNG (REGAL-I, REIHE-I, FACH-I)
                             TO ARTIKEL-BEZEICHNUNG-A
            MULTIPLY STUECKZAHL BY
                    ARTIKEL-PREIS (REGAL-I, REIHE-I, FACH-I)
                    GIVING PREIS-1-A
            SUBTRACT STUECKZAHL FROM
                    ARTIKEL-ANZAHL (REGAL-I, REIHE-I, FACH-I)
            WRITE ZEILE FROM S-1-ZEILE-1-WS AFTER ADVANCING 3 LINES
            WRITE ZEILE FROM S-1-ZEILE-2-WS AFTER ADVANCING 1 LINE.
        VERARBEITUNG-2.
            MOVE ARTIKEL-NUMMER TO ARTIKEL-NR-A
            MOVE STUECKZAHL TO STUECKZAHL-2-A
            MOVE KENNZAHL TO KENNZAHL-2-A
            IF ARTIKEL-ANZAHL (REGAL-I, REIHE-I, FACH-I) = ZERO
               THEN WRITE ZEILE FROM S-2-ZEILE-1-WS AFTER ADVANCING 3 LINES
                    WRITE ZEILE FROM S-2-ZEILE-4-WS AFTER ADVANCING 1 LINE
               ELSE MOVE ARTIKEL-ANZAHL (REGAL-I, REIHE-I, FACH-I)
                                 TO ARTIKEL-ANZAHL-A
                    MULTIPLY ARTIKEL-ANZAHL (REGAL-I, REIHE-I, FACH-I)
                          BY ARTIKEL-PREIS (REGAL-I, REIHE-I, FACH-I)
                          GIVING PREIS-2-A
                    MOVE ZERO TO ARTIKEL-ANZAHL (REGAL-I, REIHE-I, FACH-I)
                    WRITE ZEILE FROM S-2-ZEILE-1-WS AFTER ADVANCING 3 LINES
                    WRITE ZEILE FROM S-2-ZEILE-2-WS AFTER ADVANCING 1 LINE
                    WRITE ZEILE FROM S-2-ZEILE-3-WS AFTER ADVANCING 1 LINE
            END-IF.
        FEHLERMELDUNG.
            MOVE ARTIKEL-NUMMER TO ARTIKEL-NUMMER-A
            WRITE ZEILE FROM S-3-ZEILE-WS AFTER ADVANCING 3 LINES.
        SICHERN-FACH-TAB.
            OPEN OUTPUT LAGER-DATEI-NEU
            SET REGAL-I TO 1
            PERFORM UNTIL REGAL-I > 4
               SET REIHE-I TO 1
               PERFORM UNTIL REIHE-I > 10
                  SET FACH-I TO 1
                  PERFORM UNTIL FACH-I > 16
                     WRITE LAGER-NEU-SATZ FROM FACH (REGAL-I, REIHE-I, FACH-I
                     SET FACH-I UP BY 1
                  END-PERFORM
                  SET REIHE-I UP BY 1
               END-PERFORM
               SET REGAL-I UP BY 1
            END-PERFORM
            CLOSE LAGER-DATEI-NEU.
```

9.7 Mehrstufige Tabellen

Aufgabe 20

Der als Lösung für die Aufgabe 18 entwickelte Prüfziffern-Algorithmus ist zu modifizieren, indem die Datenfelder KENNZAHL und PRUEFZIFFER des Datensatzes VERTRETER-SATZ geeignet redefiniert werden.
Der Prüfziffern-Algorithmus ist ferner um die folgenden Prüfungen zu erweitern:

- Inhalt von KENNZAHL > 1 und < 5000 ?

- Inhalt von NAME alphabetisch ?

Aufgabe 21

Es ist ein Algorithmus anzugeben, der die Inhalte der durch

```
01   ZAHLEN-WERTE.
    02   ZAHLEN   PICTURE 9(5)   OCCURS 20 TIMES.
```

definierten Tabelle aufsteigend sortiert.
Diese Tabelle soll vorher durch die Eingabe von 2 Datensätzen gefüllt werden, wobei in jedem Satz jeweils 10 numerische Werte in den Zeichenbereichen 5-9, 10-14, 15-19, 20-24, 25-29, 30-34, 35-39, 40-44, 45-49 und 50-54 eingetragen sind.

Aufgabe 22

Es ist ein Programm zur Auswertung von Lotto-Tipreihen zu erstellen. Pro Tip existiere ein Satz in der Platten-Datei LOTTO-TIP mit folgendem Aufbau:

Zeichenbereich	Inhalt
01 - 49	Leerzeichen oder "X" für die jeweils angekreuzte Zahl
50 - 80	Name und Adresse des Spielers und Kennziffer (Kontrollnummer) der Annahmestelle

Wir gehen davon aus, daß bei jeder Tipreihe genau sechs Zahlen angekreuzt wurden. Die aktuellen Gewinnzahlen und die Zusatzzahl seien — in dieser Reihenfolge — in jeweils zwei Zeichenpositionen in einem Datensatz eingetragen.
Es ist eine Liste der Gewinner zu erstellen, an deren Ende die Gesamtzahl der Gewinner und die jeweilige Anzahl der Gewinne in den einzelnen Gewinnklassen geeignet druckaufbereitet ausgegeben wird.

Aufgabe 23

Gegeben seien die Datensatz-Beschreibungen:

```
01  A  PICTURE X(6)   VALUE "410201".
01  B  REDEFINES A.
    02  C  OCCURS 2 TIMES.
        03  D  PICTURE 9  OCCURS 2 TIMES.
    02  E  PICTURE 99.
01  F  REDEFINES A.
    02  G  PICTURE 99  OCCURS 3 TIMES.
```

Welche Resultate liefern die folgenden Anweisungen, wenn von der Speicherbelegung auszugehen ist, die durch die jeweils vorausgehende Anweisung erzeugt wurde?

a) ADD D (1, 1) D (2, 1) G (2) TO G (3) E
b) MOVE D (2, 2) TO G (1)
c) MULTIPLY G (2) BY G (2) GIVING D (1, 1)
d) DIVIDE G (2) BY 5 GIVING G (1) REMAINDER G (3)

Aufgabe 24

Die in der Aufgabe 11 beschriebenen Artikel-Sätze seien als Eingabe-Datei ARTIKEL-BESTELL bereitgestellt. Dabei sollen alle Sätze, welche die von einem Vertreter vertriebenen Artikel kennzeichnen, ohne Unterbrechung aufeinanderfolgen. Die Vertreterdaten seien in der Platten-Datei VERTRETER-DATEI (maximal 600 Sätze) abgespeichert. Es ist eine Druck-Datei zu erstellen, welche die in Aufgabe 11 beschriebene Struktur besitzt. Dabei sind wiederum die folgenden Daten geeignet auszugeben:

- Umsatz pro Artikel und
- Gesamtumsatz des Vertreters.

Wie kann der Algorithmus verbessert werden, wenn die Sätze von VERTRETER-DATEI bzgl. der Vertreterkennzahl aufsteigend sortiert sind?

Kapitel 10

Qualifizierung

Bislang haben wir für verschiedene Datenfelder stets verschiedene Bezeichner verwendet. Im Abschnitt 10.1 erklären wir, wie sich gegebenenfalls gleichnamige Datenfelder qualifizieren lassen und welche Regeln dabei beachtet werden müssen. Die Möglichkeit der Qualifizierung von Datenfeldnamen bildet die Basis für die Anwendung der CORRESPONDING-Klausel bei den Anweisungen MOVE, ADD und SUBTRACT. Dies stellen wir im Abschnitt 10.2 dar. Im Abschnitt 10.3 zeigen wir, daß die Struktur der PROCEDURE DIVISION durch eine Einteilung in Kapitel verfeinert werden kann. Ferner stellen wir dar, daß auch Paragraphennamen in der PROCEDURE DIVISION in bestimmten Fällen qualifiziert werden dürfen.

10.1 Qualifizierung von Datenfeldnamen

Bisher haben wir die Namen für Datenfelder immer eindeutig vergeben. Was würde z.B. geschehen, wenn wir die Datensatz-Beschreibungen des Programms LISTE-DER-VERTRETER-NAMEN in

```
01  VERTRETER-SATZ.
    02  FILLER        PICTURE X(6).
    02  NAME.
        03  NACHNAME  PICTURE X(20).
        03  VORNAME   PICTURE X(20).
    02  FILLER        PICTURE X(34).
```

und

```
01  LISTE-SATZ.
    02  FILLER    PICTURE X(15).
    02  NACHNAME  PICTURE X(20).
    02  FILLER    PICTURE X(97).
```

abändern würden und in der PROCEDURE DIVISION den Nachnamen aus dem Eingabe- in den Ausgabe-Puffer übertragen wollten?
Sicherlich wäre die Anweisung

    MOVE NACHNAME TO NACHNAME

nicht sinnvoll, da eine eindeutige Zuordnung des Bezeichners zu dem entsprechenden Datenfeld nicht mehr möglich ist.
Da es aber wichtige Gründe geben kann, in einem Programm mehrere Datenfelder mit gleichem Namen zu versehen, bietet COBOL die Möglichkeit der *Qualifizierung* (Kennzeichnung).
Wir können z.B. schreiben:

    MOVE NACHNAME IN VERTRETER-SATZ TO NACHNAME IN LISTE-SATZ

Die Qualifizierung eines Datennamens geschieht durch das Anfügen eines oder mehrerer *Qualifizierer* (qualifier) an den Datennamen, um die Eindeutigkeit des Datennamens zu erlangen. Jedem Qualifizierer muß das reservierte COBOL-Wort *IN* oder *OF* (beide sind gleichwertig) vorangehen. IN und OF heißen *Verbindungswörter* (connectives).
Den Bezeichner-Begriff werden wir von nun an auf qualifizierte Datenfelder (qualified data-name) ausweiten.
Ein Qualifizierer ist immer ein Datenfeldname aus der gleichen Struktur, der jedoch mit einer niedrigeren Stufennummer vereinbart wurde. Werden mehrere Qualifizierer in einer Qualifizierung verwendet, so müssen sie *hierarchisch*, d.h. nach fallenden Stufennummern angeordnet sein.
Das Datenfeld NACHNAME im Datensatz VERTRETER-SATZ kann daher durch

    NACHNAME IN VERTRETER-SATZ

oder

    NACHNAME IN NAME

oder durch

    NACHNAME IN NAME IN VERTRETER-SATZ

qualifiziert werden. VERTRETER-SATZ und NAME werden dabei als Qualifizierer benutzt.
Es ist zulässig, eine bis zu 50 Stufen tiefe Qualifizierung durchzuführen.
Innerhalb einer Struktur dürfen zwei Datenfelder nur dann denselben Bezeichner haben, wenn durch eine geeignete Qualifizierung auf jedes der Felder *eindeutig* zugegriffen werden kann.
So darf z.B. kein Datenfeld einem anderen Datenfeld gleichen Namens untergeordnet sein.
Die Vereinbarung

10.1 Qualifizierung von Datenfeldnamen

```
01  VERTRETER-SATZ.
    02  NAME.                <──────────── falsch!
        03  ANSCHRIFT  PICTURE X(30).
        03  NAME       PICTURE X(40). <── falsch!
```

ist daher verboten.
Die Deklaration

```
01  VERTRETER-SATZ.
    02  NAME.                         <──────── falsch!
        03  VORNAME    PICTURE X(20).
        03  NACHNAME   PICTURE X(20).
    02  ORT.
        03  NAME       PICTURE X(20). <── falsch!
        03  BUNDESLAND PICTURE X(20).
```

ist ebenfalls unzulässig, da der Bezeichner NAME nicht eindeutig qualifiziert werden kann.
Erlaubt ist dagegen die Definition von

```
01  VERTRETER-DUO.
    02  VERTRETER-1.
        03  NACHNAME  PICTURE X(20).
        03  VORNAME   PICTURE X(20).
    02  VERTRETER-2.
        03  NACHNAME  PICTURE X(20).
        03  VORNAME   PICTURE X(20).
```

Hier läßt sich das erste Datenfeld NACHNAME durch

NACHNAME IN VERTRETER-1

und das zweite durch

NACHNAME IN VERTRETER-2

eindeutig qualifizieren.
Bei der Tabellendeklaration

```
01  NAME-KONTOSTAND-TAB.
    02  NAME-KONTOSTAND OCCURS 200 TIMES.
        03  NAME-TAB        PICTURE X(20).
        03  KONTOSTAND-TAB  PICTURE 9(5)V99.
```

kann das Tabellenelement KONTOSTAND-TAB (POS) durch

KONTOSTAND-TAB IN NAME-KONTOSTAND (POS)

oder

```
KONTOSTAND-TAB IN NAME-KONTOSTAND-TAB (POS)
```

oder auch durch

```
KONTOSTAND-TAB IN NAME-KONTOSTAND IN NAME-KONTOSTAND-TAB (POS)
```

qualifiziert werden.
Bei Datenfeldern aus Datei-Beschreibungen können über die Stufennummer 01 hinaus auch die Dateinamen als Qualifizierer benutzt werden. Auch die Namen der Datenfelder, für die Bedingungsnamen definiert sind, lassen sich als Qualifizierer verwenden. Daher dürfen auch Bedingungsnamen qualifiziert werden.
Beispielsweise ist bei der Deklaration von

```
01  AMPEL-1  PICTURE 9.
    88  ROT    VALUE 1.
    88  GELB   VALUE 2.
    88  GRUEN  VALUE 3.
01  AMPEL-2  PICTURE 9.
    88  ROT    VALUE 1.
    88  GELB   VALUE 2.
    88  GRUEN  VALUE 3.
```

die Abfrage

```
IF ROT IN AMPEL-1 ...
```

zulässig.
Generell läßt sich hinsichtlich der Vereinbarung von Programmierer-Wörtern in der DATA DIVISION folgendes feststellen:
Alle Dateinamen in der FILE SECTION, alle Bezeichner der obersten Hierarchiestufe in der WORKING-STORAGE SECTION und alle Index-Namen müssen eindeutig definiert sein. Bei allen anderen Bezeichnern muß eine evtl. vorhandene Mehrdeutigkeit durch eine entsprechende Qualifizierung jederzeit zur Eindeutigkeit führen können. Dabei ist dann eine Qualifizierung erforderlich.
Zusammenfassend sind beim Qualifizieren folgende Regeln zu beachten:

- ein Qualifizierer muß innerhalb der gleichen Hierarchie liegen und eine kleinere Stufennummer besitzen als der zu qualifizierende Datenfeldname und die vor ihm stehenden Qualifizierer,

- um zu vermeiden, daß ein Datenfeldname durch einen gleichlautenden Qualifizierer qualifiziert werden könnte, darf Namensgleichheit nicht auf verschiedenen Ebenen einer Hierarchie bestehen,

- es müssen ausreichend viele Qualifizierer angegeben werden, um die eindeutige Zuordnung eines Datenfeldnamens zu einem Datenfeld zu ermöglichen, und

- jede Kombination von Qualifizierern, die diese eindeutige Zuordnung ermöglicht, ist erlaubt; dies gilt auch dann, wenn eine Qualifizierung nicht erforderlich ist.

10.2 CORRESPONDING-Klausel bei den Anweisungen MOVE, ADD und SUBTRACT

In diesem Abschnitt stellen wir dar, wie wir den Schreibaufwand bei speziellen Operationen mit gleichbenannten Datenfeldern erheblich reduzieren können.
Wollen wir z.B. alle Daten der Sätze von VERTRETER-DATEI geeignet ausgeben und haben wir die Datensatz-Beschreibungen der Eingabe-Datei VERTRETER-DATEI durch

```
01  VERTRETER-SATZ.
    02  KENNZAHL      PICTURE 9(4).
    02  FILLER        PICTURE XX.
    02  NACHNAME      PICTURE X(20).
    02  VORNAME       PICTURE X(20).
    02  FILLER        PICTURE X.
    02  KONTOSTAND    PICTURE S9(5)V99
                      SIGN IS LEADING SEPARATE CHARACTER.
    02  FILLER        PICTURE X(25).
```

und die der Ausgabe-Datei LISTE durch

```
01  LISTE-SATZ.
    02  VORNAME       PICTURE X(20).
    02  FILLER        PICTURE X.
    02  NACHNAME      PICTURE X(20).
    02  FILLER        PICTURE X(13).
    02  KENNZAHL      PICTURE 9(4).
    02  FILLER        PICTURE X(15).
    02  KONTOSTAND    PICTURE +(6).99.
    02  FILLER        PICTURE X(50).
```

definiert, so können wir die einzelnen Feldinhalte folgendermaßen übertragen:

```
MOVE VORNAME     IN VERTRETER-SATZ TO VORNAME    IN LISTE-SATZ
MOVE NACHNAME    IN VERTRETER-SATZ TO NACHNAME   IN LISTE-SATZ
MOVE KENNZAHL    IN VERTRETER-SATZ TO KENNZAHL   IN LISTE-SATZ
MOVE KONTOSTAND  IN VERTRETER-SATZ TO KONTOSTAND IN LISTE-SATZ
```

Durch die Angabe der **CORRESPONDING-Klausel**[1]

```
CORRESPONDING
```

im Anschluß an das COBOL-Wort MOVE lassen sich diese vier einzelnen Anweisungen zu einer Anweisung der Form

```
MOVE CORRESPONDING VERTRETER-SATZ TO LISTE-SATZ
```

komprimieren, weil dann *korrespondierende* Datenfelder übertragen werden, d.h. Datenfelder, die in den Strukturen VERTRETER-SATZ und LISTE-SATZ *gleich benannt* wurden. Dabei ist die Reihenfolge unerheblich. Die durch das Wort FILLER gekennzeichneten Bereiche bleiben stets unberührt.
Die CORRESPONDING-Klausel kann bei den Anweisungen MOVE, ADD und SUBTRACT gemäß der folgenden Syntax eingesetzt werden:

```
MOVE     CORRESPONDING bezeichner-1 TO bezeichner-2

ADD      CORRESPONDING bezeichner-1 TO bezeichner-2 [ ROUNDED ]

SUBTRACT CORRESPONDING bezeichner-1 FROM bezeichner-2 [ ROUNDED ]
```

Die Namen "bezeichner-1" und "bezeichner-2" sind Bezeichner von Datengruppen. Sie dürfen qualifiziert sein. Jede Anweisung mit CORRESPONDING-Klausel wird vom Kompilierer in eine Folge einfacher Anweisungen aufgelöst, die jeweils auf den *Paaren korrespondierender* Datenfelder operieren.
Dabei *korrespondiert* ein dem Feld "bezeichner-1" untergeordnetes Datenfeld mit einem dem Feld "bezeichner-2" untergeordneten Datenfeld, wenn folgende Eigenschaften erfüllt sind:

- beide Datenfelder sind elementar (bei MOVE braucht nur jeweils ein Datenfeld elementar zu sein),

- die Namen der Datenfelder sind identisch, und

- für beide Datenfelder gibt es bis zur Stufe von "bezeichner-1" und "bezeichner-2" die *gleiche lückenlose Qualifizierung*.

Von den Operationen werden alle die Datenfelder *ausgeschlossen*, für die eine REDEFINES-, OCCURS- oder USAGE INDEX-Klausel (oder RENAMES-Klausel[2]) vereinbart ist. Allerdings dürfen die Felder "bezeichner-1" und "bezeichner-2" selbst oder ihnen übergeordnete Datenfelder in ihrer Vereinbarung eine REDEFINES- oder OCCURS-Klausel enthalten.

---
[1] Das Wort CORRESPONDING darf durch CORR abgekürzt werden.
[2] Die Beschreibung der RENAMES-Klausel erfolgt im Abschnitt 13.6.

CORRESPONDING bei den Anweisungen MOVE, ADD und SUBTRACT

Bei den Anweisungen ADD und SUBTRACT müssen alle korrespondierenden Datenfelder numerisch sein, und bei der MOVE-Anweisung müssen die Kategorien der Sende- und Empfangsfelder miteinander verträglich sein (vgl. Abschnitt 5.1).
Mit den Vereinbarungen

```
01  S-1.
    02  S-A.
        04  S-B  PICTURE 99.
        04  S-C.
            06   S-D  PICTURE 99.
            06   S-E  PICTURE 99.
            06   S-F  PICTURE 99.
        04  S-G  PICTURE 99.
    02  S-H.
        03  S-I  PICTURE 99.
        03  S-J  PICTURE 99.
    02  S-K  PICTURE 99.
01  S-2.
    03  S-A.
        06  S-B  PICTURE 99.
        06  S-C  PICTURE 99.
        06  S-G  PICTURE 99.
    03  S-H.
        09  S-I  PICTURE 99.
        09  S-J  PICTURE 99.
    03  S-F  PICTURE 99.
    03  S-E.
        08  S-D  PICTURE 99.
        08  S-K  PICTURE 99.
```

entspricht z.B. die ADD-Anweisung

```
ADD CORRESPONDING S-1 TO S-2
```

den einzelnen Anweisungen

```
ADD S-B IN S-1 TO S-B IN S-2
ADD S-G IN S-1 TO S-G IN S-2
ADD S-I IN S-1 TO S-I IN S-2
ADD S-J IN S-1 TO S-J IN S-2
```

und die SUBTRACT-Anweisung

```
SUBTRACT CORRESPONDING S-H IN S-1 FROM S-H IN S-2
```

faßt die folgenden beiden Anweisungen zusammen:

```
    SUBTRACT S-I IN S-H IN S-1 FROM S-I IN S-H IN S-2
    SUBTRACT S-J IN S-H IN S-1 FROM S-J IN S-H IN S-2
```

Durch die MOVE-Anweisung

```
    MOVE CORRESPONDING S-1 TO S-2
```

werden — genau wie bei der obigen ADD-Anweisung — die Datenelemente S-B, S-G, S-I und S-J bearbeitet, und zusätzlich wird die Anweisung

```
    MOVE S-C IN S-1 TO S-C IN S-2
```

ausgeführt (bei "MOVE CORRESPONDING" braucht nur ein Feld elementar zu sein), d.h. es wird der Inhalt von "S-D IN S-1" nach "S-C IN S-2" übertragen. Unter Verwendung der CORRESPONDING-Klausel kann z.B. eine Zeichenvertauschung bei den folgendermaßen definierten Datenfeldern

```
    01  NUMMER-KODIERT.
        02  N1  PICTURE X.
        02  N2  PICTURE X.
        02  N3  PICTURE X.
        02  N4  PICTURE X.
        02  N5  PICTURE X.
    01  NUMMER-UNKODIERT.
        02  N5  PICTURE X.
        02  N1  PICTURE X.
        02  N4  PICTURE X.
        02  N2  PICTURE X.
        02  N3  PICTURE X.
```

sehr einfach durch die Ausführung der Anweisung

```
    MOVE CORRESPONDING NUMMER-KODIERT TO NUMMER-UNKODIERT
```

erreicht werden.

10.3 Qualifizierung von Paragraphennamen

Der Kapitel-Begriff

Im Abschnitt 3.3 haben wir den Begriff des Kapitels als eine den Paragraphen übergeordnete Struktureinheit kennengelernt (Kapitelnamen sind z.B. CONFIGURATION, INPUT-OUTPUT, FILE und WORKING-STORAGE).
Zur Strukturierung der PROCEDURE DIVISION und zur Adressierung von Prozeduren haben wir bisher nur den Paragraphen-Begriff benutzt. Dieser Begriff reicht jedoch u.a. dann nicht mehr aus, wenn z.B. ein COBOL-Programm segmentiert

10.3 Qualifizierung von Paragraphennamen

(siehe Abschnitt 13.3) oder ein COBOL-Internsort (siehe Abschnitt 13.4) durchgeführt werden soll.

Genau wie in den beschreibenden Programmteilen können auch in der PROCEDURE DIVISION ein oder mehrere Paragraphen zu einem *Kapitel* (section) zusammengefaßt werden:

```
kapitelname SECTION.
paragraphenname-1.
   :
[ paragraphenname-2.
   :                  ]...
```

Bei der Erfassung des COBOL-Pogramms auf einem Datenträger wird jeder Kapitelname (section-name) genauso wie ein Paragraphenname vom Beginn des Bereichs A (Zeichenpositionen 8-11) an eingetragen. Die Kapitel-Überschrift (section header) besteht aus dem Kapitelnamen und dem reservierten COBOL-Wort *SECTION* (getrennt durch mindestens ein Leerzeichen).

Ein Kapitel reicht jeweils bis zur Deklaration eines nachfolgenden Kapitels oder bis zum Programmende. Im Gegensatz zu den anderen Divisions ist das COBOL-Wort "kapitelname" in der PROCEDURE DIVISION ein Programmierer-Wort. Da die Kapitelnamen neben den Paragraphennamen zu den *Prozedurnamen* zählen, dürfen sie in der Steueranweisung PERFORM zur Adressierung benutzt werden.

Die Gleichwertigkeit der beiden folgenden gegenübergestellten Programmteile unterstreicht, daß die Verwendung des Kapitelbegriffs in vielen Fällen die Ablaufsteuerung in einem COBOL-Programm vereinfacht und den Lösungsalgorithmus übersichtlicher gestaltet:

```
    PERFORM LESE-ROUTINE            PERFORM LESE-SCHREIB-ROUTINE
    THRU SCHREIB-ROUTINE               :
       :                               :
    STOP RUN.                       STOP RUN.
    LESE-ROUTINE.                   LESE-SCHREIB-ROUTINE SECTION.
       :                            LESE-ROUTINE.
    VERARBEITUNG-1.                    :
       :                            VERARBEITUNG-1.
    VERARBEITUNG-2.                    :
       :                            VERARBEITUNG-2.
    SCHREIB-ROUTINE.                   :
       :                            SCHREIB-ROUTINE.
    FEHLER-ROUTINE.                    :
       :                            FEHLER-ROUTINE SECTION.
                                       :
```

Struktur der PROCEDURE DIVISION

Die PROCEDURE DIVISION ist grundsätzlich entweder nur in Paragraphen oder vollständig in Kapitel eingeteilt. Bei einer Strukturierung in Kapitel muß das erste Kapitel direkt im Anschluß an die Überschrift "PROCEDURE DIVISION" vereinbart werden. Für diesen Fall ergibt sich als allgemeines Schema:

```
PROCEDURE DIVISION.
 kapitelname-1 SECTION.
 paragraphenname-1.
   :
 [ paragraphenname-2.
   :                  ]...
 [ kapitelname-2 SECTION.
 paragraphenname-3.
   :
 [ paragraphenname-4.
   :                  ]...  ]...
```

Der Vollständigkeit halber geben wir an dieser Stelle noch einmal die Bausteine der PROCEDURE DIVISION und ihre hierarchische Beziehung an:

- die PROCEDURE DIVISION besteht entweder vollständig aus Kapiteln oder nur aus Paragraphen,

- ein Kapitel umfaßt jeweils einen oder mehrere Paragraphen, und

- jeder Paragraph ist aus COBOL-Sätzen aufgebaut, die sich jeweils aus einer oder mehreren COBOL-Anweisungen zusammensetzen.

Qualifizierung

Alle in der PROCEDURE DIVISION vereinbarten Kapitelnamen müssen sich voneinander unterscheiden, d.h. ein Kapitelname muß *eindeutig* sein. Gleichfalls müssen alle in einem Kapitel eingetragenen Paragraphennamen eindeutig sein. Dagegen dürfen Paragraphen in *verschiedenen* Kapiteln gleichbenannt werden. Es gibt nämlich neben der im Abschnitt 10.1 geschilderten Form der Qualifizierung von Datenfeldnamen auch die Möglichkeit, einen Paragraphennamen durch die Angabe eines ihm übergeordneten Kapitelnamens zu qualifizieren.

10.3 Qualifizierung von Paragraphennamen

Ein *qualifizierter Paragraphenname* besitzt die Form:[3]

```
paragraphenname IN kapitelname
```

In dem folgenden Beispiel ist der Paragraphenname VERARBEITUNG durch eine entsprechende Qualifizierung innerhalb der PERFORM-Anweisungen eindeutig gemacht worden:

```
PROCEDURE DIVISION.
RAHMEN SECTION.
BEGINN.
    :
EINGABE SECTION.
BEGINN.
    :
    PERFORM VERARBEITUNG IN EINGABE
    :
VERARBEITUNG.
    :
AUSGABE SECTION.
BEGINN.
    :
    PERFORM VERARBEITUNG IN AUSGABE
    :
VERARBEITUNG.
    :
```

Nachdem wir die Qualifizierung von Paragraphennamen kennengelernt haben, können wir abschließend die Struktur der Prozedurnamen folgendermaßen kennzeichnen:

```
{ kapitelname | paragraphenname [ IN kapitelname ] }
```

Aufgabe 25

Unter Einsatz möglichst weniger MOVE-Anweisungen sollen die Inventurdaten-Sätze, die durch die Datensatz-Beschreibung ARTIKEL-SATZ in Aufgabe 2 beschrieben sind, geeignet druckaufbereitet und in eine Druck-Datei ausgegeben werden. Für jeden Artikel ist zusätzlich der Wert des aktuellen Lagerbestandes auszudrucken!

---

[3] Bei der Qualifizierung von Paragraphennamen darf das Wort IN durch das Wort OF ersetzt werden.

Kapitel 11

Erweiterte Steueranweisungen

Im Kapitel 7 haben wir gezeigt, wie sich mit der PERFORM-Anweisung eine Programmschleife sowie der einmalige Durchlauf einer Prozedur bzw. eines Prozedurbereichs formulieren läßt. Im Abschnitt 11.1 stellen wir ergänzend dar, wie PERFORM-Anweisungen ineinander verschachtelt werden können und wie sich Programmschleifen in bestimmten Fällen durch den Einsatz der PERFORM-Anweisung mit der VARYING-Klausel kompakter programmieren lassen.

Wie wir die PERFORM-Anweisung mit der VARYING-Klausel wirksam bei der Tabellenverarbeitung einsetzen können, erläutern wir, indem wir den Lösungsalgorithmus HOCHREGAL-LAGER-VERWALTUNG (vgl. Abschnitt 9.7) wirkungsvoller und übersichtlicher programmieren.

Zur Umsetzung eines Case-Blocks haben wir die EVALUATE-Anweisung im Abschnitt 7.4 vorgestellt. Wir vertiefen die bisherige Kenntnis, indem wir im Abschnitt 11.2 beschreiben, wie sich Entscheidungstabellen mit Hilfe einer erweiterten Form der EVALUATE-Anweisung umformen lassen.

Abschließend demonstrieren wir den Einsatz der EVALUATE-Anweisung und der PERFORM-Anweisung mit der VARYING-Klausel bei der Lösung der Aufgabe LISTE-DER-NAMEN-UND-ANREDEN im Rahmen der Bearbeitung einer zweistufigen Tabelle.

11.1 Komplexes PERFORM

Schachtelung von PERFORM-Anweisungen

Sollen die Datensätze einer Eingabe-Datei auf zwei verschiedene Arten aufbereitet und anschließend in zwei Ausgabe-Dateien übertragen werden, so können wir diesen Vorgang z.B. durch die auf der nächsten Seite abgebildeten Struktogramme beschreiben.

Wir wollen nun diskutieren, ob die angegebenen Prozeduraufruf-Blöcke – bei dieser Schachtelung – ebenfalls durch PERFORM-Anweisungen realisiert werden können.

11.1 Komplexes PERFORM

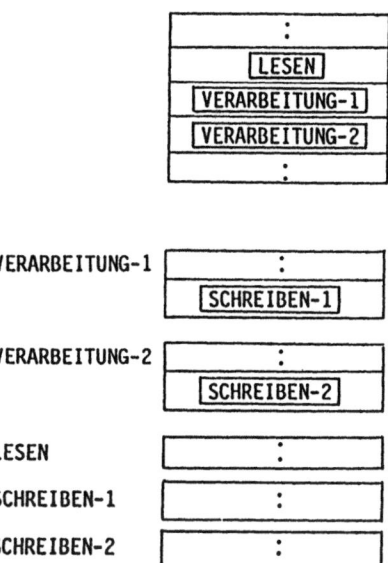

Generell dürfen in einem durch PERFORM aufgerufenen *Prozedurbereich* (bestehend aus einer oder mehreren Prozeduren) weitere PERFORM-Anweisungen angegeben werden. Bei dieser *Schachtelung* von PERFORM-Anweisungen ist jedoch immer die folgende grundlegende Regel zu beachten:
Enthält ein durch eine PERFORM-Anweisung aufgerufener Prozedurbereich (a) eine weitere PERFORM-Anweisung, die wiederum einen Prozedurbereich (b) aufruft, so muß entweder (b) *echt innerhalb* von (a) oder *ganz außerhalb* von (a) liegen. Dabei bedeutet "echt innerhalb", daß die bei der Kompilierung erzeugte Rückverzweigungsroutine von (b) vor derjenigen von (a) liegt.
Damit sind grundsätzlich nur die beiden folgenden Schachtelungsformen erlaubt:

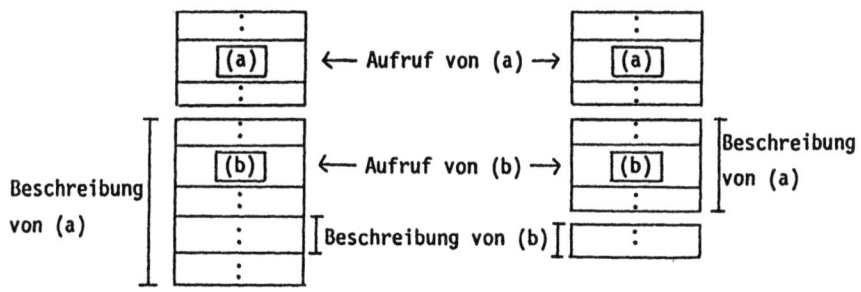

Die oben angegebenen Struktogramme verstoßen nicht gegen diese Regel (da sie der rechten Konfigurationsform entsprechen) und können daher so umgeformt werden:

```
    :
    PERFORM LESEN
    PERFORM VERARBEITUNG-1 THRU VERARBEITUNG-2
    :
VERARBEITUNG-1.
    :
    PERFORM SCHREIBEN-1.
VERARBEITUNG-2.
    :
    PERFORM SCHREIBEN-2.
LESEN.
    :
SCHREIBEN-1.
    :
SCHREIBEN-2.
    :
```

Gegen die angegebene Regel verstößt jedoch die folgende Schachtelung, die wir im Hinblick auf den resultierenden Programmablauf mit den Rückverzweigungsroutinen und den zugehörigen Rückverzweigungspunkten darstellen (vgl. Abschnitt 7.1):

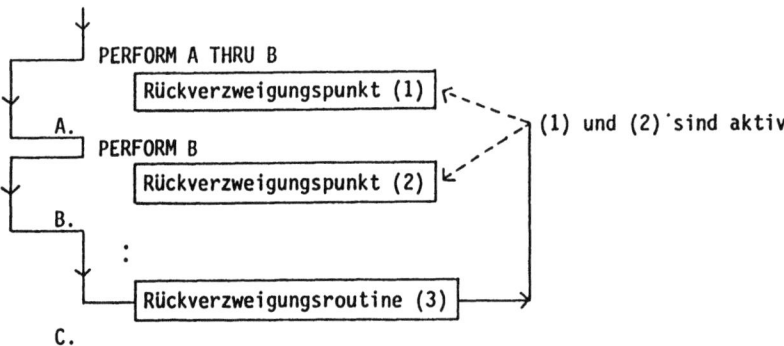

In diesem Fall *begrenzt* die durch die Anweisung

```
PERFORM B
```

11.1 Komplexes PERFORM

aufgerufene Prozedur B den Prozedurbereich, der aus den Prozeduren A und B besteht und der durch die Anweisung

PERFORM A THRU B

aufgerufen wurde. Die Prozedur B liegt folglich weder ganz außerhalb noch echt innerhalb des durch die Anweisung

PERFORM A THRU B

aufgerufenen Prozedurbereichs. Würde daher bei der Programmausführung das Ende der Prozedur B erreicht werden, so wären die Rückverzweigungspunkte (1) und (2) aktiv und die Rückverzweigungsroutine (3) hätte kein eindeutiges Sprungziel. Mit Hilfe der im Abschnitt 7.4 vorgestellten CONTINUE-Anweisung[1] können wir jedoch auch diese Schachtelung sehr leicht in eine zulässige Schachtelung abändern. Dazu fügen wir vor der Prozedur C die Hilfs-Prozedur B1 in der Form

B1.
    CONTINUE.

ein und ändern die PERFORM-Anweisung mit der THRU-Klausel in die Anweisung

PERFORM A THRU B1

ab. Damit ergibt sich bei der Programmausführung der folgende gewünschte Ablauf:

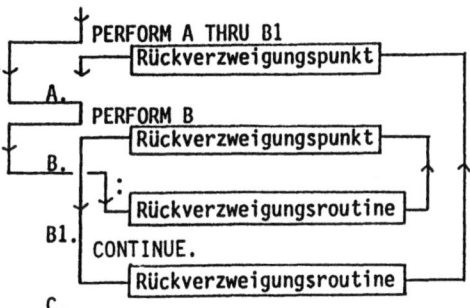

Abschließend betrachten wir ein weiteres Beispiel für eine Schachtelung von PERFORM-Anweisungen. Durch die Ausführung der ersten PERFORM-Anweisung des Programmabschnitts

---

[1] Anstelle der CONTINUE-Anweisung läßt sich in diesem Fall auch die EXIT-Anweisung in der Form "EXIT" einsetzen.

```
        :
    PERFORM EINLESEN THRU SCHREIBEN-2
        :
EINLESEN.
        :
    PERFORM VERARBEITUNG-1 THRU SCHREIBEN-1
        :
VERARBEITUNG-1.
        :
    PERFORM VERARBEITUNG-2 THRU SCHREIBEN
        :
VERARBEITUNG-2.
        :
SCHREIBEN.
        :
SCHREIBEN-1.
    CONTINUE.
SCHREIBEN-2.
    CONTINUE.
```

werden die folgenden Prozeduren in der angegebenen Reihenfolge durchlaufen:

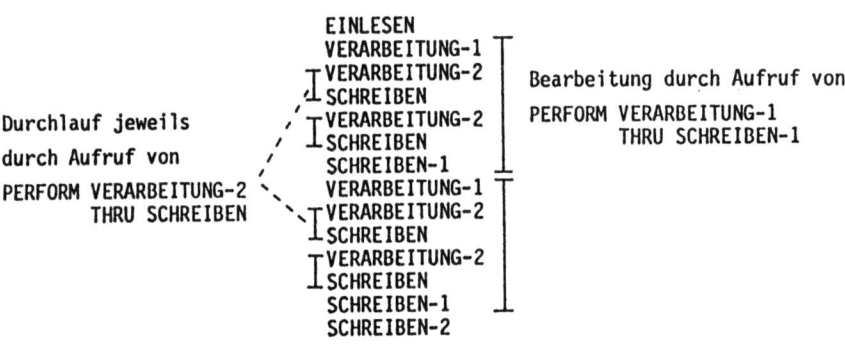

PERFORM-Anweisung mit der VARYING-Klausel

Für die Verarbeitung von ein- und mehrstufigen Tabellen stellt COBOL ein weiteres Format der PERFORM-Anweisung bereit. Ausgehend von vorgegebenen Anfangswerten spezieller *Laufvariablen* kann eine Programmschleife mehrfach wiederholt ausgeführt werden. Dabei werden die jeweils aktuellen Werte der Laufvariablen vor jedem Durchlauf um vorgegebene *Schrittweiten-Werte* erhöht. Der Wiederholungsprozeß wird dann beendet, wenn die vorgegebenen (Abbruch-)Bedingungen erfüllt sind.

11.1 Komplexes PERFORM

Sofern der Schleifendurchlauf durch nur eine Laufvariable kontrolliert werden soll, läßt sich dieses Verfahren durch das folgende Struktogramm beschreiben:

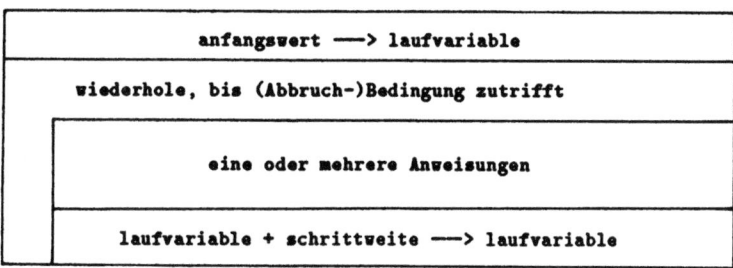

Als Spezialfall dieser allgemeinen Form läßt sich z.B. die folgende Programmschleife aus dem Abschnitt 9.2 auffassen:

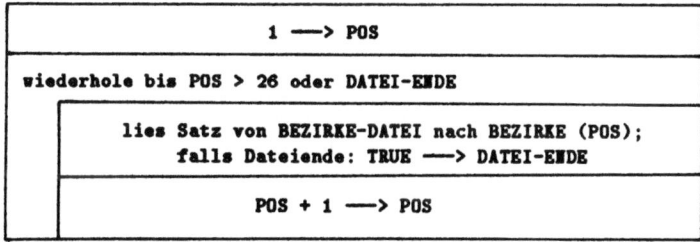

Bei der Ausführung dieses Struktogramms wird der Laufvariablen POS zunächst der Anfangswert 1 zugewiesen. Anschließend wird der einfache Strukturblock, der die Dateneingabe beschreibt, solange wiederholt durchlaufen, bis die Bedingung "POS > 26 oder DATEI-ENDE" erfüllt ist. Dabei wird der Inhalt von POS am Ende jedes Durchlaufs um den Schrittweiten-Wert 1 erhöht.

Wir führen für dieses Struktogramm eine abkürzende Schreibweise durch den folgenden modifizierten Schleifen-Block ein:

```
varying POS from 1 by 1 until POS > 26 oder DATEI-ENDE
    lies Satz von BEZIRKE-DATEI nach BEZIRKE (POS);
    falls Dateiende: TRUE ---> DATEI-ENDE
```

Dieses Struktogramm läßt sich durch den Einsatz einer um die VARYING-Klausel erweiterten Form der PERFORM-Anweisung wie folgt umformen:

```
PERFORM VARYING POS FROM 1 BY 1
                UNTIL POS > 26 OR DATEI-ENDE
  READ BEZIRKE-DATEI INTO BEZIRKE (POS)
     AT END SET DATEI-ENDE TO TRUE
  END-READ
END-PERFORM
```

Hintergrund für diese Umformung ist das folgende Syntax-Gerüst:

Syntax der In-line-PERFORM-Anweisung mit der VARYING-Klausel:

```
PERFORM [ WITH TEST { BEFORE | AFTER } ]
      VARYING { bezeichner-1 | index-name-1 }
         FROM { bezeichner-2 | index-name-2 | ganzzahl-1 }
           BY { bezeichner-3 | ganzzahl-2 } UNTIL bedingung
      unb-anw-1 [ unb-anw-2 ]...
END-PERFORM
```

Durch diese PERFORM-Anweisung mit der VARYING-Klausel wird eine *Programmschleife* beschrieben, bei der die angegebenen unbedingten Anweisungen wiederholt ausgeführt werden. Dabei wird der Inhalt einer *Laufvariablen* ("bezeichner-1" bzw. "index-name-1"), die im Anschluß an das reservierte COBOL-Wort VARYING angegeben ist, zunächst mit dem innerhalb der FROM-Klausel aufgeführten *Anfangswert* ("bezeichner-2", "index-name-2" bzw. "ganzzahl-1") besetzt. Nach dem Durchlaufen der Schleife wird die Laufvariable um den in der BY-Klausel angegebenen *Schrittweiten-Wert* ("bezeichner-3" bzw. "ganzzahl-2") erhöht.

Das schrittweise Durchlaufen der Schleife wird solange wiederholt durchgeführt, bis die innerhalb der UNTIL-Klausel angegebene (Abbruch-)Bedingung zutrifft. Ob diese Prüfung *vor* einem Schleifendurchlauf oder aber *nach* dem Durchlaufen der Schleife geschieht, läßt sich durch die WITH *TEST*-Klausel steuern.

Fehlt die WITH TEST-Klausel oder wird die WITH TEST-Klausel in der Form

```
WITH TEST BEFORE
```

angegeben, so wird die (Abbruch-)Bedingung *vor* einem Schleifendurchlauf geprüft. Soll diese Untersuchung immer dann vorgenommen werden, wenn ein Schleifendurchlauf *beendet* ist, so muß die WITH TEST-Klausel in der Form

```
WITH TEST AFTER
```

angegeben werden.

Sind zwei oder mehrere Schleifen, deren Durchlaufen durch die Werte von zugehörigen Laufvariablen gesteuert werden soll, ineinander zu *verschachteln*, so läßt sich

11.1 Komplexes PERFORM

dies wie folgt durch eine Out-of-line-PERFORM-Anweisung mit der VARYING-Klausel erreichen:

Syntax der Out-of-line-PERFORM-Anweisung mit der VARYING-Klausel:

```
PERFORM prozedurname-1 [ THRU prozedurname-2 ]
    [ WITH TEST { BEFORE | AFTER } ]
      VARYING { bezeichner-1 | index-name-1 }
         FROM { bezeichner-2 | index-name-2 | ganzzahl-1 }
           BY { bezeichner-3 | ganzzahl-2 } UNTIL bedingung-1
    [ AFTER { bezeichner-4 | index-name-3 }
         FROM { bezeichner-5 | index-name-4 | ganzzahl-3 }
           BY { bezeichner-6 | ganzzahl-4 } UNTIL bedingung-2 ]...
```

Durch diese PERFORM-Anweisung, bei der die zu durchlaufende Programmschleife innerhalb der Prozedur "prozedurname-1" bzw. innerhalb des Prozedurbereichs von "prozedurname-1" bis "prozedurname-2" zu beschreiben ist, kann – mit Hilfe einer oder mehrerer AFTER-Klauseln – ein bis zu *siebenfach verschachtelter Wiederholungsprozeß* dargestellt werden. Dabei ist zu beachten, daß diese Form der PERFORM-Anweisung nicht durch das Stopwort "END-PERFORM" abgeschlossen werden darf.

Wird eine PERFORM-Anweisung gemäß der angegebenen Syntax eingesetzt, so müssen wir die folgenden Regeln beachten:

- die Namen "prozedurname-1" und "prozedurname-2" sind Paragraphen- oder Kapitelnamen,

- die Prozedur "prozedurname-1" muß vor "prozedurname-2" angegeben sein,

- die Bezeichner sind Namen von ganzzahlig numerischen Feldern,

- eine Mischung von Index-Namen und numerischen Datenfeldern ist erlaubt (in diesem Fall erfolgen die jeweiligen Zuweisungen an die Laufvariablen *automatisch* nach den Regeln der SET-Anweisung), und

- die Werte der Datenfelder "bezeichner-2", "bezeichner-3", "bezeichner-5" und "bezeichner-6" müssen positiv sein.

Bei der Ausführung der PERFORM-Anweisung wird der Inhalt der *Laufvariablen* ("bezeichner-1" bzw. "index-name-1") – ausgehend von dem in den FROM-Klausel vereinbarten *Anfangswerten* – schrittweise um die in der BY-Klauseln angegebenen *Schrittweiten-Werte* erhöht. Dabei werden die Schleifen – beginnend bei der innersten Schleife und durch die hinter dem letzten Wort AFTER angegebene Laufvariable gesteuert – solange abgearbeitet, bis die aufgeführten (Abbruch-)Bedingungen erfüllt sind.

Bei der Anwendung dieses PERFORM-Formats müssen wir darauf achten, daß zu bestimmten Zeitpunkten alle angegebenen Bedingungen zutreffen, so daß die Ausführung der Wiederholungsprozesse während des Programmlaufs beendet wird. Als Beispiel für den Einsatz der Out-of-line-PERFORM-Anweisung mit der VARYING-Klausel wollen wir die Bearbeitung der dreistufigen Tabelle (mit dem Tabellenbereichsnamen HOCHREGAL-LAGER) betrachten, deren Vorbesetzung wir im Algorithmus HOCHREGAL-LAGER-VERWALTUNG dargestellt haben (vgl. Abschnitt 9.7). Dazu formen wir die ursprüngliche Darstellung in die folgende äquivalente Struktogramm-Darstellung um:

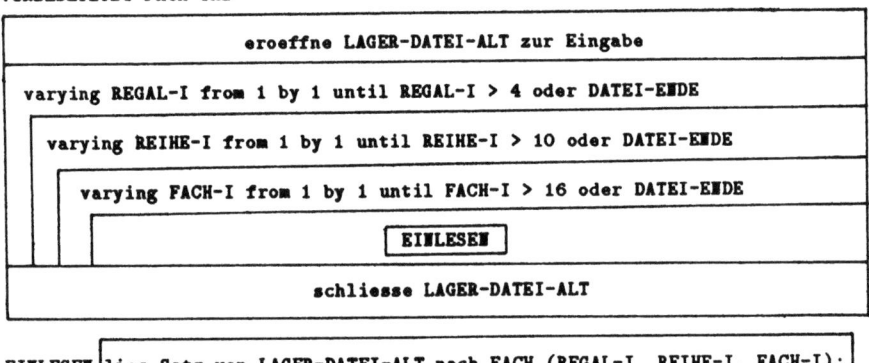

Dieses Struktogramm läßt sich durch den Einsatz der Out-of-line-PERFORM-Anweisung mit der VARYING-Klausel kurz und übersichtlich so umformen:

```
VORBESETZUNG-FACH-TAB.
    OPEN INPUT LAGER-DATEI-ALT
    PERFORM EINLESEN VARYING REGAL-I FROM 1 BY 1
                    UNTIL REGAL-I > 4 OR DATEI-ENDE
            AFTER REIHE-I FROM 1 BY 1
                    UNTIL REIHE-I > 10 OR DATEI-ENDE
            AFTER FACH-I FROM 1 BY 1
                    UNTIL FACH-I > 16 OR DATEI-ENDE
    CLOSE LAGER-DATEI-ALT.
EINLESEN.
        READ LAGER-DATEI-ALT INTO FACH (REGAL-I, REIHE-I, FACH-I)
          AT END SET DATEI-ENDE TO TRUE
        END-READ.
```

Bei dieser Verschachtelung muß der Bezeichner REGAL-I hinter dem Wort VARYING und der Bezeichner FACH-I hinter dem zuletzt aufgeführten Wort AFTER angegeben werden, weil die in der letzten AFTER-Klausel angegebene

11.1 Komplexes PERFORM

Laufvariable stets am *schnellsten* und die in der VARYING-Klausel aufgeführte Laufvariable immer am *langsamsten* läuft.

Nachfolgend erläutern wir, wie der Algorithmus HOCHREGAL-LAGER-VERWALTUNG (vgl. Abschnitt 9.7) mit Hilfe der Out-of-line-PERFORM-Anweisung mit der VARYING-Klausel übersichtlicher und wirkungsvoller programmiert werden kann.

Die ursprüngliche Prozedur VERARBEITUNG gliedern wir wie folgt in die beiden Prozeduren VERARBEITUNG und SUCHE:

```
VERARBEITUNG.
    MOVE ZERO TO GEFUNDEN-FELD
    PERFORM SUCHE VARYING REGAL-I FROM 1 BY 1
                    UNTIL REGAL-I > 4 OR GEFUNDEN
                  AFTER REIHE-I FROM 1 BY 1
                    UNTIL REIHE-I > 10 OR GEFUNDEN
    IF GEFUNDEN THEN SET REIHE-I TO REIHE-I-D
                     SET REGAL-I TO REGAL-I-D
                     IF ARTIKEL-ANZAHL (REGAL-I, REIHE-I, FACH-I)
                            >= STUECKZAHL
                        THEN PERFORM VERARBEITUNG-1
                        ELSE PERFORM VERARBEITUNG-2
                     END-IF
                ELSE PERFORM FEHLERMELDUNG
    END-IF.
SUCHE.
    SET FACH-I TO 1
    SEARCH FACH VARYING FACH-I
      WHEN ARTIKEL-NR (REGAL-I, REIHE-I, FACH-I) = ARTIKEL-NUMMER
           SET GEFUNDEN TO TRUE
           SET REGAL-I-D TO REGAL-I
           SET REIHE-I-D TO REIHE-I
    END-SEARCH.
```

Die SEARCH-Anweisung variiert nur den dritten Index. Der erste und der zweite Index sind jeweils durch die aktuellen Laufvariablen-Werte der PERFORM-Anweisung festgelegt, die die Prozedur SUCHE bearbeitet.

Da die Inhalte der Index-Namen REGAL-I und REIHE-I nach der Identifizierung des gesuchten Faches im Rahmen der Abschlußbehandlung der Anweisung

```
PERFORM SUCHE VARYING REGAL-I FROM 1 BY 1
                UNTIL REGAL-I > 4 OR GEFUNDEN
              AFTER REIHE-I FROM 1 BY 1
                UNTIL REIHE-I > 10 OR GEFUNDEN
```

noch verändert werden (der Index-Wert von REIHE-I wird auf den Anfangswert 1 gesetzt und der Index-Wert von REGAL-I wird um den Wert 1 erhöht), sichern wir noch innerhalb der Prozedur SUCHE die aktuellen Werte dieser Index-Namen in den Index-Datenfeldern REGAL-I-D und REIHE-I-D. Diese Felder müssen wir durch die Vereinbarungen

```
77  REGAL-I-D  USAGE INDEX.
77  REIHE-I-D  USAGE INDEX.
```

zusätzlich in der WORKING-STORAGE SECTION des Programms HOCHREGAL-LAGER-VERWALTUNG vereinbaren.

Nach der Ausführung der PERFORM-Anweisung tragen wir die gesicherten Index-Werte (im Ja-Zweig der nachfolgenden IF-Anweisung) wieder in die Index-Namen REIHE-I und REGAL-I ein.

Insgesamt läßt sich die Lösung der Aufgabenstellung HOCHREGAL-LAGER-VERWALTUNG wie folgt programmieren:

```
IDENTIFICATION DIVISION.
PROGRAM-ID.
     HOCHREGAL-LAGER-VERWALTUNG.
ENVIRONMENT DIVISION.
     :                                    <───
WORKING-STORAGE SECTION.                       diese Programmzeilen
77  REGAL-I-D  USAGE INDEX.                    stimmen mit den
77  REIHE-I-D  USAGE INDEX.                    entsprechenden Zeilen
77  DATEI-ENDE-FELD PICTURE 9 VALUE ZERO.      des urspruenglichen
    88  DATEI-ENDE   VALUE 1.                  Programms ueberein
     :                                    <─── (vgl. Abschnitt 9.7)
PROCEDURE DIVISION.
RAHMEN.
    PERFORM VORBESETZUNG-FACH-TAB
    OPEN INPUT BESTELL-DATEI OUTPUT LISTE
    READ BESTELL-DATEI
        AT END SET DATEI-ENDE TO TRUE
    END-READ
    PERFORM UNTIL DATEI-ENDE
       PERFORM VERARBEITUNG
       READ BESTELL-DATEI
           AT END SET DATEI-ENDE TO TRUE
       END-READ
    END-PERFORM
    CLOSE BESTELL-DATEI LISTE
    PERFORM SICHERN-FACH-TAB
    STOP RUN.
```

11.1 Komplexes PERFORM

```
    VORBESETZUNG-FACH-TAB.
       OPEN INPUT LAGER-DATEI-ALT
       PERFORM EINLESEN VARYING REGAL-I FROM 1 BY 1
                           UNTIL REGAL-I > 4 OR DATEI-ENDE
                       AFTER REIHE-I FROM 1 BY 1
                           UNTIL REIHE-I > 10 OR DATEI-ENDE
                       AFTER FACH-I FROM 1 BY 1
                           UNTIL FACH-I > 16 OR DATEI-ENDE
       CLOSE LAGER-DATEI-ALT.
    EINLESEN.
          READ LAGER-DATEI-ALT INTO FACH (REGAL-I, REIHE-I, FACH-I)
             AT END SET DATEI-ENDE TO TRUE
          END-READ.
    VERARBEITUNG.
       MOVE ZERO TO GEFUNDEN-FELD
       PERFORM SUCHE VARYING REGAL-I FROM 1 BY 1
                         UNTIL REGAL-I > 4 OR GEFUNDEN
                     AFTER REIHE-I FROM 1 BY 1
                         UNTIL REIHE-I > 10 OR GEFUNDEN
       IF GEFUNDEN THEN  SET REIHE-I TO REIHE-I-D
                         SET REGAL-I TO REGAL-I-D
                         IF ARTIKEL-ANZAHL (REGAL-I, REIHE-I, FACH-I)
                            >= STUECKZAHL
                            THEN PERFORM VERARBEITUNG-1
                            ELSE PERFORM VERARBEITUNG-2
                         END-IF
                   ELSE PERFORM FEHLERMELDUNG
       END-IF.
    SUCHE.
       SET FACH-I TO 1
       SEARCH FACH VARYING FACH-I
          WHEN ARTIKEL-NR (REGAL-I, REIHE-I, FACH-I) = ARTIKEL-NUMMER
             SET GEFUNDEN TO TRUE
             SET REGAL-I-D TO REGAL-I
             SET REIHE-I-D TO REIHE-I
       END-SEARCH.
    VERARBEITUNG-1.
          :                diese Paragraphen enthalten dieselben
    VERARBEITUNG-2.        Anweisungen wie das urspruengliche Programm
          :                         (vgl. Abschnitt 9.7)
    FEHLERMELDUNG.
          :
```

```
SICHERN-FACH-TAB.
    OPEN OUTPUT LAGER-DATEI-NEU
    PERFORM AUSGABE VARYING REGAL-I FROM 1 BY 1
                          UNTIL REGAL-I > 4
                    AFTER REIHE-I FROM 1 BY 1
                          UNTIL REIHE-I > 10
                    AFTER FACH-I FROM 1 BY 1
                          UNTIL FACH-I > 16
    CLOSE LAGER-DATEI-NEU.
AUSGABE.
    WRITE LAGER-NEU-SATZ FROM FACH (REGAL-I, REIHE-I, FACH-I).
```

11.2 Komplexes EVALUATE

Entscheidungstabellen

Mit einer EVALUATE-Anweisung läßt sich nicht nur ein Case-Block, sondern auch eine Entscheidungstabelle umsetzen. Durch eine Entscheidungstabelle werden "Regeln" beschrieben, d.h. Angaben dazu, wie unterschiedliche Handlungen (Aktionen) in Abhängigkeit von bestimmten Bedingungskonstellationen durchzuführen sind. Somit läßt sich eine Entscheidungstabelle etwa durch das folgende Schema beschreiben:

regel-1	regel-2	...	regel-m	sonst
bed-1-1	bed-2-1		bed-m-1	
bed-1-2	bed-2-2		bed-m-2	
:	:	...	:	
bed-1-n	bed-2-n		bed-m-n	
aktion-1	aktion-2	...	aktion-m	other-teil

Die einzelnen Spalten stellen Regeln dar. Die 1. Regel besagt z.B., daß die Aktion "aktion-1" dann auszuführen ist, wenn die Bedingung "bed-1-1" und gleichzeitig die Bedingung "bed-1-2" und gleichzeitig die restlichen Bedingungen bis hin zu "bed-1-n" erfüllt sind.

Sofern keine der innerhalb der Regeln angegebenen Bedingungskonstellationen zutrifft, soll die Aktion "other-teil" in der durch "sonst" gekennzeichneten Spalte ausgeführt werden.

11.2 Komplexes EVALUATE

Eine derartige Entscheidungstabelle läßt sich mit Hilfe einer erweiterten Form der EVALUATE-Anweisung umformen, die die *parallele* Auswertung von Bedingungen unterstützt. Dazu muß jede Regel innerhalb einer WHEN-Klausel formuliert werden, wobei die parallel auszuwertenden Bedingungen durch das Schlüsselwort "ALSO" zu verbinden sind. Somit läßt sich das angegebene Schema in die folgende Form übertragen:

```
EVALUATE TRUE      ALSO TRUE      ...  ALSO TRUE
    WHEN bed-1-1 ALSO bed-1-2 ... ALSO bed-1-n    aktion-1
    WHEN bed-2-1 ALSO bed-2-2 ... ALSO bed-2-n    aktion-2
     :
    WHEN bed-m-1 ALSO bed-m-2 ... ALSO bed-m-n    aktion-m
    WHEN OTHER                                    other-teil
END-EVALUATE
```

Als Beispiel dafür, wie sich eine derartige EVALUATE-Anweisung aufbauen läßt, betrachten wir den Lösungsplan, der am Ende von Abschnitt 7.2 angegeben ist. Bei dieser Verschachtelung von Bedingungs-Blöcken kennzeichnen B1, B2, B3 und B4 im Programm vereinbarte Bedingungsnamen und A1, A2 bis A8 Bezeichner von Prozeduren. Das als Lösungsplan angegebene Struktogramm ist wegen der mehrfachen Verschachtelungen sehr unübersichtlich, so daß wir es in die folgende übersichtlichere Form einer Entscheidungstabelle umformen:

regel-1	regel-2	regel-3	regel-4	regel-5	regel-6
B1	B1	NOT B1	NOT B1	NOT B1	NOT B1
B2	NOT B2	-	-	-	-
-	-	B3	B3	NOT B3	NOT B3
-	-	B4	NOT B4	B4	NOT B4
A1	A1				
A2					
	A3				
		A4	A4		
				A5	A5
		A6			
					A7
				A8	

Bei dieser Darstellung kennzeichnet der Irrelevanzanzeiger "–", daß es nicht von Bedeutung ist, ob die jeweilige Bedingung zutrifft oder nicht erfüllt ist. Bei der Umformung in die erweiterte Form der EVALUATE-Anweisung ersetzen wir den Irrelevanzanzeiger "–" durch das Schlüsselwort "ANY", so daß die folgende EVALUATE-Anweisung resultiert:

```
EVALUATE TRUE     ALSO TRUE     ALSO TRUE    ALSO TRUE
    WHEN B1       ALSO B2       ALSO ANY     ALSO ANY
                                        PERFORM A1 PERFORM A2
    WHEN B1       ALSO NOT B2   ALSO ANY     ALSO ANY
                                        PERFORM A1 PERFORM A3
    WHEN NOT B1   ALSO ANY      ALSO B3      ALSO B4
                                        PERFORM A4 PERFORM A6
    WHEN NOT B1   ALSO ANY      ALSO B3      ALSO NOT B4
                                        PERFORM A4
    WHEN NOT B1   ALSO ANY      ALSO NOT B3  ALSO B4
                                        PERFORM A5 PERFORM A8
    WHEN NOT B1   ALSO ANY      ALSO NOT B3  ALSO NOT B4
                                        PERFORM A5 PERFORM A7
END-EVALUATE
```

Bei der Ausführung dieser EVALUATE-Anweisung wird zunächst innerhalb der 1. WHEN-Klausel überprüft, ob die Bedingungen B1 und B2 gleichzeitig zutreffen. Ist dies der Fall, so werden die Prozeduren A1 und A2 ausgeführt und anschließend die Bearbeitung der EVALUATE-Anweisung beendet. Ist dies nicht der Fall, so wird die 2. WHEN-Klausel bearbeitet. Ist der dort aufgeführte Vergleich – B1 muß zutreffen und B2 darf nicht erfüllt sein – ebenfalls nicht zutreffend, so wird die 3. WHEN-Klausel untersucht. Dabei wird überprüft, ob die Bedingung B1 nicht erfüllt und B3 und B4 beide gleichzeitig erfüllt sind. Ist dies der Fall, so werden die Prozeduren A4 und A6 ausgeführt, ansonsten wird die Bearbeitung mit der Auswertung der 4. Klausel fortgesetzt, usw.

Wie in dem angegebenen Beispiel angedeutet, können beliebig viele Bedingungen parallel ausgewertet werden, da sich die *EVALUATE-Anweisung* in ihrer erweiterten Form in der folgenden Form darstellt:

```
EVALUATE { TRUE | FALSE }
      [ ALSO { TRUE | FALSE } ]...

      WHEN { bedingung-1 | ANY }
          [ ALSO { bedingung-2 | ANY } ]...
                unb-anw-1 [ unb-anw-2 ]...

      [ WHEN { bedingung-3 | ANY }
          [ ALSO { bedingung-4 | ANY } ]...
                unb-anw-3 [ unb-anw-4 ]... ]...

          [ WHEN OTHER unb-anw-5 [ unb-anw-6 ]... ]
[ END-EVALUATE ]
```

11.2 Komplexes EVALUATE

Die Bedingungen, die parallel ausgewertet werden sollen, sind durch das Schlüsselwort *ALSO* zu verbinden. Dabei ist sicherzustellen, daß das Schlüsselwort "ALSO" in allen WHEN-Klauseln mit der Häufigkeit auftritt, mit der es vor der 1. WHEN-Klausel aufgeführt ist.

Mit dem Schlüsselwort "ANY" wird beschrieben, daß an der durch dieses Wort beschriebenen Position *kein Vergleich* vorgenommen werden soll.

Die Ausführung der EVALUATE-Anweisung wird damit begonnen, daß die innerhalb der 1. WHEN-Klausel aufgeführten Bedingungen mit den jeweils korrespondierenden Schlüsselwörtern "TRUE" bzw. "FALSE", die hinter "EVALUATE" angegeben sind, verglichen werden. Dabei ist eine Prüfung dann erfolgreich, wenn "TRUE" ("FALSE") mit einer Bedingung korrespondiert, deren Wahrheitswert gleich "wahr" ("falsch") ist. Ist diese Prüfung erfolgreich, so werden die in der 1. WHEN-Klausel angegebenen unbedingten Anweisungen bearbeitet und die Programmausführung hinter der EVALUATE-Anweisung fortgesetzt. Ist ein Vergleich nicht zutreffend, so wird die Prüfung mit der 2. WHEN-Klausel fortgesetzt, usw.

Gibt es keine WHEN-Klausel, für die die Prüfung erfolgreich ausfällt, wird – sofern angegeben – die WHEN-Klausel mit dem Schlüsselwort "OTHER" aktiviert, und es werden die dort angegebenen unbedingten Anweisungen ausgeführt.

Vergleich von arithmetischen Ausdrücken

Die bislang angegebene Syntax der EVALUATE-Anweisung läßt sich erweitern, weil sich auch arithmetische Ausdrücke mit arithmetischen Ausdrücken vergleichen lassen. In diesem Fall sind vor der 1. WHEN-Klausel sowie innerhalb jeder WHEN-Klausel – unmittelbar hinter dem Schlüsselwort WHEN – keine Bedingungen, sondern arithmetische Ausdrücke anzugeben. Bei der Ausführung der EVALUATE-Anweisung wird in diesem Fall geprüft, ob die einander zugeordneten arithmetischen Ausdrücke wertmäßig übereinstimmen oder nicht.

Als einfaches Beispiel für eine derartige Anwendung betrachten wir den folgenden Case-Strukturblock:

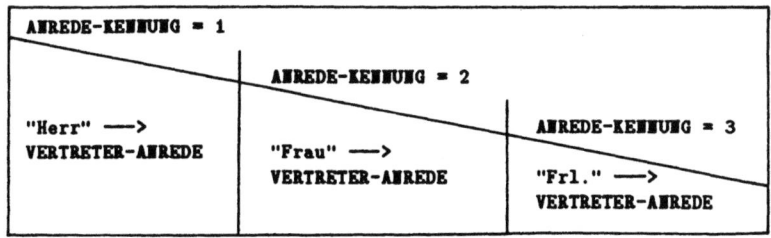

Dieser Case-Block läßt sich wie folgt durch eine EVALUATE-Anweisung umsetzen:

```
EVALUATE ANREDE-KENNUNG
        WHEN 1 MOVE "Herr" TO VERTRETER-ANREDE
        WHEN 2 MOVE "Frau" TO VERTRETER-ANREDE
        WHEN 3 MOVE "Frl." TO VERTRETER-ANREDE
END-EVALUATE
```

Durch die 1. *WHEN-Klausel* wird überprüft, ob das Feld ANREDE-KENNUNG den Wert "1" besitzt. Trifft dies zu, wird die hinter diesem Wert angegebene MOVE-Anweisung ausgeführt und das Programm anschließend mit der nächsten hinter dem Stopwort "END-EVALUATE" angegebenen Anweisung fortgesetzt.
Ist die Bedingung "ANREDE-KENNUNG = 1" nicht erfüllt, so wird die 2. WHEN-Klausel überprüft und – bei deren Ungültigkeit – daran anschließend die 3. WHEN-Klausel.
Die angegebene Umformung läßt sich aus der folgenden Syntax der EVALUATE-Anweisung ableiten:

```
EVALUATE arith-ausdruck-1
        [ ALSO arith-ausdruck-2 ]...

        WHEN arith-ausdruck-3
            [ ALSO arith-ausdruck-4 ]...
                unb-anw-1 [ unb-anw-2 ]...

     [ WHEN arith-ausdruck-5
            [ ALSO arith-ausdruck-6 ]...
                unb-anw-3 [ unb-anw-4 ]... ]...

     [ WHEN OTHER unb-anw-5 [ unb-anw-6 ]... ]
[ END-EVALUATE ]
```

Anstelle des Vergleichs von arithmetischen Ausdrücken können auch Vergleiche von beliebigen Datenfeldinhalten (gekennzeichnet durch die zugehörigen Bezeichner) mit numerischen oder alphanumerischen Literalen durchgeführt werden. Ergänzend zur zuvor angegebenen Syntax-Darstellung ist somit auch die folgende Erweiterung gültig:

11.2 Komplexes EVALUATE

```
EVALUATE { bezeichner-1 | literal-1 | arith-ausdruck-1 }
       [ ALSO { bezeichner-2 | literal-2 | arith-ausdruck-2 }
                                                            ]...

       WHEN { bezeichner-3 | literal-3 | arith-ausdruck-3
                                        | ANY }
          [ ALSO { bezeichner-4 | literal-4 | arith-ausdruck-4
                                             | ANY } ]...
               unb-anw-1 [ unb-anw-2 ]...

     [ WHEN { bezeichner-5 | literal-5 | arith-ausdruck-5
                                        | ANY }
          [ ALSO { bezeichner-6 | literal-6 | arith-ausdruck-6
                                             | ANY } ]...
               unb-anw-3 [ unb-anw-4 ]... ]...

     [ WHEN OTHER unb-anw-5 [ unb-anw-6 ]... ]
[ END-EVALUATE ]
```

Durch den Einsatz des Schlüsselworts "ANY" läßt sich wiederum kennzeichnen, daß an der betreffenden Position kein Vergleich vorgenommen werden soll.

Auch diese Darstellung ist noch nicht vollständig, da auch – über den Wertevergleich auf Übereinstimmung hinausgehend – abgeprüft werden kann, ob ein Wert innerhalb eines Werteintervalls liegt oder nicht.

So ist z.B. die folgende Prüfung möglich:

```
EVALUATE ANZAHL
    WHEN 1 THRU 500       DISPLAY "zwischen 1 und 500"
    WHEN 501 THRU 1000    DISPLAY "zwischen 501 und 1000"
    WHEN OTHER            DISPLAY "nicht zwischen 1 und 1000"
END-EVALUATE
```

In diesem Fall wird zunächst untersucht, ob der in "ANZAHL" gespeicherte Wert im Intervall zwischen "1" (einschließlich) und "500" (einschließlich) liegt oder nicht. Trifft dies zu, so wird die angegebene DISPLAY-Anweisung ausgeführt. Ansonsten wird untersucht, ob das Intervall von 501 bis 1000 den betreffenden Wert enthält. Abhängig von dieser Prüfung wird entweder die innerhalb der 2. WHEN-Klausel oder innerhalb der 3. WHEN-Klausel angegebene DISPLAY-Anweisung bearbeitet.

Diese Form der EVALUATE-Anweisung ist ableitbar aus dem folgenden erweiterten Syntax-Gerüst der EVALUATE-Anweisung:

```
EVALUATE { bezeichner-1 | literal-1 | arith-ausdruck-1 }
      [ ALSO { bezeichner-2 | literal-2 | arith-ausdruck-2 }
                                                              ]...

      WHEN [ NOT ] { bezeichner-3 | literal-3
                                  | arith-ausdruck-3 }
               [ THRU { bezeichner-4 | literal-4
                                     | arith-ausdruck-4 } ]
            [ ALSO { [ NOT ] { bezeichner-5 | literal-5
                                            | arith-ausdruck-5 }
                  [ THRU { bezeichner-6 | literal-6
                                        | arith-ausdruck-6 } ]
                                                                 ]...
             unb-anw-1 [ unb-anw-2 ]...

      [ WHEN [ NOT ] { bezeichner-7 | literal-7
                                    | arith-ausdruck-7 }
               [ THRU { bezeichner-8 | literal-8
                                     | arith-ausdruck-8 } ]
            [ ALSO { [ NOT ] { bezeichner-9 | literal-9
                                            | arith-ausdruck-9 }
                  [ THRU { bezeichner-10 | literal-10
                                         | arith-ausdruck-10 } ]
                                                                 ]...
             unb-anw-3 [ unb-anw-4]...                          ]...

      [ WHEN OTHER unb-anw-5 [ unb-anw-6 ]... ]
[ END-EVALUATE ]
```

Durch das Schlüsselwort "NOT" läßt sich kennzeichnen, daß untersucht werden soll, ob ein Wert außerhalb des Intervalls liegt, dessen Intervallgrenzen durch die Angaben hinter "NOT" festgelegt sind.

Somit könnte die oben angegebene EVALUATE-Anweisung – mit gleicher Bedeutung – wie folgt umgeformt werden:

```
EVALUATE ANZAHL
   WHEN NOT 1 THRU 1000      DISPLAY "nicht zwischen 1 und 1000"
   WHEN NOT 501 THRU 1000    DISPLAY "zwischen 1 und 500"
   WHEN OTHERWISE            DISPLAY "zwischen 501 und 1000"
END-EVALUATE
```

11.2 Komplexes EVALUATE

Allgemeine Form der EVALUATE-Anweisung

Generell dürfen innerhalb einer EVALUATE-Anweisung – bei der parallelen Auswertung – die Vergleiche von arithmetischen Ausdrücken und die Vergleiche von Bedingungen mit den durch "TRUE" und "FALSE" gekennzeichneten Wahrheitswerten "wahr" und "falsch" auch gemischt auftreten. Zudem ist es – wie in den ursprünglichen Syntax-Gerüsten – ebenfalls erlaubt, mit dem Schlüsselwort "ANY" zu dokumentieren, daß an der gekennzeichneten Position keine Prüfung durchgeführt werden soll.

Somit stellt sich die allgemeine Form der EVALUATE-Anweisung wie folgt dar:

Syntax der EVALUATE-Anweisung

```
EVALUATE { bezeichner-1 | literal-1 | arith-ausdruck-1
         | bedingung-1 | TRUE | FALSE }
       [ ALSO { bezeichner-2 | literal-2 | arith-ausdruck-2
              | bedingung-2 | TRUE | FALSE } ]...

    WHEN { [ NOT ] { bezeichner-3 | literal-3
                                  | arith-ausdruck-3 }
                  [ THRU { bezeichner-4 | literal-4
                                        | arith-ausdruck-4 } ]
         | bedingung-3 | TRUE | FALSE | ANY }
       [ ALSO { [ NOT ] { bezeichner-5 | literal-5
                                       | arith-ausdruck-5 }
                       [ THRU { bezeichner-6 | literal-6
                                             | arith-ausdruck-6 } ]
              | bedingung-4 | TRUE | FALSE | ANY }         ]...
         unb-anw-1 [ unb-anw-2 ]...

  [ WHEN { [ NOT ] { bezeichner-7 | literal-7
                                  | arith-ausdruck-7 }
                  [ THRU { bezeichner-8 | literal-8
                                        | arith-ausdruck-8 } ]
         | bedingung-5 | TRUE | FALSE | ANY }
       [ ALSO { [ NOT ] { bezeichner-9 | literal-9
                                       | arith-ausdruck-9 }
                       [ THRU { bezeichner-10 | literal-10
                                              | arith-ausdruck-10 } ]
              | bedingung-6 | TRUE | FALSE | ANY }         ]...
         unb-anw-3 [ unb-anw-4]...                          ]...
  [ WHEN OTHER unb-anw-5 [ unb-anw-6 ]... ]
[ END-EVALUATE ]
```

Wird das Stopwort "END-EVALUATE" angegeben, so wird die EVALUATE-Anweisung als unbedingte Anweisung eingesetzt. Andernfalls wird sie als bedingte Anweisung verwendet.

Bei der Ausführung der EVALUATE-Anweisung werden die Angaben innerhalb einer WHEN-Klausel ("when-angabe"), die zwischen dem Schlüsselwort "WHEN" und den nachfolgenden unbedingten Anweisungen aufgeführt sind, mit den Eintragungen ("angabe") verglichen, die zwischen dem Schlüsselwort "EVALUATE" und dem Beginn der 1. WHEN-Klausel angegeben sind.

Wird das Schlüsselwort "ALSO" nicht verwendet, so wird die Prüfung, ob "when-angabe" mit "angabe" übereinstimmt, direkt vorgenommen.

Die Prüfung wird mit der 1. WHEN-Klausel begonnen. Ist diese Prüfung erfolgreich, so werden die in der 1. WHEN-Klausel angegebenen unbedingten Anweisungen bearbeitet und die Programmausführung hinter der EVALUATE-Anweisung fortgesetzt. Ist ein Vergleich nicht zutreffend, so wird die Prüfung mit der 2. WHEN-Klausel fortgesetzt, usw.

Gibt es keine WHEN-Klausel, für die die Prüfung erfolgreich ausfällt, wird – sofern angegeben – die WHEN-Klausel mit dem Schlüsselwort "OTHER" aktiviert, und es werden die dort angegebenen unbedingten Anweisungen ausgeführt.

Wird das Schlüsselwort "ALSO" hinter "EVALUATE" eingetragen, so erfolgt eine parallele Prüfung. In diesem Fall muß "ALSO" innerhalb jeder WHEN-Klausel genauso oft aufgeführt sein wie vor der 1. WHEN-Klausel. Bei der parallelen Prüfung werden die Eintragungen miteinander verglichen, die wie folgt – positionsgleich bzgl. "ALSO" – angegeben sind:

```
EVALUATE    angabe-1 ALSO   angabe-2 ALSO   ...   ALSO   angabe-n

    WHEN  w-angabe-1 ALSO w-angabe-2 ALSO   ...   ALSO w-angabe-n
```

Es ist zu beachten, daß die positionsgleichen Eintragungen "angabe-i" und "w-angabe-i" aufeinander abgestimmt sein müssen, so daß bei der Prüfung ein sinnvoller Vergleich durchgeführt werden kann.

Z.B. muß bei der Verwendung einer Bedingung für "angabe-i" an der korrespondierenden Position für "w-angabe-i" eines der Schlüsselwörter "TRUE" oder "FALSE" aufgeführt sein. Entsprechendes gilt, wenn für "w-angabe-i" eine Bedingung angegeben ist.

Z.B. ist es nicht erlaubt, für "angabe-i" eine Bedingung und für "w-angabe-i" einen arithmetischen Ausdruck anzugeben.

11.2 Komplexes EVALUATE

Die Aufgabe LISTE-DER-NAMEN-UND-ANREDEN

Als Anwendungsbeispiel zum Einsatz der EVALUATE-Anweisung und der PERFORM-Anweisung im Zusammenhang mit der Verarbeitung einer zweistufigen Tabelle stellen wir uns abschließend die folgende Aufgabe *LISTE-DER-NAMEN-UND-ANREDEN*:

- Es ist eine Liste zu erstellen, in welche die Vertreternamen zusammen mit den jeweiligen Anreden der Vertreter einzutragen sind. Diese Daten sollen nach den vier Gebieten (Norddeutschland, Westdeutschland, Süddeutschland und Ostdeutschland) geordnet sein, in denen die Vertreter eingesetzt werden.

Dazu nehmen wir an, daß in den Sätzen der Eingabe-Datei VERTRETER-DATEI in den Zeichenpositionen 1 und 2 die jeweiligen Bezirkskennzahlen und in der Zeichenposition 47 die Anredekennungen eingetragen sind. Dabei stehen die Werte 1 für die Anrede "Herr", 2 für "Frau" und 3 für "Frl.". Für die Bezirkskennzahlen ist die Zuordnung zu den vier Gebieten so festgelegt, wie es im Abschnitt 3.6.4 angegeben ist. Der Einfachheit halber setzen wir voraus, daß bei der Erfassung dieser Werte keine Fehler aufgetreten sind.

Für die Eingabe- und Ausgabe-Dateien legen wir die folgenden Datei-Beschreibungen fest:

```
FD   VERTRETER-DATEI
     LABEL RECORD STANDARD.
01   VERTRETER-SATZ.
     02  BEZIRKS-KENNZAHL    PICTURE 99.
         88  NORDDEUTSCHLAND VALUE 17 THRU 23 44 .
         88  WESTDEUTSCHLAND VALUE 04 12 THRU 16.
         88  SUEDDEUTSCHLAND VALUE 33 34 66.
         88  OSTDEUTSCHLAND  VALUE 73 THRU 76 84 92 THRU 95.
     02  FILLER              PICTURE X(4).
     02  NACHNAME            PICTURE X(20).
     02  FILLER              PICTURE X(20).
     02  ANREDE-KENNUNG      PICTURE 9.
     02  FILLER              PICTURE X(33).
FD   LISTE
     LABEL RECORD OMITTED.
01   LISTE-SATZ.
     02  FILLER              PICTURE X(10).
     02  VERTRETER-ANREDE    PICTURE X(4).
     02  FILLER              PICTURE X.
     02  VERTRETER-NAME      PICTURE X(20).
     02  FILLER              PICTURE X(97).
```

Vor der Ausgabe der vier Teillisten für die vier Gebiete müssen wir die Anredekennungen und die Vertreternamen, geordnet nach Gebieten, im Arbeitsspeicherbereich zwischenspeichern. Dazu vereinbaren wir in der WORKING-STORAGE SECTION die folgende zweistufige Tabelle:

```
01  ZWISCHENSPEICHER-TAB.
    02  GEBIET OCCURS 4 TIMES.
        03  ZUNAME-ANREDE OCCURS 200 TIMES.
            04  ZUNAME PICTURE X(20).
            04  ANREDE PICTURE 9.
```

Wir unterstellen dabei, daß in jedem der vier Gebiete höchstens 200 Vertreter tätig sind. Da wir bei der Tabellendefinition keine Index-Namen vereinbart haben, werden wir die Tabellenelemente mit der Subskript-Methode adressieren.
Um die jeweils aktuelle Position in den Tabellen, die GEBIET untergeordnet sind, zu speichern, definieren wir die Tabelle ZAEHLER und besetzen die Tabellenelemente mit dem Anfangspositions-Wert "1" in der folgenden Weise vor:

```
01  ZAEHLER-TAB.
    02  ZAEHLER OCCURS 4 TIMES PICTURE 999 VALUE 001.
```

Zur Adressierung der Tabellenelemente vereinbaren wir die Datenfelder GEBIETS-KENNZIFFER, I, J und POS, und zur Erzeugung eines geeigneten Druckbildes richten wir die Felder STERN-ZEILE und LISTENKOPF-ZEILE wie folgt ein:

```
77  GEBIETS-KENNZIFFER PICTURE 9.
77  I    PICTURE 9.
77  J    PICTURE 999.
77  POS  PICTURE 999.
01  STERN-ZEILE PICTURE X(132) VALUE ALL "*".
01  LISTENKOPF-ZEILE.
    02  LISTEN-NAME    PICTURE X(6) VALUE "LISTE-".
    02  LISTEN-NUMMER  PICTURE 9.
    02  FILLER         PICTURE X(125) VALUE SPACES.
```

Als Lösungsalgorithmus geben wir die folgenden Struktogramme an:

11.2 Komplexes EVALUATE

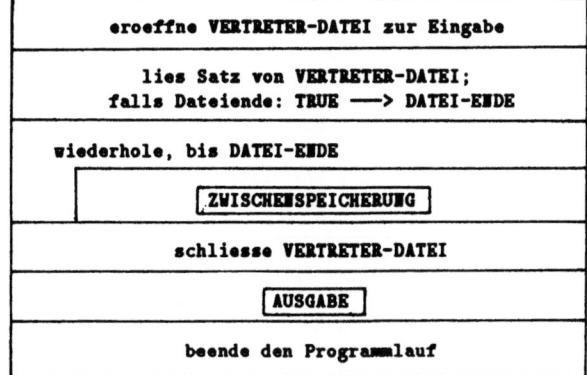

ZWISCHENSPEICHERUNG

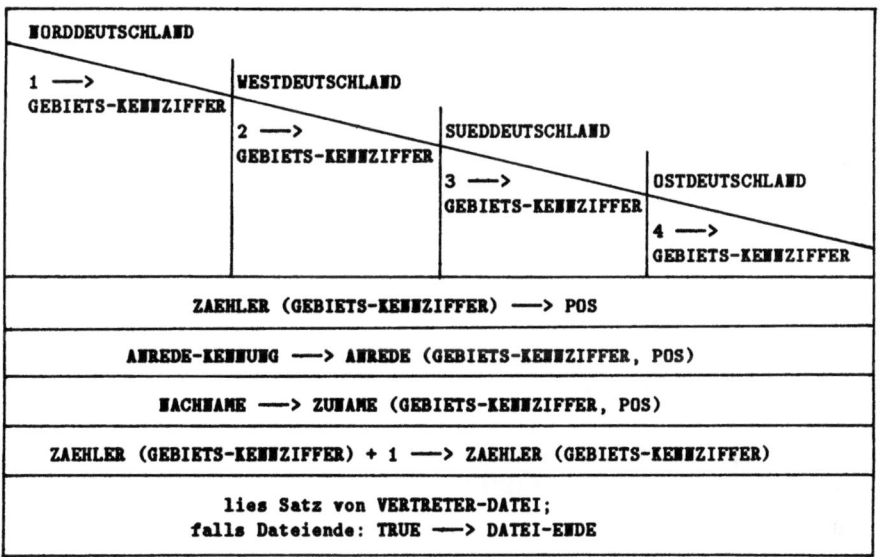

AUSGABE

eroeffne LISTE zur Ausgabe
varying I from 1 by 1 until I > 4
AUSGABE-LISTE-I
schliesse LISTE

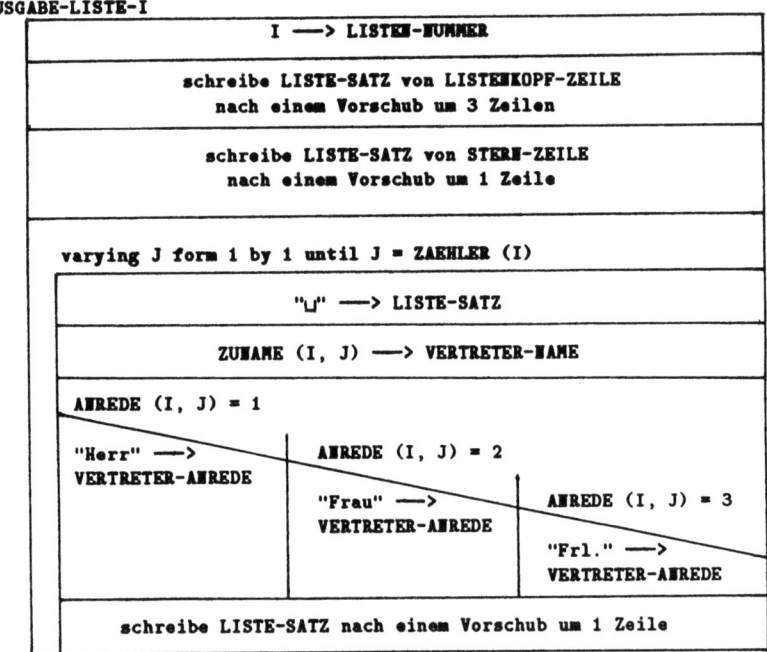

Diese Struktogramme setzen wir in die folgenden Programmzeilen um:

```
IDENTIFICATION DIVISION.
PROGRAM-ID.
    LISTE-DER-NAMEN-UND-ANREDEN.
*   GETRENNT NACH DEN 4 GEBIETEN
ENVIRONMENT DIVISION.
CONFIGURATION SECTION.
SOURCE-COMPUTER.
    dva-name-1.
OBJECT-COMPUTER.
    dva-name-2.
INPUT-OUTPUT SECTION.
FILE-CONTROL.
    SELECT VERTRETER-DATEI  ASSIGN TO SI.
    SELECT LISTE            ASSIGN TO LO.
DATA DIVISION.
FILE SECTION.
FD  VERTRETER-DATEI
    LABEL RECORD STANDARD.
```

11.2 Komplexes EVALUATE

```
    01  VERTRETER-SATZ.
        02  BEZIRKS-KENNZAHL    PICTURE 99.
            88  NORDDEUTSCHLAND VALUE 17 THRU 23 44 .
            88  WESTDEUTSCHLAND VALUE 04 12 THRU 16.
            88  SUEDDEUTSCHLAND VALUE 33 34 66.
            88  OSTDEUTSCHLAND  VALUE 73 THRU 76 84 92 THRU 95.
        02  FILLER              PICTURE X(4).
        02  NACHNAME            PICTURE X(20).
        02  FILLER              PICTURE X(20).
        02  ANREDE-KENNUNG      PICTURE 9.
        02  FILLER              PICTURE X(33).
    FD  LISTE
        LABEL RECORD OMITTED.
    01  LISTE-SATZ.
        02  FILLER              PICTURE X(10).
        02  VERTRETER-ANREDE    PICTURE X(4).
        02  FILLER              PICTURE X.
        02  VERTRETER-NAME      PICTURE X(20).
        02  FILLER              PICTURE X(97).
    WORKING-STORAGE SECTION.
    77  DATEI-ENDE-FELD PICTURE 9  VALUE ZERO.
        88 DATEI-ENDE VALUE 1.
    77  GEBIETS-KENNZIFFER PICTURE 9.
    77  I    PICTURE 9.
    77  J    PICTURE 999.
    77  POS PICTURE 999.
    01  ZWISCHENSPEICHER-TAB.
        02  GEBIET OCCURS 4 TIMES.
            03  ZUNAME-ANREDE OCCURS 200 TIMES.
                04 ZUNAME PICTURE X(20).
                04 ANREDE PICTURE 9.
    01  ZAEHLER-TAB.
        02  ZAEHLER OCCURS 4 TIMES   PICTURE 999 VALUE 001.
    01  STERN-ZEILE PICTURE X(132) VALUE ALL "*".
    01  LISTENKOPF-ZEILE.
        02  LISTEN-NAME   PICTURE X(6)  VALUE "LISTE-".
        02  LISTEN-NUMMER PICTURE 9.
        02  FILLER        PICTURE X(125)  VALUE SPACES.
    PROCEDURE DIVISION.
    BEGINN.
        OPEN INPUT VERTRETER-DATEI
        READ VERTRETER-DATEI
            AT END SET DATEI-ENDE TO TRUE
        END-READ
```

```cobol
           PERFORM ZWISCHENSPEICHERUNG UNTIL DATEI-ENDE
           CLOSE VERTRETER-DATEI
           PERFORM AUSGABE
           STOP RUN.
       ZWISCHENSPEICHERUNG.
           EVALUATE TRUE
                     WHEN NORDDEUTSCHLAND
                     MOVE 1 TO GEBIETS-KENNZIFFER
                     WHEN WESTDEUTSCHLAND
                     MOVE 2 TO GEBIETS-KENNZIFFER
                     WHEN SUEDDEUTSCHLAND
                     MOVE 3 TO GEBIETS-KENNZIFFER
                     WHEN OSTDEUTSCHLAND
                     MOVE 4 TO GEBIETS-KENNZIFFER
           END-EVALUATE
           MOVE ZAEHLER (GEBIETS-KENNZIFFER) TO POS
      *    ANREDE (GEBIETS-KENNZIFFER, ZAEHLER(GEBIETS-KENNZIFFER))
      *    IST UNZULAESSIG
           MOVE ANREDE-KENNUNG TO ANREDE (GEBIETS-KENNZIFFER, POS)
           MOVE NACHNAME TO ZUNAME (GEBIETS-KENNZIFFER, POS)
           ADD 1 TO ZAEHLER (GEBIETS-KENNZIFFER)
           READ VERTRETER-DATEI
               AT END SET DATEI-ENDE TO TRUE
           END-READ.
       AUSGABE.
           OPEN OUTPUT LISTE
           PERFORM AUSGABE-LISTE-I VARYING I FROM 1 BY 1 UNTIL I > 4
           CLOSE LISTE.
       AUSGABE-LISTE-I.
           MOVE I TO LISTEN-NUMMER
           WRITE LISTE-SATZ FROM LISTENKOPF-ZEILE
                         AFTER ADVANCING 3 LINES
           WRITE LISTE-SATZ FROM STERN-ZEILE AFTER ADVANCING 1 LINE
           PERFORM VARYING J FROM 1 BY 1 UNTIL J = ZAEHLER (I)
              MOVE SPACES TO LISTE-SATZ
              MOVE ZUNAME (I, J) TO VERTRETER-NAME
              EVALUATE ANREDE (I, J)
                     WHEN 1 MOVE "Herr" TO VERTRETER-ANREDE
                     WHEN 2 MOVE "Frau" TO VERTRETER-ANREDE
                     WHEN 3 MOVE "Frl." TO VERTRETER-ANREDE
              END-EVALUATE
              WRITE LISTE-SATZ AFTER ADVANCING 1 LINE
           END-PERFORM.
```

Kapitel 12

Datei-Verarbeitung

In diesem Kapitel befassen wir uns mit den verschiedenen Organisationsformen von Dateien und den entsprechenden Zugriffs-Methoden, die durch die ORGANIZATION- und die ACCESS-Klauseln im Paragraphen FILE-CONTROL festgelegt werden. Ferner erweitern wir die Menge der uns bereits bekannten Anweisungen zur Datei-Bearbeitung um die Anweisungen REWRITE, DELETE und START.
Im Abschnitt 12.1 ergänzen wir unsere Kenntnisse über den Aufbau der Puffer-Bereiche bei der Datei-Verarbeitung. Es können mehrere Datensätze zu einem Block zusammengefaßt und mehrere Puffer-Bereiche definiert werden, die sich zeitlich überlappend verarbeiten lassen. Dazu muß die BLOCK-Klausel in der Datei-Beschreibung bzw. die RESERVE-Klausel im Paragraphen FILE-CONTROL angegeben werden.
Im Abschnitt 12.2 erläutern wir zusammenfassend die sequentielle Datei-Organisation und die sequentielle Zugriffs-Methode.
Wollen wir auf die Datensätze einer Datei nicht nur sequentiell, sondern auch direkt zugreifen, so müssen wir als Datei-Organisation die relative oder die index-sequentielle Organisationsform und als Zugriffs-Methode den Random-Zugriff bzw. den dynamischen Zugriff wählen. Dazu sind die RELATIVE- bzw. die RECORD-Klausel im Paragraphen FILE-CONTROL anzugeben. Diese Möglichkeiten stellen wir für die relative Organisationsform im Abschnitt 12.3 und für die index-sequentielle Organisation im Abschnitt 12.4 dar.
Die relative Datei-Organisation ist besonders geeignet, wenn die Positionsnummern der Sätze direkt oder durch eine einfache Rechnung ermittelt werden können. Ist dies nicht möglich, oder soll der Zugriff über einen alphanumerischen Satz-Schlüssel erfolgen, so ist die Ablage in Form einer index-sequentiellen Datei zu organisieren. Bei dieser Organisationsform kann neben dem Zugriff über den Primär-Schlüssel zusätzlich über einen oder mehrere Alternativ-Schlüssel zugegriffen werden.

12.1 Kenngrößen von Dateien

Organisation und Zugriffs-Methoden

Die in den vorausgehenden Abschnitten bearbeiteten Dateien besitzen die folgenden charakteristischen Merkmale:

- die logische Abfolge der Sätze in der Datei ist durch die Reihenfolge bestimmt, in der die Sätze in die Datei eingetragen worden sind, und

- der Zugriff auf einen speziellen Satz ist nur möglich, nachdem alle vor ihm abgespeicherten Sätze eingelesen worden sind.

Die erste dieser Eigenschaften beschreibt die Datei-Organisation und die zweite charakterisiert die Zugriffs-Methode.

Generell kennzeichnet die *Datei-Organisation* (file organization), wie die Datensätze einer Datei auf dem zugehörigen Datenträger abgespeichert sind und in welcher Beziehung die logische Reihenfolge und die physikalische Ablage zueinander stehen.

Unter einer *Zugriffs-Methode* (access mode) verstehen wir das Verfahren, nach dem der Zugriff auf einen bestimmten Satz erfolgt. Bisher haben wir stets *sequentiell organisierte* Dateien (sequential file) mit der *sequentiellen Zugriffs-Methode* (sequential access) verarbeitet, d.h. ein Satz wird nach dem anderen verarbeitet – ein Abweichen von dieser Abfolge ist nicht möglich.

Als weitere Formen werden wir die *relative* (RELATIVE) und die *index-sequentielle* Organisationsform (INDEXED) sowie als weitere Zugriffs-Methoden den *Random-Zugriff* (RANDOM) und den *dynamischen* Zugriff (DYNAMIC) kennenlernen.

Bevor wir eine Aufstellung der physikalischen und logischen Kenngrößen einer Datei angeben, wollen wir uns zunächst näher mit dem Aufbau und dem Transport der Blöcke (physikalischen Datensätze) befassen.

Blockung von Datensätzen

Wir haben beschrieben (vgl. Abschnitt 3.2), daß bei der Bearbeitung einer Datei vom Betriebssystem ein Puffer-Bereich im Hauptspeicher eingerichtet und der Inhalt als ein Block transportiert wird. Bisher sind wir davon ausgegangen, daß ein Puffer immer genau einen Satz enthält, d.h. die logische Satzlänge – bestimmt durch die Strukturierung des Datensatzes – stimmte immer mit der Blocklänge überein.

Als Nachteile dieser Verarbeitungsform sind unter anderem zu nennen:

- die Zeit für die Ein- oder Ausgabe eines Blocks ist im Verhältnis zur Ausführungszeit der Maschineninstruktionen unverhältnismäßig hoch,[1] und

---

[1] Block-Transporte vom Haupt- zum Magnetplattenspeicher erfolgen im Millisekundenbereich (1 msec = 10^{-3} sec), und die Ausführungszeiten der meisten Maschineninstruktionen liegen im Mikrosekundenbereich (1 μsec = 10^{-6} sec).

12.1 Kenngrößen von Dateien

- die Speicherausnutzung auf den magnetischen Datenträgern ist umso geringer, je kleiner die Blocklänge ist.[2]

COBOL bietet die Möglichkeit, mehrere Sätze zu einem Block zusammenzufassen. Dieser Vorgang heißt *Blockung*, und die Anzahl der jeweils zusammengefaßten Sätze wird *Blockungsfaktor* genannt. Die Blockung läßt sich durch die *BLOCK-Klausel* in Form von

```
BLOCK CONTAINS [ ganzzahl-1 TO ] ganzzahl-2 { CHARACTERS | RECORDS }
```

innerhalb der Datei-Beschreibung festlegen. Bei Mikrocomputern wird diese Klausel in der Regel als Kommentar aufgefaßt.

Bei der Angabe des COBOL-Worts RECORDS gibt der Wert "ganzzahl-2" die Anzahl der Sätze an, die zu einem Block zusammengefaßt werden.[3]

Bei der Blockung ist folgendes zu beachten:

- je höher der Blockungsfaktor, desto größer ist der benötigte Hauptspeicherbereich für die Einrichtung des Puffers, und

- die maximal zulässige Blocklänge ist eine Anlagen-abhängige Größe.

Bei jeder Anwendung ist daher die Größe des Puffer-Bereichs gegenüber der Wahl des Blockungsfaktors abzuwägen.

Feste und variable Satzlänge

In COBOL können Dateien auf magnetischen Datenträgern mit *fester* (konstanter) und *variabler* (unterschiedlicher) Satzlänge verarbeitet werden. Die Länge eines Satzes wird durch die Angaben in der zugehörigen Datensatz-Beschreibung festgelegt.

Zur Einrichtung einer Datei mit einer variablen Satzlänge können wir entweder mehrere Datensatz-Beschreibungen im FD-Eintrag festlegen, etwa durch

```
FD  TEST-DATEI-AUSGABE
    LABEL RECORD STANDARD.
01  TEST-SATZ-1 PICTURE X(20).
01  TEST-SATZ-2 PICTURE X(11).
```

und dann in der PROCEDURE DIVISION die Anweisungen

---

[2] Auf einem magnetischen Datenträger werden je zwei Blöcke durch einen Zwischenraum, der sog. Blocklücke (interblock gap) voneinander getrennt, der dadurch für die Speicherung von Daten verlorengeht.

[3] Der Speicherbereich, der für den Blockheader und gegebenenfalls auch für die interne Verwaltung der Sätze notwendig ist, wird vom Kompilierer automatisch berücksichtigt. Ohne die Angabe des COBOL-Worts RECORDS wird die Block-Klausel nur in Spezialfällen eingesetzt (siehe Hersteller-Beschreibung).

```
MOVE "LANGER-SATZ:XXXXXXX" TO TEST-SATZ1
WRITE TEST-SATZ-1
MOVE "KURZER-SATZ" TO TEST-SATZ-2
WRITE TEST-SATZ-2
```

ausführen lassen, oder aber den Ausgabe-Puffer als Tabelle – mit einer variablen Anzahl von Tabellenelementen – etwa durch

```
FD  TEST-DATEI-AUSGABE
    LABEL RECORD STANDARD.
01  TEST-SATZ.
    02 T PIC X OCCURS 11 TO 20 TIMES DEPENDING ON T-LAENGE.
```

definieren und in der PROCEDURE DIVISION die folgenden Angaben machen:

```
MOVE 20 TO T-LAENGE
MOVE "LANGER-SATZ:XXXXXXX" TO TEST-SATZ
WRITE TEST-SATZ
MOVE 11 TO T-LAENGE
MOVE "KURZER-SATZ" TO TEST-SATZ
WRITE TEST-SATZ
```

Dabei muß das Datenfeld T-LAENGE, das die aktuelle Länge des Datensatzes festlegt, etwa wie folgt in der WORKING-STORAGE SECTION vereinbart sein:

```
77  T-LAENGE PICTURE 99.
```

Um die Satzlängen in der Datei-Beschreibung zu dokumentieren, kann die *RECORD-Klausel* (welche die gleiche Struktur wie die BLOCK-Klausel besitzt) in der folgenden Form angegeben werden:

```
RECORD CONTAINS [ ganzzahl-1 TO ] ganzzahl-2 CHARACTERS
```

Enthält die Datei unterschiedlich lange Sätze, so wird mit "ganzzahl-1" die Zeichenzahl des kürzesten Satzes und mit "ganzzahl-2" die des längsten Satzes festgelegt. Bei fester Satzlänge wird nur "ganzzahl-2" angegeben.

Als weitere Möglichkeit für die Verarbeitung von Sätzen variabler Satzlänge läßt sich eine *RECORD-Klausel* in der Form

```
RECORD IS VARYING IN SIZE
       [ [ FROM ganzzahl-1 ] TO ganzzahl-2 CHARACTERS ]
         DEPENDING ON bezeichner
```

vereinbaren.
Bei der Datenausgabe wird durch den Inhalt des ganzzahlig numerischen Datenfeldes "bezeichner" bestimmt, wieviele Zeichen zu übertragen sind.

12.1 Kenngrößen von Dateien

Bei der Dateneingabe wird in "bezeichner" die Anzahl der vom Datenträger in den Eingabe-Puffer übertragenen Zeichen bereitgestellt.

Puffer-Bereiche

Legen wir innerhalb der FILE SECTION eine Datei auf einem magnetischen Datenträger z.B. durch den FD-Eintrag

```
FD  VERTRETER-DATEI-P
    BLOCK CONTAINS 3 RECORDS
    LABEL RECORD STANDARD.
01  VERTRETER-SATZ  PICTURE X(80).
```

fest, so besteht der zugehörige Puffer-Bereich aus 240 Bytes (zuzüglich der Bytes für den Blockheader) zur Aufnahme von je drei Datensätzen der Länge 80.

Wir wollen uns nun die Vorgänge beim sequentiellen Zugriff auf die sequentiell organisierte Datei VERTRETER-DATEI-P näher veranschaulichen.

Wird VERTRETER-DATEI-P als *Eingabe-Datei* eröffnet, so stellt das Betriebssystem für den Eingabe-Puffer 240 Bytes im Hauptspeicher zur Verfügung. Bei der Ausführung der ersten READ-Anweisung wird der erste Block aus der Datei in den Puffer transportiert, und VERTRETER-SATZ adressiert die ersten 80 Bytes als ersten Satz. Beim zweiten READ wird *automatisch* auf den Anfang des zweiten Satzes im Puffer und beim dritten READ auf den Anfang des dritten Satzes positioniert. Erst beim vierten READ wird der zweite Block aus der Datei in den Puffer transportiert, und VERTRETER-SATZ adressiert dann die ersten 80 Bytes des zweiten Blocks.

Das Betriebssystem positioniert bei jeder READ-Anweisung *automatisch* auf den jeweils aktuellen Teil des Puffer-Bereichs und führt die nächste Block-Übertragung erst dann durch, wenn der letzte Puffer-Teil bearbeitet wurde (entblocken).

Ist der letzte in der Datei vorhandene Satz bearbeitet worden, so wird bei der nachfolgenden READ-Anweisung das Dateiende festgestellt. Anschließend werden die Anweisungen ausgeführt, die innerhalb der AT END-Klausel in der READ-Anweisung angegeben sind.

Wird VERTRETER-DATEI-P als *Ausgabe-Datei* eröffnet, so wird ein Puffer-Bereich von 240 Bytes eingerichtet.

Bei der ersten WRITE-Anweisung adressiert VERTRETER-SATZ die ersten 80 Bytes des Puffers. Bei der zweiten WRITE-Anweisung wird durch VERTRETER-SATZ der zweite Teil des Puffer-Bereichs und bei der dritten WRITE-Anweisung der dritte Teil angesprochen. Dies geschieht *automatisch* – der Programmierer braucht diese Vorgänge nicht zu überwachen. Nach dem dritten WRITE ist der Puffer gefüllt, und der Inhalt wird als Block auf den Datenträger geschrieben. Beim nächsten WRITE wird durch VERTRETER-SATZ wiederum der erste Teil des Puffers adressiert.

Das Betriebssystem positioniert nach jedem WRITE *automatisch* auf den entsprechenden Puffer-Teil und gibt erst einen vollen Puffer als Block auf den Datenträger aus (blocken). Beim Schließen der Datei überprüft das Betriebssystem, ob der Puffer noch Daten enthält, die übertragen werden müssen. Ist dies der Fall, so wird der Puffer-Inhalt als letzter Block in die Datei transportiert.

Graphisch können wir uns diese Vorgänge so veranschaulichen (Abbildung 12.1):

Abbildung 12.1: Adressierung im Puffer

Zeitlich überlappende Verarbeitung

Bei der Übertragung eines Blocks in einen Eingabe- oder aus einem Ausgabe-Puffer muß der Transport abgeschlossen sein, bevor die nächste READ- bzw. WRITE-Anweisung ausgeführt werden kann. Um diese Wartezeiten so gering wie möglich zu halten, unterstützt COBOL die Einrichtung *mehrerer Puffer-Bereiche* und ihre *zeitlich überlappende Verarbeitung*. Dazu kann als Ergänzung der SELECT-Klausel im Paragraphen FILE-CONTROL die *RESERVE-Klausel*, die die Anzahl der Puffer festlegt, in der Form

> <u>RESERVE</u> ganzzahl { AREAS | AREA }

angegeben werden.

Diese Klausel wird in der Regel nur bei Großrechenanlagen ausgewertet. Ohne Angabe dieser Klausel werden vom Betriebssystem standardmäßig im allgemeinen zwei Puffer-Bereiche angelegt (Doppelpufferung).

Für die zeitlich überlappende Verarbeitung gilt:

- Beim *Lesen* werden *parallel* zur Verarbeitung der Sätze im aktuellen Puffer schon die nächsten Datei-Blöcke in den weiteren Puffern bereitgestellt, und

- beim *Schreiben* werden *parallel* zur Ausgabe des gerade gefüllten Puffers die nächsten Sätze schon in die weiteren Puffer eingetragen.

Die zeitlich überlappende Verarbeitung erklärt, warum wir bei der Druckausgabe in unseren Beispielprogrammen nicht mit der einmaligen Löschung des Ausgabe-Puffers zu Programmbeginn ausgekommen sind. Grundsätzlich ist daher zu empfehlen, die zu druckenden Sätze im Arbeitsspeicherbereich aufzubauen und in der

12.1 Kenngrößen von Dateien

WRITE-Anweisung die FROM-Klausel zu verwenden. In diesem Fall reicht eine einmalige Löschung der entsprechenden Arbeitsspeicherbereiche zu Programmbeginn aus (vgl. Abschnitt 3.6.1).

Datei-Kenngrößen

Wir geben zusammenfassend eine Aufstellung der Kenngrößen für die physikalische und logische Beschaffenheit einer Datei an:
Die *logische* Beschaffenheit einer Datei wird durch die Festlegung von

- Blockungsfaktor (BLOCK-Klausel),

- logischer Satzlänge (RECORD-Klausel),

- Kennsätzen (LABEL-Klausel) und

- Struktur der Datensätze (DATA-Klausel)

in der Datei-Beschreibung innerhalb der FILE SECTION nach dem folgenden Schema vereinbart:

```
FD dateiname
    [ BLOCK CONTAINS [ ganzzahl-1 TO ] ganzzahl-2
        { CHARACTERS | RECORDS } ]
    [ { RECORD CONTAINS [ ganzzahl-3 TO ] ganzzahl-4 CHARACTERS
      | RECORD IS VARYING IN SIZE
        [ [ FROM ganzzahl-5 ] TO ganzzahl-6 CHARACTERS ]
            DEPENDING ON bezeichner } ]
    [ LABEL { RECORD IS | RECORDS ARE } { STANDARD | OMITTED } ]
    [ DATA { RECORD IS | RECORDS ARE }
                    datensatzname-1 [ datensatzname-2 ]... ]
01 datensatzname-1
  |
  | Datensatz-Beschreibung von "datensatzname-1"
  .
[ 01 datensatzname-2
  |
  | Datensatz-Beschreibung von "datensatzname-2"
  .                                                    ]...
```

In der DATA-Klausel lassen sich die Bezeichner der nachfolgend durch die Stufennummer 01 gekennzeichneten Datensätze aufführen. Die DATA-Klausel besitzt nur eine dokumentarische Aufgabe. In unseren Beispielprogrammen haben wir auf die Angabe dieser Klausel verzichtet.

Im Abschnitt 2.3 haben wir beschrieben, wie Datensatz-Beschreibungen aufgebaut sind, und in den vorausgegangenen Kapiteln haben wir die Möglichkeiten dargestellt, wie wir die einem Datensatz untergeordneten Datenfelder vereinbaren können.

An dieser Stelle geben wir einen zusammenfassenden Überblick über die Syntax einer Datenfeld-Beschreibung, die innerhalb einer Datei-Beschreibung angegeben werden darf.[4]

Syntax der Datenfeld-Beschreibung

Format-1:

```
stufennummer-von-01-bis-49 [ { bezeichner-1 | FILLER } ]
   [ REDEFINES bezeichner-2 ]
   [ { PICTURE | PIC } IS picture-maske ]
   [ SIGN IS { LEADING | TRAILING } ] [ SEPARATE CHARACTER ]
   [ USAGE IS { DISPLAY | COMPUTATIONAL | BINARY | PACKED-DECIMAL } ]
   [ USAGE IS INDEX ]
   [ OCCURS { ganzzahl-1 TIMES
           | ganzzahl-2 TO ganzzahl-3 TIMES DEPENDING ON bezeichner-3 }
   [ { ASCENDING | DESCENDING } KEY
                   IS bezeichner-4 [ bezeichner-5 ]... ]...
   [ INDEXED BY index-name-1 [ index-name-2 ]... ]
   [ BLANK WHEN ZERO ]
   [ { JUSTIFIED | JUST } RIGHT ]
   [ VALUE IS literal ] .
```

Format-2:

```
88 bedingungsname VALUE literal-1 [ THRU literal-2 ]
                        [ literal-3 [ THRU literal-4 ] ]...
```

Die *physikalische* Beschaffenheit einer Datei wird im Paragraphen FILE-CONTROL durch die Angaben von

- Datenträger und Ein-/Ausgabe-Gerätetyp (ASSIGN-Klausel),

- Datei-Organisation (ORGANIZATION-Klausel),

- Zugriffs-Methode (ACCESS-Klausel), und

- Anzahl der Puffer-Bereiche (RESERVE-Klausel)

---
[4] Die Stufennummer 77 und die VALUE-Klausel zur Vorbesetzung von Datenfeldern dürfen innerhalb einer Datei-Beschreibung nicht verwendet werden.

12.1 Kenngrößen von Dateien

als Ergänzung der SELECT-Klausel wie folgt vereinbart:

```
SELECT [ OPTIONAL ] dateiname ASSIGN TO gerätebezeichnung
       [ ORGANIZATION IS { SEQUENTIAL | RELATIVE | INDEXED } ]
       [ ACCESS MODE IS { SEQUENTIAL | RANDOM | DYNAMIC } ]
       [ RESERVE ganzzahl { AREAS | AREA } ] .
```

Durch die Angabe des Schlüsselworts *OPTIONAL* hinter dem Wort SELECT wird für eine Eingabe-Datei bestimmt, daß die durch die ASSIGN-Klausel spezifizierte Datei während der Programmausführung zur Verfügung stehen kann, aber nicht notwendig vorhanden sein muß. Dadurch ist es z.B. möglich, Eingabe-Anweisungen ohne Programmabbruch durchzuführen, sofern Dateien – z.B. in der Testphase – für die Verarbeitung nicht zur Verfügung stehen.
Mit der ORGANIZATION- und der ACCESS-Klausel werden wir uns in den folgenden Abschnitten näher beschäftigen.

Datenträger-Vereinbarung

Der Datenträger, der einer Datei zugeordnet wird, muß durch die Angabe innerhalb der ASSIGN-Klausel im Paragraphen FILE-CONTROL spezifiziert werden. Diese Anlagen-abhängige Gerätebezeichnung besteht entweder aus einem symbolischen Namen, dem erst vor dem Objektlauf durch ein entsprechendes Kommando der physikalische Datenträger zugewiesen wird, oder bereits aus zusätzlicher Datenträger-spezifischer Detailinformation (siehe die Angaben im Abschnitt 3.3).
In unseren Beispielprogrammen haben wir als Gerätebezeichnungen für Dateien auf magnetischen Datenträgern und für Druck-Dateien immer die symbolischen Bezeichnungen "SI" (Standard Input), "LO" (List Output), "DO" (Disk Output) bzw. "DI" (Disk Input) benutzt. Die jeweils konkreten Gerätebezeichnungen, die anstelle dieser Wörter in das COBOL-Programm einzutragen sind, müssen der jeweiligen DVA entsprechend gewählt werden und sind beim Übergang von einem Speichermedium zu einem anderen bzw. beim Wechsel auf eine andere DVA gegebenenfalls entsprechend zu ändern.
Wollen wir auf einer DVA der Firma SIEMENS (Betriebssystem BS 1000) eine Magnetband-Datei bearbeiten, so müssen wir z.B.

```
SELECT dateiname   ASSIGN TO UT-TAPE-S-SYS010.
```

angeben, während wir unter dem Betriebssystem BS 2000 etwa

```
SELECT dateiname   ASSIGN TO UT-TAPE-S-BAND.
```

zu vereinbaren haben.

12.2 Sequentielle Datei-Organisation

Organisationsform und Zugriffs-Methode

Bei der sequentiellen Organisation (ORGANIZATION IS *SEQUENTIAL*) ist die logische Abfolge der Datensätze durch die Reihenfolge festgelegt, in der die Sätze in die Datei eingetragen wurden, d.h. auf einen Satz kann nur nach dem Einlesen aller vorangehender Sätze zugegriffen werden, und ein Abweichen von der bestehenden Abfolge ist unmöglich.
Als Datenträger für diese Organisationsform sind sowohl Druckerpapier und alle magnetischen Datenträger zugelassen.
Als einzig mögliche Zugriffs-Methode für sequentiell organisierte Dateien ist der sequentielle Zugriff (ACCESS MODE IS *SEQUENTIAL*) zulässig, d.h.

- bei einer Eingabe-Datei kann der Zugriff auf einen speziellen Satz nur durch das vorhergehende Einlesen aller vor ihm abgespeicherten Sätze erfolgen, und

- bei einer Ausgabe-Datei können die einzelnen Sätze nur sequentiell in die Datei eingetragen werden.

Vereinbarung von Datei-Organisation und Zugriffs-Methode

Soll eine sequentiell organisierte Datei verarbeitet werden, so müssen wir den sequentiellen Zugriff wählen und daher im Paragraphen FILE-CONTROL folgende Angaben machen:

```
SELECT dateiname ASSIGN TO gerätebezeichnung
    ORGANIZATION IS SEQUENTIAL
    ACCESS MODE IS SEQUENTIAL.
```

Dafür darf abkürzend

```
SELECT dateiname ASSIGN TO gerätebezeichnung.
```

geschrieben werden.

Zeilen-sequentielle Dateien bei Mikrocomputern

Beim Einsatz von Mikrocomputern gibt es in Abstimmung mit der Satzverarbeitung, die von Editierprogrammen durchgeführt wird, neben der sequentiellen Datei-Organisation die *zeilen-sequentielle* Organisation.
Eine zeilen-sequentiell organisierte Datei, deren Sätze variabel lang sein dürfen, *muß* im COBOL-Programm in der Regel durch eine *ORGANIZATION-Klausel* der Form

12.2 Sequentielle Datei-Organisation

> **ORGANIZATION IS LINE SEQUENTIAL**

vereinbart werden.

So haben wir z.B. für den Einsatz auf einem Mikrocomputer in unserem Beispielprogramm LISTE-DER-VERTRETER-NAMEN den Eintrag

```
FILE-CONTROL.
    SELECT VERTRETER-DATEI ASSIGN TO "STAMM.VER"
    ORGANIZATION IS LINE SEQUENTIAL.
```

in der INPUT-OUTPUT SECTION angegeben (siehe Abschnitt 3.3.3).

Verarbeitungsformen

In der folgenden Übersicht geben wir die möglichen Anweisungen zur Verarbeitung einer sequentiell organisierten Datei an. Dazu fassen wir zunächst die (uns bekannten) Anweisungen zur Verarbeitung einer Eingabe-Datei zusammen:

Bearbeitung als Eingabe-Datei:

Eröffnung zur Eingabe:	OPEN INPUT dateiname
sequentielles Lesen:	READ dateiname [INTO bezeichner]
(falls Dateiende, wird die	AT END unb-anw-1 [unb-anw-2]...
AT END-Klausel ausgeführt)	[END-READ]
Abmeldung:	CLOSE dateiname

Ergänzend zur AT END-Klausel darf auch eine *NOT AT END-Klausel* innerhalb einer READ-Anweisung aufgeführt werden, so daß sich für den sequentiellen Lesezugriff die folgende Syntax-Darstellung ergibt:

```
READ dateiname RECORD [ INTO bezeichner ]
    AT END unb-anw-1 [ unb-anw-2 ]...
    [ NOT AT END unb-anw-3 [ unb-anw-4 ]... ]
[ END-READ ]
```

Unter Einsatz der NOT AT END-Klausel kann z.B. die PROCEDURE DIVISION unseres Beispielprogramms LISTE-DER-VERTRETER-NAMEN wie folgt abgeändert werden:

```
PROCEDURE DIVISION.
RAHMEN.
    OPEN INPUT VERTRETER-DATEI OUTPUT LISTE
    MOVE ZERO TO DATEI-ENDE-FELD
```

```
            PERFORM WITH TEST AFTER UNTIL DATEI-ENDE
               READ VERTRETER-DATEI
                  AT END SET DATEI-ENDE TO TRUE
                  NOT AT END PERFORM
                              MOVE SPACES TO LISTE-SATZ
                              MOVE NACHNAME TO VERTRETER-NAME
                              WRITE LISTE-SATZ
                           END-PERFORM
               END-READ
            END-PERFORM
            CLOSE VERTRETER-DATEI LISTE
            STOP RUN.
```

Für den sequentiellen Zugriff auf eine Ausgabe-Datei lassen sich insgesamt die folgenden Anweisungen einsetzen:

Bearbeitung als Ausgabe-Datei:

Eröffnung zur Ausgabe:	OPEN OUTPUT dateiname
Eröffnung zur Erweiterung:	OPEN EXTEND dateiname
sequentielles Schreiben:	WRITE datensatzname
(Hinzufügen eines Satzes)	[FROM bezeichner]
Abmeldung:	CLOSE dateiname

Neben der bereits bekannten Form der OPEN-Anweisung enthält dieses Schema zusätzlich die folgende Syntax-Form zur *Erweiterung* einer Datei:

```
OPEN EXTEND dateiname-1 [ dateiname-2 ]...
```

Sämtliche hinter dem Schlüsselwort *EXTEND* angegebenen Dateien werden *zur Erweiterung* eröffnet. Dies bedeutet, daß die nachfolgend durch WRITE-Anweisungen in diese Dateien übertragenen Sätze an bereits vorhandene Datenbestände angefügt werden.

Die Leistungen der OPEN- und CLOSE-Anweisungen können durch die Angabe spezieller Schlüsselwörter erweitert werden:

Ist z.B. eine sequentielle Datei auf mehr als einem Datenträger (Multivolume-Datei) abgespeichert, so läßt sich die Fortschaltung von einem auf den nächsten Datenträger durch die Ausführung einer CLOSE-Anweisung in der Form

```
CLOSE dateiname { REEL | UNIT }
```

durchführen. Bei einer Magnetband-Datei muß das Schlüsselwort REEL und bei einem anderen magnetischen Datenträger das Schlüsselwort UNIT angegeben wer-

12.2 Sequentielle Datei-Organisation

den.
Ist etwa ein erneutes Eröffnen einer bereits bearbeiteten Datei zu unterbinden, so ist diese Datei durch eine CLOSE-Anweisung in der Form

> `CLOSE dateiname WITH LOCK`

abzuschließen.

Update-Dateien

Sollen bei einer sequentiell organisierten Magnetplatten- oder Disketten-Datei alte Sätze durch neue Sätze mit *gleicher* Satzlänge ersetzt (überschrieben) werden, so muß die Datei als *Update-Datei* (input-output file) verarbeitet werden.
Dazu ist die Datei durch eine OPEN-Anweisung in der Form

> `OPEN I-O dateiname`

zu eröffnen. Für die Ersetzung ist der alte Satzinhalt durch eine READ-Anweisung in den Eingabe-Puffer einzulesen und anschließend (nach Veränderung des Pufferinhalts) durch die Ausführung einer *REWRITE-Anweisung* in der Form

> `REWRITE datensatzname [ FROM bezeichner ]`

auf dem Datenträger zu überschreiben. Dadurch nimmt der durch "datensatzname" gekennzeichnete Puffer-Bereich die Position des alten Satzes ein.

Wir fassen zusammen:

Bearbeitung als Update-Datei:

Eröffnung zum Update:	OPEN I-O dateiname
sequentielles Lesen: (falls Dateiende, wird die AT END-Klausel ausgeführt)	READ dateiname [INTO bezeichner] AT END unb-anw-1 [unb-anw-2]... [NOT AT END unb-anw-3 [unb-anw-4]...] [END-READ]
Ersetzung: (Überschreiben des zuvor mit READ eingelesenen Satzes)	REWRITE datensatzname [FROM bezeichner]
Abmeldung:	CLOSE dateiname

Haben wir z.B. unsere Vertreterdaten zur langfristigen Lagerung in der sequentiellen Datei VERTRETER-DATEI-P abgespeichert, und wollen wir z.B. den Satz mit der Vertreterkennzahl 8413 durch den Inhalt des Datenfeldes VERTRETER-INF-8413-WS erneuern (updaten), so können wir das folgende Programm ausführen lassen:

```
    :
DATA DIVISION.
FILE SECTION.
FD  VERTRETER-DATEI-P
    LABEL RECORD STANDARD.
01  VERTRETER-SATZ.
    02  KENNZAHL  PICTURE 9(4).
    02  FILLER    PICTURE X(76).
WORKING-STORAGE SECTION.
77  DATEI-ENDE-FELD  PICTURE 9  VALUE ZERO.
    88  DATEI-ENDE  VALUE 1.
77  SATZ-ERSETZT-FELD  PICTURE 9  VALUE ZERO.
    88  SATZ-ERSETZT  VALUE 1.
01  VERTRETER-INF-8413-WS  PICTURE X(80)  VALUE " ... ".
PROCEDURE DIVISION.
RAHMEN.
    OPEN I-O VERTRETER-DATEI-P
    READ VERTRETER-DATEI-P
        AT END SET DATEI-ENDE TO TRUE
    END-READ
    PERFORM UNTIL DATEI-ENDE OR SATZ-ERSETZT
        IF KENNZAHL = 8413
            THEN  REWRITE VERTRETER-SATZ FROM VERTRETER-INF-8413-WS
                  SET SATZ-ERSETZT TO TRUE
            ELSE
                  READ VERTRETER-DATEI-P
                      AT END SET DATEI-ENDE TO TRUE
                  END-READ
        END-IF
    END-PERFORM
```

12.2 Sequentielle Datei-Organisation

```
          IF DATEI-ENDE
             THEN DISPLAY "Dateiende erreicht ohne Uebereinstimmung"
          END-IF
          CLOSE VERTRETER-DATEI-P
          STOP RUN.
```

Es ist erlaubt, daß innerhalb eines COBOL-Programms ein und dieselbe Datei auf verschiedene Arten verarbeitet wird – z.B. zunächst als Ausgabe-Datei und anschließend als Eingabe-Datei. Natürlich muß die Datei jedesmal ordnungsgemäß abgeschlossen werden, bevor die Verarbeitungsart geändert wird.

Die FILE STATUS-Klausel

Da bei der Verarbeitung von Dateien im Hinblick auf die Programmlogik und den Dateizugriff Fehler auftreten können, ist es wünschenswert, sich nach jedem Dateizugriff über die korrekte Ausführung bzw. den vorliegenden Fehler informieren zu können.
In dieser Hinsicht haben wir bislang nur die READ-Anweisung mit der AT END-Klausel kennengelernt, mit der wir auf das Erreichen des Dateiendes reagieren können.
Beim Lesezugriff sind weitere Fehler möglich wie z.B. Übertragungsfehler beim Speichertransport. Ferner kann es vorkommen, daß eine zu verarbeitende Datei auf dem Datenträger nicht vorhanden ist. Zum Abfangen dieser und ähnlicher Fehler können wir im COBOL-Programm die *FILE STATUS-Klausel* in der Form

```
FILE STATUS IS bezeichner
```

am Ende eines durch die SELECT-Klausel im Paragraphen FILE-CONTROL eingeleiteten Eintrags aufführen, so daß sich die folgende Struktur ergibt:

```
SELECT dateiname ASSIGN TO gerätebezeichnung
   [ ORGANIZATION IS SEQUENTIAL ]
   [ ACCESS MODE IS SEQUENTIAL ]
     FILE STATUS IS bezeichner .
```

Das Feld "bezeichner" – wir nennen es *Status-Feld* – muß in der WORKING-STORAGE SECTION als zwei Zeichen langes *alphanumerisches* Datenfeld vereinbart sein.
Diesem Feld wird nach jedem Zugriff auf die Datei, für die dieses Feld als Status-Feld verabredet ist, ein zweistelliger Kodewert zugewiesen, der nach dem Zugriff geeignet auszuwerten ist.
Als Kodewerte des Status-Feldes sind die folgenden Werte möglich:

linkes Byte	rechtes Byte	Kennzeichnung
0	0	erfolgreiche Ausführung
0	4	gelesener Satz ist länger als durch die Datensatz-Beschreibung vereinbart (Zugriff ist erfolgreich)
0	5	Datei, die mit dem Schlüsselwort OPTIONAL in der SELECT-Klausel vereinbart ist und durch OPEN eröffnet werden soll, ist nicht vorhanden (kein Fehler!)
0	7	Datenträger ist kein Magnetband, obwohl Schlüsselwörter wie etwa REEL in der OPEN- bzw. CLOSE-Anweisung dies voraussetzen (Zugriff ist erfolgreich)
1	0	Dateiende ist erreicht (AT END-Bedingung)
1	5	Lesezugriff auf Datei, die mit dem Schlüsselwort OPTIONAL in der SELECT-Klausel vereinbart wurde und nicht vorhanden ist
1	6	Lesezugriff, obwohl das Dateiende bereits durch einen vorausgehenden Lesezugriff festgestellt wurde
3	0	Fehler bei der Datenübertragung, z.B. Speicherplatz auf dem Datenträger ist erschöpft
3	4	Schreibzugriff auf Speicherbereich, der außerhalb des für die Datei vereinbarten Bereichs liegt
3	5	Versuch, eine nicht vorhandene Datei zur Eingabe oder zum Update zu eröffnen
3	7	Fehler, weil die Art der Datei-Eröffnung unverträglich ist mit den möglichen Zugriffsarten auf diese Datei, z.B. Eröffnung zur Ausgabe auf eine schreibgeschützte Datei
3	8	Versuch, eine Datei zu eröffnen, die zuvor unter Einsatz des Schlüsselworts LOCK abgemeldet wurde
3	9	Fehler beim Eröffnen, weil der FD-Eintrag nicht kompatibel ist mit der Struktur, die für die Datei auf dem Datenträger vorliegt
4	1	Versuch, eine eröffnete Datei erneut zu eröffnen
4	2	Versuch, eine nicht eröffnete Datei abzuschließen
4	3	vor der auszuführenden REWRITE-Anweisung wurde keine READ-Anweisung erfolgreich durchgeführt

12.2 Sequentielle Datei-Organisation

linkes Byte	rechtes Byte	Kennzeichnung
4	4	bei WRITE bzw. REWRITE erfolgt ein nicht erlaubter Speicherzugriff wegen einer nicht korrekten Satzlänge
4	6	Versuch, durch READ auf eine Datei zuzugreifen, obwohl die vorausgehende READ-Anweisung nicht erfolgreich war
4	7	Leseversuch bei einer Datei, die nicht zur Eingabe bzw. zum Update eröffnet wurde
4	8	Schreibversuch auf eine Datei, die nicht als Ausgabe-Datei bzw. zur Erweiterung eröffnet wurde
4	9	Versuch, ein REWRITE durchzuführen bei einer Datei, die nicht als Update-Datei eröffnet wurde
9	Fehlerkode	sonstiger Fehler, z.B. zu eröffnende Eingabe- bzw. Update-Datei existiert nicht

"Fehlerkode" ist ein Fehlerschlüssel, der abhängig vom Betriebssystem und dem jeweils eingesetzten Kompilierer ist, so daß für die Analyse eines derartigen Kodewerts das Herstellermanual herangezogen werden muß.

Als Beispiel für die Überprüfung des Status-Feldinhalts geben wir den folgenden Programmausschnitt an, in dem die erfolgreiche Ausführung einer OPEN-Anweisung abgeprüft wird:

```
        :
FILE-CONTROL.
    SELECT VERTRETER-DATEI ASSIGN TO SI
    FILE STATUS IS FILE-STATUS-FELD.
        :
WORKING-STORAGE SECTION.
77  FILE-STATUS-FELD PIC XX.
    88  OPEN-O-K VALUE "00".
        :
PROCEDURE DIVISION.
RAHMEN SECTION.
BEGINN.
    OPEN INPUT VERTRETER-DATEI
    IF OPEN-O-K
       THEN PERFORM AUSFUEHRUNG
    ELSE
       DISPLAY "Fehler beim OPEN"
    END-IF
    STOP RUN.
AUSFUEHRUNG SECTION.
        :
```

12.3 Relative Datei-Organisation

Organisationsform und Zugriffs-Methode

Ein entscheidender Nachteil bei der sequentiellen Datei-Organisation besteht darin, daß der Zugriff auf einen speziellen Satz nur über das zusätzliche Einlesen aller vor ihm abgespeicherten Sätze möglich ist. Soll bei speziellen Anwendungen (aus Gründen der Zeitersparnis) auf jeden beliebigen Satz *direkt* zugegriffen werden können, so muß eine andere Organisationsform gewählt werden.

Die physikalische Voraussetzung für einen Direktzugriff ist die Abspeicherung der Datei auf einem Direktzugriffs-Medium wie z.B. dem Magnetplattenspeicher bzw. der Diskette.

Als eine der möglichen Datei-Organisationsformen für den Direktzugriff stellen wir in diesem Abschnitt die *relative Organisation* (ORGANIZATION IS RELATIVE) vor. Diese Organisationsform ist erstmalig mit dem Standard ANSI-74 genormt worden und wird von den meisten Kompilierern unterstützt.

Die relative Organisation setzt voraus, daß Sätze mit fester Satzlänge gespeichert und verarbeitet werden sollen.

Bei dieser Organisation ist die Position jedes Satzes durch seine relative Lage zum Dateianfang bestimmt. Jeder Satz ist daher eindeutig durch seine *Positionsnummer* (relative key) identifizierbar. Die Positionsnummer des ersten Datensatzes wird durch den Wert 1 und die des n-ten Satzes durch den Wert "n" spezifiziert.

Eine relativ organisierte Datei (relative file) können wir uns somit als einstufige Tabelle auf dem Hintergundspeicher vorstellen, bei der wir über die Positionsnummer auf das entsprechende Tabellenelement, d.h. auf den jeweils zugeordneten Satz zugreifen können. Die physikalische Ablage der Sätze impliziert folglich keine logische Reihenfolge bzgl. der Verarbeitung mehr.

Deklaration von Datei-Organisation und Zugriffs-Methode

Bei der Bearbeitung einer relativ organisierten Datei wird vorwiegend der *Random-Zugriff*, d.h. die wahlweise Zugriffs-Methode RANDOM (ACCESS MODE IS RANDOM) verwendet.[1] Wollen wir mit dieser Methode auf einen Satz zugreifen, so muß die entsprechende Positionsnummer vorher in einem speziellen ganzzahlig numerischen Datenfeld bereitgestellt werden. Der Name dieses Feldes muß in der *RELATIVE-Klausel* in der Form

```
RELATIVE KEY IS relative-key-feld .
```

eingetragen sein, und im Paragraphen FILE-CONTROL muß die der relativ organisierten Datei zugeordnete SELECT-Klausel um die folgende Eintragung ergänzt werden:

---
[1] Auf die Darstellung der sequentiellen (SEQUENTIAL) und der dynamischen Zugriffs-Methode (DYNAMIC) verzichten wir aus Platzgründen.

12.3 Relative Datei-Organisation

```
ORGANIZATION IS RELATIVE
ACCESS MODE IS RANDOM
RELATIVE KEY IS relative-key-feld .
```

Wollen wir z.B. unsere Vertreterdaten zur langfristigen Lagerung in einer relativ organisierten Datei (auf einem magnetischen Datenträger) namens VERTRETER-DATEI-P abspeichern, so deklarieren wir:

```
FILE-CONTROL.
    SELECT VERTRETER-DATEI-P ASSIGN TO DO
    ORGANIZATION IS RELATIVE
    ACCESS MODE IS RANDOM
    RELATIVE KEY IS KEY-FELD.
```

Dabei muß das Datenfeld KEY-FELD innerhalb der WORKING-STORAGE SECTION als ganzzahlig numerisches Feld vereinbart werden, z.B. durch:

```
77 KEY-FELD   PICTURE 9(3).
```

Verarbeitungsformen

Bei der Verarbeitung einer relativ organisierten Datei mit dem Random-Zugriff adressieren wir die Sätze (genau wie beim Zugriff auf Tabellenelemente) über eine Positionsnummer, die wir zuvor in dem Datenfeld "relative-key-feld" bereitstellen müssen (wir sprechen abkürzend von der Positionsnummer "r-k-f"). Im Gegensatz zur Tabellenverarbeitung im Hauptspeicher müssen wir jedoch beachten, daß Sätze "logisch" gelöscht werden können, so daß ein späterer lesender Zugriff auf diese Sätze nicht mehr möglich ist. Allerdings dürfen anschließend wieder neue Sätze an diese Positionen eingetragen werden.

Beim Random-Zugriff können wir eine relativ organisierte Datei entweder als Ausgabe-, als Update- oder als Eingabe-Datei verarbeiten.

Sollen Sätze gezielt in den Bestand einer Datei eingefügt (WRITE) werden, so sollte die Datei als *Ausgabe-Datei* eröffnet (OPEN OUTPUT) und bearbeitet werden.

Für die Übertragung von Sätzen in eine Ausgabe-Datei steht beim Random-Zugriff die folgende gesonderte Form der WRITE-Anweisung zur Verfügung:

```
WRITE datensatzname [ FROM bezeichner ]
    [ INVALID KEY unb-anw-1 [ unb-anw-2 ]... ]
    [ NOT INVALID KEY unb-anw-3 [ unb-anw-4 ]... ]
[ END-WRITE ]
```

Bei der Ausführung dieser Anweisung wird geprüft, ob an der aktuell eingestellten Satzposition bereits ein Satz eingetragen ist. Für den Fall, daß dies zutrifft, werden die innerhalb der INVALID KEY-Klausel aufgeführten unbedingten Anweisungen zur Ausführung gebracht. Wie aus der Syntax ersichtlich, läßt sich ergänzend eine NOT INVALID KEY-Klausel angeben. Die dort aufgeführten Anweisungen werden dann ausgeführt, wenn der Zugriff ordnungsgemäß erfolgt.

Wir fassen die Anweisungen, die beim Random-Zugriff auf eine Ausgabe-Datei verwendet werden können, wie folgt zusammen:

Bearbeitung als Ausgabe-Datei (Random-Zugriff):

Eröffnung zur Ausgabe:	OPEN OUTPUT dateiname
gezieltes Schreiben: (bei besetzter oder falscher Satzposition wird die INVALID KEY-Klausel ausgeführt)	WRITE datensatzname [FROM bezeichner] INVALID KEY unb-anw-1 [unb-anw-2]... [NOT INVALID KEY unb-anw-3 [unb-anw-4]...] [END-WRITE]
Abmeldung:	CLOSE dateiname

Sollen Sätze nicht nur weggeschrieben (WRITE), sondern auch gelesen (READ), gelöscht (DELETE) und ersetzt (REWRITE) werden können, so muß die relativ organisierte Datei als *Update-Datei* eröffnet (OPEN I-O) und verarbeitet werden.

Eine Übersicht über die zulässigen Anweisungen, die beim Random-Zugriff auf eine Update-Datei eingesetzt werden dürfen, stellen wir auf der nächsten Seite zusammen.

Soll der Inhalt einer relativ organisierten Datei nicht verändert werden, so ist diese Datei als Eingabe-Datei zu verarbeiten:

Bearbeitung als Eingabe-Datei (Random-Zugriff):

Eröffnung zur Eingabe:	OPEN INPUT dateiname
gezieltes Lesen: (bei fehlendem Satz an der Satzposition wird die INVALID KEY-Klausel ausgeführt)	READ dateiname [INTO bezeichner] INVALID KEY unb-anw-1 [unb-anw-2]... [NOT INVALID KEY unb-anw-3 [unb-anw-4]...] [END-READ]
Abmeldung:	CLOSE dateiname

12.3 Relative Datei-Organisation

Bearbeitung als Update-Datei (Random-Zugriff):

Eröffnung zum Update:	OPEN I-O dateiname
gezieltes Lesen: (bei fehlendem Satz an der Satzposition wird die INVALID KEY-Klausel ausgeführt)	READ dateiname [INTO bezeichner] INVALID KEY unb-anw-1 [unb-anw-2]... [NOT INVALID KEY unb-anw-3 [unb-anw-4]...] [END-READ]

gezieltes Schreiben:
(bei besetzter oder falscher Satzposition wird die INVALID KEY-Klausel ausgeführt)
	WRITE datensatzname
	   [FROM bezeichner]
	   INVALID KEY unb-anw-1 [unb-anw-2]...
	[NOT INVALID KEY unb-anw-3 [unb-anw-4]...]
	[END-WRITE]

gezielte Ersetzung:
(bei fehlendem Satz an der Satzposition wird die INVALID KEY-Klausel ausgeführt)
	REWRITE datensatzname
	   [FROM bezeichner]
	   INVALID KEY unb-anw-1 [unb-anw-2]...
	[NOT INVALID KEY unb-anw-3 [unb-anw-4]...]
	[END-REWRITE]

gezielte (logische) Löschung: (bei fehlendem Satz an der Satzposition wird die INVALID KEY-Klausel ausgeführt)	DELETE dateiname RECORD INVALID KEY unb-anw-1 [unb-anw-2]... [NOT INVALID KEY unb-anw-3 [unb-anw-4]...] [END-DELETE]
Abmeldung:	CLOSE dateiname

Aus den angegebenen Syntax-Gerüsten ist ersichtlich, daß die READ-, WRITE-, REWRITE- und DELETE-Anweisungen durch die Stopwörter END-READ, END-WRITE, END-REWRITE bzw. END-DELETE abgeschlossen werden können, so daß sie sich als unbedingte Anweisungen einsetzen lassen.

Wir wollen die Vertreterdaten in der relativ organisierten Datei VERTRETER-DATEI-P abspeichern. Dabei setzen wir voraus, daß höchstens 600 Vertretersätze existieren und daß die Kennzahlen je zweier Vertreter sich in den ersten drei Ziffern unterscheiden. Demzufolge wählen wir die folgende Ablagestrategie:

Wir ordnen jedem Satz die Positionsnummer zu, die durch die ersten drei Ziffern seiner Kennzahl beschrieben wird. Um keinen Speicherplatz zu verschenken, berücksichtigen wir noch, daß die aus den ersten drei Ziffern gebildeten Zahlen stets größer als der Wert 40 sind. Somit werden bei der Ablage in der Datei VERTRETER-DATEI-P von den 959 (= 999 - 40) möglichen Positionsnummern nur höchstens 600 mit Sätzen belegt. Das Verhältnis des tatsächlich belegten Speicherbereichs (maximal 600 Sätze) zum für die Datei zu reservierenden Speicherbereich (959 Sätze) fällt also nicht besonders günstig aus. Dieses Mißverhältnis akzeptieren wir jedoch im Hinblick auf die Möglichkeiten des Direktzugriffs.

Wir erstellen die Datei VERTRETER-DATEI-P mit dem folgenden Programm:

```
     :
FILE-CONTROL.
    SELECT VERTRETER-DATEI ASSIGN TO SI.
    SELECT VERTRETER-DATEI-P ASSIGN TO DO
    ORGANIZATION IS RELATIVE
    ACCESS MODE IS RANDOM
    RELATIVE KEY IS KEY-FELD.
DATA DIVISION.
FILE SECTION.
FD  VERTRETER-DATEI
    LABEL RECORD STANDARD.
01  VERTRETER-SATZ.
    02  POS     PICTURE 999.
    02  FILLER  PICTURE X(77).
FD  VERTRETER-DATEI-P
    LABEL RECORD STANDARD.
01  PLATTEN-SATZ  PICTURE X(80).
WORKING-STORAGE SECTION.
77  DATEI-ENDE-FELD PICTURE 9 VALUE ZERO.
    88  DATEI-ENDE VALUE 1.
77  KEY-FELD  PICTURE 9(3).
PROCEDURE DIVISION.
RAHMEN.
    OPEN INPUT VERTRETER-DATEI OUTPUT VERTRETER-DATEI-P
    READ VERTRETER-DATEI
        AT END SET DATEI-ENDE TO TRUE
    END-READ
    PERFORM UNTIL DATEI-ENDE
        SUBTRACT 40 FROM POS GIVING KEY-FELD
        WRITE PLATTEN-SATZ FROM VERTRETER-SATZ
            INVALID KEY DISPLAY "Fehler beim Zugriff"
        END-WRITE
        READ VERTRETER-DATEI
            AT END SET DATEI-ENDE TO TRUE
        END-READ
    END-PERFORM
    CLOSE VERTRETER-DATEI VERTRETER-DATEI-P
    STOP RUN.
```

12.3 Relative Datei-Organisation

Soll z.B. zu einem späteren Zeitpunkt für den Vertreter mit der Kennzahl 2313 der Inhalt des Feldes VERTRETER-INF-2313 als neuer Satz in die Datei VERTRETER-DATEI-P eingefügt werden, so kann dies durch ein Programm mit folgender PROCEDURE DIVISION geschehen:

```
PROCEDURE DIVISION.
RAHMEN.
    OPEN I-O VERTRETER-DATEI-P
    MOVE 191 TO KEY-FELD
*   DA 231 MINUS 40 GLEICH 191 IST
    WRITE PLATTEN-SATZ FROM VERTRETER-INF-2313
        INVALID KEY DISPLAY "Fehler beim Zugriff"
    END-WRITE
    CLOSE VERTRETER-DATEI-P
    STOP RUN.
```

Die relative Datei-Organisation ist besonders geeignet, wenn

- die Positionsnummer eines Satzes direkt oder durch eine einfache Rechnung ermittelt werden kann und

- das Verhältnis zwischen den genutzten und ungenutzten Positionsnummern im Hinblick auf die Möglichkeiten des Direktzugriffs vertretbar ist, d.h. falls nur ein geringer Bereich des reservierten Direktzugriffsspeichers nicht mit Sätzen gefüllt wird.

Bei vielen Anwendungen liegt jedoch die folgende Situation vor:

- der Inhalt eines Schlüssel-Feldes besteht entweder nicht nur aus Ziffern, oder

- es gibt keinen geeigneten Algorithmus zur Berechnung von eindeutigen Positionsnummern, d.h. es besteht die Möglichkeit, daß zwei verschiedene Sätze auf dieselbe Positionsnummer abgebildet werden können.[2]

Soll in diesen Fällen dennoch ein direkter Zugriff auf die einzelnen Datensätze möglich sein, so muß die index-sequentielle Datei-Organisation als Ablageform gewählt werden. Bei dieser Organisation darf nämlich als Schlüssel-Feld ein alphanumerisches Datenfeld auftreten – gegenüber einem rein (ganzzahlig-)numerischen Feld beim Zugriff auf eine relativ organisierte Datei.

---

[2] Dieses Problem ist z.B. durch die Verkettung von Sätzen unter Einsatz von sog. Hash-Algorithmen möglich.

12.4 Index-sequentielle Datei-Organisation

Organisationsform und Zugriffs-Methode

Ist die relative Datei-Organisation aus Speicherplatzgründen für die Ablage von Direktzugriffs-Sätzen ungeeignet oder handelt es sich bei den Satz-Schlüsseln um alphanumerische Daten, so muß die Abspeicherung in Form einer *index-sequentiellen* Datei-Organisationsform (*ORGANIZATION* IS *INDEXED*) gewählt werden. Diese Organisationsform läßt sich gleichfalls nur auf einem Direktzugriffs-Medium wie z.B. dem Magnetplattenspeicher oder der Diskette realisieren.
Bei dieser Zugriffs-Methode wird jedem Satz ein *eindeutiger Satz-Schlüssel* zugeordnet, der in einem speziellen *Schlüssel-Feld* (record key) innerhalb des Satzes abgespeichert ist. Alle Datensätze, die in die Datei übertragen werden sollen, müssen daher *verschiedene* Satz-Schlüssel besitzen.
Bei der Einrichtung einer index-sequentiell organisierten Datei (indexed file) wird vom Betriebssystem eine Schlüssel-Tabelle angelegt, in die jeder Satz-Schlüssel zusammen mit der zugehörigen Speicheradresse des zugeordneten Satzes eingetragen wird. Die Satz-Schlüssel werden dabei in aufsteigender Sortierfolge-Ordnung gespeichert.
Jedem Zugriff auf einen Satz geht die Identifizierung der in der Tabelle abgelegten Speicheradresse voraus. Der Zugriff erfolgt also nicht wie bei relativ organisierten Dateien durch direkte, sondern durch eine indirekte Adressierung der Sätze. Vor jedem Direktzugriff muß das Betriebssystem den zugehörigen Satz-Schlüssel in der Schlüssel-Tabelle suchen. Um diesen Suchprozeß bei größeren Datenbeständen effizient zu gestalten, wird die Schlüssel-Tabelle i.a. in mehrere Tabellen zergliedert. In jedem Fall ist der Direktzugriff auf einen Satz intern mit einem Tabellen-Suchprozeß verbunden. Der Zugriff bei der index-sequentiellen Speicherung ist also *zeitaufwendiger* als bei der relativen Datei-Organisation. Dafür wird bei der Ablage der Sätze kein Speicherplatz verschenkt. Bei der Errichtung einer index-sequentiellen Datei werden (beim sequentiellen Zugriff) alle Sätze in der Abfolge ihrer Eingabe hintereinander in die Datei eingespeichert – die Sätze müssen bzgl. ihrer Satz-Schlüssel in *aufsteigender Sortierfolge-Ordnung* vorliegen.
Als Zugriffs-Methoden für index-sequentiell organisierte Dateien sind der *sequentielle Zugriff* (*ACCESS* MODE IS *SEQUENTIAL*), der *Random-Zugriff* (*ACCESS* MODE IS *RANDOM*) und der *dynamische Zugriff* (*ACCESS* MODE IS *DYNAMIC*) möglich.
Vom Programmierer ist der sequentielle Zugriff dann vorzusehen, wenn eine Datei eingerichtet wird, oder wenn die Datensätze in der durch die Satz-Schlüssel implizierten Reihenfolge verarbeitet werden sollen. Wird eine Datei als Update-Datei eröffnet, so können beim sequentiellen Lesen einzelne Sätze "logisch" gelöscht oder durch neue Sätze mit denselben Satz-Schlüsseln ersetzt werden.
Der Random-Zugriff ist dann vorzusehen, wenn bei einer Update-Datei gezielt einzelne Sätze gelesen, ersetzt, gelöscht oder zusätzliche Sätze eingespeichert werden sollen.

12.4 Index-sequentielle Datei-Organisation

Ist eine Datei sowohl sequentiell als auch über den Random-Zugriff zu verarbeiten, so muß der dynamische Zugriff eingestellt werden.

Deklaration von Datei-Organisation und Zugriffs-Methode

Bei der Eintragung im Paragraphen FILE-CONTROL müssen für eine index-sequentielle Datei die folgenden Klauseln als Ergänzung der SELECT-Klausel angegeben werden:

```
ORGANIZATION IS INDEXED
ACCESS MODE IS { SEQUENTIAL | RANDOM | DYNAMIC }
RECORD KEY IS schlüssel-feld .
```

Das Datenfeld "schlüssel-feld" enthält den Satz-Schlüssel für den Datei-Zugriff. Dieses Feld muß innerhalb der Datensatz-Beschreibung deklariert sein, welche die Daten-Struktur der index-sequentiell organisierten Datei beschreibt.
Wollen wir z.B. unsere Vertreterdaten in einer index-sequentiell organisierten Disketten- bzw. Platten-Datei namens VERTRETER-DATEI-P (mit der sequentiellen Zugriffs-Methode) abspeichern, so vereinbaren wir:

```
FILE-CONTROL.
    SELECT VERTRETER-DATEI-P ASSIGN TO DO
    ORGANIZATION IS INDEXED
    ACCESS MODE IS SEQUENTIAL
    RECORD KEY IS KENNZAHL IN PLATTEN-SATZ.
```

Dabei ist PLATTEN-SATZ der Datensatzname, der die Datensatz-Struktur der Datei VERTRETER-DATEI-P beschreibt, und KENNZAHL ein diesem Datensatz untergeordnetes Datenfeld, das den jeweiligen Satz-Schlüssel enthält.

Der sequentielle Zugriff

Mit der sequentiellen Zugriffs-Methode kann eine index-sequentiell organisierte Datei als Ausgabe-, als Eingabe- oder als Update-Datei verarbeitet werden.
Bei der *Einrichtung* einer index-sequentiell organisierten Datei müssen die Sätze stets in *aufsteigender Schlüssel-Sortierfolge* in die Datei eingetragen werden (WRITE). Wird diese Sortierfolge unterbrochen bzw. kommt ein Satz-Schlüssel doppelt vor, so werden die in der INVALID KEY-Klausel – innerhalb der WRITE-Anweisung – angegebenen unbedingten Anweisungen ausgeführt. Diese Anweisungen werden auch dann aktiviert, wenn der für die Datei reservierte Speicherbereich ausgeschöpft ist und der aktuelle Satz nicht mehr in die Datei übertragen werden kann.
Zusammenfassend läßt sich für die sequentielle Bearbeitung einer Ausgabe-Datei die folgende Übersicht angeben:

Bearbeitung als Ausgabe-Datei (sequentieller Zugriff):

Eröffnung zur Ausgabe:	OPEN OUTPUT dateiname
sequentielles Schreiben: (Hinzufügen eines Satzes; bei fehlerhaftem Satzschlüssel wird die INVALID KEY-Klausel ausgeführt)	WRITE datensatzname [FROM bezeichner] INVALID KEY unb-anw-1 [unb-anw-2]... [NOT INVALID KEY unb-anw-3 [unb-anw-4]...] [END-WRITE]
Abmeldung:	CLOSE dateiname

Als Anwendungsfall für die sequentielle Bearbeitung einer Ausgabe-Datei zeigen wir, wie die Disketten- bzw. Platten-Datei VERTRETER-DATEI-P als index-sequentiell organisierte Datei einzurichten ist.

Als Schlüssel-Feld unseres Datensatzes wählen wir das Datenfeld, in dem die Kennzahl des Vertreters abgespeichert ist. Sind die Sätze aufsteigend nach den Kennzahlen geordnet, so können wir z.B. das folgende Programm angeben:

```
       :
FILE-CONTROL.
    SELECT VERTRETER-DATEI ASSIGN TO SI.
    SELECT VERTRETER-DATEI-P ASSIGN TO DO
    ORGANIZATION IS INDEXED
    ACCESS MODE IS SEQUENTIAL
    RECORD KEY IS KENNZAHL IN PLATTEN-SATZ.
DATA DIVISION.
FILE SECTION.
FD  VERTRETER-DATEI-P
    LABEL RECORD STANDARD.
01  PLATTEN-SATZ.
    02  KENNZAHL   PICTURE X(4).
    02  FILLER     PICTURE X(76).
FD  VERTRETER-DATEI
    LABEL RECORD STANDARD.
01  VERTRETER-SATZ PICTURE X(80).
WORKING-STORAGE SECTION.
77  DATEI-ENDE-FELD  PICTURE 9  VALUE ZERO.
    88  DATEI-ENDE   VALUE 1.
PROCEDURE DIVISION.
RAHMEN.
    OPEN INPUT VERTRETER-DATEI OUTPUT VERTRETER-DATEI-P
    READ VERTRETER-DATEI INTO PLATTEN-SATZ
        AT END SET DATEI-ENDE TO TRUE
    END-READ
```

12.4 Index-sequentielle Datei-Organisation

```
        PERFORM UNTIL DATEI-ENDE
            WRITE PLATTEN-SATZ
                INVALID KEY DISPLAY "Fehler beim Zugriff"
            END-WRITE
            READ VERTRETER-DATEI INTO PLATTEN-SATZ
                AT END SET DATEI-ENDE TO TRUE
            END-READ
        END-PERFORM
        CLOSE VERTRETER-DATEI VERTRETER-DATEI-P
        STOP RUN.
```

Soll eine index-sequentielle Datei als *Eingabe-Datei* verarbeitet werden, so ist dies im sequentiellen Zugriff über die folgenden Anweisungen möglich:

Bearbeitung als Eingabe-Datei (sequentieller Zugriff):

Eröffnung zur Eingabe:	OPEN INPUT dateiname

Positionierung: (bei fehlendem Satz wird die INVALID KEY-Klausel ausgeführt)	START dateiname
	    KEY IS { = | > | >= } bezeichner
	    INVALID KEY unb-anw-1 [unb-anw-2]...
	    [NOT INVALID KEY unb-anw-3 [unb-anw-4]...]
	    [END-START]

sequentielles Lesen: (gemäß der Schlüsselfolge; falls Dateiende, wird die AT END-Klausel ausgeführt)	READ dateiname [INTO bezeichner]
	    AT END unb-anw-1 [unb-anw-2]...
	    [NOT AT END unb-anw-3 [unb-anw-4]...]
	    [END-READ]

Abmeldung:	CLOSE dateiname

Durch die Angabe der KEY-Klausel – das Feld "bezeichner" muß ein durch eine RECORD-Klausel vereinbartes Schlüssel-Feld sein – wird bei der Ausführung einer START-Anweisung auf den Satz positioniert, dessen Satz-Schlüssel

- "=" (ausführlich: EQUAL TO): gleich dem Inhalt des Datenfeldes "bezeichner" ist,

- ">" (ausführlich: GREATER THAN): mit dem nächst größeren Schlüssel übereinstimmt, d.h. mit dem in der Sortierfolge-Ordnung kleinsten Schlüssel, der *größer* als der Inhalt des Datenfeldes "bezeichner" ist, oder

- ">=" (ausführlich: NOT LESS THAN): gleich dem angegebenen oder nächst größeren Schlüssel ist, d.h. gleich dem (in der Sortierfolge-Ordnung) kleinsten Schlüssel, der *größer* oder *gleich* dem Inhalt des Datenfeldes "bezeichner" ist.

Ohne Angabe der KEY-Klausel wird auf den Satz positioniert, dessen Satz-Schlüssel gleich dem Inhalt des in der RECORD-Klausel angegebenen Schlüssel-Feldes ist.

Bei der Ausführung der ersten READ-Anweisung wird stets der erste Satz, d.h. der Satz mit dem in der Sortierfolge-Ordnung kleinsten Satz-Schlüssel, eingelesen − es sei denn, daß durch eine vorausgehende START-Anweisung auf einen anderen Satz positioniert wurde. Durch jede nachfolgende READ-Anweisung wird immer der jeweils nächste Satz eingelesen, d.h. der Satz mit dem (in der Sortierfolge-Ordnung) nächst größeren Satz-Schlüssel. Dabei darf der Einlesevorgang jederzeit durch die Ausführung einer START-Anweisung unterbrochen und die Verarbeitung an einer anderen Stelle fortgesetzt werden.

Sollen bei einer index-sequentiell organisierten Datei einzelne Sätze "logisch" gelöscht oder alte Sätze (mit jeweils demselben Satz-Schlüssel) durch neue Sätze ersetzt (überschrieben) werden, so ist die Datei als *Update-Datei* zu verarbeiten.

Bearbeitung als Update-Datei (sequentieller Zugriff):

Eröffnung zum Update:	OPEN I-O dateiname

Positionierung:
(bei fehlendem Satz wird
die INVALID KEY-Klausel
ausgeführt)
	START dateiname
	   KEY IS { =
		>	>= } bezeichner
			   INVALID KEY unb-anw-1 [unb-anw-2]...
			[NOT INVALID KEY unb-anw-3 [unb-anw-4]...]
			[END-START]

sequentielles Lesen: (gemäß der Schlüsselfolge; falls Dateiende, wird die AT END-Klausel ausgeführt)	READ dateiname [INTO bezeichner] AT END unb-anw-1 [unb-anw-2]... [NOT AT END unb-anw-3 [unb-anw-4]...] [END-READ]

Ersetzung:
(Überschreiben des zuvor
mit READ eingelesenen
Satzes; bei anderem
Satzschlüssel wird die
INVALID KEY-Klausel
ausgeführt)
	REWRITE datensatzname
	   [FROM bezeichner]
	   INVALID KEY unb-anw-1 [unb-anw-2]...
	[NOT INVALID KEY unb-anw-3 [unb-anw-4]...]
	[END-REWRITE]

Löschung: (des zuvor mit READ eingelesenen Satzes)	DELETE dateiname RECORD
Abmeldung:	CLOSE dateiname

Ein eingelesener Satz kann mit einer nachfolgenden REWRITE-Anweisung durch einen anderen (gleichlangen!) Satz mit *demselben* Satz-Schlüssel ersetzt oder durch eine nachfolgende DELETE-Anweisung "logisch" gelöscht werden. Im allgemeinen sind die Sätze in eine andere Datei zu übertragen (Kopieren einer Datei), wenn "logisch" gelöschte Sätze auch "physikalisch" gelöscht werden sollen.

12.4 Index-sequentielle Datei-Organisation

Der Random-Zugriff

Sollen nur wenige Sätze einer index-sequentiell organisierten Datei geändert oder gelöscht werden, so ist der Random-Zugriff einzustellen. Diese Zugriffsart ist ferner *notwendig*, wenn weitere Sätze in eine vorhandene Datei eingetragen oder einzelne Sätze *gezielt gelesen* werden sollen. Wollen wir die index-sequentielle Datei VERTRETER-DATEI-P mit dem Random-Zugriff bearbeiten, so müssen wir angeben:

```
FILE-CONTROL.
    SELECT VERTRETER-DATEI-P ASSIGN TO DI
    ORGANIZATION IS INDEXED
    ACCESS MODE IS RANDOM
    RECORD KEY IS KENNZAHL IN PLATTEN-SATZ.
```

Mit dem Random-Zugriff läßt sich eine Datei entweder als Ausgabe-, als Eingabe- oder als Update-Datei verarbeiten.

Bearbeitung als Ausgabe-Datei (Random-Zugriff):

Eröffnung zur Ausgabe:	OPEN OUTPUT dateiname
gezieltes Schreiben: (bei besetzter oder falscher Satzposition wird die INVALID KEY-Klausel ausgeführt)	WRITE datensatzname [FROM bezeichner] INVALID KEY unb-anw-1 [unb-anw-2]... [NOT INVALID KEY unb-anw-3 [unb-anw-4]...] [END-WRITE]
Abmeldung:	CLOSE dateiname

Wird eine index-sequentiell organisierte Datei im Random-Zugriff eingerichtet, so brauchen die Sätze nicht – wie dies beim sequentiellen Zugriff erforderlich ist – in aufsteigender Schlüssel-Sortierfolge ausgegeben werden.

Bearbeitung als Eingabe-Datei (Random-Zugriff):

Eröffnung zur Eingabe:	OPEN INPUT dateiname
gezieltes Lesen: (bei fehlendem Satz an der Satzposition wird die INVALID KEY-Klausel ausgeführt)	READ dateiname [INTO bezeichner] INVALID KEY unb-anw-1 [unb-anw-2]... [NOT INVALID KEY unb-anw-3 [unb-anw-4]...] [END-READ]
Abmeldung:	CLOSE dateiname

Bearbeitung als Update-Datei (Random-Zugriff):

Eröffnung zum Update:	OPEN I-O dateiname
gezieltes Lesen: (bei fehlendem Satz an der Satzposition wird die INVALID KEY-Klausel ausgeführt)	READ dateiname [INTO bezeichner] INVALID KEY unb-anw-1 [unb-anw-2]... [NOT INVALID KEY unb-anw-3 [unb-anw-4]...] [END-READ]

gezieltes Schreiben:
(bei besetzter oder falscher Satzposition wird die INVALID KEY-Klausel ausgeführt)
	WRITE datensatzname
	    [FROM bezeichner]
	    INVALID KEY unb-anw-1 [unb-anw-2]...
	[NOT INVALID KEY unb-anw-3 [unb-anw-4]...]
	[END-WRITE]

gezielte Ersetzung:
(bei fehlendem Satz an der Satzposition wird die INVALID KEY-Klausel ausgeführt)
	REWRITE datensatzname
	    [FROM bezeichner]
	    INVALID KEY unb-anw-1 [unb-anw-2]...
	[NOT INVALID KEY unb-anw-3 [unb-anw-4]...]
	[END-REWRITE]

gezielte Löschung: (bei fehlendem Satz an der Satzposition wird die INVALID KEY-Klausel ausgeführt)	DELETE dateiname RECORD INVALID KEY unb-anw-1 [unb-anw-2]... [NOT INVALID KEY unb-anw-3 [unb-anw-4]...] [END-DELETE]
Abmeldung:	CLOSE dateiname

Mit der WRITE-Anweisung ist ein gezieltes Überschreiben von vorhandenen Sätzen nicht möglich – für einen derartigen Vorgang muß eine REWRITE-Anweisung angegeben werden.

Als Anwendungsbeispiel greifen wir auf unsere index-sequentiell organisierte Datei VERTRETER-DATEI-P zu und erstellen dazu ein Programm mit folgendem Leistungsumfang:
Die Sätze der Datei STEUER-DATEI sollen in den Zeichenpositionen 1 bis 4 die Vertreterkennzahl und in Zeichenposition 5 eine Anforderung in Form der folgenden Kodewerte enthalten:

- 1 : Löschen

- 2 : Einfügen

- 3 : Einlesen und Ausdrucken

- 4 : Ersetzen

12.4 Index-sequentielle Datei-Organisation

Bei den Kodewerten 2 und 4 enthalten die Zeichenpositionen 6 bis 80 zusätzlich die entsprechenden Vertreterdaten gemäß der Datensatz-Struktur, die den Sätzen der Datei VERTRETER-DATEI-P zugrundeliegt (bei der Eintragung in die Datei muß der Wert 2 bzw. der Wert 4 durch ein Leerzeichen ersetzt werden). Die Datei STEUER-DATEI kann dann z.B. durch das folgende Programm verarbeitet werden:[3]

```
           :
    FILE-CONTROL.
        SELECT STEUER-DATEI ASSIGN TO SI.
        SELECT VERTRETER-DATEI-P ASSIGN TO DI
        ORGANIZATION IS INDEXED
        ACCESS MODE IS RANDOM
        RECORD KEY IS KENNZAHL IN PLATTEN-SATZ.
        SELECT LISTE    ASSIGN TO LO.
    DATA DIVISION.
    FILE SECTION.
    FD  VERTRETER-DATEI-P
        LABEL RECORD STANDARD.
    01  PLATTEN-SATZ.
        02  KENNZAHL    PICTURE X(4).
        02  FILLER      PICTURE X(76).
    FD  STEUER-DATEI
        LABEL RECORD STANDARD.
    01  STEUER-SATZ.
        02  KENNZAHL    PICTURE 9(4).
        02  KENNUNG     PICTURE 9.
            88 LOESCHEN             VALUE 1.
            88 EINFUEGEN            VALUE 2.
            88 EINLESEN-AUSDRUCKEN  VALUE 3.
            88 ERSETZEN             VALUE 4.
        02  KENNUNG-ALPHA REDEFINES KENNUNG PICTURE X.
*       DIESE REDEFINITION WIRD DURCHGEFUEHRT, UM BEIM EINFUEGEN
*       UND ERSETZEN DEN INHALT DES FELDES KENNUNG MIT EINEM
*       LEERZEICHEN ZU LOESCHEN
        02 FILLER PICTURE X(75).
    FD  LISTE
        LABEL RECORD OMITTED.
    01  LISTE-SATZ   PICTURE X(132).
    WORKING-STORAGE SECTION.
    77  DATEI-ENDE-FELD   PICTURE 9   VALUE ZERO.
        88  DATEI-ENDE   VALUE 1.
```

---

[3] Der Einfachheit halber setzen wir voraus, daß in der Zeichenposition 5 keine fehlerhaften Kodewerte auftreten können.

```
PROCEDURE DIVISION.
RAHMEN.
    OPEN INPUT STEUER-DATEI I-O VERTRETER-DATEI-P OUTPUT LISTE
    READ STEUER-DATEI
        AT END SET DATEI-ENDE TO TRUE
    END-READ
    PERFORM UNTIL DATEI-ENDE
       MOVE KENNZAHL IN STEUER-SATZ TO KENNZAHL IN PLATTEN-SATZ
       EVALUATE TRUE
           WHEN LOESCHEN
               DELETE VERTRETER-DATEI-P
                       INVALID KEY PERFORM FEHLER-BEIM-LOESCHEN
               END-DELETE
           WHEN EINFUEGEN
               MOVE SPACE TO KENNUNG-ALPHA
               WRITE PLATTEN-SATZ FROM STEUER-SATZ
                       INVALID KEY PERFORM FEHLER-BEIM-EINFUEGEN
               END-WRITE
           WHEN EINLESEN-AUSDRUCKEN
               READ VERTRETER-DATEI-P
                       INVALID KEY PERFORM FEHLER-BEIM-EINLESEN
                       NOT INVALID KEY
                           WRITE LISTE-SATZ FROM PLATTEN-SATZ
               END-READ
           WHEN ERSETZEN
               MOVE SPACE TO KENNUNG-ALPHA
               REWRITE PLATTEN-SATZ FROM STEUER-SATZ
                       INVALID KEY PERFORM FEHLER-BEIM-ERSETZEN
               END-REWRITE
           WHEN OTHER PERFORM FEHLER-KODEWERT
       END-EVALUATE
       READ STEUER-DATEI
           AT END SET DATEI-ENDE TO TRUE
       END-READ
    END-PERFORM
    CLOSE VERTRETER-DATEI-P STEUER-DATEI LISTE
    STOP RUN.
```

12.4 Index-sequentielle Datei-Organisation

```
FEHLER-BEIM-LOESCHEN.
    DISPLAY "Fehler beim Loeschen:" KENNZAHL IN STEUER-SATZ.
FEHLER-BEIM-EINFUEGEN.
    DISPLAY "Fehler beim Einfuegen:" KENNZAHL IN STEUER-SATZ.
FEHLER-BEIM-EINLESEN.
    DISPLAY "Fehler beim Einlesen:" KENNZAHL IN STEUER-SATZ.
FEHLER-BEIM-ERSETZEN.
    DISPLAY "Fehler beim Ersetzen:" KENNZAHL IN STEUER-SATZ.
FEHLER-KODEWERT.
    DISPLAY "fehlerhafter Kodewert:" KENNZAHL IN STEUER-SATZ.
```

Der dynamische Zugriff

Soll bei einer Eingabe- oder einer Update-Datei nicht nur gezielt, sondern auch sequentiell auf die Sätze lesend zugegriffen werden, so reicht der Random-Zugriff nicht mehr aus. In dieser Situation muß der *dynamische* Zugriff eingestellt werden. Bei diesem Zugriff muß unterschieden werden, ob bei einem Lesezugriff durch die READ-Anweisung gezielt oder sequentiell zugegriffen werden soll.

Der sequentielle Lesezugriff auf eine Eingabe- bzw. Update-Datei wird durch den Einsatz der READ-Anweisung mit dem Schlüsselwort *NEXT* in der Form

```
READ dateiname NEXT RECORD [ INTO bezeichner ]
    AT END unb-anw-1 [ unb-anw-2 ]...
    [ NOT AT END unb-anw-3 [ unb-anw-4 ]... ]
END-READ
```

ermöglicht. Bei der Ausführung dieser Anweisung wird der in der Schlüsselfolge nächste Satz im Eingabe-Puffer bereitgestellt oder aber das Dateiende festgestellt. Es ist jederzeit möglich, das sequentielle Lesen abzubrechen und mit einer READ-Anweisung für den Direktzugriff (ohne Angabe von NEXT) oder einer START-Anweisung auf einen anderen Satz zu positionieren, um von dort aus ein erneutes sequentielles Lesen auszuführen.

Insgesamt lassen sich die möglichen Bearbeitungsformen beim dynamischen Zugriff durch die drei nachfolgenden Tabellen zusammenfassend beschreiben:

Bearbeitung als Ausgabe-Datei (dynamischer Zugriff):

Eröffnung zur Ausgabe:	OPEN OUTPUT dateiname

gezieltes Schreiben: (bei besetzter oder falscher Satzposition wird die INVALID KEY-Klausel ausgeführt)	WRITE datensatzname
	  [FROM bezeichner]
	  INVALID KEY unb-anw-1 [unb-anw-2]...
	  [NOT INVALID KEY unb-anw-3 [unb-anw-4]...]
	  [END-WRITE]

Abmeldung:	CLOSE dateiname

Bearbeitung als Eingabe-Datei (dynamischer Zugriff):

Eröffnung zur Eingabe:	OPEN INPUT dateiname

Positionierung: (bei fehlendem Satz wird die INVALID KEY-Klausel ausgeführt)	START dateiname
	  KEY IS { =
		>	>= } bezeichner
			  INVALID KEY unb-anw-1 [unb-anw-2]...
			  [NOT INVALID KEY unb-anw-3 [unb-anw-4]...]
			  [END-START]

sequentielles Lesen: (gemäß der Schlüsselfolge; falls Dateiende, wird die AT END-Klausel ausgeführt)	READ dateiname NEXT
	  [INTO bezeichner]
	  AT END unb-anw-1 [unb-anw-2]...
	  [NOT AT END unb-anw-3 [unb-anw-4]...]
	  [END-READ]

gezieltes Lesen: (bei fehlendem Satz wird die INVALID KEY-Klausel ausgeführt)	READ dateiname [INTO bezeichner]
	  INVALID KEY unb-anw-1 [unb-anw-2]...
	  [NOT INVALID KEY unb-anw-3 [unb-anw-4]...]
	  [END-READ]

Abmeldung:	CLOSE dateiname

12.4 Index-sequentielle Datei-Organisation

Bearbeitung als Update-Datei (dynamischer Zugriff):

Eröffnung zum Update:	OPEN I-O dateiname

Positionierung:
(bei fehlendem Satz wird
die INVALID KEY-Klausel
ausgeführt)
	START dateiname
	   KEY IS {= | > | >= } bezeichner
	   INVALID KEY unb-anw-1 [unb-anw-2]...
	[NOT INVALID KEY unb-anw-3 [unb-anw-4]...]
	[END-START]

sequentielles Lesen:
(gemäß der Schlüsselfolge;
falls Dateiende, wird die
AT END-Klausel
ausgeführt)
	READ dateiname NEXT
	   [INTO bezeichner]
	   AT END unb-anw-1 [unb-anw-2]...
	[NOT AT END unb-anw-3 [unb-anw-4]...]
	[END-READ]

gezieltes Lesen: (bei fehlendem Satz wird die INVALID KEY-Klausel ausgeführt)	READ dateiname [INTO bezeichner] INVALID KEY unb-anw-1 [unb-anw-2]... [NOT INVALID KEY unb-anw-3 [unb-anw-4]...] [END-READ]

gezieltes Schreiben:
(bei besetzter oder falscher
Satzposition wird die
INVALID KEY-Klausel
ausgeführt)
	WRITE datensatzname
	   [FROM bezeichner]
	   INVALID KEY unb-anw-1 [unb-anw-2]...
	[NOT INVALID KEY unb-anw-3 [unb-anw-4]...]
	[END-WRITE]

gezielte Ersetzung:
(bei fehlendem Satz an der
Satzposition wird die
INVALID KEY-Klausel
ausgeführt)
	REWRITE datensatzname
	   [FROM bezeichner]
	   INVALID KEY unb-anw-1 [unb-anw-2]...
	[NOT INVALID KEY unb-anw-3 [unb-anw-4]...]
	[END-REWRITE]

gezielte Löschung: (bei fehlendem Satz an der Satzposition wird die INVALID KEY-Klausel ausgeführt)	DELETE dateiname RECORD INVALID KEY unb-anw-1 [unb-anw-2]... [NOT INVALID KEY unb-anw-3 [unb-anw-4]...] [END-DELETE]
Abmeldung:	CLOSE dateiname

Die FILE STATUS-Klausel

Genau wie bei der Verarbeitung von sequentiell organisierten Dateien können Fehler, die beim Zugriff auf eine index-sequentiell organisierte Datei auftreten, durch die Auswertung eines Status-Feldinhalts untersucht werden. Dazu ist der Eintrag innerhalb des Paragraphen FILE-CONTROL um eine FILE STATUS-Klausel in der Form

```
SELECT dateiname ASSIGN TO gerätebezeichnung
    ORGANIZATION IS INDEXED
[   ACCESS MODE IS { SEQUENTIAL | RANDOM | DYNAMIC } ]
    RECORD KEY IS bezeichner-1
    FILE STATUS IS bezeichner-2 .
```

zu ergänzen, und der Inhalt von "bezeichner-2" nach jedem Datei-Zugriff geeignet auszuwerten.
In das Status-Feld "bezeichner-2", das als zwei Zeichen langes alphanumerisches Datenfeld innerhalb der WORKING-STORAGE SECTION verabredet sein muß, wird nach jedem Datei-Zugriff einer der folgenden Kodewerte eingetragen:

linkes Byte	rechtes Byte	Kennzeichnung
0	0	erfolgreiche Ausführung
0	4	gelesener Satz ist länger als durch die Datensatz-Beschreibung vereinbart (Zugriff ist erfolgreich)
1	0	das Dateiende ist erreicht (AT END-Bedingung)
2	1	Schlüssel-Feldinhalte sind beim sequentiellen Schreiben nicht aufsteigend sortiert oder beim REWRITE (beim sequentiellen Zugriff) hat sich der Wert des Schlüssel-Feldes gegenüber dem vorausgehenden READ verändert
2	2	Satz mit gleichem Satz-Schlüssel ist bereits in der Datei vorhanden
2	3	zu vorgegebenem Satz-Schlüssel existiert kein Satz in der Datei
2	4	Speicherplatz auf dem Datenträger ist erschöpft

12.4 Index-sequentielle Datei-Organisation

linkes Byte	rechtes Byte	Kennzeichnung
3	0	Fehler bei der Datenübertragung
3	5	Versuch, eine nicht vorhandene Datei zur Eingabe oder zum Update zu eröffnen
3	7	Fehler, weil die Art der Datei-Eröffnung unverträglich ist mit den möglichen Zugriffsarten auf diese Datei, z.B. Eröffnung zur Ausgabe auf eine schreibgeschützte Datei
3	8	Versuch, eine Datei zu eröffnen, die zuvor unter Einsatz des Schlüsselworts LOCK abgemeldet wurde
3	9	Fehler beim Eröffnen, weil der FD-Eintrag nicht kompatibel ist mit der Struktur, die für die Datei auf dem Datenträger vorliegt
4	1	Versuch, eine eröffnete Datei erneut zu eröffnen
4	2	Versuch, eine nicht eröffnete Datei abzuschließen
4	3	vor der auszuführenden REWRITE- bzw. DELETE-Anweisung wurde keine READ-Anweisung erfolgreich durchgeführt
4	4	bei WRITE bzw. REWRITE erfolgt ein nicht erlaubter Speicherzugriff wegen einer nicht korrekten Satzlänge
4	6	Versuch, durch READ auf eine Datei zuzugreifen, obwohl die vorausgehende READ- oder START-Anweisung nicht erfolgreich war
4	7	Leseversuch bei einer Datei, die nicht zur Eingabe bzw. zum Update eröffnet wurde
4	8	Schreibversuch auf eine Datei, die nicht als Ausgabe-Datei, Update-Datei bzw. zur Erweiterung eröffnet wurde
4	9	Versuch, ein REWRITE bzw. DELETE durchzuführen bei einer Datei, die nicht als Update-Datei eröffnet wurde
9	Fehlerkode	sonstiger Fehler

"Fehlerkode" ist ein Fehler-Schlüssel, der abhängig vom Betriebssystem und dem jeweils eingesetzten Kompilierer ist, so daß für die Analyse eines derartigen Kodewertes das Herstellermanual heranzuziehen ist.

Zugriff über Alternativ-Schlüssel

Für index-sequentiell organisierte Dateien besteht die Möglichkeit, neben dem Zugriff über einen *eindeutigen Satz-Schlüssel*, den *Primär-Schlüssel*, auch über weitere Satz-Schlüssel – *Alternativ-Schlüssel* genannt – auf die gespeicherten Sätze zuzugreifen.
Dazu ist für jeden Alternativ-Schlüssel, der für eine index-sequentiell organisierte Datei vereinbart werden soll, im Paragraphen FILE-CONTROL eine *ALTERNATE RECORD KEY-Klausel* in der Form

```
ALTERNATE RECORD KEY IS bezeichner [ WITH DUPLICATES ]
```

anzugeben, die in der folgenden Weise im Anschluß an eine SELECT-Klausel aufzuführen ist:

```
SELECT dateiname ASSIGN TO gerätebezeichnung
    ORGANIZATION IS INDEXED
    ACCESS MODE IS { SEQUENTIAL | RANDOM | DYNAMIC }
    RECORD KEY IS bezeichner-1
  [ ALTERNATE RECORD KEY IS bezeichner-2 [ WITH DUPLICATES ] ]...
  [ FILE STATUS IS bezeichner-3 ] .
```

Ein Schlüssel-Feld für einen Alternativ-Schlüssel ist innerhalb der Datensatz-Beschreibung der Datei "dateiname" zu vereinbaren. Jedes derartige Feld muß ein alphanumerisches Feld oder eine Datengruppe sein.

Die Felder, in denen die Primär- und Alternativ-Schlüssel gespeichert sind, dürfen sich überlappen. Jedoch muß sichergestellt sein, daß keine zwei Schlüssel-Felder an *derselben* Zeichenposition im Datensatz beginnen.
Bei der Angabe einer *DUPLICATES-Klausel* dürfen jeweils mehrere Datensätze mit dem gleichen Alternativ-Schlüssel in der Datei enthalten sein.

Wird bei der Vereinbarung eines Alternativ-Schlüssels keine DUPLICATES-Klausel angegeben, so müssen je zwei Datensätze verschiedene Alternativ-Schlüssel besitzen, so daß der Alternativ-Schlüssel genauso wie der Primär-Schlüssel ein eindeutiger Satz-Schlüssel ist.

12.4 Index-sequentielle Datei-Organisation

Soll z.B. auf einzelne Vertreterdatensätze nicht nur über die Kennzahl, sondern auch über den Nachnamen der Vertreter zugegriffen werden, so sind die folgenden Angaben für die Datei VERTRETER-DATEI-P mit den Vertreterdaten zu machen:

```
        :
  FILE-CONTROL.
      SELECT VERTRETER-DATEI-P ASSIGN TO DO
             ORGANIZATION IS INDEXED
             ACCESS MODE IS ...
             RECORD KEY IS KENNZAHL
             ALTERNATE RECORD KEY IS NACHNAME WITH DUPLICATES
             FILE STATUS IS STATUS-FELD.
        :
  FILE SECTION.
  FD  VERTRETER-DATEI-P.
  01  VERTRETER-SATZ.
      02  KENNZAHL PICTURE X(4).
      02  FILLER   PICTURE XX.
      02  NACHNAME PICTURE X(20).
        :
  WORKING-STORAGE SECTION.
  77  STATUS-FELD PICTURE XX.
        :
```

Bei der Einrichtung einer index-sequentiell organisierten Datei mit Alternativ-Schlüsseln werden die Sätze – genauso wie im Normalfall – mit der WRITE-Anweisung in den Bestand eingetragen. Dies kann sowohl im sequentiellen Zugriff – die Sätze sind aufsteigend nach Primär-Schlüsseln sortiert – oder im Random-Zugriff bzw. im dynamischen Zugriff geschehen – in diesem Fall brauchen die Sätze nicht sortiert zu sein. Anschließend kann wahlweise über den Primär- und über Alternativ-Schlüssel auf die in der Datei enthaltenen Sätze zugegriffen werden. Dabei ist zu beachten, daß die Vereinbarung von Primär- und Alternativ-Schlüsseln mit den Angaben übereinstimmen müssen, die bei der Einrichtung der Datei gemacht wurden.

Soll lesend über einen Alternativ-Schlüssel zugegriffen werden, so ist die READ-Anweisung mit der *KEY-Klausel* in der Form

```
    READ dateiname RECORD [ INTO bezeichner-1 ]
       KEY IS bezeichner-2
       INVALID KEY unb-anw-1 [ unb-anw-2 ]...
    [ NOT INVALID KEY unb-anw-3 [ unb-anw-4 ]... ]
    [ END-READ ]
```

einzusetzen. Dabei muß für "bezeichner-2" der Bezeichner für ein in einer ALTERNATE RECORD KEY-Klausel aufgeführtes Datenfeld aus der Datensatz-Beschreibung angegeben werden.

Wollen wir z.B. einen Vertreterdatensatz mit dem Nachnamen "MEYER" einlesen, so können wir dies über die Anweisungen

```
MOVE "MEYER" TO NACHNAME
READ VERTRETER-DATEI-P KEY IS NACHNAME
    INVALID KEY PERFORM FEHLER-ROUTINE
END-READ
```

erreichen. Nach erfolgreicher Ausführung dieser READ-Anweisung enthält der Eingabe-Puffer einen Satz, dessen Alternativ-Schlüssel mit dem Namen "MEYER" übereinstimmt.

Anschließend können wir uns darüber informieren, ob noch weitere Sätze mit gleichem Alternativ-Schlüssel im Datenbestand vorhanden sind. Dazu ist das der Datei VERTRETER-DATEI-P zugeordnete Status-Feld STATUS-FELD auszuwerten.

Es gilt:

linkes Byte	rechtes Byte	Kennzeichnung
0	2	es ist mindestens noch ein weiterer Satz im Bestand vorhanden, dessen Alternativ-Schlüssel mit demjenigen des aktuell im Eingabe-Puffer enthaltenen Satzes übereinstimmt

Enthält das Status-Feld die Zeichenfolge "02", so läßt sich durch eine nachfolgende READ-Anweisung der oben angegebenen Form der nächste Satz mit dem Nachnamen "MEYER" im Eingabe-Puffer bereitstellen.

Durch weitere Lesezugriffe können alle Sätze mit gleichem Alternativ-Schlüssel nacheinander in den Eingabe-Puffer zur Verarbeitung übertragen werden.

Sind Sätze zu löschen, zu ersetzen oder ist der Satzbestand zu ergänzen, so sind die DELETE-, REWRITE- und die WRITE-Anweisungen so einzusetzen, wie wir es oben für den Zugriff über den Primär-Schlüssel dargestellt haben.

Kapitel 13

Ergänzende Programmiertechniken

13.1 Zeichenverarbeitung

In diesem Abschnitt stellen wir die COBOL-Anweisungen vor, die eine Zeichenverarbeitung wirksam unterstützen. Als Hauptanwendungen sind zu nennen:

- die Untersuchung von Eingabedaten auf zulässige Zeichen,

- das Aufbereiten von Informationen, die durch Trennzeichen voneinander abgegrenzt sind, und

- die Umwandlung von Zeichen.

13.1.1 Zeichenersetzung und Bestimmung von Zeichenhäufigkeiten (INSPECT-Anweisung)

Ersetzung von Zeichen (REPLACING-Klausel)

Ist etwa in der Ziffernfolge für das numerische Feld KONTOSTAND (aus Unachtsamkeit) ein Leerzeichen anstelle einer Null erfaßt worden, so können wir diesen Fehler folgendermaßen beheben:
Wir redefinieren KONTOSTAND durch die Vereinbarung

```
02   KONTOSTAND PICTURE S9(5)V99
              SIGN IS LEADING SEPARATE CHARACTER.
02   KONTOSTAND-ALPHA REDEFINES KONTOSTAND PICTURE X(8).
```

und überprüfen (inspect) KONTOSTAND-ALPHA durch die Anweisung:

```
INSPECT KONTOSTAND-ALPHA REPLACING ALL SPACE BY "0".
```

Hierdurch werden alle Leerzeichen durch Nullen ersetzt, und es kann anschließend z.B. bei der Ausführung von arithmetischen Operationen kein Fehler auftreten, der zum Programmabbruch führt.

Die für die Überprüfung eingesetzte Anweisung ist abgeleitet aus dem folgenden Syntax-Diagramm für eine INSPECT-Anweisung zur Zeichenersetzung:

Syntax der INSPECT-Anweisung (noch unvollständig!)

```
INSPECT bezeichner-1
     REPLACING
       { CHARACTERS BY { bezeichner-2 | literal-1 }
       | { ALL | LEADING | FIRST } { bezeichner-3 | literal-2 }
                               BY { bezeichner-4 | literal-3 }      }
```

Die angegebenen Bezeichner müssen explizit oder implizit mit der Klausel "USAGE IS DISPLAY" (siehe die USAGE-Klausel im Abschnitt 8.4) vereinbart sein, und bis auf das Feld "bezeichner-1" – im folgenden *Prüffeld* genannt – muß es sich um elementare Datenfelder handeln. Sämtlich aufgeführte Literale müssen alphanumerisch bzw. figurative Konstante sein, wobei die Angabe einer figurativen Konstante mit dem COBOL-Wort ALL nicht erlaubt ist.
Die durch "bezeichner-3" bzw. "literal-2" gekennzeichnete Zeichenfolge muß die gleiche Länge wie die hinter BY aufgeführte Zeichenfolge besitzen.
Bei der Ausführung der INSPECT-Anweisung wird der Inhalt des Prüffeldes von links nach rechts untersucht.[1] Dabei wird der *gesamte* Feldinhalt überprüft, falls das COBOL-Wort *ALL* angegeben ist.
So erhalten wir z.B. durch die Ausführung von

    INSPECT FELD-ED REPLACING ALL SPACE BY "*"

für das Datenfeld

    FELD-ED ⊔⊔100.50⊔

das Ergebnis:

    FELD-ED **100.50*

Wird anstelle des Wortes ALL das COBOL-Wort *LEADING* in der Form

    INSPECT FELD-ED REPLACING LEADING SPACE BY "*"

aufgeführt, so wird die Ersetzung mit Beginn des Prüffeldanfangs nur solange vorgenommen, wie das Literal "literal-2" bzw. der Inhalt des Feldes "bezeichner-3" – beginnend mit dem ersten Zeichen – *ohne Unterbrechung* im Prüffeld enthalten ist.

---

[1] Handelt es sich um ein mit dem Maskenzeichen "S" vereinbartes numerisches Feld, so wird die Vorzeicheninformation beim Suchvorgang ignoriert.

13.1 Zeichenverarbeitung

Somit verändert die Anweisung

    `INSPECT FELD-ED REPLACING LEADING "*" BY SPACE`

den aktuellen Inhalt von FELD-ED (nach der Ausführung der oben angegebenen INSPECT-Anweisung) in folgender Weise:

    FELD-ED ⎕⎕100.50*

Soll eine Ersetzung *allein* beim *erstmaligen* Auftreten einer durch "literal-2" bzw. "bezeichner-3" gekennzeichneten Zeichenfolge im Prüffeld vorgenommen werden, so ist das COBOL-Wort *FIRST* anzugeben.
So erhalten wir etwa durch die Ausführung von

    `INSPECT FELD-ED REPLACING FIRST SPACE BY "*"`

als neuen Inhalt von FELD-ED:

    FELD-ED *⎕100.50*

Mit Hilfe des COBOL-Wortes *CHARACTERS* können beliebige Zeichen des Prüffeldes durch das Zeichen "literal-1" bzw. durch den Inhalt des nur aus *einem* Zeichen bestehenden Feldes "bezeichner-2" ersetzt werden.
Eine derartige Veränderung ist – von Ausnahmefällen abgesehen – sicherlich nur dann von Interesse, wenn nicht die gesamte Zeichenfolge, sondern nur eine geeignete Teilfolge von Zeichen ausgetauscht werden soll. Für diesen Fall kann der zu untersuchende Teilbereich des Prüffeldes durch eine *BEFORE*- oder eine *AFTER-Klausel* geeignet markiert werden.
So ist etwa im Anschluß an die CHARACTERS-Klausel eine *BEFORE-Klausel* in der Form

    `BEFORE INITIAL { bezeichner | literal }`

anzugeben, sofern die Ersetzung beim erstmaligen Auftreten von "literal" bzw. des Inhalts von "bezeichner" abgebrochen werden soll. Tritt das Literal bzw. der Feldinhalt nicht im Prüffeld auf, so werden alle Zeichen des Prüffeldes ersetzt.
Folglich führt etwa für das Datenfeld

    WORT A B ⎕ C C B

die Anweisung

    `INSPECT WORT REPLACING CHARACTERS BY "X" BEFORE INITIAL "C"` zum Ergebnis:

WORT `X X X C C B`

Soll eine Ersetzung dagegen erst dann begonnen werden, nachdem das Literal bzw. der markierte Feldinhalt im Prüffeld *erstmalig* auftritt, so muß eine *AFTER-Klausel* in der Form

`AFTER INITIAL { bezeichner | literal }`

in der INSPECT-Anweisung enthalten sein. Tritt das Literal bzw. der Feldinhalt nicht in dem Prüffeld auf, so wird keine Ersetzung vorgenommen.
So ergibt sich etwa für das Feld

WORT `A B ⊔ C C B`

durch die Ausführung von

```
INSPECT WORT REPLACING CHARACTERS BY "X" AFTER INITIAL "C"
```

als neuer Inhalt:

WORT `A B ⊔ C X X`

Die soeben vorgestellten Möglichkeiten zur Kennzeichnung einer Teilfolge der im Prüffeld abgespeicherten Zeichen dürfen auch im Zusammenhang mit den ALL-, LEADING- und FIRST-Klauseln eingesetzt werden.
So resultiert z.B. für das Datenfeld

WORT-WS `B A B A B D E B B C E A B`

aus der Ausführung der Anweisungen

```
INSPECT WORT-WS REPLACING ALL "AB" BY "XY"
                BEFORE INITIAL "BC"
INSPECT WORT-WS REPLACING LEADING "B" BY "W"
                AFTER INITIAL "E"
INSPECT WORT-WS REPLACING FIRST "E" BY "V"
                AFTER INITIAL "D"
```

der Feldinhalt:

WORT-WS `B X Y X Y D V W W C E A B`

13.1 Zeichenverarbeitung

Zur Abkürzung dürfen diese drei INSPECT-Anweisungen auch als eine INSPECT-Anweisung in der Form

```
INSPECT WORT-WS REPLACING
        ALL "AB" BY "XY" BEFORE INITIAL "BC"
        LEADING "B" BY "W" AFTER INITIAL "E"
        FIRST "E" BY "V" AFTER INITIAL "D"
```

geschrieben werden, wobei wir uns auf das folgende Syntax-Gerüst stützen:

Syntax der INSPECT-Anweisung (mit der REPLACING-Klausel)

```
INSPECT bezeichner-1
     REPLACING
     { CHARACTERS BY { bezeichner-2 | literal-1 }
                          [ markierung-1 ]...

     | { ALL | LEADING | FIRST } { bezeichner-3 | literal-2 }
                     BY { bezeichner-4 | literal-3 }
                          [ markierung-2 ]...

     [ { ALL | LEADING | FIRST } { bezeichner-5 | literal-4 }
                     BY { bezeichner-6 | literal-5 }
                          [ markierung-3 ]...      ]...    }
```

Dabei dient die Angabe "markierung" als Platzhalter für eine BEFORE- bzw. AFTER-Klausel in der Form:

```
{ BEFORE | AFTER } INITIAL { bezeichner | literal }
```

Umkodierung von Zeichen (CONVERTING-Klausel)

Sind mehrere voneinander verschiedene Zeichen nach einer Kodierungsvorschrift umzuwandeln, so läßt sich eine derartige Aufgabenstellung durch eine INSPECT-Anweisung in der folgenden Form lösen:

Syntax der INSPECT-Anweisung mit der CONVERTING-Klausel

```
INSPECT bezeichner-1
     CONVERTING { literal-1 | bezeichner-2 }
            TO { literal-2 | bezeichner-3 }
  [ { BEFORE | AFTER } INITIAL { literal-3 | bezeichner-4 } ]...
```

Bei der Ausführung dieser Anweisung wird jedes Zeichen innerhalb des Feldes "bezeichner-1", das im Feld "bezeichner-2" auftritt bzw. im Literal "literal-1" enthalten ist, durch dasjenige Zeichen ersetzt, das an der korrespondierenden Zeichenposition im Feld "bezeichner-3" bzw. im Literal "literal-2" plaziert ist.
Es ist zu beachten, daß "literal-1" bzw. der Feldinhalt von "bezeichner-2" aus paarweise verschiedenen Zeichen bestehen muß, so daß die Kodierungsvorschrift eindeutig ist. Desgleichen muß die Zeichenzahl von "bezeichner-2" bzw. von "literal-1" mit der Anzahl der durch "literal-2" bzw. durch "bezeichner-3" beschriebenen Zeichen übereinstimmen.
Sollen z.B. innerhalb des Feldes PARAGRAPH die Trennzeichen ";" und "," durch jeweils ein Leerzeichen und der Bindestrich "-" durch ein Unterstreichungszeichen "_" ersetzt werden, so läßt sich dazu die Anweisung

    INSPECT PARAGRAPH CONVERTING ";,-" TO "⊔⊔_"

einsetzen.
Als weitere Anwendung geben wir die Anweisung

    INSPECT bezeichner CONVERTING
            "abcdefghijklmnopqrstuvwxyz" TO
            "ABCDEFGHIJKLMNOPQRSTUVWXYZ"

an, mit der Klein- in Großbuchstaben umgewandelt werden können.

Bestimmung von Zeichenhäufigkeiten (TALLYING-Klausel)

Soll in einem Datenfeld kein Zeichen ersetzt, sondern nur gezählt werden, wie häufig eine bestimmte Zeichenfolge innerhalb eines Prüffeldes vorkommt, so kann dazu ebenfalls die INSPECT-Anweisung in der folgenden modifizierten Form eingesetzt werden:

13.1 Zeichenverarbeitung

Syntax der INSPECT-Anweisung (mit der TALLYING-Klausel)

```
INSPECT bezeichner-1
    TALLYING bezeichner-2
    FOR { CHARACTERS [ markierung-1 ]...

        | { ALL | LEADING } { bezeichner-3 | literal-1 }
                            [ markierung-2 ]...

        [ { ALL | LEADING } { bezeichner-4 | literal-2 }
                            [ markierung-3 ]...   ]...    }
```

Dabei wirkt die Angabe "markierung" als Platzhalter für eine BEFORE- oder AFTER-Klausel in der oben angegebenen Form.
Das Datenfeld "bezeichner-2" – im folgenden "Zählfeld genannt – muß ein elementares numerisches Feld sein, das vor Beginn des Zählvorgangs auf einen *definierten Anfangswert* gesetzt werden muß.
Bei der Ausführung der INSPECT-Anweisung mit der TALLYING-Klausel wird das Prüffeld "bezeichner-1" bzw. der durch eine Markierungsangabe eingegrenzte Zeichenbereich von links nach rechts untersucht.
Bei der Angabe des COBOL-Wortes *ALL* wird zum Inhalt des Zählfeldes der Wert 1 jedesmal dann hinzuaddiert, wenn ein Zeichen im Prüffeld mit "literal-1" bzw. dem Inhalt von "bezeichner-3" übereinstimmt.
Bei der Angabe des COBOL-Wortes *LEADING* wird der Inhalt des Zählfeldes nur dann erhöht, solange eine Übereinstimmung von Beginn des Prüffeldes an vorliegt. Bei der ersten Unterschiedlichkeit wird der Zählvorgang abgebrochen.
Mit der Angabe des COBOL-Wortes *CHARACTERS* werden sämtliche Zeichen des Prüffeldes bzw. des durch eine Markierungsangabe eingegrenzten Zeichenbereichs gezählt.
So ergibt sich z.B. durch die Ausführung von

```
INSPECT ZEICHENFOLGE TALLYING ZAEHLER-WS FOR ALL "A"
```

für die Felder

ZEICHENFOLGE $\boxed{\text{A}\sqcup\text{A}\sqcup\text{A}}$ ZAEHLER-WS $\boxed{0}$

das Ergebnis

ZAEHLER-WS $\boxed{3}$

während bei der gleichen Ausgangssituation die Ausführung von

```
INSPECT ZEICHENFOLGE TALLYING ZAEHLER-WS
                FOR ALL "A" AFTER INITIAL SPACE
```

zum Ergebnis

ZAEHLER-WS $\boxed{2}$

führt. Eine unmittelbar nachfolgende Ausführung der Anweisung

```
INSPECT ZEICHENFOLGE TALLYING ZAEHLER-WS
                FOR CHARACTERS AFTER INITIAL "⌴A⌴"
```

liefert das Ergebnis

ZAEHLER-WS $\boxed{3}$

da zum aktuellen Inhalt des Zählfeldes ZAEHLER-WS der Wert 1 hinzuaddiert wird (hinter "⌴A⌴" folgt *ein* Zeichen im Prüffeld ZEICHENFOLGE).
Als weiteres Beispiel für die Aufbereitung von Daten wollen wir die folgende Entzerrung durchführen:

NACHNAME-VORNAME-KOMPRIMIERT $\boxed{\text{M E Y E R , E G O N ⌴ ... ⌴}}$

NACHNAME $\boxed{\text{M E Y E R ⌴ ... ⌴}}$ VORNAME $\boxed{\text{E G O N ⌴ ... ⌴}}$

Für die Übertragung des Vor- und des Nachnamens der komprimierten Darstellung

```
Nachname,Vorname (wie z.B. MEYER,EGON)
```

in die Felder NACHNAME und VORNAME treffen wir die folgenden Vereinbarungen in der WORKING-STORAGE SECTION:

```
01  NACHNAME-VORNAME-KOMPRIMIERT.
    02  KOMPRIMIERT PICTURE X OCCURS 30 TIMES INDEXED BY I-KOMP.
01  NAME.
    02  N-NACH PICTURE X OCCURS 20 TIMES INDEXED BY I-NACH.
    02  N-VOR  PICTURE X OCCURS 20 TIMES INDEXED BY I-VOR.
77  ZAEHLER PICTURE 99 VALUE ZERO.
77  ZAEHLER-ALT PICTURE 99.
```

Unter der Voraussetzung, daß der Inhalt von NACHNAME-VORNAME-KOMPRIMIERT auch tatsächlich die Form "nachname,vorname" besitzt, kann die Entzerrung durch die folgenden Programmanweisungen vorgenommen werden:

13.1 Zeichenverarbeitung

```
    :
MOVE SPACES TO NAME
SET I-VOR I-NACH TO 1
INSPECT NACHNAME-VORNAME-KOMPRIMIERT TALLYING ZAEHLER
        FOR CHARACTERS BEFORE INITIAL ","
ADD 2 TO ZAEHLER GIVING ZAEHLER-ALT
PERFORM VARYING I-KOMP
        FROM 1 BY 1 UNTIL I-KOMP > ZAEHLER
    MOVE KOMPRIMIERT (I-KOMP) TO N-NACH (I-NACH)
    SET I-NACH UP BY 1
END-PERFORM
INSPECT NACHNAME-VORNAME-KOMPRIMIERT TALLYING ZAEHLER
        FOR CHARACTERS BEFORE INITIAL SPACE
PERFORM VARYING I-KOMP
        FROM ZAEHLER-ALT BY 1 UNTIL IKOMP > ZAEHLER
    MOVE KOMPRIMIERT (I-KOMP) TO N-VOR (I-VOR)
    SET I-VOR UP BY 1
END-PERFORM
    :
```

Abschließend ist anzumerken, daß die TALLYING- und die REPLACING-Klauseln – in dieser Reihenfolge – auch hintereinander innerhalb einer INSPECT-Anweisung angegeben werden dürfen.
So führt z.B. die Anweisung

```
INSPECT BETRAG TALLYING ZAEHLER-WS
        FOR CHARACTERS AFTER INITIAL "*"
        REPLACING ALL SPACE BY "*"
```

für die Datenfelder

BETRAG ⎣␣␣*␣␣12.50⎦   ZAEHLER-WS ⎣05⎦

zum Ergebnis:

BETRAG ⎣*****12.50⎦   ZAEHLER-WS ⎣12⎦

13.1.2 Verdichtung von Zeichenfolgen (STRING-Anweisung)

Soll bei der Datenablage auf einem magnetischen Datenträger der Speicherbereich so klein wie möglich gehalten werden, so läßt sich eine Verdichtung der Daten durch den Einsatz der *STRING-Anweisung* in der folgenden Form erreichen:

Syntax der STRING-Anweisung

```
  STRING { literal-1 | bezeichner-1 }
       [ { literal-2 | bezeichner-2 } ]...
           DELIMITED BY { literal-3 | bezeichner-3 | SIZE }
                [   { literal-4 | bezeichner-4 }
                    [ { literal-5 | bezeichner-5 } ]...
                      DELIMITED BY
                              { literal-6 | bezeichner-6 | SIZE } ]...
       INTO bezeichner-7
    [ WITH POINTER bezeichner-8 ]
    [ ON OVERFLOW unb-anw-1 [ unb-anw-2 ]... ]
    [ NOT ON OVERFLOW unb-anw-3 [ unb-anw-4 ]... ]
    [ END-STRING ]
```

Aus den Angaben vor dem Schlüsselwort INTO wird eine Zeichenfolge zusammengestellt, die im *elementaren* Datenfeld "bezeichner-7" – dem Empfangsfeld – zur weiteren Verarbeitung eingespeichert wird.
Ohne die WITH POINTER-Klausel erfolgt die Ablage im Empfangsfeld von Beginn der Zeichenposition 1 an. Soll von dieser Anfangsposition abgewichen werden, so ist eine WITH POINTER-Klausel anzugeben. In diesem Fall wird als Anfangsposition der Wert des ganzzahlig-numerischen Datenfeldes "bezeichner-8" ermittelt. Dieses Feld erhält nach der Ausführung der STRING-Anweisung die Zeichenposition innerhalb des Empfangsfeldes, *vor* der das zuletzt übertragene Zeichen abgespeichert wurde.
Auf Sendefeldposition – *vor* dem Schlüsselwort INTO – dürfen *nur* alphanumerische Literale und Datenfelder aufgeführt werden, die explizit oder implizit mit der Klausel "USAGE DISPLAY" vereinbart sind.
Alle diesbezüglich als Kontante bzw. als Datenfeldinhalte festgelegten Zeichenfolgen werden nach den Angaben in den zugehörigen, jeweils nachfolgenden DELIMITED BY-Klauseln untersucht. Die daraus resultierenden Zeichenfolgen werden hintereinander – korrespondierend zur Reihenfolge, in der die Literale bzw. die Felder hinter dem Wort "STRING" angegeben wurden – im Empfangsfeld abgespeichert. Sind vor einer DELIMITED BY-Klausel mehrere Operanden aufgeführt worden, so gelten die Angaben innerhalb der Klausel für sämtliche Operanden.
Dabei wird eine Zeichenfolge insgesamt übernommen, wenn das Schlüsselwort *SIZE* angegeben ist. Ansonsten werden die Zeichen jeder einzelnen Zeichenfolge – mit Beginn der ersten Zeichenposition – solange übertragen, bis die als Literal bzw. als Feldinhalt aufgeführte *Trennzeichenfolge* – diese darf auch nur aus *einem* Zeichen bestehen – auftritt.
Ist das Empfangsfeld länger als die insgesamt in dieses Feld übertragene Zeichenfolge, so bleiben die restlichen Zeichen des Empfangsfeldes unverändert erhalten – sie werden *nicht* durch Leerzeichen ersetzt.

13.1 Zeichenverarbeitung

Reicht die Länge des Empfangsfeldes bei der Übertragung nicht aus, so werden die in der ON OVERFLOW-Klausel aufgeführten unbedingten Anweisungen ausgeführt. In diesem Fall ist das Empfangsfeld vollständig mit den zuerst übertragenen Zeichen gefüllt. Dies gilt auch für den Fall, daß keine ON OVERFLOW-Klausel angegeben ist. Allerdings wird dann nicht angezeigt, daß nicht alle Zeichen ins Empfangsfeld aufgenommen werden konnten.

Bei der (zusätzlichen) Angabe einer *NOT ON OVERFLOW-Klausel* werden die unbedingten Anweisungen dann ausgeführt, wenn die Länge des Empfangsfeldes für die Übertragung ausreicht.

Um eine STRING-Anweisung mit der ON OVERFLOW- bzw. mit der NOT ON OVERFLOW-Klausel als unbedingte Anweisung einsetzen zu können, muß die STRING-Anweisung mit dem Stopwort "END-STRING" abgeschlossen werden.

Als Anwendungsbeispiel komprimieren wir die Daten unserer Vertretersätze. Dazu eliminieren wir die jeweils überzähligen Leerzeichen und trennen die einzelnen Daten jeweils durch das Trennzeichen Semikolon ";" voneinander ab. Die daraus resultierende verdichtete Zeichenkette schließen wir mit dem Ausrufungszeichen "!" als Endekennzeichen ab.

Diese Komprimierung läßt sich durch die Ausführung des folgenden COBOL-Programms vornehmen:

```
IDENTIFICATION DIVISION.
PROGRAM-ID.
    KOMPRIMIERUNG.
ENVIRONMENT DIVISION.
CONFIGURATION SECTION.
SOURCE-COMPUTER.
    dva-name-1.
OBJECT-COMPUTER.
    dva-name-2.
INPUT-OUTPUT SECTION.
FILE-CONTROL.
    SELECT VERTRETER-DATEI ASSIGN TO SI.
    SELECT KOMPRIMIERTE-VERTRETER-DATEI ASSIGN TO DK.
DATA DIVISION.
FILE SECTION.
FD  KOMPRIMIERTE-VERTRETER-DATEI
    LABEL RECORD STANDARD.
01  KOMPRIMIERT-SATZ.
    02 KOMPRIMIERT-TAB PICTURE X OCCURS 18 TO 56 TIMES
        DEPENDING ON KOMPRIMIERT-SATZ-LAENGE.
01  KOMPRIMIERT-SATZ-ELEMENT PICTURE X(56).
```

```cobol
    FD  VERTRETER-DATEI
        LABEL RECORD STANDARD.
    01  VERTRETER-SATZ.
        02  KENNZAHL   PICTURE 9(4).
        02  FILLER     PICTURE XX.
        02  NACHNAME   PICTURE X(20).
        02  VORNAME    PICTURE X(20).
        02  FILLER     PICTURE X.
        02  KONTOSTAND PICTURE S9(5)V99
                       SIGN IS LEADING SEPARATE CHARACTER.
        02  FILLER     PICTURE X(25).
WORKING-STORAGE SECTION.
77  KOMPRIMIERT-SATZ-LAENGE PICTURE 99.
77  DATEI-ENDE-FELD PICTURE 9 VALUE 0.
    88  DATEI-ENDE VALUE 1.
PROCEDURE DIVISION.
RAHMEN.
    OPEN INPUT VERTRETER-DATEI
         OUTPUT KOMPRIMIERTE-VERTRETER-DATEI
    READ VERTRETER-DATEI
         AT END SET DATEI-ENDE TO TRUE
    END-READ
    PERFORM UNTIL DATEI-ENDE
       PERFORM VERARBEITUNG
       READ VERTRETER-DATEI
           AT END SET DATEI-ENDE TO TRUE
       END-READ
    END-PERFORM
    CLOSE VERTRETER-DATEI KOMPRIMIERTE-VERTRETER-DATEI
    STOP RUN.
VERARBEITUNG.
    MOVE 1 TO KOMPRIMIERT-SATZ-LAENGE
    STRING KENNZAHL ";" DELIMITED BY SIZE
              NACHNAME DELIMITED BY SPACE
                  ";" DELIMITED BY SIZE
              VORNAME DELIMITED BY SPACE
                  ";" DELIMITED BY SIZE
          KONTOSTAND "!" DELIMITED BY SIZE
                                    INTO KOMPRIMIERT-SATZ-ELEMENT
        WITH POINTER KOMPRIMIERT-SATZ-LAENGE
    SUBTRACT 1 FROM KOMPRIMIERT-SATZ-LAENGE
    WRITE KOMPRIMIERT-SATZ.
```

13.1.3 Entpacken von verdichteten Zeichenfolgen (UNSTRING-Anweisung)

Sollen Teile von Zeichenketten, die durch jeweils ein oder mehrere Trennzeichen voneinander abgegrenzt sind, in geeignete Datenfelder übertragen werden, so läßt sich hierzu die UNSTRING-Anweisung einsetzen. Dadurch können z.B. durch den Einsatz der STRING-Anweisung komprimierte Zeichenketten entpackt und zur weiteren Verarbeitung geeignet bereitgestellt werden.

Zum Entpacken der auf einem magnetischen Datenträger komprimiert abgespeicherten Vertreterdatensätze setzen wir die UNSTRING-Anweisung in der folgenden Form ein:

Syntax der UNSTRING-Anweisung (noch unvollständig!)

```
UNSTRING bezeichner-1
     DELIMITED BY { literal-1 | bezeichner-2 }
              [ OR { literal-2 | bezeichner-3 } ]...
     INTO bezeichner-4 [ bezeichner-5 ]...
```

Der Inhalt des alphanumerischen Sendefeldes "bezeichner-1", das die verdichteten Daten enthält, wird auf die in der DELIMITED BY-Klausel angegebene(n) *Trennzeichenfolge(n)* hin untersucht.

Es wird zunächst die Zeichenposition ermittelt, *hinter* der die durch das alphanumerische Literal "literal-1" bzw. durch den Inhalt des alphanumerischen Feldes "bezeichner-2" festgelegte Zeichenfolge oder aber eine durch Angaben in nachfolgenden OR-Klauseln bestimmte Zeichenfolge *erstmals* auftritt. Die Zeichenfolge des Sendefeldes, die an der Zeichenposition 1 beginnt und bis zur ermittelten Zeichenposition reicht, wird – ohne die Trennzeichenfolge – in das erste hinter dem Schlüsselwort INTO angegebene Empfangsfeld "bezeichner-4" – nach den Regeln der MOVE-Anweisung – übertragen. Dieses Feld muß – wie alle Empfangsfelder innerhalb der UNSTRING-Anweisung – explizit oder implizit mit der Klausel "USAGE DISPLAY" vereinbart sein.

Sind weitere Empfangsfelder in der INTO-Klausel aufgeführt, so wird der Suchprozeß im Sendefeld hinter der letzten Zeichenposition der identifizierten Trennzeichenfolge erneut aufgesetzt. Wird die nächste Übereinstimmung mit einer in der DELIMITED BY-Klausel angegebenen Trennzeichenfolge festgestellt, so wird die dadurch bestimmte Zeichenfolge des Sendefeldes – festgelegt durch die 1. Zeichenposition hinter dem *erstmaligen Auftreten* einer Trennzeichenfolge und der letzten Zeichenposition vor dem 2. Auftreten einer Trennzeichenfolge – in das nächste Empfangsfeld übertragen.

Dieser Prozeß wird für weitere Empfangsfelder entsprechend fortgesetzt.

Wird beim Suchprozeß keine Trennzeichenfolge mehr im Sendefeld gefunden, so wird in das aktuelle Empfangsfeld diejenige Zeichenfolge nach den Regeln der MOVE-Anweisung übertragen, die von der Startposition des aktuellen Suchprozesses bis zur letzten Zeichenposition des Sendefeldes reicht.

Die Ausführung der UNSTRING-Anweisung wird beendet, wenn das letzte Empfangsfeld gefüllt bzw. das Sendefeld bis zum Ende hin überprüft worden ist.

Folgen zwei Trennzeichenfolgen im Sendefeld unmittelbar hintereinander, so wird das Empfangsfeld, in das die aktuell zu übertragende Zeichenfolge gespeichert werden soll, vollständig mit Leerzeichen belegt.

Unter Einsatz der UNSTRING-Anweisung können wir z.B. den Inhalt der komprimierten Vertreterdatensätze entpacken und uns die resultierenden Zeichenfolgen durch das folgende Programm am Bildschirm anzeigen lassen:

```
IDENTIFICATION DIVISION.
PROGRAM-ID.
    ENTPACKEN.
ENVIRONMENT DIVISION.
CONFIGURATION SECTION.
SOURCE-COMPUTER.
    dva-name-1.
OBJECT-COMPUTER.
    dva-name-2.
INPUT-OUTPUT SECTION.
FILE-CONTROL.
    SELECT KOMPRIMIERTE-VERTRETER-DATEI ASSIGN TO DK.
DATA DIVISION.
FILE SECTION.
FD  KOMPRIMIERTE-VERTRETER-DATEI
    RECORD IS VARYING IN SIZE
                 DEPENDING ON KOMPRIMIERT-SATZLAENGE
    LABEL RECORD STANDARD.
01  KOMPRIMIERT-SATZ.
    02  KOMPRIMIERT-TAB PIC X OCCURS 18 TO 56 TIMES
                 DEPENDING ON KOMPRIMIERT-SATZLAENGE.
WORKING-STORAGE SECTION.
77  KENNZAHL PICTURE 9(4).
77  NACHNAME PICTURE X(20).
77  VORNAME  PICTURE X(20).
77  KONTOSTAND-ALPHA PICTURE X(8).
77  KONTOSTAND REDEFINES KONTOSTAND-ALPHA
        PICTURE S9(5)V99 SIGN IS LEADING SEPARATE CHARACTER.
77  KONTOSTAND-AUSGABE PICTURE +(5)9.99.
77  DATEI-ENDE-FELD PICTURE 9 VALUE 0.
    88 DATEI-ENDE VALUE 1.
77  KOMPRIMIERT-SATZLAENGE PICTURE 99.
```

13.1 Zeichenverarbeitung

```
PROCEDURE DIVISION.
RAHMEN.
    OPEN INPUT KOMPRIMIERTE-VERTRETER-DATEI
    READ KOMPRIMIERTE-VERTRETER-DATEI
        AT END SET DATEI-ENDE TO TRUE
    END-READ
    PERFORM UNTIL DATEI-ENDE
        PERFORM VERARBEITUNG
        READ KOMPRIMIERTE-VERTRETER-DATEI
            AT END SET DATEI-ENDE TO TRUE
        END-READ
    END-PERFORM
    CLOSE KOMPRIMIERTE-VERTRETER-DATEI
    STOP RUN.
VERARBEITUNG.
    DISPLAY KOMPRIMIERT-SATZ
    UNSTRING KOMPRIMIERT-SATZ DELIMITED BY ";" OR "!"
        INTO KENNZAHL NACHNAME VORNAME KONTOSTAND-ALPHA
    MOVE KONTOSTAND TO KONTOSTAND-AUSGABE
    DISPLAY KENNZAHL SPACE NACHNAME SPACE VORNAME
    DISPLAY KONTOSTAND-AUSGABE.
```

Soll beim Einsatz der UNSTRING-Anweisung die Suche nicht ab der ersten Zeichenposition im Sendefeld durchgeführt werden, so muß zusätzlich eine *WITH POINTER-Klausel* in der Form

```
WITH POINTER bezeichner-10
```

innerhalb der UNSTRING-Anweisung angegeben werden. In diesem Fall wird der Inhalt des ganzzahlig-numerischen Feldes "bezeichner-10" als Startposition für die Überprüfung ausgewertet.

Nach der Ausführung der UNSTRING-Anweisung enthält "bezeichner-10" die Zeichenposition, die auf das letzte Trennzeichen folgt, bzw. die um 1 erhöhte Länge des Sendefeldes, sofern der aktuelle Suchprozeß zu keiner Übereinstimmung geführt hat.

Sollen mehrere Trennzeichenfolgen für den Suchprozeß im Sendefeld zugelassen werden, so ist es oftmals wünschenswert, die jeweils zutreffenden Trennzeichenfolgen in gesonderten Datenfeldern zu speichern. Dazu kann hinter jedem Empfangsfeld eine Angabe der Form

```
DELIMITER IN bezeichner-5 [ COUNT IN bezeichner-6 ]
```

gemacht werden. Im Feld "bezeichner-5" ist nach Ausführung der UNSTRING-Anweisung entweder die festgestellte Trennzeichenfolge abgespeichert oder es sind dort Leerzeichen eingetragen, sofern der Suchprozeß im Sendefeld abgeschlossen werden mußte, ohne daß eine Übereinstimmung festgestellt werden konnte.

Wird zusätzlich eine *COUNT IN-Klausel* mit dem ganzzahlig-numerischen Feld "bezeichner-6" angegeben, so wird die Länge der in das zugehörige Empfangsfeld übertragenen Zeichenfolge in diesem Datenfeld abgespeichert.

Werden mehrere Empfangsfelder in der UNSTRING-Anweisung aufgeführt, so läßt sich durch eine *TALLYING-Klausel* in der Form

```
TALLYING IN bezeichner-11
```

festlegen, daß nach jeder Übertragung in ein Empfangsfeld der Inhalt des ganzzahlig-numerischen Feldes "bezeichner-11" um den Wert 1 erhöht wird.

Dadurch läßt sich nach Ausführung der UNSTRING-Anweisung abfragen, wieviele der aufgeführten Empfangsfelder tatsächlich gebraucht wurden.

Insgesamt können wir die oben angegebenen Leistungen durch eine UNSTRING-Anweisung abrufen, welche die folgende Form besitzt:

Syntax der UNSTRING-Anweisung

```
UNSTRING bezeichner-1
   DELIMITED BY { literal-1 | bezeichner-2 }
         [ OR { literal-2 | bezeichner-3 } ]...
   INTO bezeichner-4
        [ DELIMITER IN bezeichner-5 ] [ COUNT IN bezeichner-6 ]
      [ bezeichner-7
        [ DELIMITER IN bezeichner-8 ] [ COUNT IN bezeichner-9 ] ]...
   [ WITH POINTER bezeichner-10 ]
   [ TALLYING IN bezeichner-11 ]
   [ ON OVERFLOW unb-anw-1 [ unb-anw-2 ]... ]
   [ NOT ON OVERFLOW unb-anw-3 [ unb-anw-4 ]... ]
[ END-UNSTRING ]
```

Wird eine WITH POINTER- oder eine TALLYING-Klausel aufgeführt, so sind die zugehörigen Datenfelder *vor* Ausführung der UNSTRING-Anweisung mit geeigneten ganzzahligen Werten vorzubesetzen.

Wird eine ON OVERFLOW-Klausel angegeben, so werden die in dieser Klausel enthaltenen unbedingten Anweisungen dann ausgeführt, wenn alle Empfangsfelder besetzt wurden, ohne daß das Sendefeld bereits zu Ende untersucht worden ist.

Die ON OVERFLOW-Klausel wird gleichfalls aktiviert, wenn eine WITH POINTER-Klausel angegeben ist, und der Inhalt des dort aufgeführten Feldes keine gültige Zeichenposition innerhalb des Sendefeldes anzeigt.

13.2 Unterprogrammtechnik (CALL)

Bei der Verwendung einer *NOT ON OVERFLOW-Klausel* werden die hierin angegebenen unbedingten Anweisungen dann bearbeitet, wenn die Ausführung der UNSTRING-Anweisung normal beendet wird und keine der oben angegebenen Ausnahmesituationen auftritt, die für die Aktivierung der ON OVERFLOW-Klausel ausschlaggebend sind.
Um eine UNSTRING-Anweisung mit der ON OVERFLOW- bzw. mit der NOT ON OVERFLOW-Klausel als unbedingte Anweisung einsetzen zu können, muß die UNSTRING-Anweisung mit dem Stopwort "END-UNSTRING" abgeschlossen werden.

13.2 Unterprogrammtechnik (CALL)

Bei der Entwicklung des Lösungsalgorithmus für ein komplexes Problem ist es oftmals sinnvoll, das gesamte Problem durch "strukturierende Vorgehensweise" in überschaubare Teilprobleme zu zergliedern und die zugehörigen Teil-Algorithmen in Form jeweils eigenständiger Programme zu entwickeln. Für diese *Unterprogrammtechnik* spricht zusätzlich unter anderem:[1]

- durch Aufteilung der Teil-Algorithmen auf mehrere Programmierer kann die Programmentwicklungszeit im allgemeinen erheblich reduziert werden, und

- ständig gebrauchte Teil-Algorithmen lassen sich in einer Algorithmen-Bibliothek aufbewahren und von dort aus jederzeit in andere Programme einbinden.

Struktur eines COBOL-Unterprogramms

Bei der "strukturierenden Vorgehensweise" wird der Lösungsalgorithmus in einen Rahmen-Algorithmus und in die zugehörigen Teil-Algorithmen zergliedert. Der Rahmen – zur Ablaufsteuerung der Teil-Algorithmen – wird in Form eines *COBOL-Hauptprogramms* (main program) realisiert, und die Teil-Algorithmen werden als *COBOL-Unterprogramme* (subprogram) erstellt und können durch CALL-Anweisungen aktiviert werden.
Dabei besitzt ein COBOL-Unterprogramm immer den folgenden Aufbau:

---

[1] Die Anwendung der Unterprogrammtechnik ist im allgemeinen nicht nur auf COBOL-Unterprogramme beschränkt. Es hängt von der jeweiligen DVA ab, welche anderen Programmiersprachen verwendet werden dürfen, um in COBOL aufrufbare Unterprogramme zu erstellen.

```
    IDENTIFICATION DIVISION.
    PROGRAM-ID.
          unterprogramm-name.
    ENVIRONMENT DIVISION.
        :
    DATA DIVISION.
    FILE SECTION.
        :
    WORKING-STORAGE SECTION.
        :
[   LINKAGE SECTION.

          Datenfeld-Beschreibungen
          der formalen Parameter up-bez-1, up-bez-2 usw. ]

    PROCEDURE DIVISION [ USING up-bez-1 [ up-bez-2 ]... ] .

          eine oder mehrere Prozeduren
```

Gegenüber dem Aufbau eines COBOL-Hauptprogramms, d.h. eines "normalen" COBOL-Programms, sind die folgenden Ergänzungen innerhalb eines COBOL-Unterprogramms vorzunehmen:

- in die DATA DIVISION ist gegebenenfalls die LINKAGE SECTION als zusätzliches Kapitel einzutragen, und

- im Anschluß an die Überschrift "PROCEDURE DIVISION" muß unter Umständen eine USING-Klausel angegeben werden.

Dabei sind die LINKAGE SECTION und die USING-Klausel entweder beide gleichzeitig aufzuführen oder sie fehlen beide.

Der Programmname "unterprogramm-name" im Paragraphen PROGRAM-ID wird benutzt, um das Unterprogramm vom rufenden Programm (calling program) aus zu aktivieren. Soll das gerufene Unterprogramm auf spezielle Datenfelder des rufenden Programms (die sich von Aufruf zu Aufruf ändern können) zugreifen können, so muß die *USING-Klausel* in der Form

```
USING up-bez-1 [ up-bez-2 ]...
```

hinter der Programmteil-Überschrift "PROCEDURE DIVISION" angegeben werden.

Die Bezeichner "up-bez-1", "up-bez-2" usw. heißen *formale Parameter*. Sie müssen innerhalb der LINKAGE SECTION durch eine Datenfeld-Beschreibung mit den Stufennummern *77 oder 01* vereinbart sein. Jedes mit der Stufennummer 01 dekla-

13.2 Unterprogrammtechnik (CALL)

rierte Feld darf auch strukturiert sein.

CALL- und EXIT-Anweisung

Mit den Datenfeldnamen, die in der LINKAGE SECTION des gerufenen Programms (called program) vereinbart sind, kann in der PROCEDURE DIVISION auf spezielle Datenfelder des rufenden Programms zugegriffen werden. Dazu sind die Namen dieser Datenfelder in der CALL-Anweisung aufzuführen, die das Unterprogramm aufruft (call).

Syntax der CALL-Anweisung

```
CALL { "unterprogramm-name" | bezeichner-1 }
     [ USING bezeichner-2 [ bezeichner-3 ]... ]
```

Mit dieser Anweisung wird ein Unterprogramm aktiviert, das entweder durch die Angabe des alphanumerischen Literals "unterprogramm-name" bzw. durch den Inhalt des alphanumerischen Feldes "bezeichner-1" gekennzeichnet ist.

Bei Mikrocomputern muß in der Regel anstelle des Namens, der im Unterprogramm innerhalb des Paragraphens PROGRAM-ID verabredet wird, der Name derjenigen Datei angegeben werden, in der das ausführbare Objektprogramm – erzeugt durch die Übersetzung des Unterprogramms – abgespeichert ist.

In der USING-Klausel müssen alle die Datenfelder als *aktuelle Parameter* aufgeführt werden, auf die das gerufene Unterprogramm zugreifen soll.

Bei den aktuellen Parameter muß es sich um Datenfelder bzw. Tabellenelemente handeln – die Angabe von Literalen ist nicht erlaubt.

Bezüglich der Korrespondenz zwischen den aktuellen Parametern des rufenden Programms und den formalen Parametern des gerufenen Unterprogramms gelten die folgenden Regeln:

- die Zuordnung der Datenfelder erfolgt gemäß der Reihenfolge, in der die Datenfelder in den jeweiligen USING-Klauseln aufgeführt sind,

- die Anzahl der Parameter in den beiden USING-Klauseln muß übereinstimmen, und

- die jeweils korrespondierenden Felder dürfen verschiedene Namen haben.

Bei der Ausführung der CALL-Anweisung im rufenden Programm wird die Ablaufsteuerung an das gerufene Programm übertragen, und die Ausführung des Unterprogramms wird mit der ersten Anweisung in dessen PROCEDURE DIVISION begonnen.

```
rufendes Programm:                  | gerufenes Programm:
                                    |
IDENTIFICATION DIVISION.            | IDENTIFICATION DIVISION.
PROGRAM-ID.                         | PROGRAM-ID.
   hauptprogramm-name.              |    unterprogramm-name.
      :                             |       :
PROCEDURE DIVISION.                 | PROCEDURE DIVISION USING ...
   ↓                                |       :
   CALL "unterprogramm-name" ... ──→  erste-anweisung
             USING ...              |       :                    ↓
   nächste-anweisung  ←─────────────── EXIT PROGRAM
↓        :                          |       :
```

Mit den Anweisungen in der PROCEDURE DIVISION des gerufenen Programms kann über die Namen der in der LINKAGE SECTION vereinbarten Datenfelder auf diejenigen Felder zugegriffen werden, die in der CALL-Anweisung des rufenden Programms als aktuelle Parameter aufgeführt sind. Dabei können einerseits Daten für das gerufene Programm bereitgestellt und andererseits auch Ergebnisse in das rufende Programm übermittelt werden.

Sind keine Werte zwischen rufendem und gerufenen Programm auszutauschen, so brauchen auch keine formalen und keine aktuellen Parameter angegeben zu werden. In diesem Fall fehlen sowohl die USING-Klausel in der CALL-Anweisung des rufenden Programms als auch die USING-Klausel in der Überschrift "PROCEDURE DIVISION" des gerufenen Unterprogramms. Ferner entfällt die LINKAGE SECTION in der DATA DIVISION des Unterprogramms.

An der Stelle, wo vom gerufenen Unterprogramm wieder in das rufende Programm zurückverzweigt werden soll, ist eine EXIT-Anweisung in der folgenden Form anzugeben:

Syntax der EXIT-Anweisung:

| EXIT PROGRAM |

Durch die Ausführung dieser Anweisung erfolgt der *Rücksprung* des aufgerufenen Unterprogramms in das rufende Programm, in dem die Programmausführung mit der Bearbeitung derjenigen Anweisung fortgesetzt wird, die der CALL-Anweisung folgt.

Generell darf ein Hauptprogramm mehrere Unterprogramme aktivieren, und ein Unterprogramm kann mit der CALL-Anweisung weitere Unterprogramme aufrufen. Allerdings darf ein Unterprogramm niemals ein Unterprogramm aktivieren, das in der Aufruf-Reihenfolge vor ihm steht. Damit soll verhindert werden, daß ein Unterprogramm sich direkt oder indirekt (über andere Unterprogramme) selbst aufrufen kann.

13.2 Unterprogrammtechnik (CALL)

Wird ein Unterprogramm mehrmals aktiviert, so sind die Inhalte der in diesem Unterprogramm definierten Datenfelder bei jedem Aufruf in dem Zustand, in dem sie sich beim letzten Rücksprung in das rufende Programm befunden haben. Bei mehrmaligem Unterprogrammaufruf enthalten daher die Felder des Unterprogramms nicht mehr die Werte, die sie z.B. durch Vorbesetzungen mit der VALUE-Klausel zu Beginn des Objektlaufs besessen haben. Vielmehr resultieren die jeweiligen Speicherinhalte aus den zuletzt erfolgten expliziten Wertzuweisungen.

Anwendung der Unterprogrammtechnik

Als Anwendungsbeispiel stellen wir uns die folgende Aufgabe:

- Die Vertreter einer Vertriebsgesellschaft sollen am Jahresende eine Gratifikation erhalten, die vom Familienstand und vom jeweiligen Jahresumsatz abhängen soll.

Die für die Auswertung erforderlichen Daten sind in der Datei VERTRETER-UMSATZ in der folgenden Form auf einem magnetischen Datenträger abgespeichert:

Zeichenbereich	Inhalt
01 - 04	Vertreterkennzahl
05 - 05	Kodezahl für den Familienstand
13 - 22	Umsatz des Vertreters im Geschäftsjahr
23 - 62	Vertretername

Diese Aufgabe kann ohne Schwierigkeiten direkt – ohne Zerlegung in Rahmen- und Teil-Algorithmus – gelöst werden. Um jedoch die Wirkungsweise der Unterprogrammtechnik zu demonstrieren, gliedern wir die Aufgabenlösung in einen Rahmen-Algorithmus, in dem die Daten "Familienstand" und "Umsatz" bereitgestellt werden und der Gratifikationsbetrag zusammen mit der Kennzahl und dem Vertreternamen in eine Druck-Datei ausgegeben werden, und in einen Teil-Algorithmus, in dem der Gratifikationsbetrag berechnet wird. Den Rahmen-Algorithmus formen wir zum COBOL-Hauptprogramm mit dem Programmnamen RAHMEN-PROGRAMM um, und den Teil-Algorithmus geben wir als COBOL-Unterprogramm namens RECHNUNG an:

```
IDENTIFICATION DIVISION.
PROGRAM-ID.
    RAHMEN-PROGRAMM.
ENVIRONMENT DIVISION.
CONFIGURATION SECTION.
SOURCE-COMPUTER.
    dva-name-1.
OBJECT-COMPUTER.
    dva-name-2.
```

```cobol
       INPUT-OUTPUT SECTION.
       FILE-CONTROL.
           SELECT VERTRETER-UMSATZ  ASSIGN TO DI.
           SELECT LISTE             ASSIGN TO LO.
       DATA DIVISION.
       FILE SECTION.
       FD VERTRETER-UMSATZ
          LABEL RECORD STANDARD.
       01 EINGABE-SATZ.
          02 KENNZAHL      PICTURE 9(4).
          02 FAMILIENSTAND PICTURE 9.
          02 FILLER        PICTURE X(7).
          02 UMSATZ        PICTURE 9(8)V99.
          02 NAME          PICTURE X(40).
       FD LISTE
          LABEL RECORD OMITTED.
       01 AUSGABE-SATZ PICTURE X(132).
       WORKING-STORAGE SECTION.
       77 DATEI-ENDE-FELD PICTURE 9 VALUE ZERO.
          88 DATEI-ENDE VALUE 1.
       77 GRATIFIKATION-WS PICTURE 9(5)V99.
       01 AUSGABE-SATZ-WS.
          02 FILLER          PICTURE X(10)  VALUE " NAME:".
          02 NAME-A          PICTURE X(40).
          02 FILLER          PICTURE X(15)  VALUE " KENNZAHL : ".
          02 KENNZAHL-A      PICTURE 9B9B9B9B.
          02 FILLER          PICTURE X(15)  VALUE "    BETRAG:".
          02 GRATIFIKATION-A PICTURE Z(5).99.
          02 FILLER          PICTURE X(36)  VALUE "DM".
       PROCEDURE DIVISION.
       RAHMEN.
           OPEN INPUT VERTRETER-UMSATZ OUTPUT LISTE
           READ VERTRETER-UMSATZ
               AT END SET DATEI-ENDE TO TRUE
           END-READ
           PERFORM UNTIL DATEI-ENDE
               CALL "RECHNUNG" USING EINGABE-SATZ GRATIFIKATION-WS
               MOVE GRATIFIKATION-WS TO GRATIFIKATION-A
               MOVE KENNZAHL TO KENNZAHL-A
               MOVE NAME TO NAME-A
               WRITE AUSGABE-SATZ FROM AUSGABE-SATZ-WS
               READ VERTRETER-UMSATZ
                   AT END SET DATEI-ENDE TO TRUE
               END-READ
           END-PERFORM
```

```cobol
        CLOSE VERTRETER-UMSATZ LISTE
        STOP RUN.

IDENTIFICATION DIVISION.
PROGRAM-ID.
        RECHNUNG.
ENVIRONMENT DIVISION.
CONFIGURATION SECTION.
SOURCE-COMPUTER.
        dva-name-1.
OBJECT-COMPUTER.
        dva-name-2.
DATA DIVISION.
WORKING-STORAGE SECTION.
77  PROZENTSATZ PICTURE V9(5).
LINKAGE SECTION.
77  GRATIFIKATION-UP PICTURE 9(5)V99.
01  EINGABE-SATZ-UP.
    02  FILLER              PICTURE X(4).
    02  FAMILIENSTAND-UP    PICTURE 9.
        88  LEDIG               VALUE 1.
        88  VERHEIRATET         VALUE 2.
        88  VERH-MIT-KINDERN    VALUE 3.
    02  FILLER              PICTURE X(7).
    02  UMSATZ-UP           PICTURE 9(8)V99.
    02  FILLER              PICTURE X(40).
PROCEDURE DIVISION USING EINGABE-SATZ-UP GRATIFIKATION-UP.
RAHMEN.
    EVALUATE TRUE
            WHEN LEDIG              MOVE .001    TO PROZENTSATZ
            WHEN VERHEIRATET        MOVE .00125  TO PROZENTSATZ
            WHEN VERH-MIT-KINDERN   MOVE .0015   TO PROZENTSATZ
    END-EVALUATE
    MULTIPLY PROZENTSATZ BY UMSATZ-UP GIVING GRATIFIKATION-UP
    IF UMSATZ-UP > 1500000.00
        THEN COMPUTE GRATIFIKATION-UP ROUNDED =
             GRATIFIKATION-UP + (UMSATZ-UP - 1500000.00) * 0.00025
    END-IF
    EXIT PROGRAM.
```

Erweiterung der CALL-Anweisung

Bei Mikrocomputern muß die Technik der Programmstrukturierung durch Unterprogramme stets dann eingesetzt werden, wenn der benötigte Hauptspeicherbereich für die Datenfelder die vom System zugelassene Obergrenze übersteigt.

Ferner ist bei Mikrocomputern zu berücksichtigen, daß wegen einer beschränkten Hauptspeicherkapazität der Fall eintreten kann, daß beim Laden des Unterprogramms der freie Hauptspeicherbereich nicht mehr zur Aufnahme des Unterprogramms ausreicht. Soll das Programm in dieser Situation nicht abgebrochen werden, so ist eine *ON EXCEPTION-Klausel* in der folgenden Form in die CALL-Anweisung aufzunehmen:

```
CALL { "unterprogramm-name" | bezeichner-1 }
    [ USING bezeichner-2 [ bezeichner-3 ]... ]
    [ ON EXCEPTION unb-anw-1 [ unb-anw-2 ]... ]
    [ NOT ON EXCEPTION unb-anw-3 [ unb-anw-4 ]... ]
[ END-CALL ]
```

Beim Speicherengpaß (overflow) werden die in der ON EXCEPTION-Klausel angegebenen unbedingten Anweisungen ausgeführt, und anschließend wird der Programmlauf mit der hinter der CALL-Anweisung folgenden Programmanweisung fortgesetzt.

Innerhalb der ON EXCEPTION-Klausel kann z.B. eine *CANCEL-Anweisung* in der Form

```
CANCEL { "unterprogramm-name-1" | bezeichner-1 }
    [ { "unterprogramm-name-2" | bezeichner-2 } ]...
```

angegeben werden, durch welche die hinter dem Wort CANCEL angegebenen Unterprogramme – gekennzeichnet durch die aufgeführten alphanumerischen Literale bzw. die Inhalte der aufgeführten alphanumerischen Bezeichner – aus dem Hauptspeicher entfernt werden, so daß der freiwerdende Hauptspeicherbereich zum Laden anderer Unterprogramme genutzt werden kann[2].

Aus dem oben angegebenen Syntax-Gerüst ist erkennbar, daß eine *NOT ON EXCEPTION-Klausel* innerhalb einer CALL-Anweisung angegeben werden kann. In diesem Fall werden die in dieser Klausel aufgeführten unbedingten Anweisungen – im Anschluß an die Ausführung des aufgerufenen Unterprogramms – dann bearbeitet, wenn das Unterprogramm ordungsgemäß geladen werden konnte.

Soll eine CALL-Anweisung beim Einsatz einer NOT ON EXCEPTION- bzw. ON EXCEPTION-Klausel als unbedingte Anweisung eingesetzt werden, so ist die CALL-Anweisung durch das Schlüsselwort "END-CALL" abzuschließen.

Bislang haben wir keine Angaben darüber gemacht, ob auf einen aktuellen Parameter nur lesend zugegriffen können werden soll. Dies ist z.B. dann bedeutsam,

---

[2] Es werden alle Dateien, die in dem durch eine CANCEL-Anweisung betroffenen Unterprogramm bearbeitet und noch nicht von der Verarbeitung abgemeldet worden sind, automatisch abgeschlossen.

13.3 Segmentierung

wenn wir ausschließen wollen, daß der Inhalt des als aktueller Parameter angegebenen Feldes – wegen einer fehlerhaften Programmierung – durch die Ausführung des Unterprogramms verändert wird.

Beim Einsatz der CALL-Anweisung läßt sich festlegen, ob auf einen aktuellen Parameter *nur* ein lesenden Zugriff (*BY CONTENT*) erfolgen darf oder ob – wie dies standardmäßig ohne weitere Kennzichnung erfolgt – an dieser Parameterposition auch ein Ergebniswert in das auf aktueller Parameterposition stehende Datenfeld übertragen werden darf (*BY REFERENCE*).[3] Dazu ist die CALL-Anweisung gemäß der wie folgt erweiterten Syntax einzusetzen:

```
CALL { "unterprogramm-name" | bezeichner-1 }
    [ USING [ BY { REFERENCE | CONTENT } ]
                bezeichner-2 [ bezeichner-3 ]...
            [ [ BY { REFERENCE | CONTENT } ]
                bezeichner-4 [ bezeichner-5 ]... ]... ]
    [ ON EXCEPTION unb-anw-1 [ unb-anw-2 ]... ]
    [ NOT ON EXCEPTION unb-anw-3 [ unb-anw-4 ]... ]
[ END-CALL ]
```

Für alle hinter dem Schlüsselwort *CONTENT* (als aktuelle Parameter) angegebenen Bezeichner gilt, daß ihr Inhalt durch die Ausführung des aufgerufenen Unterprogramms nicht verändert werden kann.

Sollen aktuelle Parameter von dem durch CONTENT bewirkten Schutz ausgenommen werden, so sind sie entweder vor CONTENT anzugeben oder durch das Schlüsselwort *REFERENCE* einzuleiten. In dieser Form sind aktuelle Parameter dann aufzuführen, wenn auf sie während der Unterprogrammausführung schreibend zugegriffen werden soll, um Ergebnisse vom aufgerufenen Unterprogramm in das rufende Programm zu übertragen.

13.3 Segmentierung

Zur optimalen Ausnutzung des Hauptspeichers bietet COBOL das Konzept der *Segmentierung* (segmentation) an. Mit diesem Verfahren ist es möglich, ein Programm so zu strukturieren, daß für dessen Ausführung nur ein Minimum an Hauptspeicher bereitgestellt werden muß.[4]

Die Segmentierung ist z.B. dann erforderlich, wenn der Hauptspeicher zur Aufnahme des gesamten Programms nicht ausreicht, oder wenn bei Mikrocomputern

---

[3] Trotzdem darf bei einem durch "BY CONTENT" gekennzeichneten Parameter innerhalb des aufgerufenen Unterprogramms ein schreibender Zugriff auf den korrespondierenden formalen Parameter bzw. einem diesem untergeordneten Datenfeld erfolgen. Es wird einzig und allein verhindert, daß der Wert des formalen Parameters nach Beendigung des Unterprogramms an das rufende Programm zurückgemeldet wird.

[4] Dies ist allerdings mit dem Nachteil verbunden, daß sich die Laufzeit durch das jeweilige Zuladen der einzelnen Segmente erhöht.

der durch die Übersetzung der Programmanweisungen belegte Speicher eine durch
eingeschränkte Adressierungsmöglichkeiten festgelegte Obergrenze überschreitet.
Bei einem segmentierten Programm werden zum Programmstart nur bestimmte
Programmteile in den Hauptspeicher geladen, während andere Teile erst auf eine
Anforderung hin von einem magnetischen Datenträger in einen Überlagerungsbereich des Hauptspeichers hinzugeladen werden. Die dafür erforderliche "Aktion"
(Nachladen der Segmente, Reservierung der Hauptspeicherbereiche) führt das Betriebssystem *automatisch* durch.
Für die Segmentierung muß die PROCEDURE DIVISION des Quellprogramms in
Kapitel eingeteilt sein. Ferner muß jedem Kapitel eine *Segmentnummer* (segmentnumber) durch die folgende Vereinbarung zugeordnet werden:

```
kapitelname SECTION [ segmentnummer ].
```

Bei der Vergabe der Segmentnummern sind die folgenden Regeln zu beachten:

- eine Segmentnummer muß eine ganze Zahl zwischen *0 und 99* sein, und

- ohne Angabe einer Segmentnummer wird dem betreffenden Kapitel automatisch die Segmentnummer 0 zugewiesen.

Alle Kapitel mit gleicher Segmentnummer werden zu jeweils einem *Segment* zusammengefaßt. Die Segmente mit einer Segmentnummer, die kleiner oder gleich 49 ist, bilden den *residenten* Teil (fixed portion) des Objektprogramms. Zu diesem Bereich gehören auch alle in der DATA DIVISION vereinbarten Datenfelder.
Der nichtresidente Teil des Objektprogramms besteht aus den *unabhängigen Overlay-Segmenten* (independent segment), die jeweils aus den Kapiteln mit einer Segmentnummer größer oder gleich 50 gebildet werden.
Beim Start des Objektprogramms werden alle Segmente des residenten Teils in den Hauptspeicher geladen. Alle unabhängigen Overlay-Segmente werden auf einem magnetischen Datenträger bereitgehalten und erst bei Bedarf jeweils einzeln in den Hauptspeicher übertragen. Ein unabhängiges Overlay-Segment wird immer im Anfangszustand geladen. Von dieser Strategie wird nur dann abgewichen, wenn eine CALL-Anweisung in einem unabhängigen Overlay-Segment enthalten ist. In diesem Fall wird das Segment bei der Rückkehr aus dem gerufenen Unterprogramm in dem Zustand geladen, in dem es sich vor dem Einsprung ins Unterprogramm befunden hat.
Ein unabhängiges Overlay-Segment kann den Speicherbereich eines bereits geladenen unabhängigen Overlay-Segments einnehmen und auch jederzeit von einem solchen Segment überschrieben werden.
Der benötigte Hauptspeicher für ein segmentiertes Objektprogramm ergibt sich als Summe des erforderlichen Speicherbereichs für den residenten Teil und dem Maximum der Speicherbereiche, die von jedem einzelnen unabhängigen Overlay-Segment belegt werden.

13.3 Segmentierung

Ist dieser benötigte Speicherbereich noch zu groß, so lassen sich die Segmente des residenten Teils weiter in

- *permanente Segmente* (permanent segment) und in

- *überlagerbare feste Segmente* (overlayable fixed segment)

unterteilen. Dazu ist im Paragraphen OBJECT-COMPUTER durch die Angabe der *SEGMENT-LIMIT-Klausel* in der Form

| SEGMENT-LIMIT IS segmentgrenze |

eine *Segmentgrenze* (segment-limit) mit einem Wert zwischen *1 und 49* festzulegen. Alle Kapitel mit einer Segmentnummer zwischen der Segmentgrenze und dem Wert 49 bilden die überlagerbaren festen Segmente. Diese Segmente werden beim Start des Objektprogramms ebenfalls auf dem Platten- bzw. Diskettenspeicher bereitgestellt und erst bei Bedarf in den Hauptspeicher übertragen. Im Gegensatz zu den unabhängigen Overlay-Segmenten werden sie jedoch in dem Zustand geladen, in dem sie beim letzten Aufruf verlassen wurden.

Damit ergibt sich zur Laufzeit eines segmentierten Objektprogramms das folgende Bild:

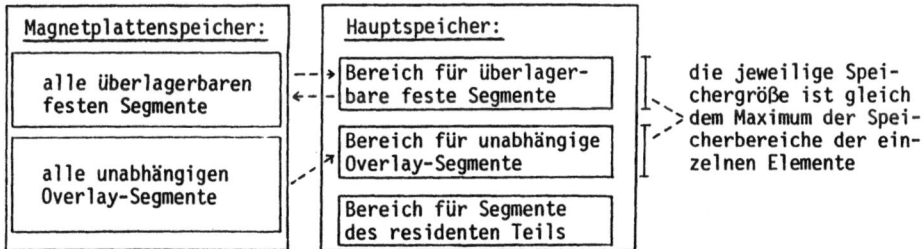

Als Grundregeln für die Segmentierung sind zu beachten:

- alle Kapitel, in denen oft aufeinander Bezug genommen wird, sollten dieselbe Segmentnummer besitzen, und

- diejenigen Kapitel, deren Anweisungen sehr oft ausgeführt werden, sollten möglichst im residenten Teil eingegliedert sein.

Äußerste Vorsicht ist beim Einsatz der PERFORM-Anweisung in einem segmentierten Programm geboten. Es ist zu beachten:

- ist eine PERFORM-Anweisung in einem Kapitel angegeben, dessen Segmentnummer größer oder gleich der Segmentgrenze ist, so darf mit ihr nur in ein Kapitel verzweigt werden, das entweder in demselben Segment liegt oder aber in einem Segment enthalten ist, dessen Segmentnummer kleiner als die Segmentgrenze ist. Wird die PERFORM-Anweisung mit der THRU-Klausel eingesetzt, so müssen sämtliche Kapitel des aufgerufenen Kapitelbereichs entweder in Segmenten des residenten Teils oder aber in ein und demselben unabhängigen Overlay-Segment enthalten sein.

- Ist eine PERFORM-Anweisung dagegen in einem Kapitel angegeben, dessen Segmentnummer kleiner als die Segmentgrenze ist, so darf mit ihr nur in diejenigen Kapitel verzweigt werden, deren Segmentnummern kleiner als 50 sind oder die vollständig in einem einzigen unabhängigen Overlay-Segment liegen. Wird die PERFORM-Anweisung mit der THRU-Klausel eingesetzt, so müssen sämtliche Kapitel des aufgerufenen Kapitelbereichs entweder in dem Overlay-Segment, welches das Kapitel mit der PERFORM-Anweisung enthält, oder aber in Segmenten des residenten Teils enthalten sein.

13.4 Sortieren und Mischen von Datensätzen

13.4.1 Sortieren von Datensätzen

Eines der Hauptanwendungsgebiete der EDV in Wirtschaft und Verwaltung ist die Verarbeitung großer Datenbestände nach bestimmten Sortierkriterien.
Jeder DVA-Hersteller stellt für die Durchführung der Sortierung mindestens ein Standard-Sortierprogramm bereit. Ein solches Programm liegt als eigenständiges Objektprogramm vor und führt im allgemeinen nur einen speziellen Sortierprozeß (ohne Anwendungs-spezifische Eingriffsmöglichkeiten) durch. Oftmals ist es jedoch von Vorteil, den Sortiervorgang in einen allgemeineren Algorithmus zu integrieren. Zu diesem Zweck stellt COBOL den *Internsort* als zusätzliches Sprachelement zur Verfügung.

Sortiervorgang

Wir wollen die Benutzung des COBOL-Internsorts an der folgenden Aufgabe *"SORTIEREN-DER-VERTRETERDATEN"* demonstrieren:

- Die Vertreternamen in den Sätzen der Vertreterdaten-Datei sollen aufsteigend sortiert und anschließend in eine Druck-Datei ausgegeben werden. Dabei soll der Nachname der Haupt-Sortier-Schlüssel und der Vorname ein untergeordneter Sortier-Schlüssel sein.

Allgemein verstehen wir unter einem *Sortier-Schlüssel* (key) einen Bezeichner, dessen Datenfeld-Inhalte entweder *aufsteigend* (ascending) oder *absteigend* (descending) geordnet werden sollen. Dabei wird entweder die durch den Intern-Kode der jeweiligen Anlage festgelegte Sortierfolge-Ordnung zugrunde gelegt (siehe Anhang A.4) oder es wird eine innerhalb des COBOL-Programms verabredete Sortierfolge-Ordnung vereinbart.
Zur Lösung unserer Aufgabe wählen wir für die unsortierte und sequentiell organisierte *Ausgangs-Datei* der Vertreterdaten wiederum den Namen VERTRETER-DATEI, und die zu erstellende, (nach den Vertreternamen) sortierte und sequentiell

13.4 Sortieren und Mischen von Datensätzen

organisierte *Ziel-Datei* bezeichnen wir erneut mit dem Namen LISTE.

Für den Sortiervorgang muß zusätzlich eine *Sortier-Datei* (sort file) – als Arbeits-Datei für die Durchführung der Sortierung – bereitgestellt werden.

Für die Beschreibung des Sortiervorgangs läßt sich das folgende Schema angeben:

| unsortierte Ausgangs-Datei(en) | → | Sortier-Datei | → | sortierte Ziel-Datei |

Die Sortier-Datei muß immer sequentiell organisiert sein und in der FILE SECTION durch einen *SD-Eintrag* (sort-file description) in der folgenden Weise deklariert werden:

```
SD sortier-dateiname.
    [ DATA { RECORD IS | RECORDS ARE }
            datensatzname-1 [ datensatzname-2 ]... ]
 01 datensatzname-1.

    │   Datensatz-Beschreibung
    │   von "datensatzname-1"

[ 01 datensatzname-2.

    │   Datensatz-Beschreibung
    │   von "datensatzname-2"
                                            ]...
```

In den aufgeführten Datensatz-Beschreibungen müssen diejenigen Felder vereinbart sein, die als Sortier-Schlüssel für den Sortiervorgang erforderlich sind. Neben dem SD-Eintrag ist für eine Sortier-Datei auch eine zugehörige SELECT-Klausel im Paragraphen FILE-CONTROL anzugeben.

Für unsere Sortier-Datei wählen wir den Namen SORT-DATEI und ordnen ihr die Gerätebezeichnung "DS" (*D*isk *S*ort) in der folgenden Form zu:

```
SELECT SORT-DATEI ASSIGN TO DS.
```

Damit können wir zur Lösung unserer Aufgabe die folgenden beschreibenden Programmteile angeben:

```
IDENTIFICATION DIVISION.
PROGRAM-ID.
    SORTIEREN-DER-VERTRETERDATEN.
```

```
ENVIRONMENT DIVISION.
CONFIGURATION SECTION.
SOURCE-COMPUTER.
    dva-name-1.
OBJECT-COMPUTER.
    dva-name-2.
INPUT-OUTPUT SECTION.
FILE-CONTROL.
    SELECT VERTRETER-DATEI  ASSIGN TO SI.
    SELECT LISTE            ASSIGN TO LO.
    SELECT SORT-DATEI       ASSIGN TO DS.
DATA DIVISION.
FILE SECTION.
FD  VERTRETER-DATEI
    LABEL RECORD STANDARD.
01  VERTRETER-SATZ PICTURE X(80).
FD  LISTE
    LABEL RECORD OMITTED.
01  AUSGABE-SATZ   PICTURE X(132).
SD  SORT-DATEI.
01  SORT-SATZ.
    02 FILLER     PICTURE X(6).
    02 NACHNAME   PICTURE X(20).
    02 VORNAME    PICTURE X(20).
    02 FILLER     PICTURE X(34).
WORKING-STORAGE SECTION.
77  DATEI-ENDE-FELD PICTURE 9.
    88 DATEI-ENDE  VALUE 1.
```

Die SORT-Anweisung

Bevor der Sortiervorgang durchgeführt werden kann, ist die Sortier-Datei zu erstellen. Dies läßt sich durch die Ausführung einer *Eingabe-Prozedur* (INPUT PROCEDURE) erreichen.

Die Durchführung des Sortierlaufs geschieht durch den Aufruf der SORT-Anweisung (zur Syntax und Anwendung siehe unten).

Nach der Sortierung können die Sätze der Sortier-Datei durch die Ausführung einer *Ausgabe-Prozedur* (OUTPUT PROCEDURE) in eine Ziel-Datei übertragen werden.

Stimmt die Datei-Struktur der Ausgangs-Datei(en) mit derjenigen der Sortier-Datei überein, so braucht keine Eingabe-Prozedur angegeben zu werden. Stattdessen können wir in der SORT-Anweisung eine geeignete USING-Klausel formulieren (siehe unten).

Ist die Datei-Struktur der Ziel-Datei mit derjenigen der Sortier-Datei identisch, so kann auf die Angabe einer Ausgabe-Prozedur verzichtet werden. Stattdessen können

13.4 Sortieren und Mischen von Datensätzen

wir in der SORT-Anweisung eine geeignete GIVING-Klausel angeben (siehe unten). Bevor wir darstellen, wie die Sortier-Vorschrift zu formulieren ist, stellen wir zunächst die allgemeine Form der SORT-Anweisung vor:

Syntax der SORT-Anweisung

```
SORT sortier-dateiname
     ON { ASCENDING | DESCENDING }
            KEY bezeichner-1 [ bezeichner-2 ]...
   [ ON { ASCENDING | DESCENDING }
            KEY bezeichner-3 [ bezeichner-4 ]... ]...
   [ COLLATING SEQUENCE IS alphabetname ]
   { INPUT PROCEDURE IS prozedurname-1 [ THRU prozedurname-2 ]
     | USING dateiname-1 [ dateiname-2 ]... }
   { OUTPUT PROCEDURE IS prozedurname-3 [ THRU prozedurname-4 ]
     | GIVING dateiname-3 }
```

Durch die Angabe der COLLATING SEQUENCE-Klausel läßt sich eine vom Intern-Kode der jeweiligen DVA abweichende Sortierfolge-Ordnung festlegen. Dazu muß "alphabetname" eine innerhalb des Paragraphen SPECIAL-NAMES eingetragene Zuordnung (siehe Abschnitt 7.2) kennzeichnen.

In den ASCENDING- bzw. DESCENDING-Klauseln ist die *Reihenfolge* und die *Hierarchie* der Sortier-Schlüssel festzulegen. Dabei werden die Sortier-Schlüssel stets in absteigender Folge angegeben, d.h. der zuerst aufgeführte Sortier-Schlüssel ist der oberste Ordnungsbegriff.

In der *ASCENDING-Klausel* werden die Bezeichner angegeben, bei denen die Datenfeld-Inhalte *aufsteigend* sortiert werden sollen.

Die Felder, bei denen die Datenfeld-Inhalte *absteigend* zu sortieren sind, müssen in einer *DESCENDING-Klausel* aufgeführt sein. Ferner müssen die in diesen Klauseln angegebenen Sortier-Schlüssel in einer Datensatz-Beschreibung der Sortier-Datei vereinbart sein.

Sollen die Sätze aus einer oder mehreren Ausgangs-Dateien, die den gleichen Satz-Schlüssel enthalten, in ihrer *unveränderten* ursprünglichen Reihenfolge in die Ziel-Datei übernommen werden, so ist dies unmittelbar im Anschluß an eine ASCENDING KEY- bzw. DESCENDING KEY-Klausel wie folgt festzulegen:

```
WITH DUPLICATES IN ORDER
```

Zur Lösung unserer Aufgabe SORTIEREN-DER-VERTRETERDATEN geben wir die Sortier-Vorschrift durch die folgende Klausel an:

```
ASCENDING KEY NACHNAME VORNAME
```

Formulieren wir die Anweisungen der Eingabe-Prozedur im Paragraphen EINGABE und die Anweisungen der Ausgabe-Prozedur im Paragraphen AUSGABE, so wird der Sortierlauf durch die folgende SORT-Anweisung abgerufen:

```
SORT SORT-DATEI
    ASCENDING KEY NACHNAME VORNAME
    INPUT PROCEDURE EINGABE
    OUTPUT PROCEDURE AUSGABE
```

Bevor wir die zugehörigen Algorithmen für die Erstellung der Sortier-Datei und die Ausgabe der sortierten Sätze in die Druck-Datei LISTE in Form der Prozeduren EINGABE und AUSGABE angeben, wollen wir uns zunächst damit befassen, wie Datensätze in die Sortier-Datei ausgegeben und von dort aus wieder eingelesen werden können.

Für den Sortierlauf mit vorausgehender Ausführung einer Eingabe-Prozedur und der nachfolgenden Bearbeitung einer Ausgabe-Prozedur läßt sich das folgende Schema angeben, das im weiteren erläutert werden soll:

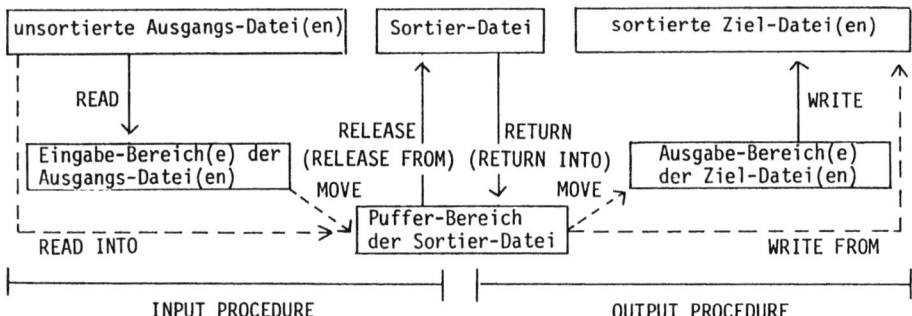

Eingabe- und Ausgabe-Prozeduren

Die im Syntax-Gerüst der SORT-Anweisung angegebene Prozedur "prozedurname-1" bzw. der Bereich von Prozedur "prozedurname-1" bis zur Prozedur "prozedurname-2" enthält die Anweisungen, mit denen die Sortier-Datei aus den unsortierten Datensätzen einer oder mehrerer Ausgangs-Dateien aufgebaut wird. Zur Angabe einer Eingabe-Prozedur gibt es keine Alternative, falls

- nicht alle Sätze einer Ausgangs-Datei in die Sortier-Datei übertragen werden sollen, oder

- die Satzinhalte einer Ausgangs-Datei noch modifiziert werden müssen, oder

13.4 Sortieren und Mischen von Datensätzen

- die Satzlängen von Ausgangs- und Sortier-Datei nicht übereinstimmen.

Beim Einsatz einer Eingabe-Prozedur müssen die folgenden Regeln beachtet werden:

- auf die Ausgangs-Datei(en) muß mit den "normalen Ein-/Ausgabe-Anweisungen" OPEN, READ und CLOSE zugegriffen werden,
- die Sortier-Datei darf weder mit OPEN eröffnet noch mit CLOSE abgeschlossen werden, und
- die aus Ausgangs-Dateien zu übertragenden Sätze müssen mit der speziellen Schreib-Anweisung *RELEASE* (die wir unten erläutern) in die Sortier-Datei eingetragen werden, d.h. die Anweisungen OPEN, WRITE und CLOSE sind im Zusammenhang mit der Bearbeitung einer Sortier-Datei verboten.

Die im Syntax-Gerüst der SORT-Anweisung angegebene Prozedur "prozedurname-3" bzw. der Bereich von Prozedur "prozedurname-3" bis zur Prozedur "prozedurname-4" enthält die Anweisungen, mit denen die sortierten Sätze der Sortier-Datei (nach dem Sortierlauf) in die Ziel-Datei übertragen werden.

Die Angabe einer Ausgabe-Prozedur ist unumgänglich, falls

- nicht alle Sätze der Sortier-Datei in eine Ziel-Datei übernommen werden sollen, oder
- die Satzinhalte der Sortier-Datei noch modifiziert werden sollen, oder
- die Satzlängen von Sortier- und Ziel-Datei nicht übereinstimmen.

Bei der Angabe einer Ausgabe-Prozedur müssen die folgenden Regeln beachtet werden:

- auf die Ziel-Datei muß mit den "normalen Ein-/Ausgabe-Anweisungen" OPEN, WRITE und CLOSE zugegriffen werden,
- die Sortier-Datei darf weder mit OPEN eröffnet noch mit CLOSE abgeschlossen werden, und
- die Datensätze der Sortier-Datei sind nur mit der speziellen Eingabe-Anweisung *RETURN* (die wir unten erläutern) einzulesen, d.h. die Anweisungen OPEN, READ und CLOSE dürfen auf keine Sortier-Datei angewandt werden.

**Eingabe- und Ausgabe-Anweisungen
für die Bearbeitung der Sortier-Datei**

Die Übertragung von unsortierten Sätzen einer Ausgangs-Datei in die Sortier-Datei muß mit der *RELEASE-Anweisung* in der folgenden Form vorgenommen werden:

Syntax der RELEASE-Anweisung

```
RELEASE datensatzname [ FROM bezeichner ]
```

Diese Anweisung darf *nur* in einer Eingabe-Prozedur in Verbindung mit der Ausführung einer SORT-Anweisung angegeben werden. Dabei muß der Bezeichner "datensatzname" als Datensatzname in der Datei-Beschreibung der Sortier-Datei vereinbart sein.
Bei der Ausführung dieser Anweisung wird der Inhalt des Feldes "datensatzname" als Satz in die Sortier-Datei übertragen. Ist die FROM-Klausel angegeben, so wird der Inhalt des Datenfeldes "bezeichner" zunächst (nach den Regeln der MOVE-Anweisung) in den Ausgabe-Puffer "datensatzname" und von dort als Satz in die Sortier-Datei ausgegeben.
Die Übergabe von sortierten Sätzen aus der Sortier-Datei in eine Ziel-Datei ist nur durch die Ausführung der *RETURN-Anweisung* in der folgenden Form möglich:

Syntax der RETURN-Anweisung

```
    RETURN sortier-dateiname RECORD [ INTO bezeichner ]
        [ AT END unb-anw-1 [ unb-anw-2 ]... ]
        [ NOT AT END unb-anw-3 [ unb-anw-4 ]... ]
 [ END-RETURN ]
```

Diese Anweisung darf *nur* in einer Ausgabe-Prozedur in Verbindung mit der Ausführung einer SORT-Anweisung angegeben sein. Dabei muß der Name "sortier-dateiname" eine Sortier-Datei bezeichnen, die durch einen SD-Eintrag in der FILE SECTION definiert ist.
Bei der Ausführung dieser Anweisung wird der aktuelle Satz der Sortier-Datei in den Eingabe-Puffer der Sortier-Datei übertragen. Ist die INTO-Klausel angegeben, so wird der Inhalt des Puffers zusätzlich (nach den Regeln der MOVE-Anweisung) im Datenfeld "bezeichner" bereitgestellt.
Ist das Dateiende der Sortier-Datei erreicht, so werden die unbedingten Anweisungen der AT END-Klausel ausgeführt.
Aus dem Syntax-Gerüst ist erkennbar, daß – genauso wie bei einer READ-Anweisung – eine *NOT AT END-Klausel* innerhalb einer RETURN-Anweisung angegeben werden kann. In diesem Fall werden die in dieser Klausel aufgeführten unbedingten Anweisungen dann bearbeitet, wenn das Dateiende der Sortier-Datei noch nicht erreicht ist.
Durch die Angabe von "END-RETURN" läßt sich die RETURN-Anweisung als unbedingte Anweisung verwenden.
Unter Einsatz der Anweisungen RELEASE und RETURN geben wir als Lösung unserer Aufgabe SORTIEREN-DER-VERTRETERDATEN die folgende PROCEDURE DIVISION an:

```
PROCEDURE DIVISION.
RAHMEN.
   SORT SORT-DATEI
       ASCENDING KEY NACHNAME VORNAME
       INPUT PROCEDURE EINGABE
       OUTPUT PROCEDURE AUSGABE
   STOP RUN.
EINGABE.
   OPEN INPUT VERTRETER-DATEI
   MOVE ZERO TO DATEI-ENDE-FELD
   READ VERTRETER-DATEI
       AT END SET DATEI-ENDE TO TRUE
   END-READ
   PERFORM UNTIL DATEI-ENDE
      RELEASE SORT-SATZ FROM VERTRETER-SATZ
      READ VERTRETER-DATEI
          AT END SET DATEI-ENDE TO TRUE
      END-READ
   END-PERFORM
   CLOSE VERTRETER-DATEI.
AUSGABE.
   OPEN OUTPUT LISTE
   MOVE ZERO TO DATEI-ENDE-FELD
   RETURN SORT-DATEI
          AT END SET DATEI-ENDE TO TRUE
   END-RETURN
   PERFORM UNTIL DATEI-ENDE
      WRITE AUSGABE-SATZ FROM SORT-SATZ
      RETURN SORT-DATEI
             AT END SET DATEI-ENDE TO TRUE
      END-RETURN
   END-PERFORM
   CLOSE LISTE.
```

Die USING- und GIVING-Klauseln

Falls die Datei-Struktur der Sortier-Datei mit derjenigen der Ausgangs-Datei(en) bzw. der Ziel-Datei übereinstimmt, kann in der SORT-Anweisung anstelle der INPUT PROCEDURE bzw. der OUTPUT PROCEDURE eine USING- bzw. eine GIVING-Klausel angegeben werden.

Durch die *USING-Klausel* in der Form

```
USING dateiname-1 [ dateiname-2 ]...
```

werden die folgenden Aktionen zur Laufzeit des Objektprogramms *automatisch* durchgeführt:

- die Ausgangs-Datei(en) werden zur Eingabe und die Sortier-Datei zur Ausgabe eröffnet,
- alle in der bzw. den Ausgangs-Dateien enthaltenen Sätze werden in die Sortier-Datei übertragen, und
- die Ausgangs-Datei(en) und die Sortier-Datei werden abgeschlossen.

Falls eine *GIVING-Klausel* in der Form

```
GIVING dateiname-3
```

in der SORT-Anweisung aufgeführt ist, werden die folgenden Tätigkeiten zur Laufzeit *automatisch* durchgeführt:

- die Ziel-Datei wird zur Ausgabe und die Sortier-Datei zur Eingabe eröffnet,
- die sortierten Sätze der Sortier-Datei werden in die Ziel-Datei übertragen, und
- die Sortier- und die Ziel-Datei werden abgeschlossen.

Durch die vereinfachte Form der SORT-Anweisung in der Fassung

```
SORT sortier-dateiname
    ON { ASCENDING | DESCENDING }
        KEY bezeichner-1 [ bezeichner-2 ]...
    [ ON { ASCENDING | DESCENDING }
        KEY bezeichner-3 [ bezeichner-4 ]... ]...
    [ COLLATING SEQUENCE IS alphabetname ]
    USING dateiname-1 [ dateiname-2 ]...
    GIVING dateiname-3
```

wird der Inhalt der Ausgangs-Datei(en) in die Sortier-Datei "sortier-dateiname" übertragen und dort nach den Angaben in den ASCENDING- und DESCENDING-Klauseln sortiert. Anschließend werden die sortierten Sätze in die Ziel-Datei "dateiname-3" ausgegeben. Alle diese Vorgänge laufen bei dieser Form der SORT-Anweisung automatisch ab.

Grundsätzlich ist zu beachten, daß die durch USING- bzw. GIVING-Klauseln gekennzeichneten Dateien zum Zeitpunkt der Ausführung der SORT-Anweisung nicht zur Verarbeitung angemeldet sein dürfen.

In unserem Beispiel stimmen die Datei-Strukturen der von VERTRETER-DATEI (Ausgangs-Datei) und von SORT-DATEI (Sortier-Datei) überein. Daher können wir die PROCEDURE DIVISION des Programms SORTIEREN-DER-VERTRETERDATEN auch folgendermaßen angeben:

13.4 Sortieren und Mischen von Datensätzen

```
    PROCEDURE DIVISION.
    RAHMEN.
        SORT SORT-DATEI
            ASCENDING KEY NACHNAME VORNAME
            USING VERTRETER-DATEI
            OUTPUT PROCEDURE AUSGABE
        STOP RUN.
    AUSGABE.
        OPEN OUTPUT LISTE
        MOVE ZERO TO DATEI-ENDE-FELD
        RETURN SORT-DATEI
                AT END SET DATEI-ENDE TO TRUE
        END-RETURN
        PERFORM UNTIL DATEI-ENDE
            WRITE AUSGABE-SATZ FROM SORT-SATZ
            RETURN SORT-DATEI
                    AT END SET DATEI-ENDE TO TRUE
            END-RETURN
        END-PERFORM
        CLOSE LISTE.
```

13.4.2 Mischen von Datensätzen

Sind die Sätze zweier oder mehrerer Ausgangs-Dateien bereits sortiert, und sollen diese Bestände bzgl. des gemeinsamen Sortierkriteriums zu einer Ziel-Datei zusammengeführt werden – diesen Vorgang nennen wir *"Mischen"* –, so läßt sich dies durch eine *MERGE-Anweisung* abrufen, deren Syntax sich an die der SORT-Anweisung anlehnt.

Syntax der MERGE-Anweisung

```
MERGE sortier-dateiname
     ON { ASCENDING | DESCENDING }
            KEY bezeichner-1 [ bezeichner-2 ]...
  [ ON { ASCENDING | DESCENDING }
            KEY bezeichner-3 [ bezeichner-4 ]...     ]...
     [ COLLATING SEQUENCE IS alphabetname ]
        USING dateiname-1 dateiname-2 [ dateiname-3 ]...
     { OUTPUT PROCEDURE IS prozedurname-1 [ THRU prozedurname-2 ]
     | GIVING dateiname-4 }
```

Für den Mischvorgang ist – genau wie bei der Sortierung – eine Sortier-Datei namens "sortier-dateiname" bereitzustellen, deren Struktur in einem *SD-Eintrag* festzule-

gen ist. Dabei sind wiederum die in den KEY-Klauseln aufgeführten Datenfelder innerhalb des Datensatzes der Sortier-Datei zu definieren.
Sämtliche Klauseln sind in dem Sinne einzusetzen, wie es oben bei der SORT-Anweisung dargestellt wurde.
Als Besonderheit ist festzuhalten, daß *keine* Eingabe-, sondern *nur eine* Ausgabe-Prozedur angegeben werden darf.
Vor der Ausführung einer MERGE-Anweisung müssen alle innerhalb der USING-Klausel aufgeführten Dateien von der Verarbeitung abgemeldet sein.

Sind etwa die Vertreterdaten nach Gebieten unterteilt und in drei verschiedenen Dateien abgespeichert und jeweils nach den Sortier-Schlüsseln "Nachname" und "Vorname" aufsteigend sortiert, so können die Sätze mit den Vertreterdaten in der folgenden Form zum Bestand *einer* Vertreterdaten-Datei zusammengemischt werden:

```
IDENTIFICATION DIVISION.
PROGRAM-ID.
    MISCHEN-DER-VERTRETERDATEN.
ENVIRONMENT DIVISION.
CONFIGURATION SECTION.
SOURCE-COMPUTER.
    dva-name-1.
OBJECT-COMPUTER.
    dva-name-2.
INPUT-OUTPUT SECTION.
FILE-CONTROL.
    SELECT VERTRETER-DATEI          ASSIGN TO DO.
    SELECT VERTRETER-DATEI-GEBIET-1 ASSIGN TO SI1.
    SELECT VERTRETER-DATEI-GEBIET-2 ASSIGN TO SI2.
    SELECT VERTRETER-DATEI-GEBIET-3 ASSIGN TO SI3.
    SELECT SORT-DATEI               ASSIGN TO DS.
DATA DIVISION.
FILE SECTION.
FD  VERTRETER-DATEI
    LABEL RECORD STANDARD.
01  VERTRETER-SATZ PICTURE X(80).
FD  VERTRETER-DATEI-GEBIET-1
    LABEL RECORD STANDARD.
01  VERTRETER-SATZ PICTURE X(80).
FD  VERTRETER-DATEI-GEBIET-2
    LABEL RECORD STANDARD.
01  VERTRETER-SATZ PICTURE X(80).
FD  VERTRETER-DATEI-GEBIET-3
    LABEL RECORD STANDARD.
01  VERTRETER-SATZ PICTURE X(80).
```

3.5 Testen von Programmen 347

```
        SD   SORT-DATEI.
        01   SORT-SATZ.
              02   FILLER     PICTURE X(6).
              02   NACHNAME   PICTURE X(20).
              02   VORNAME    PICTURE X(20).
              02   FILLER     PICTURE X(34).
        PROCEDURE DIVISION.
        RAHMEN.
              MERGE SORT-DATEI
                    ASCENDING KEY NACHNAME VORNAME
                    USING VERTRETER-DATEI-GEBIET-1
                          VERTRETER-DATEI-GEBIET-2
                          VERTRETER-DATEI-GEBIET-3
                    GIVING VERTRETER-DATEI
              STOP RUN.
```

13.5 Testen von Programmen

Sind in einem COBOL-Quellprogramm *Syntaxfehler* enthalten, so werden sie vom Kompilierer bei der Programmanalyse entdeckt und als Fehlermeldungen auf dem Bildschirm protokolliert bzw. in eine Fehler-Datei eingetragen. Zur Beseitigung derartiger Fehler müssen die Syntax-Regeln für die fehlerhaften Programmelemente überprüft und die erforderlichen Korrekturen vorgenommen werden.

Weitaus schwerwiegender sind Fehler in der Programmlogik, d.h. wenn der erwartete und der tatsächliche Programmablauf nicht übereinstimmen. In diesen Fällen müssen die Programmanweisungen mit dem entwickelten Lösungsalgorithmus systematisch verglichen werden. Wird hierbei kein Flüchtigkeitsfehler oder Fehler bei der Umsetzung entdeckt, muß der entwickelte Lösungsalgorithmus überdacht werden. Bei diesem Prozeß können wir auf die vom Kompilierer und Betriebssystem bereitgestellten Hilfsmittel zurückgreifen – wie z.B. das System TESTCOB der Firma IBM auf ihren Großrechnern oder das System PROFESSIONAL COBOL der Firma Micro Focus für den Einsatz auf IBM-(kompatiblen) Mikrocomputern.

Sind wir – ohne den Einsatz derartiger Werkzeuge – an einer Protokollierung des Programmablaufs auf Quellzeilenebene interessiert, so können wir uns z.B. die Namen der bearbeiteten Prozeduren durch den Einsatz der *TRACE-Anweisung* in der Form[5]

```
{ READY | RESET } TRACE
```

andrucken bzw. die Inhalte von Datenfeldern durch eine *EXHIBIT-Anweisung* der Form[6]

---
[5] Die Anweisung TRACE gehört nicht zum genormten Sprachumfang.
[6] Die Anweisung EXHIBIT gehört nicht zum genormten Sprachumfang.

```
EXHIBIT { NAMED | CHANGED NAMED | CHANGED }
        { bezeichner-1 | alphanum-lit-1 }
      [ { bezeichner-2 | alphanum-lit-2 } ]...
```

ausgeben lassen.

TRACE-Anweisung

Nach dem Aufruf der Anweisung

    READY TRACE

werden alle Namen der im Anschluß bearbeiteten Prozeduren (nicht jedoch die Namen der in diesen Prozeduren ausgeführten Anweisungen) ausgegeben. Diese Protokollierung wird durch den Aufruf der Anweisung

    RESET TRACE

beendet und kann jederzeit wieder durch die Anweisung

    READY TRACE

fortgesetzt werden.

Um in der Testphase ein übersichtliches Protokoll der durchlaufenen Prozeduren zu erhalten, sollten wir jedem Paragraphen, der durch einen PERFORM-Aufruf aktiviert wird, einen Abschluß-Paragraphen folgen lassen, der nur eine CONTINUE-Anweisung der Form

    CONTINUE.

enthält. Natürlich müssen wir in diesem Fall bei der Angabe von PERFORM (durch die Verwendung der THRU-Klausel) dafür sorgen, daß auch der jeweilige Abschluß-Paragraph mit durchlaufen wird.

Unter diesen Gesichtspunkten können wir z.B. den Algorithmus zur Ermittlung der Anzahl von Vertretern, die ihr Konto um mehr als 1000.00 DM überzogen haben (vgl. Abschnitt 9.5), folgendermaßen umsetzen:

```
        :
    READY TRACE
    PERFORM VORBEREITUNG-SUCHE-ANFANG
            THRU VORBEREITUNG-SUCHE-ENDE
    PERFORM SUCHE-ANFANG THRU SUCHE-ENDE UNTIL TABELLEN-ENDE
    RESET TRACE
        :
```

3.5 Testen von Programmen

```
VORBEREITUNG-SUCHE-ANFANG.
    MOVE ZERO TO ANZAHL-UEBERZIEHUNGEN
    SET POS TO 1.
VORBEREITUNG-SUCHE-ENDE.
    CONTINUE.
SUCHE-ANFANG.
    SEARCH NAME-KONTOSTAND VARYING POS
           AT END SET TABELLEN-ENDE TO TRUE
           WHEN KONTOSTAND-TAB (POS) < -1000.00
                ADD 1 TO ANZAHL-UEBERZIEHUNGEN
                SET POS UP BY 1
    END-SEARCH.
SUCHE-ENDE.
    CONTINUE.
         :
```

Sind in der Tabelle NAME-KONTOSTAND z.B. zwei Werte enthalten, die kleiner als -1000.00 sind, so würden die folgenden Paragraphennamen bei der Ausführung dieses Programmteils protokolliert werden:

```
VORBEREITUNG-SUCHE-ANFANG
VORBEREITUNG-SUCHE-ENDE
SUCHE-ANFANG
SUCHE-ENDE
SUCHE-ANFANG
SUCHE-ENDE
SUCHE-ANFANG
SUCHE-ENDE
```

EXHIBIT-Anweisung

Mit einer EXHIBIT-Anweisung lassen sich die jeweils aktuellen Werte der angegebenen Operanden in einem Anlagen-abhängigen Ausgabeformat protokollieren.

Dabei werden bei der Angabe des COBOL-Worts *NAMED* die Werte der Felder, die als Operanden aufgeführt sind, zusammen mit den zugehörigen Datenfeldnamen angezeigt.

Bei der Verwendung des COBOL-Worts *CHANGED* werden immer nur diejenigen Operanden-Werte ausgegeben, die sich gegenüber dem letzten Aufruf einer EXHIBIT-Anweisung mit der CHANGED-Klausel geändert haben. Beim erstmaligen Aufruf werden immer alle Werte protokolliert.

Alle alphanumerischen Literale, die bei einer EXHIBIT-Anweisung als Operanden aufgeführt sind, werden stets unverändert ausgegeben. Dies können z.B. Kommentare sein, die zur Identifizierung der entsprechenden EXHIBIT-Anweisung dienen.

Die Angabe von mehr als einem Datenfeld in einer EXHIBIT-Anweisung *mit* der CHANGED- und *ohne* die NAMED-Klausel ist nicht sinnvoll und bei vielen DVAn daher auch nicht zulässig.

DEBUGGING MODE-Klausel

Es besteht die Möglichkeit, Testhilfe-Anweisungen innerhalb von *Debug-Zeilen*, die durch die Angabe des Buchstabens "D" in Zeichenposition 7 zu kennzeichnen sind, in ein Programm einzutragen. Derartige Zeilen werden bei der Kompilierung nur dann übersetzt, wenn im Paragraphen SOURCE-COMPUTER eine *DEBUGGING MODE-Klausel* in der folgenden Form eingetragen ist:

```
SOURCE-COMPUTER.
         dva-name WITH DEBUGGING MODE.
```

Nach dem Austesten eines Programms brauchen die Debug-Zeilen nicht aus dem Programm entfernt zu werden. Wird nämlich auf die DEBUGGING MODE-Klausel verzichtet, so faßt der Kompilierer den Inhalt der Debug-Zeilen als Kommentar auf. Somit kann bei einer späteren Fehleranalyse durch eine erneute Kompilierung – diesmal mit Angabe der DEBUGGING MODE-Klausel im Paragraphen SOURCE-COMPUTER – auf die im Programm vorhandenen Testhilfeanweisungen zurückgegriffen werden.

13.6 Weitere COBOL-Sprachelemente

Die alphabetische Datenfeld-Kategorie (Maskenzeichen A)

Neben den von uns bisher kennengelernten Kategorien der numerischen, der alphanumerischen, der numerisch-druckaufbereiteten und der alphanumerisch-druckaufbereiteten Datenfelder können auch Datenfelder eingerichtet werden, welche die *alphabetische* Kategorie besitzen. Die Picture-Maske eines *alphabetischen Feldes* (alphabetic) darf nur das Maskenzeichen "A" enthalten, und in diesem Datenfeld dürfen nur die Buchstaben des Alphabets, d.h. die Zeichen A, B, ... , Z, a, b, ... ,z, sowie das Leerzeichen abgespeichert werden.

Zusätzliche Paragraphen der IDENTIFICATION DIVISION

Im Anschluß an den Paragraphen PROGRAM-ID der IDENTIFICATION DIVISION dürfen Informationen über den Autor (AUTHOR), den Anlagenstandort (INSTALLATION), das Datum der Programmerstellung (DATE-WRITTEN), das Datum der Kompilierung (DATE-COMPILED) und die Sicherheitsstufe des Programms (SECURITY) in entsprechenden weiteren Paragraphen des Erkennungsteils in der folgenden Reihenfolge eingetragen werden:

13.6 Weitere COBOL-Sprachelemente

```
IDENTIFICATION DIVISION.
PROGRAM-ID. programmname.
[ AUTHOR.
    kommentar-1. ]
[ INSTALLATION.
    kommentar-2. ]
[ DATE-WRITTEN.
    kommentar-3. ]
[ DATE-COMPILED.
    kommentar-4. ]
[ SECURITY.
    kommentar-5. ]
```

Die Stufennummer 66

Sollen innerhalb einer Datensatz-Beschreibung einzelne Datenfelder durch einen zusätzlichen Bezeichner benannt oder mehrere Felder bzgl. der Adressierung zu einem Datenfeld zusammengefaßt werden, so kann dies mit der *Stufennummer 66* in Verbindung mit der *RENAMES-Klausel* in der Form

```
66 bezeichner-1 RENAMES bezeichner-2 [ THRU bezeichner-3 ]
```

am Ende der entsprechenden Datensatz-Beschreibung geschehen.
Die voneinander verschiedenen Felder "bezeichner-2" und "bezeichner-3", die nicht mit den Stufennummern 01, 66, 77 und 88 deklariert sein dürfen, müssen entweder beide elementar oder beide nichtelementar sein. Ferner müssen beide Felder in derjenigen Datensatz-Beschreibung definiert sein, die der Eintragung mit der Stufennummer 66 unmittelbar vorausgeht.
Sie dürfen weder mit einer OCCURS-Klausel vereinbart noch irgendwelchen mit der OCCURS-Klausel definierten Datenfeldern untergeordnet sein.
Die Deklaration des Feldes "bezeichner-3" muß immer auf die Definition des Feldes "bezeichner-2" folgen, und "bezeichner-3" darf dem Feld "bezeichner-2" nicht untergeordnet sein.
Im Anschluß an eine Datensatz-Beschreibung dürfen beliebig viele, untereinander aufgeführte Vereinbarungen mit der Stufennummer 66 angegeben werden.
Z.B. ist die Datensatz-Beschreibung der Datei VERTRETER-DATEI

```
01  VERTRETER-SATZ.
    02  KENNZAHL    PICTURE 9(4).
    02  FILLER      PICTURE XX.
    02  NAME.
        03  NACHNAME  PICTURE X(20).
        03  VORNAME   PICTURE X(20).
```

```
            02  FILLER      PICTURE X.
            02  KONTOSTAND  PICTURE S9(5)V99
                            SIGN IS LEADING SEPARATE CHARACTER.
            02  FILLER      PICTURE X(25).
```

zur folgenden Vereinbarung äquivalent:

```
    01  VERTRETER-SATZ.
        02  KENNZAHL    PICTURE 9(4).
        02  FILLER      PICTURE XX.
        02  NACHNAME    PICTURE X(20).
        02  VORNAME     PICTURE X(20).
        02  FILLER      PICTURE X.
        02  KONTOSTAND  PICTURE S9(5)V99
                        SIGN IS LEADING SEPARATE CHARACTER.
        02  FILLER      PICTURE X(25).
        66  NAME  RENAMES NACHNAME THRU VORNAME.
```

Die SYNCHRONIZED-Klausel

Nach unserer bisherigen Kenntnis haben wir durch die Datenfeld-Definitionen keinen Einfluß auf die Speicherplatzvergabe, die vom Kompilierer automatisch vorgenommen wird. Alle Datenelemente einer Struktur und alle durch die Stufennummer 77 eingeleiteten Datenfelder werden stets *hintereinander* im Speicher abgelegt, und das durch die USAGE-Klausel implizierte Ablageformat hat keinen Einfluß darauf, ob ein Feld auf einer *Wortgrenze* oder an einer gesonderten Byteadresse beginnt (alignment) oder nicht.

Deshalb werden alle Felder, die nicht bereits durch die Speicherplatzvergabe geeignet ausgerichtet sind, vor allen arithmetischen Operationen in geeignete Zwischenspeicher-Felder übertragen, die auf Wortgrenzen oder gesonderten Byteadressen beginnen.

Um die Ausführung der jeweils dazu erforderlichen Maschineninstruktionen zu vermeiden (Kode-Optimierung!), kann der Kompilierer bei der Datenfeld-Definition mit der *SYNCHRONIZED-Klausel* in der Form

```
{ SYNCHRONIZED | SYNC } { LEFT | RIGHT }
```

angewiesen werden, das zugehörige Datenfeld geeignet auszurichten.
Dabei ist ein Feld bei der Angabe des COBOL-Worts *LEFT* auf den Anfang und bei der Angabe von *RIGHT* auf das Ende hin auszurichten.
Bei dieser Speicherplatzvergabe werden sog. *Füll-Bytes* (padding character, slack bytes) generiert, so daß diese zusätzliche Vergabe von Speicherraum stets gegenüber der daraus resultierenden Kode-Optimierung abzuwägen ist.
In jedem Fall ist die SYNCHRONIZED-Klausel wegen der jeweils Anlagen-abhängigen Speicherplatz-Ausrichtung der Datenelemente mit großer Vorsicht einzusetzen,

13.6 Weitere COBOL-Sprachelemente

da z.B. ein Programm, in dem die REDEFINES- und die SYNCHRONIZED-Klausel in einer Datensatz-Beschreibung gleichzeitig verwendet werden, unter Umständen nicht mehr portabel ist.

Weitere Picture-Maskenzeichen für die Druckaufbereitung

Neben den uns bisher bekannten Möglichkeiten zur Druckaufbereitung numerischer Datenfelder können wir ferner die Maskenzeichen ",", "$", "CR", "DB" und "/" einsetzen.

Das *Einfügungszeichen* "," (Komma) wird gewählt, falls bei der Druckausgabe eines numerischen Werts die Ziffern, die vor dem Dezimalpunkt auszugeben sind, optisch entzerrt werden sollen.
Z.B. führt eine MOVE-Anweisung vom Sendefeld

```
| 0 1 2 7 4 3 0 1 5 0 − |
```

in das mit der Picture-Maske "++9,9(3),9(3).99" vereinbarte Empfangsfeld zum Resultat:

```
| ⌴ − 1 , 2 7 4 , 3 0 1 . 5 0 |
  + + 9 , 9 9 9 , 9 9 9 . 9 9
```

Das *Währungssymbol* "$" (currency sign) hat dieselbe Wirkung wie die gleitenden Ersetzungszeichen "+" und "−" (vgl. Abschnitt 6.5) mit dem Unterschied, daß anstelle eines Vorzeichens das Dollarzeichen als Währungszeichen ausgegeben wird.
Z.B. führt eine MOVE-Anweisung vom Sendefeld

```
| 0 3 4 1 0 4 5 |
```

in das mit der Picture-Maske "$(6).99" vereinbarte Empfangsfeld zum Ergebnis:

```
| ⌴ $ 3 4 1 0 . 4 5 |
  $ $ $ $ $ $ . 9 9
```

Zur Ausgabe eines Vorzeichens *hinter* einem numerischen Wert kann eines der Maskenzeichen "+", "−", "CR" (für Kredit) und "DB" (Debit) am Ende der zugehörigen Picture-Maske aufgeführt werden.
Ist der auszugebende numerische Wert *negativ*, so wird bei "+" und "−" das Minuszeichen und bei "DB" bzw. "CR" die Zeichenfolge "DB" bzw. "CR" hinter der letzten Ziffer eingetragen.
Bei einem *positiven* Ausgabewert werden bei den Maskenzeichen "CR" und "DB"

jeweils zwei Leerzeichen, bei "−" ein Leerzeichen und bei "+" ein Pluszeichen an den Wert angefügt.
Z.B. führt eine MOVE-Anweisung vom Sendefeld

$$\boxed{0\ 4\ 5\ 1\ 5-}$$

zu folgenden Inhalten der mit ihren Picture-Masken angegebenen Empfangsfelder:

$$\boxed{0\ 4\ 5\ .\ 1\ 5-} \quad \boxed{0\ 4\ 5\ .\ 1\ 5\ C\ R} \quad \boxed{0\ 4\ 5\ .\ 1\ 5\ D\ B}$$
$$9\ 9\ 9\ .\ 9\ 9- \quad\quad 9\ 9\ 9\ .\ 9\ 9\ C\ R \quad\quad 9\ 9\ 9\ .\ 9\ 9\ D\ B$$

Als weiteres Maskenzeichen zur Druckaufbereitung darf auch der Schrägstrich "/" (slash) als Einfügungszeichen benutzt werden.
Z.B. führt eine MOVE-Anweisung vom Sendefeld

$$\boxed{0\ 4\ 0\ 7\ 9\ 2}$$

in das mit der Picture-Maske "99/99/99" vereinbarte Empfangsfeld zum Resultat:

$$\boxed{0\ 4\ /\ 0\ 7\ /\ 9\ 2}$$
$$9\ 9\ /\ 9\ 9\ /\ 9\ 9$$

Änderung der Bedeutung von Picture-Maskenzeichen

Soll das Maskenzeichen "$" durch ein anderes Währungssymbol (currency symbol) ersetzt werden, so kann dies durch eine Eintragung in der *CURRENCY SIGN-Klausel*, die im Paragraphen SPECIAL-NAMES (siehe unten) vorgenommen wird, in der folgenden Form erreicht werden:

$$\boxed{\text{CURRENCY SIGN IS alphanumerisches-literal}}$$

Damit übernimmt das hinter dem COBOL-Wort IS angegebene alphanumerische Literal, das nur aus *einem* Zeichen bestehen darf, die Funktion des Dollarzeichens in entsprechenden Picture-Masken.
Das neue Währungssymbol darf mit keinem anderen Picture-Maskenzeichen übereinstimmen und fungiert wie das Dollarzeichen als gleitendes Ersetzungszeichen.
Falls die CURRENCY SIGN-Klausel

    CURRENCY SIGN IS "M"

im Paragraphen SPECIAL-NAMES angegeben ist, führt z.B. eine MOVE-

13.6 Weitere COBOL-Sprachelemente

Anweisung vom Sendefeld

```
|0 4 2 7 3 5|
```

in das mit der Picture-Maske "MMM99.99" vereinbarte Empfangsfeld zu folgendem Ergebnis:

```
|⊔ M 4 2 7 . 3 5|
 M M M 9 9 . 9 9
```

Da im deutschen Sprachraum die Verwendung des Dezimalkommas anstelle des Dezimalpunkts vertrauter ist, läßt sich für die Druckausgabe und für die Darstellung von numerischen Literalen die Funktion der Zeichen Komma "," und Punkt "." vertauschen. Dazu muß die *DECIMAL-POINT-Klausel* in der Form

```
DECIMAL-POINT IS COMMA
```

im Paragraphen SPECIAL-NAMES eingetragen werden.
Dann führt z.B. eine MOVE-Anweisung vom Sendefeld ZAHL, das durch

```
77  ZAHL  PICTURE 9(5)V99  VALUE 12750,40.
```

deklariert ist, in das mit der Picture-Maske "99.999,99" vereinbarte Empfangsfeld ZAHL-ED zum Resultat:

```
ZAHL-ED |1 2 . 7 5 0 , 4 0|
         9 9 . 9 9 9 , 9 9
```

Die CURRENCY SIGN- und die DECIMAL-POINT-Klausel müssen im Paragraphen SPECIAL-NAMES unter Einhaltung der folgenden Reihenfolge angegeben werden:

```
CURRENCY SIGN IS alphanumerisches-literal
DECIMAL-POINT IS COMMA
```

Wollen wir das Zeichen "M" als Währungssymbol vereinbaren und zusätzlich die Bedeutung von Dezimalpunkt und Dezimalkomma vertauschen, so müssen wir

```
SPECIAL-NAMES.
    CURRENCY SIGN IS "M"
    DECIMAL-POINT IS COMMA.
```

als SPECIAL-NAMES-Paragraph verabreden.

Der Sondernamen-Paragraph SPECIAL-NAMES

Im Paragraphen SPECIAL-NAMES wird nicht nur eine evtl. erforderliche CURRENCY SIGN- bzw. DECIMAL-POINT-Klausel angegeben, sondern es werden auch Merknamen für die Ein-/Ausgabe geringer Datenmengen (siehe die Angaben im Abschnitt 6.6) und Alphabetnamen für die Festlegung von Sortierfolge-Ordnungen vereinbart, die von der DVA unabhängig sind (siehe die Angaben im Abschnitt 7.2).
Der Paragraph *SPECIAL-NAMES* ist in der ENVIRONMENT DIVISION im Anschluß an den Paragraphen OBJECT-COMPUTER einzutragen, und die Zuweisung von Merknamen und Funktionsnamen muß in der Form

```
funktionsname IS merkname
```

und die Zuordnung von Alphabetnamen in der Form

```
alphabetname IS { NATIVE | STANDARD-1 | STANDARD-2 }
```

vorgenommen werden. Darüberhinaus lassen sich in diesem Paragraphen auch *Software-Schalter* (external switch) gemäß der folgenden Syntax vereinbaren:

```
funktionsname
     { IS merkname-1 [ ON STATUS IS bedingungsname-1
            [ OFF STATUS IS bedingungsname-2 ] ]
     | IS merkname-2 [ OFF STATUS IS bedingungsname-3
            [ ON STATUS IS bedingungsname-4 ] ]
     | ON STATUS IS bedingungsname-5
            [ OFF STATUS IS bedingungsname-6 ]
     | OFF STATUS IS bedingungsname-7
            [ ON STATUS IS bedingungsname-8 ] }
```

Über diese Software-Schalter läßt sich der Programmablauf – ohne die Eingabe von zusätzlichen Indikatordaten – steuern. Diese Schalter können entweder durch Programme, die zuvor ausgeführt wurden, oder durch die Angabe von besonderen Spezifikationen beim Programmstart gesetzt oder gelöscht werden.
Falls im Paragraphen SPECIAL-NAMES die CURRENCY SIGN-Klausel oder die DECIMAL-POINT-Klausel zu vereinbaren ist (siehe oben), müssen sie in der folgenden Form aufgeführt werden:

13.6 Weitere COBOL-Sprachelemente

```
SPECIAL-NAMES.
   | Zuordnung von Funktionsnamen zu Merknamen

   | Zuordnung von Alphabetnamen zu Sortierordnungen

 [ CURRENCY SIGN IS alphanumerisches-literal ]
 [ DECIMAL-POINT IS COMMA ]
 [ CLASS klassenname IS literal-1 [ THRU literal-2 ]
                     [ literal-3 [ THRU literal-4 ] ]...     ].
```

Dabei ist zu beachten, daß im Paragraphen SPECIAL-NAMES immer ein *COBOL-Satz* einzutragen ist, d.h. die letzte Klausel ist als einzige Klausel mit dem Interpunktionszeichen Punkt abzuschließen.

Die ACCEPT-Anweisung zur Ermittlung von Datum und Tageszeit

Durch die Ausführung der *ACCEPT-Anweisung* in der Form

```
ACCEPT bezeichner FROM { DATE | DAY | TIME | DAY-OF-WEEK }
```

kann das (normale) *Datum* (DATE), das *Industrie-Datum* (DAY), die *Tageszeit* (TIME) sowie die Ordnungsnummer (DAY-OF-WEEK) der Wochentage (Montag: 1, Dienstag:2, ... ,Sonntag:7) in das numerische oder numerisch-druckaufbereitete Datenfeld "bezeichner" eingetragen werden.

Dabei implizieren die Schlüsselwörter DATE, DAY und TIME jeweils die folgende Ablageform:

Klausel	obligatorische Picture-Maske des Empfangsfelds	Ablageform
DATE	sechs Ziffernstellen	yymmdd (jahr-monat-tag)
DAY	fünf Ziffernstellen	yyddd (jahr-tagesordnungsnummer)
TIME	acht Ziffernstellen	hhmmsshh (stunden-minuten-sekunden-hundertstelsekunden)

Z.B. ist die Tagesordnungsnummer vom 10. Januar gleich 010 und die vom 15. Februar gleich 046.

Wird z.B. mit den Vereinbarungen

```
77  TIME-FELD   PICTURE 9(8).
77  DATE-FELD   PICTURE 9(6).
77  DAY-FELD    PICTURE 9(5).
```

die Anweisung

    ACCEPT TIME-FELD FROM TIME

am 7.8.92 um 12 Uhr 47 Minuten und 10.16 Sekunden aufgerufen, so ergibt sich:

TIME-FELD $\boxed{1\ 2\ 4\ 7\ 1\ 0\ 1\ 6}$
$9\ 9\ 9\ 9\ 9\ 9\ 9\ 9$

Die anschließende Ausführung der Anweisungen

    ACCEPT DATE-FELD FROM DATE
    ACCEPT DAY-FELD FROM DAY

liefert das Resultat:

DATE-FELD $\boxed{9\ 2\ 0\ 8\ 0\ 7}$ und DAY-FELD $\boxed{9\ 2\ 2\ 2\ 0}$
$9\ 9\ 9\ 9\ 9\ 99\ 9\ 9\ 9\ 9$

Der unbedingte Sprung (GO)

Bei der von uns gewählten Form der Darstellung von Lösungsplänen besteht keine Erfordernis, von einer Stelle der PROCEDURE DIVISION an eine andere Stelle zu wechseln. Sämtliche Programmsteuerungen lassen sich bequem durch die Anweisungen IF, EVALUATE und PERFORM umsetzen.

Zu einem früheren Zeitpunkt, als im COBOL-Sprachumfang dieser Komfort nicht zur Verfügung stand, wurden Programmschleifen überwiegend durch den Einsatz der GO-Anweisung programmiert. Mit dieser Anweisung läßt sich ein *unbedingter* Sprung an den Anfang einer Prozedur durchführen. Hierzu ist die GO-Anweisung in der folgenden Form einsetzbar:

Syntax der GO-Anweisung (Format-1)

    GO TO prozedurname

Bei der Ausführung dieser Anweisung wird das Programm mit der Anweisung fortgesetzt, die die Prozedur "prozedurname" einleitet.

Somit könnten wir unsere erste Fassung des Programms LISTE-DER-VERTRETER-NAMEN auch wie folgt programmieren:

    PROCEDURE DIVISION.
    RAHMEN.
        OPEN INPUT VERTRETER-DATEI OUTPUT LISTE
        MOVE 0 TO DATEI-ENDE-FELD.

13.6 Weitere COBOL-Sprachelemente

```
    EINGABE.
       READ VERTRETER-DATEI
           AT END MOVE 1 TO DATEI-ENDE-FELD
       END-READ
       IF DATEI-ENDE-FELD = 1
          THEN GO TO ENDE
       ELSE
          PERFORM VERARBEITUNG
       END-IF
       GO TO EINGABE.
    ENDE.
       CLOSE VERTRETER-DATEI LISTE
       STOP RUN.
    VERARBEITUNG.
       MOVE "⊔" TO LISTE-SATZ
       MOVE NACHNAME TO VERTRETER-NAME
       WRITE LISTE-SATZ.
```

Aus dieser PROCEDURE DIVISION ist erkennbar, daß der *Rückwärtssprung* unmittelbar an den Anfang der Programmschleife und der *Vorwärtssprung* unmittelbar hinter die Programmschleife vorgenommen wird.

Dies steht zwar mit den Regeln des "Strukturierten Programmierens" im Einklang, jedoch sollte der Gebrauch der GO-Anweisung möglichst vermieden bzw. so weit wie möglich eingeschränkt werden. Deshalb haben wir in unseren Programmbeispielen grundsätzlich auf den Einsatz der GO-Anweisung verzichtet.

Der bedingte Sprung (GO)

Neben der GO-Anweisung, die für einen unbedingten Sprung verwendet werden kann, gibt es eine GO-Anweisung mit der DEPENDING-Klausel, mit der sich ein *bedingter* Sprung durchführen läßt. Diese Anweisung besitzt die folgende Form:

GO TO prozedurname-1 [prozedurname-2]... DEPENDING ON bezeichner
---

In der Liste der Prozedurnamen "prozedurname-i" können beliebig viele Namen aufgeführt sein. In Abhängigkeit vom Wert des Datenfeldes "bezeichner", bei dem es sich um ein ganzzahlig numerisches Feld handeln muß, wird zu einer der in der Liste eingetragenen Prozeduren verzweigt, und zwar zur ersten, falls der Wert des Feldes "bezeichner" gleich 1 ist, zur zweiten, falls der Wert gleich 2 ist, usw.
So wird z.B. bei der Ausführung der Anweisung

```
    GO TO SCHREIBEN EINLESEN PRUEFEN DEPENDING ON TYP
```

verzweigt zu der Prozedur

```
SCHREIBEN, falls TYP den Wert 1 hat, bzw. zu
EINLESEN, falls TYP den Wert 2 hat, bzw. zu
PRUEFEN,  falls TYP den Wert 3 hat.
```

Besitzt das ganzzahlig numerische Feld TYP einen Wert, der kleiner als 1 oder größer als 3 ist, so wird diese GO-Anweisung "überlesen".
Als weiteres Beispiel geben wir an, wie sich der durch die im Abschnitt 11.2 angegebene EVALUATE-Anweisung

```
EVALUATE ANREDE-KENNUNG
         WHEN 1 MOVE "Herr" TO VERTRETER-ANREDE
         WHEN 2 MOVE "Frau" TO VERTRETER-ANREDE
         WHEN 3 MOVE "Frl." TO VERTRETER-ANREDE
END-EVALUATE
```

gekennzeichnete Lösungsplan ersatzweise darstellen läßt. Dazu kann die GO-Anweisung mit der DEPENDING-Klausel wie folgt eingesetzt werden:

```
    GO TO AN-1 AN-2 AN-3 DEPENDING ON ANREDE-KENNUNG.
AN-1.
    MOVE "Herr" TO VERTRETER-ANREDE
    GO TO AN-4.
AN-2.
    MOVE "Frau" TO VERTRETER-ANREDE
    GO TO AN-4.
AN-3.
    MOVE "Frl." TO VERTRETER-ANREDE
    GO TO AN-4.
AN-4.
    CONTINUE.
```

Die ALTER-Anweisung

Mit der ALTER-Anweisung gemäß der Syntax

```
ALTER prozedurname-1 TO [ PROCEED TO ] prozedurname-2
    [ prozedurname-3 TO [ PROCEED TO ] prozedurname-4 ]...
```

können Sprungziele, die in GO-Anweisungen aufgeführt sind, *dynamisch* verändert werden. Dabei darf eine Prozedur, deren Name in der ALTER-Anweisung vor dem COBOL-Wort TO angegeben ist, außer einer GO-Anweisung (ohne DEPENDING ON-Klausel) keine weiteren Anweisungen enthalten.
So wird z.B. in dem Programmteil

13.6 Weitere COBOL-Sprachelemente

```
        :
     ALTER PROGRAMM-WEICHE TO SCHLEIFE-2
        :
  PROGRAMM-WEICHE.
     GO TO SCHLEIFE-1.
  SCHLEIFE-1.
        :
  SCHLEIFE-2.
        :
```

durch die Ausführung der ALTER-Anweisung festgelegt, daß in der Prozedur PROGRAMM-WEICHE mit der Ausführung der GO-Anweisung nicht zur Prozedur SCHLEIFE-1, sondern zur Prozedur SCHLEIFE-2 verzweigt werden soll.

Der Einsatz der ALTER-Anweisung führt in bestimmten Fällen zwar zu effektiveren aber leider auch sehr unübersichtlichen Programmen. Da sich derartige Programme nur mühsam warten lassen, sollte besser auf den Einsatz der ALTER-Anweisung verzichtet werden.

Die COPY-Klausel

Als Arbeitserleichterung beim Schreiben von COBOL-Quellprogrammen können z.B. stets wiederkehrende Datenfeld-Beschreibungen und Prozedurbereiche in einer Datei auf einem magnetischen Datenträger als *Bibliotheks-Datei* (library) abgespeichert werden. Von dort aus können die bereitgehaltenen Programmteile vom Kompilierer eingelesen und vor der Programmanalyse in das Quellprogramm eingefügt werden.

Die Programmstellen, an denen Programmzeilen aus der Bibliotheks-Datei eingefügt werden sollen, müssen durch die Angabe einer *COPY-Klausel* in der Form

```
COPY bibliotheksname
  [ REPLACING wort-1 BY { wort-2 | bezeichner-1 | literal-1 }
          [ wort-3 BY { wort-4 | bezeichner-2 | literal-2 } ]... ]
```

gekennzeichnet werden. Dabei ist die Syntax des Namens "bibliotheks-name" (library-name), die Einrichtung und die Organisationsform der Bibliotheks-Datei und der entsprechende Zugriffs-Mechanismus des Kompilierers Anlagen-abhängig. Ohne die Angabe der *REPLACING-Klausel* werden die unter dem Namen "bibliotheks-name" abgespeicherten Programmzeilen (library text) *unverändert* in das Quellprogramm eingefügt.

Bei Bedarf kann eine Modifikation der einzutragenden Programmzeilen vorgenommen werden, indem die entsprechenden Ersetzungen in einer REPLACING-Klausel aufgeführt werden. Die dabei vom Kompilierer durchgeführte Text-Substitution hat keinen Einfluß auf die in der Bibliotheks-Datei abgespeicherten Programmzeilen.

So hätten wir z.B. die von uns so oft strapazierte Beschreibung des Datensatzes VERTRETER-SATZ in einer Bibliotheks-Datei unter dem Bibliotheksnamen STAMM abspeichern und jede Datei-Beschreibung von VERTRETER-DATEI folgendermaßen vereinbaren können:

```
FD  VERTRETER-DATEI
    LABEL RECORD STANDARD.
01  VERTRETER-SATZ. COPY STAMM.
```

Wollten wir z.B. bei dieser Einfügung zudem den Bezeichner KONTOSTAND durch den Namen KONTOSTAND-EINGABE ersetzen, so müßten wir

```
01  VERTRETER-SATZ. COPY STAMM
        REPLACING KONTOSTAND BY KONTOSTAND-EINGABE.
```

im FD-Eintrag angeben.

Behandlung von Fehlern bei der Ein-/Ausgabe (DECLARATIVES)

Bei der Ausführung des Objektprogramms bricht das Betriebssystem den Objektlauf ab, falls bei der Interaktion des Programms mit seiner Systemumgebung ein Fehler auftritt. Bei Fehlern, die durch die Ausführung von Ein-/Ausgabe-Anweisungen während der Datei-Bearbeitung entstehen, kann der Programmierer gewisse Vorkehrungen treffen, damit der sonst übliche Programmabbruch verhindert wird.

Dazu sind geeignete Angaben in den entsprechenden AT END- bzw. INVALID KEY-Klauseln innerhalb der Ein-/Ausgabe-Anweisungen zu machen, oder es muß das Status-Feld nach jedem Datei-Zugriff untersucht und im Fehlerfall geeignet verfahren werden.

Eine weitere Möglichkeit zur Fehlerbehandlung besteht darin, einen gesonderten Programmbereich namens *DECLARATIVES* innerhalb der *PROCEDURE DIVISION* einzurichten, in dem die gesamte Fehlerbehandlung konzentriert angegeben wird.

Bei der Aufführung eines derartigen DECLARATIVES-Bereichs muß die gesamte PROCEDURE DIVISION in Kapitel eingeteilt sein, und der DECLARATIVES-Bereich muß in der PROCEDURE DIVISION – vor dem ersten Kapitel – in der folgenden Form eingefügt werden:

13.6 Weitere COBOL-Sprachelemente

```
PROCEDURE DIVISION.
DECLARATIVES.
kapitelname-1 SECTION. USE-Satz.
paragraphenname-1.
    :
[ paragraphenname-2.
    :                   ]...
[ kapitelname-2 SECTION. USE-Satz.
paragraphenname-3.
    :
[ paragraphenname-4.
    :                   ]...              ]...
END DECLARATIVES.

    │ Kapitel der PROCEDURE DIVISION
```

Hinter jeder Kapitelüberschrift ist ein *USE-Satz* (declaratives sentence) in der Form

```
USE AFTER STANDARD EXCEPTION PROCEDURE ON
    { dateiname-1 [ dateiname-2 ]...
    | INPUT | OUTPUT | I-O | EXTEND } .
```

mit abschließendem Punkt zur Kennzeichnung des Satzendes anzugeben.

Haben wir einen DECLARATIVES-Bereich in der PROCEDURE DIVISION eingerichtet und tritt beim Objektlauf ein Fehler bei einer Datei-Bearbeitung auf (z.B. Erreichen des Dateiendes ohne Angabe einer entsprechenden AT END-Klausel), so werden – nach der Ausführung der Standard-Fehlerbehandlungsroutinen des Betriebssystems – die Anweisungen desjenigen Kapitels im DECLARATIVES-Bereichs bearbeitet, mit dessen USE-Satz die entsprechenden Vorkehrungen für einen derartigen Fehler getroffen wurden.

Fällt der betreffende Fehler nicht in den Geltungsbereich eines der aufgeführten USE-Sätze, so wird der Objektlauf abgebrochen.

Dabei ist ein USE-Satz immer dann für einen Fehler zuständig, wenn der betreffende Name der Datei, bei deren Bearbeitung der Fehler aufgetreten ist, entweder explizit durch den aufgeführten Dateinamen oder implizit durch den entsprechenden Datei-Modus in einem USE-Satz angegeben wurde.

Als Datei-Modi können INPUT (für die Eingabe), OUTPUT (für die Ausgabe), EXTEND (für die Erweiterung) oder I-O (für das Updating) spezifiziert werden.

Nach der Bearbeitung des durch den USE-Satz festgelegten Kapitels wird das Programm mit der Anweisung fortgesetzt, die auf diejenige Anweisung folgt, bei deren Ausführung der Fehler aufgetreten ist, d.h. das entsprechende Kapitel im DECLARATIVES-Bereich wird genauso durchlaufen, wie es bei der Ausführung einer PERFORM-Anweisung der Fall ist.

Somit könnten wir die PROCEDURE DIVISION des Programms LISTE-DER-VERTRETER-NAMEN mit einer READ-Anweisung, die keine AT END-Klausel enthält, wie folgt angeben:

```
PROCEDURE DIVISION.
DECLARATIVES.
DATEI-ENDE-BEHANDLUNG SECTION.
    USE AFTER STANDARD EXCEPTION PROCEDURE ON INPUT.
DATEI-ENDE-VON-VERTRETER-DATEI.
    SET DATEI-ENDE TO TRUE.
END DECLARATIVES.
RAHMEN SECTION.
BEGINN.
    OPEN INPUT VERTRETER-DATEI OUTPUT LISTE
    READ VERTRETER-DATEI
    PERFORM UNTIL DATEI-ENDE
       MOVE SPACES TO LISTE-SATZ
       MOVE NACHNAME TO VERTRETER-NAME
       WRITE LISTE-SATZ
       READ VERTRETER-DATEI
    END-PERFORM
    CLOSE VERTRETER-DATEI LISTE
    STOP RUN.
```

Anhang

A.1 Bausteine des COBOL-Sprachumfangs

Der Leistungsumfang der Kompilierer, die von den Herstellern angeboten werden, kann mit Hilfe des vom ANSI festgelegten *Modul-Schemas* (Baustein-Einteilung) exakt beschrieben werden.

Der Leistungsumfang der genormten COBOL-Sprache aus dem Jahre 1985 ist in die Stufen MINIMUM, INTERMEDIATE und HIGH gegliedert, wobei jede dieser Stufen wie folgt charakterisiert ist: [1]

Pflichtmodule	MINIMUM	INTERMEDIATE	HIGH
Nucleus	NUC1	NUC1	NUC2
Sequential I-O (Sequentielle Organisation)	SEQ1	SEQ1	SEQ2
Relative I-O (Relative Organisation)	Null	REL1	REL2
Indexed I-O (Index-sequentielle Organisation)	Null	INX1	INX2
Sort-Merge (COBOL-Internsort und Mischen)	Null	SRT1	SRT1
Interprogram Communication (Unterprogramme)	IPC1	IPC1	IPC2
Source Text Manipulation	Null	STM1	STM2

Als zusätzliche Module sind die folgenden Wahlmodule möglich:

Wahlmodule	mögliche Stufen
Report Writer	RPW1
Communication (Datenfernübertragung)	COM1 und COM2
Debug (Programmtesthilfen)	DEB1 und DEB2
Segmentation	SEG1 und SEG2

---

[1] Eine umfassende Beschreibung der einzelnen Leistungsstufen übersteigt den Rahmen dieser Einführungsschrift. Eine detailierte Darstellung ist einem Handbuch für den Standard ANSI-85 zu entnehmen, siehe z.B.:

- DIN 66 028 Programmiersprache COBOL, August 1986, Beuth Verlag Gmbh, Berlin

A.2 Reservierte COBOL-Wörter

Liste der reservierten COBOL-Wörter des Standards ANSI-85

ACCEPT	CLOCK-UNITS	DEBUG-SUB-3	END-START
ACCESS	CLOSE	DEBUGGING	END-STRING
ADD	COBOL	DECIMAL-POINT	END-SUBTRACT
ADVANCING	CODE	DECLARATIVES	END-UNSTRING
AFTER	CODE-SET	DELETE	END-WRITE
ALL	COLLATING	DELIMITED	ENTER
ALPHABET	COLUMN	DELIMITER	EVALUATE
ALPHABETIC	COMMA	DEPENDING	ENVIRONMENT
ALPHABETIC-LOWER	COMMON	DESCENDING	EOP
ALPHABETIC-UPPER	COMMUNICATION	DESTINATION	EQUAL
ALPHANUMERIC	COMP	DETAIL	ERROR
ALPHANUMERIC-EDITED	COMPUTATIONAL	DISABLE	ESI
ALSO	COMPUTE	DISPLAY	EVERY
ALTER	CONFIGURATION	DIVIDE	EXCEPTION
ALTERNATE	CONTAINS	DIVISION	EXIT
AND	CONTENT	DOWN	EXTEND
ANY	CONTINUE	DUPLICATES	EXTERNAL
ARE	CONTROL	DYNAMIC	FALSE
AREA	CONTROLS	EGI	FD
AREAS	CONVERTING	ELSE	FILE
ASCENDING	COPY	EMI	FILE-CONTROL
ASSIGN	CORR	ENABLE	FILLER
AT	CORRESPONDING	END	FINAL
AUTHOR	COUNT	END-ADD	FIRST
BEFORE	CURRENCY	END-CALL	FOOTING
BINARY	DATA	END-COMPUTE	FOR
BLANK	DATE	END-DELETE	FROM
BLOCK	DATE-COMPILED	END-DIVIDE	GENERATE
BOTTOM	DATE-WRITTEN	END-EVALUATE	GIVING
BY	DAY	END-IF	GLOBAL
CALL	DAY-OF-WEEK	END-MULTIPLY	GO
CANCEL	DE	END-OF-PAGE	GREATER
CD	DEBUG-CONTENTS	END-PERFORM	GROUP
CF	DEBUG-ITEM	END-READ	HEADING
CH	DEBUG-LINE	END-RECEIVE	HIGH-VALUE
CHARACTER	DEBUG-NAME	END-RETURN	HIGH-VALUES
CHARACTERS	DEBUG-SUB-1	END-REWRITE	I-O
CLASS	DEBUG-SUB-2	END-SEARCH	I-O-CONTROL

A.2 Reservierte COBOL-Wörter

IDENTIFICATION	MULTIPLE	PROGRAM-ID	SECURITY
IF	MULTIPLY	PURGE	SEGMENT
IN	NATIVE	QUEUE	SEGMENT-LIMIT
INDEX	NEGATIVE	QUOTE	SELECT
INDEXED	NEXT	QUOTES	SEND
INDICATE	NO	RANDOM	SENTENCE
INITIAL	NOT	RD	SEPARATE
INITIALIZE	NUMBER	READ	SEQUENCE
INITIATE	NUMERIC	RECEIVE	SEQUENTIAL
INPUT	NUMERIC-EDITED	RECORD	SET
INPUT-OUTPUT	OBJECT-COMPUTER	RECORDS	SIGN
INSPECT	OCCURS	REDEFINES	SIZE
INSTALLATION	OF	REEL	SORT
INTO	OFF	REFERENCE	SORT-MERGE
INVALID	OMITTED	REFERENCES	SOURCE
IS	ON	RELATIVE	SOURCE-COMPUTER
JUST	OPEN	RELEASE	SPACE
JUSTIFIED	OPTIONAL	RELOAD	SPACES
KEY	OR	REMAINDER	SPECIAL-NAMES
LABEL	ORDER	REMOVAL	STANDARD
LAST	ORGANIZATION	RENAMES	STANDARD-1
LEADING	OTHER	REPLACE	STANDARD-2
LEFT	OUTPUT	REPLACING	START
LENGTH	OVERFLOW	REPORT	STATUS
LESS	PACKED-DECIMAL	REPORTING	STOP
LIMIT	PADDING	REPORTS	STRING
LIMITS	PAGE	RERUN	SUB-QUEUE-1
LINAGE	PAGE-COUNTER	RESERVE	SUB-QUEUE-2
LINAGE-COUNTER	PERFORM	RESET	SUB-QUEUE-3
LINE	PF	RETURN	SUBTRACT
LINE-COUNTER	PH	REVERSED	SUM
LINES	PIC	REWIND	SUPPRESS
LINKAGE	PICTURE	REWRITE	SYMBOLIC
LOCK	PLUS	RF	SYNC
LOW-VALUE	POINTER	RH	SYNCHRONIZED
LOW-VALUES	POSITION	RIGHT	TABLE
MEMORY	POSITIVE	ROUNDED	TALLYING
MERGE	PRINTING	RUN	TAPE
MESSAGE	PROCEDURE	SAME	TERMINAL
MODE	PROCEDURES	SD	TERMINATE
MODULES	PROCEED	SEARCH	TEST
MOVE	PROGRAM	SECTION	TEXT

THAN	TRAILING	USAGE	WORDS
THEN	TRUE	USE	WORKING-STORAGE
THROUGH	TYPE	USING	WRITE
THRU	UNIT	VALUE	ZERO
TIME	UNSTRING	VALUES	ZEROES
TIMES	UNTIL	VARYING	ZEROS
TO	UP	WHEN	
TOP	UPON	WITH	

In Abhängigkeit vom jeweils verwendeten Kompilierer sind eventuell weitere Wörter als reservierte COBOL-Wörter zu berücksichtigen.
So müssen z.B. für den Kompilierer VS COBOL II (Release 1) der Firma IBM die folgenden Wörter als zusätzliche reservierte COBOL-Wörter beachtet werden:

ADDRESS	EGCS	NULL	SKIP2
BEGINNING	EJECT	NULLS	SKIP3
COMP-3	ENDING	PASSWORD	SORT-CONTROL
COMP-4	ENTRY	RECORDING	SORT-RETURN
COMPUTATIONAL	GOBACK	RETURN-CODE	SUPPRESS
COMPUTATIONAL-3	ID	SERVICE	TITLE
COMPUTATIONAL-4	MORE-LABELS	SKIP1	WHEN-COMPILED
DISPLAY-1			

Wird ein reserviertes COBOL-Wort irrtümlich als Programmierer-Wort benutzt, so führt dies zu einer entsprechenden Fehlermeldung des Kompilierers. Daher sollte keines der zuletzt angegebenen Wörter als Programmierer-Wort verwendet werden.
Um ganz sicher zu gehen, sollte man sich vor dem Entwurf eines COBOL-Programms über die reservierten Wörter informieren, die vom jeweiligen Hersteller zusätzlich vereinbart sind.

A.3 Strukturblöcke eines Struktogramms

Zur Beschreibung unserer Algorithmen benutzen wir die folgenden Strukturblöcke:

<u>einfacher Strukturblock:</u>

einfache Aktion wie z.B. Lesen, Schreiben oder Zuweisen

Schleifen-Strukturblock:

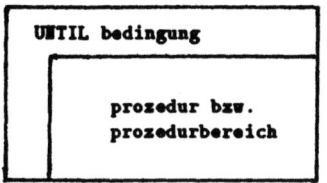 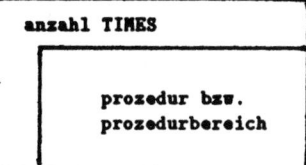

Bedingungs-Strukturblock:

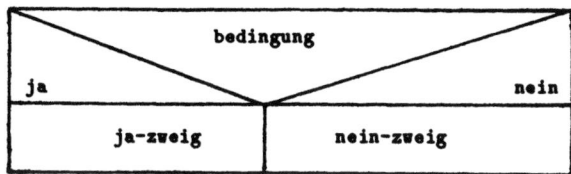

Case-Strukturblock:

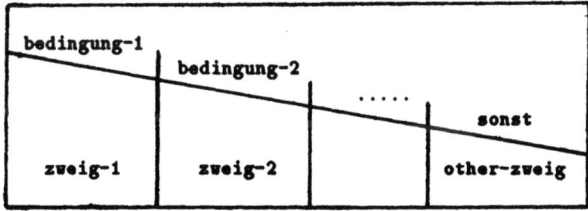

Prozeduraufruf-Strukturblock:

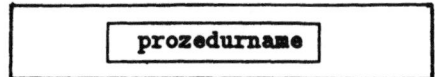

A.4 Intern-Kodes und Sortierfolge-Ordnung

Der Intern-Kode EBCDIC

Die Speicherablage im Intern-Kode EBCDIC (extended binary coded decimal interchange), der bei der überwiegenden Zahl der Großrechenanlagen verwendet wird, geben wir exemplarisch für die Zeichen des *COBOL-Zeichenvorrats* (character set) an, aus denen jedes COBOL-Programm aufgebaut ist.[2]

---

[2] Die Zeichen &, !, %, ?, :, #,], und ' zählen nicht zum COBOL-Zeichenvorrat. Diese Zeichen dürfen jedoch — genauso wie alle weiteren im Intern-Kode darstellbaren Zeichen — innerhalb von alphanumerischen Literalen angegeben werden.

Sedezimalziffer	Bitmuster	4	5	6	7	8	9	A	B	C	D	E	F
		0100	0101	0110	0111	1000	1001	1010	1011	1100	1101	1110	1111
0	0000	␣	&	-									0
1	0001			/		a	j			A	J		1
2	0010					b	k	s		B	K	S	2
3	0011					c	l	t		C	L	T	3
4	0100					d	m	u		D	M	U	4
5	0101					e	n	v		E	N	V	5
6	0110					f	o	w		F	O	W	6
7	0111					g	p	x		G	P	X	7
8	1000					h	q	y		H	Q	Y	8
9	1001					i	r	z		I	R	Z	9
A	1010		!		:								
B	1011	.	$	,	#								
C	1100	<	*	%	@								
D	1101	(	)		'								
E	1110	+	;	>	=								
F	1111			?	"								

Zifferteil (rechtes Halbbyte) — Zonenteil (linkes Halbbyte)

Jede Sedezimalziffer beschreibt abkürzend das neben ihr angegebene Bitmuster. Z.B. hat der Buchstabe N die Sedezimalziffer D als Zonenteil und die Sedezimalziffer 5 als Zifferteil und damit die Sedezimaldarstellung $D5_{16}$.

Sortierfolge-Ordnung

Die Sortierfolge-Ordnung der Zeichen des Intern-Kodes wird durch die numerischen Werte festgelegt, die durch die jeweiligen Sedezimal-Darstellungen der einzelnen Zeichen impliziert wird.

Z.B. gilt für die Ziffer 4 und den Buchstaben A (im Kode EBCDIC):

Ziffer 4 : $F4_{16} \equiv 11110100$
$\equiv 1*2^7 + 1*2^6 + 1*2^5 + 1*2^4 + 0*2^3 + 1*2^2 + 0*2^1 + 0*2^0$

Buchstabe A : $C1_{16} \equiv 11000001$
$\equiv 1*2^7 + 1*2^6 + 0*2^5 + 0*2^4 + 0*2^3 + 0*2^2 + 0*2^1 + 1*2^0$

Damit ergibt sich der numerische Wert des Buchstabens A zu 193 und der Ziffer 4 zu 244. Wegen der Relation "244 > 193" ist folglich die Ziffer 4 in der Sortierfolge-Ordnung größer als der Buchstabe A.

Im folgenden Schema geben wir die unterschiedlichen Sortierfolge-Ordnungen eines erweiterten COBOL-Zeichenvorrats für die Kodes EBCDIC (z.B. auf Großrechenanlagen der Firmen SIEMENS und IBM) und ASCII — Abkürzung für "American National Standard X3.4-1977 Code for Information Interchange" — (vornehmlich

A.5 Ablageformate für numerische Datenfelder

auf Mikrocomputern), wobei die einzelnen Zeichen in aufsteigender Sortierfolge-Ordnung aufgeführt sind:

EBCDIC:	␣ . < (+ & ! $ *) ; - / , % > ? : ‡ @ ' = "
	a b ..... z A B ..... Z o 1 9
ASCII:	␣ ! " # $ % & ' ( ) * + , - . / o 1 ..... 9 : ;
	< = > ? @ A B ..... Z a b ..... z

Die Sortierfolge-Ordnung gemäß ASCII-Kode wird im COBOL-Programm durch einen Eintrag innerhalb des Paragraphen SPECIAL-NAMES über das Schlüsselwort STANDARD-1 vereinbart. Mit dem Schlüsselwort STANDARD-2 kann die Sortierfolge-Ordnung gemäß dem ISO-Kode — "Iso 7-bit Coded Character Set for Information Processing Interchange" (entspricht "International Standard 646 Code for Information Processing Interchange") — verabredet werden. In diesem Fall gilt die oben angegebene ASCII-Sortierfolge bis auf die Abweichung, daß das Zeichen Lattenkreuz "#" durch das Symbol "£" für das englische Pfund zu ersetzen ist.

A.5 Ablageformate für numerische Datenfelder

Die ungepackte Dezimal-Darstellung

Jede Ziffer wird in ihrer Intern-Kode-Darstellung — für das folgende legen wir den Kode EBCDIC zugrunde — in einem Byte abgespeichert. Z.B. ergibt sich für die Ablage der Zahl 50:

(PICTURE 99 USAGE DISPLAY)

Ist ein Datenfeld mit dem Picture-Maskenzeichen S — ohne die Angabe einer SEPARATE-Klausel — vereinbart, so wird das Vorzeichen immer zusammen mit der ersten oder letzten Ziffer in einem Byte abgelegt. Dabei nimmt der Ziffernteil das rechte Halbbyte ein. Im linken Halbbyte wird die Sedezimalziffer C für ein *positives* und die Sedezimalziffer D für ein *negatives* Vorzeichen eingetragen.[3]
Z.B. ergibt sich bei der Ablage der Zahl -135:

```
Z.B. ergibt sich bei der Ablage der Zahl -135:
 F│1│F│3│D│5       (PICTURE S999  USAGE DISPLAY)
```

Generell ist die Anzahl der benötigten Bytes gleich der Anzahl der Ziffern und damit gleich der Anzahl der Maskenzeichen 9 in der jeweiligen Picture-Maske.

---
[3] Die Sedezimalziffer F wird ebenfalls als positiv interpretiert.

Die gepackte Dezimal-Darstellung

Jede Ziffer wird in einem Halbbyte abgespeichert, indem die redundante Sedezimalziffer F, die bei der ungepackten Darstellung im jeweils linken Halbbyte eingetragen ist, weggelassen wird. Ferner werden die beiden Halbbytes (aus der ungepackten Darstellung) des letzten Bytes vertauscht, und bei einer geraden Anzahl von Ziffern wird zusätzlich das linke Halbbyte des ersten Bytes mit der Sedezimalziffer 0 aufgefüllt.
Z.B. vollzieht sich bei der Ablage der Zahl -135 der Übergang von der ungepackten zur gepackten Dezimal-Darstellung folgendermaßen:

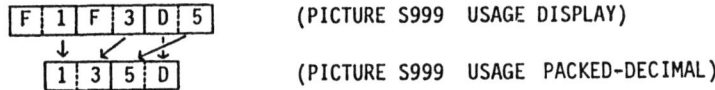

|F|1|F|3|D|5| (PICTURE S999 USAGE DISPLAY)

|1|3|5|D| (PICTURE S999 USAGE PACKED-DECIMAL)

Z.B. wird die Zahl 50 in der gepackten Darstellung folgendermaßen abgespeichert:

|0|5|0|F| (PICTURE 99 USAGE PACKED-DECIMAL)

Für den benötigten Speicherbereich gilt generell:
Bezeichnen wir mit "n" die Anzahl der abzuspeichernden Ziffern, so ergibt sich für die Anzahl der zur Ablage benötigten Bytes der Wert "(n + 1)/2", falls "n" ungerade ist, und "(n/2) + 1", falls "n" gerade ist.

Die Festpunkt-Darstellung

Bei dieser Darstellung wird eine ganze Zahl entweder in einem Halbwort oder in einem Ganzwort als Dualzahl abgespeichert.
Da jeweils im ersten Bit das Vorzeichen verschlüsselt ist,[4] ergibt sich bei einer Wortstruktur von 32 Bits als größte darstellbare Zahl der Wert:
$2^{15} - 1 = 32767$ für ein Halbwort[5] und
$2^{31} - 1 = 2147483647 \sim 2.15 * 10^9$ für ein Ganzwort.
So wird z.B. die Zahl +135 mit der Dual-Darstellung
$1 * 2^7 + 0 * 2^6 + 0 * 2^5 + 0 * 2^4 + 0 * 2^3 + 1 * 2^2 + 1 * 2^1 + 1 * 2^0$
folgendermaßen abgespeichert:

im Halbwort: |0|0 0 0 0 0 0 0 1 0 0 0 1 1 1|
↗ Vorzeichen-Bit
im Ganzwort: |0|0 0 0 0 0 0 0 0 0 0 0 0 0 0 0 0 0 0 0 0 0 0 0 1 0 0 0 1 1 1|

---

[4] Wegen der Ablage eines Vorzeichens muß die Picture-Maske des betreffenden Datenfeldes mit dem Maskenzeichen S eingeleitet werden.
[5] Bei der Ablage in einem Halbwort dürfen dem Maskenzeichen S folglich maximal vier Maskenzeichen 9 folgen.

A.6 Struktur eines COBOL-Programms

```
        IDENTIFICATION DIVISION.
        PROGRAM-ID. programmname.
[ AUTHOR. kommentar-1. ]
[ INSTALLATION. kommentar-2. ]
[ DATE-WRITTEN. kommentar-3. ]
[ DATE-COMPILED. kommentar-4. ]
[ SECURITY. kommentar-5. ]
[ ENVIRONMENT DIVISION.
 [ CONFIGURATION SECTION.
  [ SOURCE-COMPUTER. dva-name-1. ]
  [ OBJECT-COMPUTER. dva-name-2. ]
  [ SPECIAL-NAMES. vereinbarung-von-sondernamen-und-rahmenbedingungen. ] ]
  [ INPUT-OUTPUT SECTION.
   [ FILE-CONTROL. datei-geräte-zuordnungen. ]
   [ I-O-CONTROL festlegung-der-ein-/ausgabe-kontrolle. ] ]        ]
[ DATA DIVISION.
 [ FILE SECTION.
        [ datei-beschreibungen. ]
        [ sortierdatei-beschreibungen. ] ]
 [ WORKING-STORAGE SECTION.
        datenfeld-beschreibungen. ]
 [ LINKAGE SECTION.
        datenfeld-beschreibungen-der-formalen-parameter. ]      ]

   PROCEDURE DIVISION [ USING namen-der-formalen-parameter ] .
[ DECLARATIVES.
  kapitelname-1 SECTION. USE-Satz.
  paragraphenname-1.
       :
[ paragraphenname-2.
       :                 ]...
  [ kapitelname-2 SECTION. USE-Satz.
   paragraphenname-3.
       :
  [ paragraphenname-4.
       :                 ]...           ]...
   END DECLARATIVES.             ]
[ kapitelname-3 SECTION [ segmentnummer-1 ] . ]
  paragraphenname-5.
        satz-1 [ satz-2 ]...
[ paragraphenname-6.
        satz-3 [ satz-4 ]...              ]...

[ kapitelname-4 SECTION [ segmentnummer-2 ] .
  paragraphenname-7.
        satz-5 [ satz-6 ]...
[ paragraphenname-8.
        satz-7 [ satz-8 ]...              ]...           ]...
```

Syntax der Sprachelemente:

Im folgenden geben wir die Syntax-Gerüste der Sprachelemente von COBOL an, die in diesem Buch beschrieben wurden.

Syntax der CONFIGURATION SECTION:

```
CONFIGURATION SECTION.
SOURCE-COMPUTER.
     dva-name-1 [ WITH DEBUGGING MODE ] .
OBJECT-COMPUTER.
     dva-name-2 [ PROGRAM COLLATING SEQUENCE IS alphabetname ] .
SPECIAL-NAMES.
   [ ALPHABET alphabetname IS { STANDARD-1 | STANDARD-2 | NATIVE } ]
   [ funktionsname-1 IS merkname-1 [ funktionsname-2 IS merkname-2 ]... ]
   [ CURRENCY SIGN IS alphanumerisches-literal ]
   [ DECIMAL-POINT IS COMMA ]
   [ CLASS klassenname IS literal-1 [ THRU literal-2 ]
                       [ literal-3 [ THRU literal-4 ] ]...   ] .
```

Syntax des Paragraphen FILE-CONTROL:

sequentielle Datei-Organisation:

```
SELECT [ OPTIONAL ] dateiname ASSIGN TO gerätebezeichnung
       [ ORGANIZATION IS SEQUENTIAL ]
       [ ACCESS MODE IS SEQUENTIAL ]
       [ FILE STATUS IS bezeichner ]
       [ RESERVE ganzzahl { AREAS | AREA } ] .
```

relative Datei-Organisation:

```
SELECT dateiname ASSIGN TO gerätebezeichnung
       ORGANIZATION IS RELATIVE
       ACCESS MODE IS { SEQUENTIAL | RANDOM | DYNAMIC }
       RELATIVE KEY IS relative-key-feld
       [ FILE STATUS IS bezeichner ] .
```

index-sequentielle Datei-Organisation:

```
SELECT dateiname ASSIGN TO gerätebezeichnung
       ORGANIZATION IS INDEXED
       ACCESS MODE IS { SEQUENTIAL | RANDOM | DYNAMIC }
       RECORD KEY IS bezeichner-1
       [ ALTERNATE RECORD KEY IS bezeichner-2 [ WITH DUPLICATES ] ]...
       [ FILE STATUS IS bezeichner-3 ] .
```

A.6 Struktur eines COBOL-Programms

Syntax der Datei-Beschreibung:

```
FD dateiname
    [ BLOCK CONTAINS [ ganzzahl-1 TO ] ganzzahl-2 { CHARACTERS | RECORDS } ]
    [ { RECORD CONTAINS [ ganzzahl-3 TO ] ganzzahl-4 CHARACTERS
        | RECORD IS VARYING IN SIZE
            [ [ FROM ganzzahl-5 ] TO ganzzahl-6 CHARACTERS ]
                DEPENDING ON bezeichner } ]
    [ LABEL { RECORD IS | RECORDS ARE } { STANDARD | OMITTED } ]
    [ DATA { RECORD IS | RECORDS ARE }
                        datensatzname-1 [ datensatzname-2 ]... ] .
01 datensatzname-1
    |
    Datensatz-Beschreibung von "datensatzname-1"

[ 01 datensatzname-2
    |
    Datensatz-Beschreibung von "datensatzname-2"
                                                                    ]...
```

Syntax der Datenfeld-Beschreibung:

```
stufennummer-von-01-bis-49 [ { bezeichner-1 | FILLER } ]
    [ REDEFINES bezeichner-2 ]
    [ { PICTURE | PIC } IS picture-maske ]
    [ SIGN IS { LEADING | TRAILING } ] [ SEPARATE CHARACTER ]
    [ USAGE IS { DISPLAY | COMPUTATIONAL | BINARY | PACKED-DECIMAL } ]
    [ USAGE IS INDEX ]
    [ OCCURS { ganzzahl-1 TIMES
                | ganzzahl-2 TO ganzzahl-3 TIMES DEPENDING ON bezeichner-3 }
      [ { ASCENDING | DESCENDING } KEY IS bezeichner-4 [ bezeichner-5 ]... ]...
      [ INDEXED BY index-name-1 [ index-name-2 ]... ]          ]
    [ { JUSTIFIED | JUST } RIGHT ]
    [ BLANK WHEN ZERO ]
    [ VALUE IS literal ] .
```

```
88 bedingungsname VALUE literal-1 [ THRU literal-2 ]
                       [ literal-3 [ THRU literal-4 ] ]...
```

```
66 bezeichner-1 RENAMES bezeichner-2 [ THRU bezeichner-3 ]
```

Transport-Anweisungen:

```
ACCEPT bezeichner FROM { DATE | DAY | TIME | DAY-OF-WEEK }
```

```
INITIALIZE bezeichner-1 [ bezeichner-2 ]... REPLACING
        { ALPHANUMERIC | NUMERIC | ALPHANUMERIC-EDITED | NUMERIC-EDITED }
                DATA BY { bezeichner-3 | literal-1 }
    [ { ALPHANUMERIC | NUMERIC | ALPHANUMERIC-EDITED | NUMERIC-EDITED }
                DATA BY { bezeichner-4 | literal-2 } ]...
```

```
INSPECT bezeichner-1 REPLACING
    { CHARACTERS BY { bezeichner-2 | literal-1 } [ markierung-1 ]...
    | { ALL | LEADING | FIRST } { bezeichner-3 | literal-2 }
          BY { bezeichner-4 | literal-3 } [ markierung-2 ]...
      [ { ALL | LEADING | FIRST } { bezeichner-5 | literal-4 }
          BY { bezeichner-6 | literal-5 } [ markierung-3 ]...     ]... }
```

wobei "markierung" von folgender Form ist:
```
{ BEFORE | AFTER } INITIAL { bezeichner | literal }
```

```
INSPECT bezeichner-1
    CONVERTING { literal-1 | bezeichner-2 } TO { literal-2 | bezeichner-3 }
    [ { BEFORE | AFTER } INITIAL { literal-3 | bezeichner-4 } ]...
```

```
INSPECT bezeichner-1 TALLYING bezeichner-2
  FOR { CHARACTERS [ markierung-1 ]...
      | { ALL | LEADING } { bezeichner-3 | literal-1 } [ markierung-2 ]...
      [ { ALL | LEADING } { bezeichner-4 | literal-2 } [ markierung-3 ]...  ]... }
```

```
MOVE { bezeichner-1 | literal } TO bezeichner-2 [ bezeichner-3 ]...
```

```
MOVE CORRESPONDING bezeichner-1 TO bezeichner-2
```

```
SET bedingungsname-1 [ bedingungsname-2 ]... TO TRUE
```

Steueranweisungen:

```
ALTER prozedurname-1 TO [ PROCEED TO ] prozedurname-2
    [ prozedurname-3 TO [ PROCEED TO ] prozedurname-4 ]...
```

```
CALL { "unterprogramm-name" | bezeichner-1 }
    [ USING [ BY { REFERENCE | CONTENT } ]
                bezeichner-2 [ bezeichner-3 ]...
            [ [ BY { REFERENCE | CONTENT } ]
                bezeichner-4 [ bezeichner-5 ]... ]...  ]
    [ ON EXCEPTION unb-anw-1 [ unb-anw-2 ]... ]
    [ NOT ON EXCEPTION unb-anw-3 [ unb-anw-4 ]... ]
[ END-CALL ]
```

A.6 Struktur eines COBOL-Programms

```
EVALUATE { bezeichner-1 | literal-1 | arith-ausdruck-1
         | bedingung-1 | TRUE | FALSE }
       [ ALSO { bezeichner-2 | literal-2 | arith-ausdruck-2
              | bedingung-2 | TRUE | FALSE } ]...
       WHEN { [ NOT ] { bezeichner-3 | literal-3 | arith-ausdruck-3 }
                [ THRU { bezeichner-4 | literal-4 | arith-ausdruck-4 } ]
            | bedingung-3 | TRUE | FALSE | ANY }
           [ ALSO { [ NOT ] { bezeichner-5 | literal-5 | arith-ausdruck-5 }
                       [ THRU { bezeichner-6 | literal-6 | arith-ausdruck-6 } ]
                  | bedingung-4 | TRUE | FALSE | ANY }         ]...
           unb-anw-1 [ unb-anw-2 ]...

       [ WHEN { [ NOT ] { bezeichner-7 | literal-7 | arith-ausdruck-7 }
                  [ THRU { bezeichner-8 | literal-8 | arith-ausdruck-8 } ]
              | bedingung-5 | TRUE | FALSE | ANY }
           [ ALSO { [ NOT ] { bezeichner-9 | literal-9 | arith-ausdruck-9 }
                       [ THRU { bezeichner-10 | literal-10 | arith-ausdruck-10 } ]
                  | bedingung-6 | TRUE | FALSE | ANY }         ]...
           unb-anw-3 [ unb-anw-4 ]...                          ]...
       [ WHEN OTHER unb-anw-5 [ unb-anw-6 ]... ]
[ END-EVALUATE ]
```

```
EXIT PROGRAM
```

```
GO TO prozedurname
```

```
GO TO prozedurname-1 [ prozedurname-2 ]... DEPENDING ON bezeichner
```

```
IF bedingung THEN { anweisung-1 [ anweisung-2 ]... | NEXT SENTENCE }
       { ELSE anweisung-3 [ anweisung-4 ]... [ END-IF ]
       | [ ELSE NEXT SENTENCE ] | [ END-IF ] }
```

```
PERFORM [ WITH TEST { BEFORE | AFTER } ] UNTIL bedingung
   unb-anw-1 [ unb-anw-2 ]...
END-PERFORM
```

```
PERFORM { bezeichner | ganzzahl } TIMES
   unb-anw-1 [ unb-anw-2 ]...
END-PERFORM
```

```
PERFORM prozedurname-1 [ THRU prozedurname-2 ]
       [ { { bezeichner | ganzzahl } TIMES | UNTIL bedingung } ]
```

```
┌─────────────────────────────────────────────────────────────────┐
│  PERFORM [ WITH TEST { BEFORE | AFTER } ]                       │
│          VARYING { bezeichner-1 | index-name-1 }                │
│              FROM { bezeichner-2 | index-name-2 | ganzzahl-1 }  │
│                BY { bezeichner-3 | ganzzahl-2 } UNTIL bedingung │
│     unb-anw-1 [ unb-anw-2 ]...                                  │
│  END-PERFORM                                                    │
└─────────────────────────────────────────────────────────────────┘

┌─────────────────────────────────────────────────────────────────────────┐
│  PERFORM prozedurname-1 [ THRU prozedurname-2 ] [ WITH TEST { BEFORE | AFTER } ] │
│          VARYING { bezeichner-1 | index-name-1 }                        │
│              FROM { bezeichner-2 | index-name-2 | ganzzahl-1 }          │
│                BY { bezeichner-3 | ganzzahl-2 } UNTIL bedingung-1       │
│        [ AFTER { bezeichner-4 | index-name-3 }                          │
│              FROM { bezeichner-5 | index-name-4 | ganzzahl-3 }          │
│                BY { bezeichner-6 | ganzzahl-4 } UNTIL bedingung-2 ]...  │
└─────────────────────────────────────────────────────────────────────────┘
```

Arithmetische Anweisungen:

```
┌─────────────────────────────────────────────────────────────────────────┐
│  ADD { bezeichner-1 | num-literal-1 } [ { bezeichner-2 | num-literal-2 } ]... │
│      TO bezeichner-3 [ ROUNDED ] [ bezeichner-4 [ ROUNDED ] ]...        │
│          [ ON SIZE ERROR unb-anw-1 [ unb-anw-2 ]... ]                   │
│          [ NOT ON SIZE ERROR unb-anw-3 [ unb-anw-4 ]... ]               │
│  [ END-ADD ]                                                            │
└─────────────────────────────────────────────────────────────────────────┘

┌─────────────────────────────────────────────────────────────────────────┐
│  ADD { bezeichner-1 | num-literal-1 } { bezeichner-2 | num-literal-2 }  │
│                                      [ { bezeichner-3 | num-literal-3 } ]... │
│      GIVING bezeichner-4 [ ROUNDED ] [ GIVING bezeichner-5 [ ROUNDED ] ]... │
│          [ ON SIZE ERROR unb-anw-1 [ unb-anw-2 ]... ]                   │
│          [ NOT ON SIZE ERROR unb-anw-3 [ unb-anw-4 ]... ]               │
│  [ END-ADD ]                                                            │
└─────────────────────────────────────────────────────────────────────────┘

┌─────────────────────────────────────────────────────────────────────────┐
│  ADD CORRESPONDING bezeichner-1 TO bezeichner-2 [ ROUNDED ]             │
│          [ ON SIZE ERROR unb-anw-1 [ unb-anw-2 ]... ]                   │
│          [ NOT ON SIZE ERROR unb-anw-3 [ unb-anw-4 ]... ]               │
│  [ END-ADD ]                                                            │
└─────────────────────────────────────────────────────────────────────────┘

┌─────────────────────────────────────────────────────────────────────────┐
│  COMPUTE bezeichner-1 [ ROUNDED ] [ bezeichner-2 [ ROUNDED ] ]...       │
│      = arithmetischer-ausdruck                                          │
│          [ ON SIZE ERROR unb-anw-1 [ unb-anw-2 ]... ]                   │
│          [ NOT ON SIZE ERROR unb-anw-3 [ unb-anw-4 ]... ]               │
│  [ END-COMPUTE ]                                                        │
└─────────────────────────────────────────────────────────────────────────┘

┌─────────────────────────────────────────────────────────────────────────┐
│  DIVIDE { bezeichner-1 | num-literal } INTO bezeichner-2 [ ROUNDED ]    │
│          [ ON SIZE ERROR unb-anw-1 [ unb-anw-2 ]... ]                   │
│          [ NOT ON SIZE ERROR unb-anw-3 [ unb-anw-4 ]... ]               │
│  [ END-DIVIDE ]                                                         │
└─────────────────────────────────────────────────────────────────────────┘
```

A.6 Struktur eines COBOL-Programms

```
  DIVIDE { bezeichner-1 | num-literal-1 }
         { INTO | BY } { bezeichner-2 | num-literal-2 }
         GIVING bezeichner-3 [ ROUNDED ] [ REMAINDER bezeichner-4 ]
         [ ON SIZE ERROR unb-anw-1 [ unb-anw-2 ]... ]
         [ NOT ON SIZE ERROR unb-anw-3 [ unb-anw-4 ]... ]
[ END-DIVIDE ]
```

```
  MULTIPLY { bezeichner-1 | num-literal } BY bezeichner-2 [ ROUNDED ]
         [ ON SIZE ERROR unb-anw-1 [ unb-anw-2 ]... ]
         [ NOT ON SIZE ERROR unb-anw-3 [ unb-anw-4 ]... ]
[ END-MULTIPLY ]
```

```
  MULTIPLY { bezeichner-1 | num-literal-1 } BY { bezeichner-2 | num-literal-2 }
         GIVING bezeichner-3 [ ROUNDED ] [ GIVING bezeichner-4 [ ROUNDED ] ]...
         [ ON SIZE ERROR unb-anw-1 [ unb-anw-2 ]... ]
         [ NOT ON SIZE ERROR unb-anw-3 [ unb-anw-4 ]... ]
[ END-MULTIPLY ]
```

```
  SUBTRACT { bezeichner-1 | num-literal-1 } [ { bezeichner-2 | num-literal-2 } ]...
         FROM bezeichner-3 [ ROUNDED ] [ bezeichner-4 [ ROUNDED ] ]...
         [ ON SIZE ERROR unb-anw-1 [ unb-anw-2 ]... ]
         [ NOT ON SIZE ERROR unb-anw-3 [ unb-anw-4 ]... ]
[ END-SUBTRACT ]
```

```
  SUBTRACT { bezeichner-1 | num-literal-1 } [ { bezeichner-2 | num-literal-2 } ]...
         FROM { bezeichner-3 | num-literal-3 }
         GIVING bezeichner-4 [ ROUNDED ] [ GIVING bezeichner-5 [ ROUNDED ] ]...
         [ ON SIZE ERROR unb-anw-1 [ unb-anw-2 ]... ]
         [ NOT ON SIZE ERROR unb-anw-3 [ unb-anw-4 ]... ]
[ END-SUBTRACT ]
```

```
  SUBTRACT CORRESPONDING bezeichner-1 FROM bezeichner-2 [ ROUNDED ]
         [ ON SIZE ERROR unb-anw-1 [ unb-anw-2 ]... ]
         [ NOT ON SIZE ERROR unb-anw-3 [ unb-anw-4 ]... ]
[ END-SUBTRACT ]
```

Anweisungen zur Tabellenverarbeitung:

```
SET { bezeichner-1 | index-name-1 } [ { bezeichner-2 | index-name-2 } ]...
    TO { bezeichner-3 | index-name-3 | ganzzahl }
```

```
SET index-name-1 [ index-name-2 ]... { UP | DOWN } BY { bezeichner | ganzzahl }
```

```
    SEARCH bezeichner-1 [ VARYING { bezeichner-2 | index-name } ]
         [ AT END unb-anw-1 [ unb-anw-2 ]... ]
            WHEN bedingung-1 { unb-anw-3 [ unb-anw-4 ]... | NEXT SENTENCE }
           [ WHEN bedingung-2 { unb-anw-5 [ unb-anw-6 ]... | NEXT SENTENCE } ]...
    [ END-SEARCH ]
```

```
    SEARCH ALL bezeichner
         [ AT END unb-anw-1 [ unb-anw-2 ]... ]
            WHEN bedingung { unb-anw-3 [ unb-anw-4 ]... | NEXT SENTENCE }
    [ END-SEARCH ]
```

Ein-/Ausgabe-Anweisungen:

```
   ACCEPT bezeichner [ FROM merkname ]
```

```
   CLOSE dateiname-1 [ dateiname-2 ]...
```

```
   DELETE dateiname RECORD
          [ INVALID KEY unb-anw-1 [ unb-anw-2 ]... ]
          [ NOT INVALID KEY unb-anw-3 [ unb-anw-4 ]... ]
   [ END-DELETE ]
```

```
   DISPLAY { bezeichner-1 | literal-1 } [ { bezeichner-2 | literal-2 } ]...
           [ UPON merkname ] [ WITH NO ADVANCING ]
```

```
   OPEN { INPUT dateiname-1 [ dateiname-2 ]... | OUTPUT dateiname-3 [ dateiname-4 ]...
        | I-O dateiname-5 [ dateiname-6 ]... | EXTEND dateiname-7 [ dateiname-8 ]... }
```

```
   READ dateiname RECORD [ INTO bezeichner ]
        [ AT END unb-anw-1 [ unb-anw-2 ]... ]
        [ NOT AT END unb-anw-3 [ unb-anw-4 ]... ]
   [ END-READ ]
```

```
   READ dateiname NEXT RECORD [ INTO bezeichner ]
        [ AT END unb-anw-1 [ unb-anw-2 ]... ]
        [ NOT AT END unb-anw-3 [ unb-anw-4 ]... ]
   [ END-READ ]
```

```
   READ dateiname RECORD [ INTO bezeichner ]
        [ INVALID KEY unb-anw-1 [ unb-anw-2 ]... ]
        [ NOT INVALID KEY unb-anw-3 [ unb-anw-4 ]... ]
   [ END-READ ]
```

A.6 Struktur eines COBOL-Programms

```
READ dateiname RECORD [ INTO bezeichner-1 ]
     KEY IS bezeichner-2
    [ INVALID KEY unb-anw-1 [ unb-anw-2 ]... ]
    [ NOT INVALID KEY unb-anw-3 [ unb-anw -4 ]... ]
[ END-READ ]
```

```
REWRITE datensatzname [ FROM bezeichner ]
    [ INVALID KEY unb-anw-1 [ unb-anw-2 ]... ]
    [ NOT INVALID KEY unb-anw-3 [ unb-anw-4 ]... ]
[ END-REWRITE ]
```

```
START dateiname [ KEY IS { = | > | >= } bezeichner ]
    [ INVALID KEY unb-anw-1 [ unb-anw-2 ]... ]
    [ NOT INVALID KEY unb-anw-3 [ unb-anw-4 ]... ]
[ END-START ]
```

```
WRITE datensatzname [ FROM bezeichner-1 ]
    [ { BEFORE | AFTER } ADVANCING { { bezeichner-2 | ganzzahl }
                                     [ { LINES | LINE } ] | PAGE } ]
    [ AT { END-OF-PAGE | EOP } unb-anw-1 [ unb-anw-2 ]... ]
    [ NOT AT { END-OF-PAGE | EOP } unb-anw-3 [ unb-anw-4 ]... ]
[ END-WRITE ]
```

```
WRITE datensatzname [ FROM bezeichner ]
    [ INVALID KEY unb-anw-1 [ unb-anw-2 ]... ]
    [ NOT INVALID KEY unb-anw-3 [ unb-anw-4 ]... ]
[ END-WRITE ]
```

Anweisungen zum Sortieren und Mischen:

```
MERGE sortier-dateiname
   ON { ASCENDING | DESCENDING } KEY bezeichner-1 [ bezeichner-2 ]...
 [ ON { ASCENDING | DESCENDING } KEY bezeichner-3 [ bezeichner-4 ]...    ]...
 [ COLLATING SEQUENCE IS alphabetname ]
   USING dateiname-1 dateiname-2 [ dateiname-3 ]...
 { OUTPUT PROCEDURE IS prozedurname-1 [ THRU prozedurname-2 ] | GIVING dateiname-4 }
```

```
RELEASE datensatzname [ FROM bezeichner ]
```

```
RETURN sortier-dateiname RECORD [ INTO bezeichner ]
    [ AT END unb-anw-1 [ unb-anw-2 ]... ]
    [ NOT AT END unb-anw-3 [ unb-anw-4 ]... ]
[ END-RETURN ]
```

```
SORT sortier-dateiname
   ON { ASCENDING | DESCENDING } KEY bezeichner-1 [ bezeichner-2 ]...
 [ ON { ASCENDING | DESCENDING } KEY bezeichner-3 [ bezeichner-4 ]... ]...
 [ WITH DUPLICATES IN ORDER ]
 [ COLLATING SEQUENCE IS alphabetname ]
 { INPUT PROCEDURE IS prozedurname-1 [ THRU prozedurname-2 ]
        | USING dateiname-1 [ dateiname-2 ]... }
 { OUTPUT PROCEDURE IS prozedurname-3 [ THRU prozedurname-4 ] | GIVING dateiname-3 }
```

sonstige Anweisungen:

```
CANCEL { "unterprogramm-name-1" | bezeichner-1 }
     [ { "unterprogramm-name-2" | bezeichner-2 } ]...
```

```
CONTINUE
```

```
EXHIBIT { NAMED | CHANGED NAMED | CHANGED }
        { bezeichner-1 | alphanum-lit-1 } [ { bezeichner-2 | alphanum-lit-2 } ]...
```

```
{ READY | RESET } TRACE
```

```
STRING { literal-1 | bezeichner-1 } [ { literal-2 | bezeichner-2 } ]...
     DELIMITED BY { literal-3 | bezeichner-3 | SIZE }
         [   { literal-4 | bezeichner-4 } [ { literal-5 | bezeichner-5 } ]...
             DELIMITED BY { literal-6 | bezeichner-6 | SIZE } ]...
     INTO bezeichner-7
  [ WITH POINTER bezeichner-8 ]
  [ ON OVERFLOW unb-anw-1 [ unb-anw-2 ]... ]
  [ NOT ON OVERFLOW unb-anw-3 [ unb-anw-4 ]... ]
 [ END-STRING ]
```

```
UNSTRING bezeichner-1
   DELIMITED BY { literal-1 | bezeichner-2 } [ OR { literal-2 | bezeichner-3 } ]...
   INTO bezeichner-4
        [ DELIMITER IN bezeichner-5 ] [ COUNT IN bezeichner-6 ]
      [ bezeichner-7
        [ DELIMITER IN bezeichner-8 ] [ COUNT IN bezeichner-9 ] ]...
   [ WITH POINTER bezeichner-10 ]
   [ TALLYING IN bezeichner-11 ]
   [ ON OVERFLOW unb-anw-1 [ unb-anw-2 ]... ]
   [ NOT ON OVERFLOW unb-anw-3 [ unb-anw-4 ]... ]
 [ END-UNSTRING ]
```

```
USE AFTER STANDARD EXCEPTION PROCEDURE ON
        { dateiname-1 [ dateiname-2 ]... | INPUT | OUTPUT | I-O | EXTEND }
```

Lösungsteil

Lösungsteil

Im folgenden geben wir Lösungen für die gestellten Aufgaben an. Dabei können die angegebenen Programme immer nur Beispiele für mögliche Lösungen sein. Die Richtigkeit der vom Leser entwickelten Lösungsalgorithmen läßt sich dadurch prüfen, daß ein entsprechendes COBOL-Programm erstellt und auf einer DVA zur Ausführung gebracht wird.

Aufgabe 1 (S. 22)

In den folgenden Fällen handelt es sich um keine COBOL-Wörter:
b) wegen "/" c) wegen "_", i) wegen "Ü" und k) wegen "-" am Zeichenkettenende. Die unter g) und h) angegebenen COBOL-Wörter dürfen nicht als Bezeichner verwendet werden, da sie keinen Buchstaben enthalten.

Aufgabe 2 (S. 23)

Als Beschreibung für den Datensatz ARTIKEL-SATZ ist z.B. zulässig:

```
01 ARTIKEL-SATZ.                              <—— Datengruppe
   02 ARTIKEL-BEZEICHNUNG.                    <—— Datengruppe
      03 ARTIKEL-NUMMER.                      <—— Datengruppe
         04 LFD-NUMMER   PICTURE 9(6).
         04 HERSTELLER   PICTURE 99.
      03 ARTIKEL-NAME    PICTURE X(20).       <—— alphanumerisches
   02 FILLER   PICTURE XX.                         Datenelement
   02 LAGER-INFORMATION.                      <—— Datengruppe
      03 LAGER-NUMMER    PICTURE 9.
      03 REGAL-NUMMER    PICTURE 9(3).
   02 WERT-INFORMATION.                       <—— Datengruppe
      03 STUECK-PREIS    PICTURE 9(6)V99.
      03 MENGE           PICTURE 9(5).
   02 ERFASSUNGS-DATUM.                       <—— Datengruppe
      03 TAG    PICTURE 99.
      03 MONAT  PICTURE 99.
      03 JAHR   PICTURE 99.
   02 FILLER   PICTURE X(27).
```

Als aktuelle Datenfeld-Inhalte ergeben sich:

LAGER-NUMMER | 4 | REGAL-NUMMER | 014 |

STUECK-PREIS | 00001445 | MENGE | 00032 |

Aufgabe 3 und 4 (S. 62)

Als Lösung läßt sich z.B. das folgende COBOL-Programm angeben:

```
        IDENTIFICATION DIVISION.
        PROGRAM-ID.
           ARTIKEL-LISTE.
        ENVIRONMENT DIVISION.
        CONFIGURATION SECTION.
        SOURCE-COMPUTER.
           dva-name-1.
        OBJECT-COMPUTER.
           dva-name-2.
        INPUT-OUTPUT SECTION.
        FILE-CONTROL.
           SELECT ARTIKEL-DATEI ASSIGN TO SI.
           SELECT LISTE         ASSIGN TO LO.
        DATA DIVISION.
        FILE SECTION.
        FD  ARTIKEL-DATEI
            LABEL RECORD STANDARD.
        01  ARTIKEL-SATZ.                              ⎤
            02  FILLER        PICTURE X(8).            │  Datei-Beschreibung
            02  ARTIKEL-NAME  PICTURE X(20).           │  fuer die
            02  FILLER        PICTURE XX.              │  Eingabe-Datei
            02  LAGER-NUMMER  PICTURE 9.               │  ARTIKEL-DATEI
            02  FILLER        PICTURE X(11).           │
            02  MENGE         PICTURE 9(5).            │
            02  FILLER        PICTURE X(33).           ⎦
        FD  LISTE
            LABEL RECORD OMITTED.
        01  LISTE-SATZ.                                ⎤
            02  ARTIKEL-NAME-ED  PICTURE X(20).        │  Datei-Beschreibung
            02  FILLER           PICTURE X(10).        │  fuer die
            02  LAGER-NUMMER-ED  PICTURE 9.            │  Ausgabe-Datei
            02  FILLER           PICTURE X(10).        │  LISTE
            02  MENGE-ED         PICTURE 9(5).         │
            02  FILLER           PICTURE X(86).        ⎦
        WORKING-STORAGE SECTION.
        77  DATEI-ENDE-FELD PICTURE 9.
            88  DATEI-ENDE    VALUE 1.
```

Lösungsteil

```
    PROCEDURE DIVISION.
    RAHMEN.
       OPEN INPUT ARTIKEL-DATEI OUTPUT LISTE
       MOVE 0 TO DATEI-ENDE-FELD
       READ ARTIKEL-DATEI
           AT END SET DATEI-ENDE TO TRUE
       END-READ
       PERFORM UNTIL DATEI-ENDE
          PERFORM VERARBEITUNG
          READ ARTIKEL-DATEI
              AT END SET DATEI-ENDE TO TRUE
          END-READ
       END-PERFORM
       CLOSE ARTIKEL-DATEI LISTE
       STOP RUN.
    VERARBEITUNG.
       MOVE " " TO LISTE-SATZ
       MOVE ARTIKEL-NAME TO ARTIKEL-NAME-ED
       MOVE LAGER-NUMMER TO LAGER-NUMMER-ED
       MOVE MENGE TO MENGE-ED
       WRITE LISTE-SATZ.
```

Aufgabe 5 (S. 62)

In der Beschreibung des Datensatzes ARTIKEL-SATZ (siehe Aufgabe 2) ist die folgende Änderung vorzunehmen:

```
   02  LAGER-INFORMATION.
          03  LAGER-NUMMER   PICTURE 9.
              88  HAUPTLAGER    VALUE 4.
          03  REGAL-NUMMER   PICTURE 9(3).
              88  REGAL-REIHE-1   VALUE 1 4 10.
              88  REGAL-REIHE-2   VALUE 2 5 11.
              88  REGAL-REIHE-3   VALUE 3 6 9 12.
```

Aufgabe 6 (S. 68)

Schlüsselwörter sind in a) die Wörter VALUE und THRU, in b) die Wörter FILLER und PICTURE und in c) die Wörter WRITE und FROM.
In a) und in b) ist das Wahlwort IS enthalten.

Aufgabe 7 (S. 88)

E1 [0 1 2+]   E2 [1 2+]   E3 [0 1]

E1 [4 7 0 –]   E2 [7 0 –]   E3 [4 7]

E1 [1 2 0 +]   E2 [2 0 +]   E3 [1 2]

E1 [0 1 2 +]   E2 [4 7 –]   E3 [1 2]   E4 [⌴ ⌴ ⌴ ⌴]

Aufgabe 8 (S. 88)

Um inkorrekte Literale handelt es sich bei:
b) das Zeichen "." darf nicht am Ende eines numerischen Literals auftreten,
d) das Zeichen "," darf nicht innerhalb eines numerischen Literals angegeben sein (es sei denn, es ist eine DECIMAL-POINT-Klausel vereinbart worden),
f) das Zeichen (") darf nur in Form zweier aufeinanderfolgender Zeichen in einem alphanumerischen Literal angegeben sein, und
i) das Vorzeichen "-" muß das numerische Literal einleiten.
Die unter a), e), g), h) und j) angegebenen Literale haben die alphanumerische Kategorie.

Aufgabe 9 (S. 89)

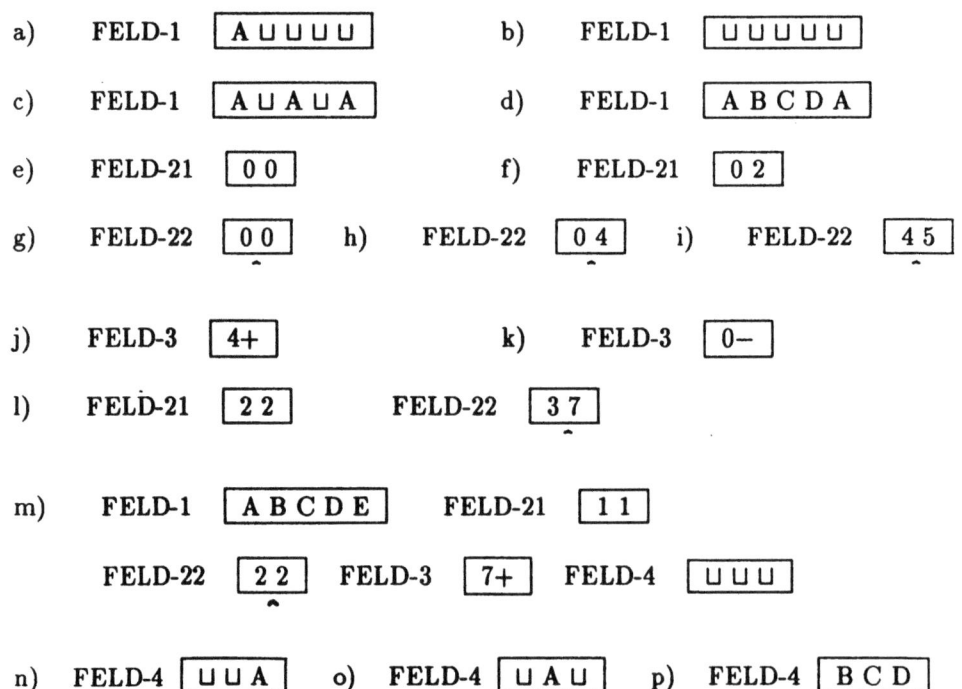

Lösungsteil

Aufgabe 10 (S. 89)

Das Feld LISTEN-KOPF wird folgendermaßen vorbesetzt:

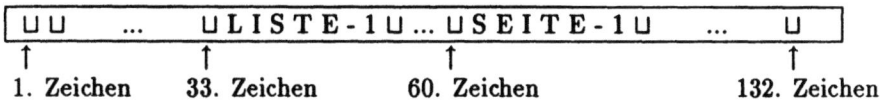

| 1. Zeichen | 33. Zeichen | 60. Zeichen | 132. Zeichen |

Aufgabe 11 (S. 122f.)

Setzen wir vereinfachend voraus, daß für jeden Vertreter mindestens ein Artikel-Satz vorliegt, alle Artikel-Sätze hinter den zugehörigen Vertreterdatensätzen eingeordnet sind und keine Fehler bei der Erfassung der Vertreter- und Artikel-Daten aufgetreten sind, so läßt sich z.B. das folgende Programm angeben:

```
        IDENTIFICATION DIVISION.
        PROGRAM-ID.
            AUFGABE-11.
        ENVIRONMENT DIVISION.
        CONFIGURATION SECTION.
        SOURCE-COMPUTER.
            dva-name-1.
        OBJECT-COMPUTER.
            dva-name-2.
        INPUT-OUTPUT SECTION.
        FILE-CONTROL.
            SELECT VERTRETER-DATEI ASSIGN TO SI.
            SELECT LISTE            ASSIGN TO LO.
        DATA DIVISION.
        FILE SECTION.
        FD  VERTRETER-DATEI
            LABEL RECORD STANDARD.
        01  VERTRETER-SATZ.
            02  KENNZAHL   PICTURE 9(4).
            02  FILLER     PICTURE XX.
            02  NACHNAME   PICTURE X(20).
            02  VORNAME    PICTURE X(20).
            02  FILLER     PICTURE X(34).
        01  ARTIKEL-SATZ.
            02  ARTIKEL-NUMMER    PICTURE 9(8).
            02  FILLER            PICTURE X.
            02  STUECKZAHL        PICTURE 9(6).
            02  FILLER            PICTURE X(4).
            02  STUECKPREIS       PICTURE 9(5)V99.
```

```cobol
       02 FILLER              PICTURE X(53).
       02 ARTIKEL-SATZ-KENNZEICHEN PICTURE X.
          88 ARTIKEL-SATZ-GELESEN   VALUE "A".
   FD LISTE
      LABEL RECORD OMITTED.
   01 LISTE-SATZ         PICTURE X(132).
   WORKING-STORAGE SECTION.
   77 DATEI-ENDE-FELD PICTURE 9 VALUE ZERO.
      88 DATEI-ENDE  VALUE 1.
   77 LISTEN-ANFANGS-FELD PICTURE 9 VALUE 1.
      88 LISTEN-ANFANG  VALUE 1.
   01 KOPF-ZEILE-1.
      02 FILLER      PICTURE X(22)
                     VALUE "UMSATZ DES VERTRETERS ".
      02 VORNAME-ED  PICTURE X(20).
      02 FILLER      PICTURE X VALUE SPACE.
      02 NACHNAME-ED PICTURE X(20).
      02 FILLER      PICTURE X(19) VALUE " MIT DER KENNZAHL: ".
      02 KENNZAHL-ED PICTURE 9(4).
      02 FILLER      PICTURE X(46) VALUE SPACES.
   01 KOPF-ZEILE-2.
      02 FILLER PICTURE X(86) VALUE ALL "=".
      02 FILLER PICTURE X(46) VALUE SPACES.
   01 KOPF-ZEILE-3.
      02 FILLER PICTURE X(4) VALUE SPACES.
      02 FILLER PICTURE X(14) VALUE "ARTIKEL-NUMMER".
      02 FILLER PICTURE X(7) VALUE SPACES.
      02 FILLER PICTURE X(10) VALUE "STUECKZAHL".
      02 FILLER PICTURE X(7) VALUE SPACES.
      02 FILLER PICTURE X(90) VALUE "STUECKPREIS".
   01 KOPF-ZEILE-4.
      02 FILLER PICTURE X(4) VALUE SPACES.
      02 FILLER PICTURE X(14) VALUE ALL "-".
      02 FILLER PICTURE X(7) VALUE SPACES.
      02 FILLER PICTURE X(10) VALUE ALL "-".
      02 FILLER PICTURE X(7) VALUE SPACES.
      02 FILLER PICTURE X(11) VALUE ALL "-".
      02 FILLER PICTURE X(79) VALUE SPACES.
   01 POSTEN-ZEILE.
      02 FILLER             PICTURE X(7) VALUE SPACES.
      02 ARTIKEL-NUMMER-ED  PICTURE 9(8).
      02 FILLER             PICTURE X(12) VALUE SPACES.
      02 STUECKZAHL-ED      PICTURE Z(6).
      02 FILLER             PICTURE X(10) VALUE SPACES.
      02 STUECKPREIS-ED     PICTURE Z(5).99.
```

```cobol
        02 FILLER              PICTURE X(81) VALUE SPACES.
PROCEDURE DIVISION.
RAHMEN.
    OPEN INPUT VERTRETER-DATEI OUTPUT LISTE
    READ VERTRETER-DATEI
        AT END SET DATEI-ENDE TO TRUE
    END-READ
    PERFORM UNTIL DATEI-ENDE
       PERFORM VERARBEITUNG
       READ VERTRETER-DATEI
            AT END SET DATEI-ENDE TO TRUE
       END-READ
    END-PERFORM
    CLOSE VERTRETER-DATEI LISTE
    STOP RUN.
VERARBEITUNG.
    IF ARTIKEL-SATZ-GELESEN
        THEN PERFORM VERARBEITUNG-POSTEN-ZEILE
        ELSE PERFORM AUSGABE-KOPF-ZEILEN
             MOVE ZERO TO LISTEN-ANFANGS-FELD
    END-IF.
VERARBEITUNG-POSTEN-ZEILE.
    MOVE ARTIKEL-NUMMER TO ARTIKEL-NUMMER-ED
    MOVE STUECKZAHL TO STUECKZAHL-ED
    MOVE STUECKPREIS TO STUECKPREIS-ED
    WRITE LISTE-SATZ FROM POSTEN-ZEILE
                   AFTER ADVANCING 1 LINE.
AUSGABE-KOPF-ZEILEN.
    MOVE VORNAME TO VORNAME-ED
    MOVE NACHNAME TO NACHNAME-ED
    MOVE KENNZAHL TO KENNZAHL-ED
    IF LISTEN-ANFANG
        THEN WRITE LISTE-SATZ FROM KOPF-ZEILE-1
                   AFTER ADVANCING 0 LINES
        ELSE WRITE LISTE-SATZ FROM KOPF-ZEILE-1
                   AFTER ADVANCING 6 LINES
    END-IF
    WRITE LISTE-SATZ FROM KOPF-ZEILE-2
          AFTER ADVANCING 1 LINE
    WRITE LISTE-SATZ FROM KOPF-ZEILE-3
          AFTER ADVANCING 2 LINES
    WRITE LISTE-SATZ FROM KOPF-ZEILE-4
          AFTER ADVANCING 1 LINE.
```

Aufgabe 12 (S. 123)

Die Empfangsfelder erhalten die folgenden Inhalte:

a) `1 5 . 0`   b) `- 0 4 . 7`   c) `⊔ ⊔ 4 4 . 0`

d) `⊔`   e) `+ 1 . 0`   f) `⊔ * * * . 0 1`

g) `⊔ ⊔ - 4`   h) `⊔ + 2`   i) `⊔ ⊔ ⊔`

j) `+ 0 5 . 0 0`   k) `1 0 ⊔ 4 8 ⊔ 3 7`

l) `E M ⊔ I ⊔ L`   m) `1 0 0 4 0 0`

Aufgabe 13 (S. 151)

Das folgende Punkteraster wird dreimal untereinander ausgegeben:

```
:::   :::   :::   :::
 :     :     :     :
 :    :::   :::    :
 :     :     :     :
 :    :::   :::    :
```

Aufgabe 14 (S. 151)

Die Relation ">" gilt in den Fällen b), d), e) und h), die Relation "<" in c) und f) und die Relation "=" in a) und g).

Aufgabe 15 (S. 151)

Die Bedingung in a) ist erfüllt, und die in b) trifft nicht zu, weil der Inhalt des Feldes KONTOSTAND-WS negativ und der Inhalt von NAME-WS nicht alphabetisch ist.

Aufgabe 16 (S. 171)

Zur Lösung dieser Aufgabe treffen wir die gleichen einschränkenden Voraussetzungen wie bei der Lösung von Aufgabe 11. Wir geben im folgenden ein Programm zur Lösung der Aufgabe 16 an und stellen die Abweichungen und Ergänzungen zum Programm AUFGABE-11 dar.

```cobol
       IDENTIFICATION DIVISION.
       PROGRAM-ID.
           AUFGABE-16.
       ENVIRONMENT DIVISION.
       CONFIGURATION SECTION.
       SOURCE-COMPUTER.
           dva-name-1.
       OBJECT-COMPUTER.
           dva-name-2.
       INPUT-OUTPUT SECTION.
       FILE-CONTROL.
           SELECT VERTRETER-DATEI ASSIGN TO SI.
           SELECT LISTE            ASSIGN TO LO.
       DATA DIVISION.
       FILE SECTION.
       FD  VERTRETER-DATEI
           LABEL RECORD STANDARD.
       01  VERTRETER-SATZ.
           02  KENNZAHL  PICTURE 9(4).
           02  FILLER    PICTURE XX.
           02  NACHNAME  PICTURE X(20).
           02  VORNAME   PICTURE X(20).
           02  FILLER    PICTURE X(34).
       01  ARTIKEL-SATZ.
           02  ARTIKEL-NUMMER        PICTURE 9(8).
           02  FILLER                PICTURE X.
           02  STUECKZAHL            PICTURE 9(6).
           02  FILLER                PICTURE X(4).
           02  STUECKPREIS           PICTURE 9(5)V99.
           02  FILLER                PICTURE X(53).
           02  ARTIKEL-SATZ-KENNZEICHEN  PICTURE X.
               88  ARTIKEL-SATZ-GELESEN   VALUE "A".
       FD  LISTE
           LABEL RECORD OMITTED.
       01  LISTE-SATZ        PICTURE X(132).
       WORKING-STORAGE SECTION.
       77  DATEI-ENDE-FELD  PICTURE 9 VALUE ZERO.
           88  DATEI-ENDE  VALUE 1.
       77  LISTEN-ANFANGS-FELD  PICTURE 9 VALUE 1.
           88  LISTEN-ANFANG  VALUE 1.
       77  GESAMT-UMSATZ  PICTURE 9(9)V99.        <— neu!
       77  UMSATZ  PICTURE 9(7)V99.               <— neu!
```

```
01  KOPF-ZEILE-1.
    02  FILLER      PICTURE X(22)
                    VALUE "UMSATZ DES VERTRETERS ".
    02  VORNAME-ED  PICTURE X(20).
    02  FILLER      PICTURE X       VALUE SPACE.
    02  NACHNAME-ED PICTURE X(20).
    02  FILLER      PICTURE X(19) VALUE " MIT DER KENNZAHL: ".
    02  KENNZAHL-ED PICTURE 9(4).
    02  FILLER      PICTURE X(46) VALUE SPACES.
01  KOPF-ZEILE-2.
    02  FILLER  PICTURE X(86) VALUE ALL "=".
    02  FILLER  PICTURE X(46) VALUE SPACES.
01  KOPF-ZEILE-3.
    02  FILLER  PICTURE X(4) VALUE SPACES.
    02  FILLER  PICTURE X(14) VALUE "ARTIKEL-NUMMER".
    02  FILLER  PICTURE X(7) VALUE SPACES.
    02  FILLER  PICTURE X(10) VALUE "STUECKZAHL".
    02  FILLER  PICTURE X(7) VALUE SPACES.
    02  FILLER  PICTURE X(11)
            VALUE "STUECKPREIS".
    02  FILLER  PICTURE X(20)                      geaendert!
            VALUE SPACES.
    02  FILLER  PICTURE X(59)
            VALUE "UMSATZ".
01  KOPF-ZEILE-4.
    02  FILLER  PICTURE X(4) VALUE SPACES.
    02  FILLER  PICTURE X(14) VALUE ALL "-".
    02  FILLER  PICTURE X(7) VALUE SPACES.
    02  FILLER  PICTURE X(10) VALUE ALL "-".
    02  FILLER  PICTURE X(7) VALUE SPACES.
    02  FILLER  PICTURE X(11) VALUE ALL "-".
    02  FILLER  PICTURE X(20) VALUE SPACES.        geaendert!
    02  FILLER  PICTURE X(59) VALUE "------".
01  POSTEN-ZEILE.
    02  FILLER              PICTURE X(7) VALUE SPACES.
    02  ARTIKEL-NUMMER-ED   PICTURE 9(8).
    02  FILLER              PICTURE X(12) VALUE SPACES.
    02  STUECKZAHL-ED       PICTURE Z(6).
    02  FILLER              PICTURE X(10) VALUE SPACES.
    02  STUECKPREIS-ED      PICTURE Z(5).99.
    02  FILLER              PICTURE X(20)
                            VALUE SPACES.
    02  UMSATZ-ED           PICTURE Z(7).99.       geaendert!
    02  FILLER              PICTURE X(51)
                            VALUE SPACES.
```

```
01  GESAMT-UMSATZ-ZEILE-1.
    02  FILLER  PICTURE X(71) VALUE SPACES.
    02  FILLER  PICTURE X(61) VALUE "-----------".
01  GESAMT-UMSATZ-ZEILE-2.
    02  FILLER            PICTURE X(69)
                          VALUE "GESAMT-UMSATZ : ".
    02  GESAMT-UMSATZ-ED  PICTURE Z(9).99.
    02  FILLER            PICTURE X(51)
                          VALUE SPACES.
PROCEDURE DIVISION.
RAHMEN.
    OPEN INPUT VERTRETER-DATEI OUTPUT LISTE
    READ VERTRETER-DATEI
        AT END SET DATEI-ENDE TO TRUE
    END-READ
    PERFORM UNTIL DATEI-ENDE
        PERFORM VERARBEITUNG
        READ VERTRETER-DATEI
            AT END SET DATEI-ENDE TO TRUE
        END-READ
    END-PERFORM
    PERFORM AUSGABE-GESAMT-UMSATZ         <--- neu!
    CLOSE VERTRETER-DATEI LISTE
    STOP RUN.
VERARBEITUNG.
    IF ARTIKEL-SATZ-GELESEN
        THEN PERFORM VERARBEITUNG-POSTEN-ZEILE
        ELSE IF LISTEN-ANFANG
                THEN PERFORM AUSGABE-KOPF-ZEILEN
                     MOVE ZEROS TO LISTEN-ANFANGS-FELD
                                   GESAMT-UMSATZ
                ELSE PERFORM AUSGABE-GESAMT-UMSATZ
                     PERFORM AUSGABE-KOPF-ZEILEN
                     MOVE ZERO TO GESAMT-UMSATZ
             END-IF
    END-IF.
AUSGABE-GESAMT-UMSATZ.
    MOVE GESAMT-UMSATZ TO GESAMT-UMSATZ-ED
    WRITE LISTE-SATZ FROM GESAMT-UMSATZ-ZEILE-1
        AFTER ADVANCING 2 LINES
    WRITE LISTE-SATZ FROM GESAMT-UMSATZ-ZEILE-2
        AFTER ADVANCING 1 LINE.
```

```
VERARBEITUNG-POSTEN-ZEILE.
    MOVE ARTIKEL-NUMMER TO ARTIKEL-NUMMER-ED
    MOVE STUECKZAHL TO STUECKZAHL-ED
    MOVE STUECKPREIS TO STUECKPREIS-ED
    MULTIPLY STUECKZAHL BY STUECKPREIS
                        GIVING UMSATZ           ⎤
    ADD UMSATZ TO GESAMT-UMSATZ                 ⎥ neu!
    MOVE UMSATZ TO UMSATZ-ED                    ⎦
    WRITE LISTE-SATZ FROM POSTEN-ZEILE
        AFTER ADVANCING 1 LINE.
AUSGABE-KOPF-ZEILEN.
    MOVE VORNAME TO VORNAME-ED
    MOVE NACHNAME TO NACHNAME-ED
    MOVE KENNZAHL TO KENNZAHL-ED
    IF LISTEN-ANFANG
        THEN WRITE LISTE-SATZ FROM KOPF-ZEILE-1
                AFTER ADVANCING 0 LINES
        ELSE WRITE LISTE-SATZ FROM KOPF-ZEILE-1
                AFTER ADVANCING 6 LINES
    END-IF
    WRITE LISTE-SATZ FROM KOPF-ZEILE-2
        AFTER ADVANCING 1 LINE
    WRITE LISTE-SATZ FROM KOPF-ZEILE-3
        AFTER ADVANCING 2 LINES
    WRITE LISTE-SATZ FROM KOPF-ZEILE-4
        AFTER ADVANCING 1 LINE.
```

Aufgabe 17 (S. 172)

Zur Lösung dieser Aufgabe setzen wir vereinfachend voraus (vergleiche die Lösung der Aufgabe 11), daß für jeden Vertreter mindestens ein Artikel-Satz vorliegt, alle Artikel-Sätze eines Vertreters direkt aufeinanderfolgen und keine Fehler bei der Erfassung der Vertreterdaten und der Artikel-Sätze aufgetreten sind.
Wir geben im folgenden ein Programm zur Lösung der Aufgabe 17 an und stellen die Abweichungen und Ergänzungen zum Programm AUFGABE-16 dar.

```
IDENTIFICATION DIVISION.
PROGRAM-ID.
    AUFGABE-17.
ENVIRONMENT DIVISION.
CONFIGURATION SECTION.
SOURCE-COMPUTER.
    dva-name-1.
OBJECT-COMPUTER.
    dva-name-2.
```

```
        INPUT-OUTPUT SECTION.
        FILE-CONTROL.
           SELECT ARTIKEL-BESTELL  ASSIGN TO SI. <--- geaendert!
           SELECT VERTRETER-DATEI  ASSIGN TO DI. <--- geaendert!
           SELECT LISTE            ASSIGN TO LO.
        DATA DIVISION.
        FILE SECTION.
        FD VERTRETER-DATEI            <--- geaendert!
           LABEL RECORD STANDARD.     <--- geaendert!
        01 VERTRETER-SATZ.
           02 KENNZAHL  PICTURE 9(4).
           02 FILLER    PICTURE XX.
           02 NACHNAME  PICTURE X(20).
           02 VORNAME   PICTURE X(20).
           02 FILLER    PICTURE X(34).
        FD ARTIKEL-BESTELL             <--- geaendert!
           LABEL RECORD STANDARD.      <--- geaendert!
        01 ARTIKEL-SATZ.
           02 ARTIKEL-NUMMER  PICTURE 9(8).
           02 FILLER          PICTURE X.
           02 STUECKZAHL      PICTURE 9(6).
           02 FILLER          PICTURE X(4).
           02 STUECKPREIS     PICTURE 9(5)V99.
           02 FILLER          PICTURE X(3).
           02 KENNZAHL-IN-ARTIKEL-SATZ PICTURE 9(4).   ⎤ geaendert!
           02 FILLER          PICTURE X(47).           ⎦
        FD LISTE
           LABEL RECORD OMITTED.
        01 LISTE-SATZ         PICTURE X(132).
        WORKING-STORAGE SECTION.
        77 DATEI-ENDE-FELD  PICTURE 9 VALUE ZERO.
           88 DATEI-ENDE  VALUE 1.
        77 LISTEN-ANFANGS-FELD  PICTURE 9 VALUE 1.
           88 LISTEN-ANFANG  VALUE 1.
        77 GESAMT-UMSATZ  PICTURE 9(9)V99.
        77 UMSATZ  PICTURE 9(7)V99.
        01 KOPF-ZEILE-1.
           02 FILLER        PICTURE X(22)
                            VALUE "UMSATZ DES VERTRETERS ".
           02 VORNAME-ED    PICTURE X(20).
           02 FILLER        PICTURE X       VALUE SPACE.
           02 NACHNAME-ED   PICTURE X(20).
           02 FILLER        PICTURE X(19)
                            VALUE " MIT DER KENNZAHL: ".
           02 KENNZAHL-ED   PICTURE 9(4).
```

```cobol
        02  FILLER         PICTURE X(46) VALUE SPACES.
    01  KOPF-ZEILE-2.
        02  FILLER  PICTURE X(86) VALUE ALL "=".
        02  FILLER  PICTURE X(46) VALUE SPACES.
    01  KOPF-ZEILE-3.
        02  FILLER  PICTURE X(4) VALUE SPACES.
        02  FILLER  PICTURE X(14) VALUE "ARTIKEL-NUMMER".
        02  FILLER  PICTURE X(7) VALUE SPACES.
        02  FILLER  PICTURE X(10) VALUE "STUECKZAHL".
        02  FILLER  PICTURE X(7) VALUE SPACES.
        02  FILLER  PICTURE X(11) VALUE "STUECKPREIS".
        02  FILLER  PICTURE X(20) VALUE SPACES.
        02  FILLER  PICTURE X(59) VALUE "UMSATZ".
    01  KOPF-ZEILE-4.
        02  FILLER  PICTURE X(4) VALUE SPACES.
        02  FILLER  PICTURE X(14) VALUE ALL "-".
        02  FILLER  PICTURE X(7) VALUE SPACES.
        02  FILLER  PICTURE X(10) VALUE ALL "-".
        02  FILLER  PICTURE X(7) VALUE SPACES.
        02  FILLER  PICTURE X(11) VALUE ALL "-".
        02  FILLER  PICTURE X(20) VALUE SPACES.
        02  FILLER  PICTURE X(59) VALUE "------".
    01  POSTEN-ZEILE.
        02  FILLER              PICTURE X(7) VALUE SPACES.
        02  ARTIKEL-NUMMER-ED   PICTURE 9(8).
        02  FILLER              PICTURE X(12) VALUE SPACES.
        02  STUECKZAHL-ED       PICTURE Z(6).
        02  FILLER              PICTURE X(10) VALUE SPACES.
        02  STUECKPREIS-ED      PICTURE Z(5).99.
        02  FILLER              PICTURE X(20) VALUE SPACES.
        02  UMSATZ-ED           PICTURE Z(7).99.
        02  FILLER              PICTURE X(51) VALUE SPACES.
    01  GESAMT-UMSATZ-ZEILE-1.
        02  FILLER  PICTURE X(71) VALUE SPACES.
        02  FILLER  PICTURE X(61) VALUE "----------".
    01  GESAMT-UMSATZ-ZEILE-2.
        02  FILLER          PICTURE X(69) VALUE "GESAMT-UMSATZ : ".
        02  GESAMT-UMSATZ-ED  PICTURE Z(9).99.
        02  FILLER            PICTURE X(51) VALUE SPACES.
```

Lösungsteil

```
        PROCEDURE DIVISION.
        RAHMEN.
           OPEN INPUT VERTRETER-DATEI            <—— geaendert!
                   ARTIKEL-BESTELL OUTPUT LISTE
           READ VERTRETER-DATEI
               AT END SET DATEI-ENDE TO TRUE
           END-READ
           PERFORM UNTIL DATEI-ENDE
              PERFORM VERARBEITUNG
              READ VERTRETER-DATEI
                  AT END SET DATEI-ENDE TO TRUE
              END-READ
           END-PERFORM
           CLOSE VERTRETER-DATEI                 <—— geaendert!
                   ARTIKEL-BESTELL LISTE
           STOP RUN.
        VERARBEITUNG.
           PERFORM AUSGABE-KOPF-ZEILEN
           MOVE ZERO TO GESAMT-UMSATZ
           IF LISTEN-ANFANG
              THEN MOVE ZERO TO LISTEN-ANFANGS-FELD
              ELSE PERFORM VERARBEITUNG-POSTEN-ZEILE
           END-IF
           READ ARTIKEL-BESTELL
               AT END SET DATEI-ENDE TO TRUE                geaendert!
           END-READ
           PERFORM UNTIL DATEI-ENDE OR
                   NOT KENNZAHL = KENNZAHL-IN-ARTIKEL-SATZ
              PERFORM VERARBEITUNG-POSTEN-ZEILE
              READ ARTIKEL-BESTELL
                  AT END SET DATEI-ENDE TO TRUE
              END-READ
           END-PERFORM
           PERFORM AUSGABE-GESAMT-UMSATZ.
        AUSGABE-GESAMT-UMSATZ.
           MOVE GESAMT-UMSATZ TO GESAMT-UMSATZ-ED
           WRITE LISTE-SATZ FROM GESAMT-UMSATZ-ZEILE-1
                         AFTER ADVANCING 2 LINES
           WRITE LISTE-SATZ FROM GESAMT-UMSATZ-ZEILE-2
                         AFTER ADVANCING 1 LINE.
        VERARBEITUNG-POSTEN-ZEILE.
           MOVE ARTIKEL-NUMMER TO ARTIKEL-NUMMER-ED
           MOVE STUECKZAHL TO STUECKZAHL-ED
           MOVE STUECKPREIS TO STUECKPREIS-ED
           MULTIPLY STUECKZAHL BY STUECKPREIS GIVING UMSATZ
```

```
              ADD UMSATZ TO GESAMT-UMSATZ
              MOVE UMSATZ TO UMSATZ-ED
              WRITE LISTE-SATZ FROM POSTEN-ZEILE
                              AFTER ADVANCING 1 LINE.
          AUSGABE-KOPF-ZEILEN.
              MOVE VORNAME TO VORNAME-ED
              MOVE NACHNAME TO NACHNAME-ED
              MOVE KENNZAHL TO KENNZAHL-ED
              IF LISTEN-ANFANG
                 THEN WRITE LISTE-SATZ FROM KOPF-ZEILE-1
                                 AFTER ADVANCING 0 LINES
                 ELSE WRITE LISTE-SATZ FROM KOPF-ZEILE-1
                                 AFTER ADVANCING 6 LINES
              END-IF
              WRITE LISTE-SATZ FROM KOPF-ZEILE-2
                              AFTER ADVANCING 1 LINE
              WRITE LISTE-SATZ FROM KOPF-ZEILE-3
                              AFTER ADVANCING 2 LINES
              WRITE LISTE-SATZ FROM KOPF-ZEILE-4
                              AFTER ADVANCING 1 LINE.
```

Aufgabe 18 (S. 172)

Eine mögliche Lösung der Aufgabe 18 stellt das folgende Programm dar:

```
          IDENTIFICATION DIVISION.
          PROGRAM-ID.
              AUFGABE-18.
          ENVIRONMENT DIVISION.
          CONFIGURATION SECTION.
          SOURCE-COMPUTER.
              dva-name-1.
          OBJECT-COMPUTER.
              dva-name-2.
          INPUT-OUTPUT SECTION.
          FILE-CONTROL.
              SELECT VERTRETER-DATEI ASSIGN TO SI.
                                          <—— evtl. weitere
          DATA DIVISION.                       Zuordnungen
          FILE SECTION.
          FD  VERTRETER-DATEI
              LABEL RECORD STANDARD.
```

```
01  VERTRETER-SATZ.
    02  KENNZAHL      PICTURE 9(4).
    02  PRUEFZIFFER   PICTURE X.
    02  FILLER        PICTURE X.
    02  NAME.
        03  NACHNAME  PICTURE X(20).
        03  VORNAME   PICTURE X(20).
    02  FILLER        PICTURE X.
    02  KONTOSTAND    PICTURE S9(5)V99
                      SIGN IS LEADING SEPARATE CHARACTER.
    02  FILLER        PICTURE X(25).
                <── evtl. weitere Datei-Beschreibungen
WORKING-STORAGE SECTION.
77  DIVIDEND  PICTURE 9(3).
77  REST      PICTURE 9(2).
77  QUOTIENT  PICTURE 9(2).
                                <── evtl. weitere Angaben
01  KENNZAHL-WS.
    02  TAUSENDER  PICTURE 9.
    02  HUNDERTER  PICTURE 9.
    02  ZEHNER     PICTURE 9.
    02  EINER      PICTURE 9.
PROCEDURE DIVISION.
RAHMEN.
       :
    MOVE KENNZAHL TO KENNZAHL-WS
    PERFORM PRUEFZIFFERN-ALGORITHMUS
       :
    STOP RUN.
PRUEFZIFFERN-ALGORITHMUS.
    IF (KENNZAHL-WS IS NUMERIC) AND
       (PRUEFZIFFER = "A" OR PRUEFZIFFER IS NUMERIC)
       THEN PERFORM AUSWERTUNG-PRUEFZIFFER
            COMPUTE DIVIDEND = 5 * TAUSENDER + 4 * HUNDERTER
                             + 3 * ZEHNER + 2 * EINER + DIVIDEND
            DIVIDE 11 INTO DIVIDEND
                    GIVING QUOTIENT REMAINDER REST
            IF REST = ZERO
               THEN CONTINUE
               ELSE PERFORM FEHLER---PRUEFZIFFER-FALSCH
            END-IF
       ELSE PERFORM FEHLER---EINGABE-UNZULAESSIG
    END-IF.
```

```
    AUSWERTUNG-PRUEFZIFFER.
        IF PRUEFZIFFER = "A"
            THEN MOVE 10 TO DIVIDEND
            ELSE MOVE PRUEFZIFFER TO DIVIDEND
        END-IF.
    FEHLER---PRUEFZIFFER-FALSCH.
        DISPLAY " WERTE DER KENNZAHL:"  KENNZAHL-WS
                " UND DER PRUEFZIFFER:" PRUEFZIFFER
                " WIDERSPRECHEN SICH".
    FEHLER---EINGABE-UNZULAESSIG.
        DISPLAY " FEHLERHAFTE ZEICHEN IN KENNZAHL:" KENNZAHL-WS
                " ODER IN PRUEFZIFFER:" PRUEFZIFFER.
                  <--- hier folgen evtl. weitere Prozeduren
```

Aufgabe 19 (S. 172)

Als Lösung läßt sich z.B. das folgende Programm angeben:

```
    IDENTIFICATION DIVISION.
    PROGRAM-ID.
        AUFGABE-19.
    ENVIRONMENT DIVISION.
    CONFIGURATION SECTION.
    SOURCE-COMPUTER.
        dva-name-1.
    OBJECT-COMPUTER.
        dva-name-2.
    INPUT-OUTPUT SECTION.
    FILE-CONTROL.
        SELECT  UNNUMERIERT-DATEI ASSIGN TO SI.
        SELECT  NUMERIERT-DATEI   ASSIGN TO DO.
    DATA DIVISION.
    FILE SECTION.
    FD  UNNUMERIERT-DATEI
        LABEL RECORD STANDARD.
    01  UNNUMERIERT-SATZ PICTURE X(80).
    FD  NUMERIERT-DATEI
        LABEL RECORD STANDARD.
    01  NUMERIERT-SATZ.
        02  NUMERIERUNG    PICTURE 9(6).
        02  FILLER         PICTURE X(74).
    WORKING-STORAGE SECTION.
    77  DATEI-ENDE-FELD    PICTURE 9 VALUE ZERO.
        88  DATEI-ENDE VALUE 1.
    77  NUMERIERUNG-WS     PICTURE 9(6) VALUE ZERO.
```

Lösungsteil

```
PROCEDURE DIVISION.
RAHMEN.
    OPEN INPUT UNNUMERIERT-DATEI OUTPUT NUMERIERT-DATEI
    READ UNNUMERIERT-DATEI INTO NUMERIERT-SATZ
        AT END SET DATEI-ENDE TO TRUE
    END-READ
    PERFORM UNTIL DATEI-ENDE
        PERFORM VERARBEITUNG
        READ UNNUMERIERT-DATEI INTO NUMERIERT-SATZ
            AT END SET DATEI-ENDE TO TRUE
        END-READ
    END-PERFORM
    CLOSE UNNUMERIERT-DATEI NUMERIERT-DATEI
    STOP RUN.
VERARBEITUNG.
    ADD 10 TO NUMERIERUNG-WS
    MOVE NUMERIERUNG-WS TO NUMERIERUNG
    WRITE NUMERIERT-SATZ.
```

Aufgabe 20 (S. 229)

In Abwandlung des Programms AUFGABE-18 geben wir zur Lösung der erweiterten Aufgabenstellung das folgende Programm als mögliche Lösung der Aufgabe 20 an:

```
IDENTIFICATION DIVISION.
PROGRAM-ID.
    AUFGABE-20.
ENVIRONMENT DIVISION.
CONFIGURATION SECTION.
SOURCE-COMPUTER.
    dva-name-1.
OBJECT-COMPUTER.
    dva-name-2.
INPUT-OUTPUT SECTION.
FILE-CONTROL.
    SELECT VERTRETER-DATEI ASSIGN TO SI.
                            <--- evtl. weitere Zuordnungen
DATA DIVISION.
FILE SECTION.
FD  VERTRETER-DATEI
    LABEL RECORD STANDARD.
```

```
01  VERTRETER-SATZ.
    02  KENNZAHL        PICTURE 9(4).
    02  STELLE   REDEFINES KENNZAHL OCCURS 4 TIMES  PICTURE 9.
    02  PRUEFZIFFER     PICTURE 9.
    02  PRUEFZIFFER-ALPHA REDEFINES PRUEFZIFFER PICTURE X.
    02  FILLER          PICTURE X.
    02  NAME.
        03  NACHNAME    PICTURE X(20).
        03  VORNAME     PICTURE X(20).
    02  FILLER          PICTURE X.
    02  KONTOSTAND      PICTURE S9(5)V99
                        SIGN IS LEADING SEPARATE CHARACTER.
    02  FILLER          PICTURE X(25).
                                    <— evtl. weitere
WORKING-STORAGE SECTION.               Datei-Beschreibungen
77  DIVIDEND            PICTURE 9(3).
77  REST                PICTURE 99.
77  QUOTIENT            PICTURE 99.
                                    <— evtl. weitere Angaben
PROCEDURE DIVISION.
RAHMEN.
    :
    PERFORM  PRUEFZIFFERN-ALGORITHMUS
    :
    STOP RUN.
PRUEFZIFFERN-ALGORITHMUS.
    IF KENNZAHL IS NUMERIC AND NAME IS ALPHABETIC
                AND (PRUEFZIFFER-ALPHA =  "A"
                    OR PRUEFZIFFER IS NUMERIC)
        THEN IF KENNZAHL > 1 AND  KENNZAHL < 5000
                THEN PERFORM  AUSWERTUNG-PRUEFZIFFER
                    COMPUTE  DIVIDEND = 5 * STELLE (1)
                                + 4 * STELLE (2) + 3 * STELLE (3)
                                + 2 * STELLE (4) + DIVIDEND
                    DIVIDE 11 INTO DIVIDEND
                            GIVING QUOTIENT REMAINDER REST
                    IF REST = ZERO
                        THEN CONTINUE
                        ELSE PERFORM FEHLER---PRUEFZIFFER-FALSCH
                    END-IF
                ELSE PERFORM FEHLER---KENNZAHL-FALSCH
            END-IF
        ELSE PERFORM FEHLER---EINGABE-UNZULAESSIG
    END-IF.
```

Lösungsteil

```
AUSWERTUNG-PRUEFZIFFER.
    IF PRUEFZIFFER-ALPHA = "A"
        THEN MOVE 10 TO DIVIDEND
        ELSE MOVE PRUEFZIFFER TO DIVIDEND
    END-IF.
FEHLER---PRUEFZIFFER-FALSCH.
    DISPLAY " WERTE DER KENNZAHL:" KENNZAHL
            " UND DER PRUEFZIFFER:" PRUEFZIFFER
            " WIDERSPRECHEN SICH".
FEHLER---KENNZAHL-FALSCH.
    DISPLAY " WERT VON KENNZAHL:" KENNZAHL
            " LIEGT AUSSERHALB DER GRENZEN!".
FEHLER---EINGABE-UNZULAESSIG.
    DISPLAY " FEHLERHAFTE ZEICHEN IN KENNZAHL:"
            KENNZAHL " ODER IN PRUEFZIFFER:" PRUEFZIFFER
            " ODER IN NAME:" NAME.

               <—— hier folgen evtl. weitere Prozeduren
```

Aufgabe 21 (S. 229)

Zur Lösung dieser Aufgabe setzen wir voraus, daß in den beiden Datensätzen einer Datei auf einem magnetischen Datenträger, die zur Eingabe bereitgestellt werden, keine fehlerhaften Eintragungen erfolgt sind.

In diesem Fall läßt sich z.B. die folgende Lösung angeben:

```
IDENTIFICATION DIVISION.
PROGRAM-ID.
    AUFGABE-21.
ENVIRONMENT DIVISION.
CONFIGURATION SECTION.
SOURCE-COMPUTER.
    dva-name-1.
OBJECT-COMPUTER.
    dva-name-2.
INPUT-OUTPUT SECTION.
FILE-CONTROL.
    SELECT TABELLENEINGABE-DATEI ASSIGN TO SI.
                    <—— evtl. weitere Zuordnungen
DATA DIVISION.
FILE SECTION.
FD TABELLENEINGABE-DATEI
    LABEL RECORD STANDARD.
```

```cobol
01  TABELLENEINGABE-SATZ.
    02  FILLER  PICTURE X(4).
    02  WERTE   PICTURE 9(5) OCCURS 10 TIMES.
    02  FILLER  PICTURE X(26).
                                  <— evtl. weitere
WORKING-STORAGE SECTION.          Datei-Beschreibungen
77  DATEI-ENDE-FELD  PICTURE 9 VALUE ZERO.
    88  DATEI-ENDE   VALUE 1.
77  ZAEHLER  PICTURE 99.
77  I  PICTURE 99.
77  J  PICTURE 99.
77  HILFS-FELD  PICTURE 9(5).
01  ZAHLEN-WERTE.
    02  ZAHLEN  PICTURE 9(5) OCCURS 20 TIMES.
                                  <— evtl. weitere Angaben
PROCEDURE DIVISION.
RAHMEN.
    PERFORM AUFSTEIGEND-SORTIEREN
    STOP RUN.
AUFSTEIGEND-SORTIEREN.
    PERFORM TAB-BESETZEN
    PERFORM AUSGABE
    PERFORM SORTIEREN
    PERFORM AUSGABE.
TAB-BESETZEN.
    OPEN INPUT TABELLENEINGABE-DATEI
    MOVE 1 TO ZAEHLER
    READ TABELLENEINGABE-DATEI
        AT END SET DATEI-ENDE TO TRUE
    END-READ
    PERFORM UNTIL DATEI-ENDE
      PERFORM UEBERTRAGUNG
      READ TABELLENEINGABE-DATEI
          AT END SET DATEI-ENDE TO TRUE
      END-READ
    END-PERFORM
    CLOSE TABELLENEINGABE-DATEI.
UEBERTRAGUNG.
    MOVE 1 TO J.
    PERFORM UNTIL J > 10
      MOVE WERTE (J) TO ZAHLEN (ZAEHLER)
      ADD 1 TO J  ZAEHLER
    END-PERFORM.
```

Lösungsteil

```
        SORTIEREN.
            MOVE 1 TO I.
            PERFORM UNTIL I > 19
                PERFORM REST-DURCHSUCHEN
                ADD 1 TO I
            END-PERFORM.
        REST-DURCHSUCHEN.
            COMPUTE J = I + 1
            PERFORM UNTIL J > 20
                IF ZAHLEN (I) > ZAHLEN (J)
                    THEN MOVE ZAHLEN (I) TO HILFS-FELD
                         MOVE ZAHLEN (J) TO ZAHLEN (I)
                         MOVE HILFS-FELD TO ZAHLEN (J)
                END-IF
                ADD 1 TO J
            END-PERFORM.
        AUSGABE.
            PERFORM VARYING I FROM 1 BY 1 UNTIL I > 20
                DISPLAY ZAHLEN (I)
            END-PERFORM.
                       <--- hier folgen evtl. weitere Prozeduren
```

Aufgabe 22 (S. 229)

Eine mögliche Lösung dieser Aufgabe gibt das folgende Programm an:

```
        IDENTIFICATION DIVISION.
        PROGRAM-ID.
            AUFGABE-22.
        ENVIRONMENT DIVISION.
        CONFIGURATION SECTION.
        SOURCE-COMPUTER.
            dva-name-1.
        OBJECT-COMPUTER.
            dva-name-2.
        INPUT-OUTPUT SECTION.
        FILE-CONTROL.
            SELECT LOTTO-TIP              ASSIGN TO DI.
            SELECT GEWINN-ZAHLEN-DATEI    ASSIGN TO SI.
            SELECT LISTE                  ASSIGN TO LO.
        DATA DIVISION.
        FILE SECTION.
        FD  LOTTO-TIP
            LABEL RECORD STANDARD.
```

```
       01  TIP-REIHE.
           02  ZAHL  PICTURE X OCCURS 49 TIMES.
           02  SPIELER-SATZ       PICTURE X(31).
       FD  GEWINN-ZAHLEN-DATEI
           LABEL RECORD STANDARD.
       01  GEWINN-ZAHLEN-SATZ  PICTURE X(80).
       FD  LISTE
           LABEL RECORD OMITTED.
       01  LISTE-SATZ         PICTURE X(132).
       WORKING-STORAGE SECTION.
       77  DATEI-ENDE-FELD  PICTURE 9 VALUE ZERO.
           88  DATEI-ENDE   VALUE 1.
       77  ANZAHL-RICHTIGE  PICTURE 9.
       77  K  PICTURE 9.
       77  I  PICTURE 99.
       77  KLASSE-I      PICTURE 9(4) VALUE ZERO.
       77  KLASSE-II     PICTURE 9(5) VALUE ZERO.
       77  KLASSE-III    PICTURE 9(6) VALUE ZERO.
       77  KLASSE-IV     PICTURE 9(7) VALUE ZERO.
       77  KLASSE-V      PICTURE 9(8) VALUE ZERO.
       01  GEWINN-ZAHLEN-WS.
           02  GEWINN-ZAHL  PICTURE 99 OCCURS 6 TIMES.
           02  ZUSATZ-ZAHL  PICTURE 99.
       01  LISTEN-KOPF  PICTURE X(132) VALUE "LISTE DER GEWINNER:".
       01  LISTEN-KOPF-UNTERSTREICHUNG.
           02  FILLER  PICTURE X(19) VALUE ALL "-".
           02  FILLER  PICTURE X(113) VALUE SPACES.
       01  ZEILE-EINZEL-GEWINN.
           02  FILLER                PICTURE X(14)
                                     VALUE "GEWINN-KLASSE ".
           02  KLASSE-ED             PICTURE X(3).
           02  FILLER                PICTURE X(3) VALUE ":".
           02  SPIELER-SATZ-ED       PICTURE X(31).
           02  FILLER                PICTURE X(81) VALUE SPACES.
       01  ZEILE-ANZAHL-GEWINNER-1.
           02  FILLER           PICTURE X(18)
                                VALUE "INSGESAMT GIBT ES ".
           02  ANZAHL-GEWINNER  PICTURE Z(9).
           02  FILLER           PICTURE X(105) VALUE " GEWINNER".
       01  ZEILE-ANZAHL-GEWINNER-2  PICTURE X(132)
                                VALUE "DAVON ENTFALLEN".
       01  ZEILE-ANZAHL-GEWINNER-3.
           02  FILLER  PICTURE X(17) VALUE "AUF DIE KLASSE I:".
           02  KLASSE-I-ED   PICTURE Z(4).
```

```
           02  FILLER            PICTURE X(20)
                                 VALUE ", AUF DIE KLASSE II:".
           02  KLASSE-II-ED      PICTURE Z(5).
           02  FILLER            PICTURE X(21)
                                 VALUE ", AUF DIE KLASSE III:".
           02  KLASSE-III-ED     PICTURE Z(6).
           02  FILLER            PICTURE X(20)
                                 VALUE ", AUF DIE KLASSE IV:".
           02  KLASSE-IV-ED      PICTURE Z(7).
           02  FILLER            PICTURE X(22)
                                 VALUE " UND AUF DIE KLASSE V:".
           02  KLASSE-V-ED       PICTURE Z(8).
       PROCEDURE DIVISION.
       RAHMEN.
           PERFORM BEREITSTELLEN-GEWINN-ZAHLEN
           OPEN INPUT LOTTO-TIP OUTPUT LISTE
           WRITE LISTE-SATZ FROM LISTEN-KOPF
                         AFTER ADVANCING 0 LINES
           WRITE LISTE-SATZ FROM LISTEN-KOPF-UNTERSTREICHUNG
                         AFTER ADVANCING 1 LINE
           MOVE SPACES TO LISTE-SATZ
           WRITE LISTE-SATZ AFTER ADVANCING 3 LINES.
           READ LOTTO-TIP
               AT END SET DATEI-ENDE TO TRUE
           END-READ
           PERFORM UNTIL DATEI-ENDE
              PERFORM VERARBEITUNG
              READ LOTTO-TIP
                   AT END SET DATEI-ENDE TO TRUE
              END-READ
           END-PERFORM
           PERFORM AUSGABE-GEWINNER-ZAHL
           CLOSE LOTTO-TIP LISTE
           STOP RUN.
       BEREITSTELLEN-GEWINN-ZAHLEN.
           OPEN INPUT GEWINN-ZAHLEN-DATEI
           READ GEWINN-ZAHLEN-DATEI INTO GEWINN-ZAHLEN-WS
               AT END SET DATEI-ENDE TO TRUE
           END-READ
           CLOSE GEWINN-ZAHLEN-DATEI.
```

```
VERARBEITUNG.
    MOVE ZEROS TO K  ANZAHL-RICHTIGE
    PERFORM UNTIL K > 5
        ADD 1 TO K
        MOVE GEWINN-ZAHL (K) TO I
        IF ZAHL (I) = "X"
            THEN ADD 1 TO ANZAHL-RICHTIGE
        END-IF
    END-PERFORM
    IF ANZAHL-RICHTIGE < 3
        THEN CONTINUE
        ELSE PERFORM AUSWERTUNG
            MOVE SPIELER-SATZ TO SPIELER-SATZ-ED
            WRITE LISTE-SATZ FROM ZEILE-EINZEL-GEWINN
                            AFTER ADVANCING 1 LINE
    END-IF.
AUSWERTUNG.
    IF ANZAHL-RICHTIGE > 4
        THEN IF ANZAHL-RICHTIGE = 6
                THEN MOVE "I" TO KLASSE-ED
                    ADD 1 TO KLASSE-I
                ELSE PERFORM AUSWERTUNG-ZUSATZ-ZAHL
            END-IF
        ELSE IF ANZAHL-RICHTIGE = 3
                THEN MOVE "V" TO KLASSE-ED
                    ADD 1 TO KLASSE-V
                ELSE MOVE "IV" TO KLASSE-ED
                    ADD 1 TO KLASSE-IV
            END-IF
    END-IF.
AUSWERTUNG-ZUSATZ-ZAHL.
    IF ZAHL (ZUSATZ-ZAHL) = "X"
        THEN MOVE "II" TO KLASSE-ED
            ADD 1 TO KLASSE-II
        ELSE MOVE "III" TO KLASSE-ED
            ADD 1 TO KLASSE-III
    END-IF.
AUSGABE-GEWINNER-ZAHL.
    MOVE KLASSE-I    TO KLASSE-I-ED
    MOVE KLASSE-II   TO KLASSE-II-ED
    MOVE KLASSE-III TO KLASSE-III-ED
    MOVE KLASSE-IV   TO KLASSE-IV-ED
    MOVE KLASSE-V    TO KLASSE-V-ED
    ADD KLASSE-I KLASSE-II KLASSE-III KLASSE-IV KLASSE-V
        GIVING ANZAHL-GEWINNER
```

Lösungsteil

```
WRITE LISTE-SATZ FROM ZEILE-ANZAHL-GEWINNER-1
    AFTER ADVANCING 6 LINES
WRITE LISTE-SATZ FROM ZEILE-ANZAHL-GEWINNER-2
    AFTER ADVANCING 2 LINES
WRITE LISTE-SATZ FROM ZEILE-ANZAHL-GEWINNER-3
    AFTER ADVANCING 2 LINES.
```

Die in diesem Programm gewählte Auslegung des Druckbildes ist natürlich nur sinnvoll, wenn es mindestens einen Gewinner gibt.

Aufgabe 23 (S. 230)

Für das Datenfeld A ergeben sich die folgenden Inhalte:

a) ` 4 1 0 2 1 3 `   b) ` 0 2 0 2 1 3 `

c) ` 4 2 0 2 1 3 `   d) ` 0 0 0 2 0 2 `

Aufgabe 24 (S. 230)

Im Gegensatz zu den Voraussetzungen der Aufgabe 17 sind nun weder die Sätze von VERTRETER-DATEI noch diejenigen von ARTIKEL-BESTELL nach den Vertreterkennzahlen sortiert.
Wie bei der Lösung der Aufgabe 17 nehmen wir vereinfachend an, daß keine fehlerhaften Daten innerhalb der Sätze von VERTRETER-DATEI und ARTIKEL-BESTELL auftreten, zu jedem Satz von VERTRETER-DATEI mindestens ein Satz in der Datei ARTIKEL-BESTELL existiert und alle Datensätze in ARTIKEL-BESTELL mit gleicher Kennzahl direkt hintereinanderliegen.
Dann können wir als Lösung z.B. das folgende Programm angeben, in dem wir die Abweichungen und Ergänzungen zum Programm AUFGABE-17 markieren:

```
IDENTIFICATION DIVISION.
PROGRAM-ID.
    AUFGABE-24.
ENVIRONMENT DIVISION.
CONFIGURATION SECTION.
SOURCE-COMPUTER.
    dva-name-1.
OBJECT-COMPUTER.
    dva-name-2.
```

```
        INPUT-OUTPUT SECTION.
        FILE-CONTROL.
            SELECT VERTRETER-DATEI ASSIGN TO DI.
            SELECT ARTIKEL-BESTELL ASSIGN TO SI.
            SELECT LISTE           ASSIGN TO LO.
        DATA DIVISION.
        FILE SECTION.
        FD  VERTRETER-DATEI
            LABEL RECORD STANDARD.
        01  VERTRETER-SATZ.
            02  KENNZAHL-E PICTURE 9(4).      <— geaendert!
            02  FILLER     PICTURE XX.
            02  NACHNAME-E PICTURE X(20).     <— geaendert!
            02  VORNAME-E  PICTURE X(20).     <— geaendert!
            02  FILLER     PICTURE X(34).
        FD  ARTIKEL-BESTELL
            LABEL RECORD STANDARD.
        01  ARTIKEL-SATZ.
            02  ARTIKEL-NUMMER           PICTURE 9(8).
            02  FILLER                   PICTURE X.
            02  STUECKZAHL               PICTURE 9(6).
            02  FILLER                   PICTURE X(4).
            02  STUECKPREIS              PICTURE 9(5)V99.
            02  FILLER                   PICTURE X(3).
            02  KENNZAHL-IN-ARTIKEL-SATZ PICTURE 9(4).
            02  FILLER                   PICTURE X(47).
        FD  LISTE
            LABEL RECORD OMITTED.
        01  LISTE-SATZ       PICTURE X(132).
        WORKING-STORAGE SECTION.
        77  DATEI-ENDE-FELD PICTURE 9 VALUE ZERO.
            88  DATEI-ENDE    VALUE 1.
        77  LISTEN-ANFANGS-FELD PICTURE 9 VALUE 1.
            88  LISTEN-ANFANG   VALUE 1.
        77  GESAMT-UMSATZ PICTURE 9(9)V99.
        77  UMSATZ PICTURE 9(7)V99.
        77  ALTE-KENNZAHL PICTURE 9(4) VALUE ZERO.
        77  VERTRETER-ZAHL PICTURE 9(3).
        01  VERTRETER-SATZ-WS.
            02  VERTRETER OCCURS 1 TO  600 TIMES      neu!
                    DEPENDING ON VERTRETER-ZAHL
                    INDEXED BY IND.
                03  KENNZAHL PICTURE 9(4).
                03  NACHNAME PICTURE X(20).
                03  VORNAME  PICTURE X(20).
```

```
01  KOPF-ZEILE-1.
      :
01  KOPF-ZEILE-2.
      :
01  KOPF-ZEILE-3.                    siehe die Zeilen im
      :                              Programm
01  KOPF-ZEILE-4.                    AUFGABE-17
      :
01  POSTEN-ZEILE.
      :
01  GESAMT-UMSATZ-ZEILE-1.
      :
01  GESAMT-UMSATZ-ZEILE-2.
      :
PROCEDURE DIVISION.
RAHMEN.
    PERFORM VORBESETZUNG
    OPEN INPUT ARTIKEL-BESTELL OUTPUT LISTE
    MOVE ZERO TO DATEI-ENDE-FELD
    READ ARTIKEL-BESTELL
        AT END SET DATEI-ENDE TO TRUE
    END-READ                                        geaendert!
    PERFORM UNTIL DATEI-ENDE
        PERFORM VERARBEITUNG
        READ ARTIKEL-BESTELL
            AT END SET DATEI-ENDE TO TRUE
        END-READ
    END-PERFORM
    PERFORM AUSGABE-GESAMT-UMSATZ
    CLOSE ARTIKEL-BESTELL LISTE
    STOP RUN.
VORBESETZUNG.
    OPEN INPUT VERTRETER-DATEI
    SET IND TO 1
    READ VERTRETER-DATEI
        AT END SET DATEI-ENDE TO TRUE
    END-READ
    PERFORM UNTIL DATEI-ENDE
        MOVE KENNZAHL-E TO KENNZAHL (IND)           neu!
        MOVE VORNAME-E TO VORNAME (IND)
        MOVE NACHNAME-E TO NACHNAME (IND)
```

```
            SET IND UP BY 1
            READ VERTRETER-DATEI
                 AT END SET DATEI-ENDE TO TRUE
            END-READ
        END-PERFORM
        SET VERTRETER-ZAHL TO IND
        SUBTRACT 1 FROM VERTRETER-ZAHL
        CLOSE VERTRETER-DATEI.
    VERARBEITUNG.
        IF ALTE-KENNZAHL = KENNZAHL-IN-ARTIKEL-SATZ
            THEN CONTINUE
            ELSE IF LISTEN-ANFANG
                    THEN PERFORM AUSGABE-KOPF-ZEILEN       geaendert!
                         MOVE ZEROS TO LISTEN-ANFANGS-FELD
                                       GESAMT-UMSATZ
                    ELSE PERFORM AUSGABE-GESAMT-UMSATZ
                         PERFORM AUSGABE-KOPF-ZEILEN
                         MOVE ZERO TO GESAMT-UMSATZ
                 END-IF
        END-IF
        PERFORM VERARBEITUNG-POSTEN-ZEILE
        MOVE KENNZAHL-IN-ARTIKEL-SATZ TO ALTE-KENNZAHL.
    AUSGABE-GESAMT-UMSATZ.
        MOVE GESAMT-UMSATZ TO GESAMT-UMSATZ-ED
        WRITE LISTE-SATZ FROM GESAMT-UMSATZ-ZEILE-1
                    AFTER ADVANCING 2 LINES
        WRITE LISTE-SATZ FROM GESAMT-UMSATZ-ZEILE-2
                    AFTER ADVANCING 1 LINE.
    VERARBEITUNG-POSTEN-ZEILE.
        MOVE ARTIKEL-NUMMER TO ARTIKEL-NUMMER-ED
        MOVE STUECKZAHL TO STUECKZAHL-ED
        MOVE STUECKPREIS TO STUECKPREIS-ED
        MULTIPLY STUECKZAHL BY STUECKPREIS GIVING UMSATZ
        ADD UMSATZ TO GESAMT-UMSATZ
        MOVE UMSATZ TO UMSATZ-ED
        WRITE LISTE-SATZ FROM POSTEN-ZEILE
                    AFTER ADVANCING 1 LINE.
    AUSGABE-KOPF-ZEILEN.
        SET IND TO 1
        SEARCH VERTRETER VARYING IND
              WHEN KENNZAHL (IND)
                  = KENNZAHL-IN-ARTIKEL-SATZ               geaendert!
                  CONTINUE
        END-SEARCH
```

Lösungsteil

```
         MOVE VORNAME (IND) TO VORNAME-ED
         MOVE NACHNAME (IND) TO NACHNAME-ED
         MOVE KENNZAHL (IND) TO KENNZAHL-ED
         IF LISTEN-ANFANG
            THEN WRITE LISTE-SATZ FROM KOPF-ZEILE-1
                         AFTER ADVANCING 0 LINES
            ELSE WRITE LISTE-SATZ FROM KOPF-ZEILE-1
                         AFTER ADVANCING 6 LINES
         END-IF
         WRITE LISTE-SATZ FROM KOPF-ZEILE-2
                         AFTER ADVANCING 1 LINE
         WRITE LISTE-SATZ FROM KOPF-ZEILE-3
                         AFTER ADVANCING 2 LINES
         WRITE LISTE-SATZ FROM KOPF-ZEILE-4
                         AFTER ADVANCING 1 LINE.
```

Sind die Sätze von VERTRETER-DATEI bzgl. der Vertreterkennzahl aufsteigend sortiert, so können wir z.B. die folgenden Programmänderungen vornehmen:

Die Vereinbarung des Tabellenbereichs VERTRETER-SATZ-WS in der WORKING-STORAGE SECTION ist folgendermaßen abzuändern:

```
  01 VERTRETER-SATZ-WS.
     02 VERTRETER OCCURS 1 TO 600 TIMES
                   DEPENDING ON VERTRETER-ZAHL
                   ASCENDING KEY IS KENNZAHL
                   INDEXED BY IND.
        03 KENNZAHL PICTURE 9(4).
        03 NACHNAME PICTURE X(20).
        03 VORNAME  PICTURE X(20).
```

Ferner ist die SEARCH-Anweisung im Paragraphen AUSGABE-KOPF-ZEILEN durch die folgende Form für das logarithmische Suchen zu ersetzen:

```
  SEARCH ALL VERTRETER
         WHEN KENNZAHL (IND) = KENNZAHL-IN-ARTIKEL-SATZ
              CONTINUE
  END-SEARCH
```

In diesem Fall können wir auf die Anweisung

```
  SET IND TO 1
```

die der ursprünglichen SEARCH-Anweisung vorausging, auch verzichten.

Aufgabe 25 (S. 241)

Als Lösung läßt sich z.B. das folgende Programm angeben:

```
       IDENTIFICATION DIVISION.
       PROGRAM-ID.
           AUFGABE-25.
       ENVIRONMENT DIVISION.
       CONFIGURATION SECTION.
       SOURCE-COMPUTER.
           dva-name-1.
       OBJECT-COMPUTER.
           dva-name-2.
       INPUT-OUTPUT SECTION.
       FILE-CONTROL.
           SELECT ARTIKEL-DATEI ASSIGN TO SI.
           SELECT LISTE        ASSIGN TO LO.
       DATA DIVISION.
       FILE SECTION.
       FD  ARTIKEL-DATEI
           LABEL RECORD STANDARD.
       01  ARTIKEL-SATZ.
           02  ARTIKEL-BEZEICHNUNG.
               03  ARTIKEL-NUMMER.
                   04  LFD-NUMMER  PICTURE 9(6).
                   04  HERSTELLER  PICTURE 99.
               03  ARTIKEL-NAME  PICTURE X(20).
           02  FILLER  PICTURE XX.
           02  LAGER-INFORMATION.
             03  LAGER-NUMMER  PICTURE 9.
             03  REGAL-NUMMER  PICTURE 9(3).
           02  WERT-INFORMATION.
             03  STUECK-PREIS  PICTURE 9(6)V99.
             03  MENGE  PICTURE 9(5).
           02  ERFASSUNGS-DATUM.
               03  TAG    PICTURE 99.
               03  MONAT  PICTURE 99.
               03  JAHR   PICTURE 99.
           02  FILLER  PICTURE X(27).
       FD  LISTE
           LABEL RECORD OMITTED.
       01  LISTE-SATZ PICTURE X(132).
       WORKING-STORAGE SECTION.
       77  DATEI-ENDE-FELD PICTURE 9 VALUE ZERO.
           88  DATEI-ENDE    VALUE 1.
       01  LISTEN-KOPF-1.
           02  FILLER PICTURE X(3)  VALUE SPACES.
           02  FILLER PICTURE X(14) VALUE "LFD-NUMMER".
           02  FILLER PICTURE X(16) VALUE "HERSTELLER".
```

Lösungsteil

```
        02  FILLER PICTURE X(19) VALUE "ARTIKEL-NAME".
        02  FILLER PICTURE X(16) VALUE "LAGER-NUMMER".
        02  FILLER PICTURE X(15) VALUE "REGAL-NUMMER".
        02  FILLER PICTURE X(16) VALUE "STUECK-PREIS".
        02  FILLER PICTURE X(13) VALUE "MENGE".
        02  FILLER PICTURE X(13) VALUE "WERT".
        02  FILLER PICTURE X(7)  VALUE "DATUM".
    01 LISTEN-KOPF-2 PICTURE X(132) VALUE ALL "-".
    01 LISTE-SATZ-WS.
        02  FILLER PICTURE X(5) VALUE SPACES.
        02  ARTIKEL-BEZEICHNUNG.
            03  ARTIKEL-NUMMER.
                04  LFD-NUMMER PICTURE Z(6).
                04  FILLER     PICTURE X(10) VALUE SPACES.
                04  HERSTELLER PICTURE ZZ.
            03  FILLER PICTURE X(6) VALUE SPACES.
            03  ARTIKEL-NAME PICTURE X(20).
        02  FILLER PICTURE X(8).
        02  LAGER-INFORMATION.
            03  LAGER-NUMMER PICTURE Z.
            03  FILLER  PICTURE X(14) VALUE SPACES.
            03  REGAL-NUMMER  PICTURE Z(3).
        02  FILLER PICTURE X(9) VALUE SPACES.
        02  WERT-INFORMATION.
            03  STUECK-PREIS  PICTURE Z(6).99.
            03  FILLER  PICTURE X(6) VALUE SPACES.
            03  MENGE PICTURE Z(5).
            03  FILLER  PICTURE X(4) VALUE SPACES.
            03  WERT    PICTURE Z(9).99.
        02  FILLER    PICTURE X(4) VALUE SPACES.
        02  ERFASSUNGS-DATUM.
            03  TAG     PICTURE 99.
            03  FILLER PICTURE X VALUE "/".
            03  MONAT   PICTURE 99.
            03  FILLER PICTURE X VALUE "/".
            03  JAHR    PICTURE 99.
```

```
PROCEDURE DIVISION.
RAHMEN.
    OPEN INPUT ARTIKEL-DATEI OUTPUT LISTE
    WRITE LISTE-SATZ FROM LISTEN-KOPF-1
                    BEFORE ADVANCING 1 LINE
    WRITE LISTE-SATZ FROM LISTEN-KOPF-2
                    BEFORE ADVANCING 2 LINES
    READ ARTIKEL-DATEI
        AT END SET DATEI-ENDE TO TRUE
    END-READ
    PERFORM UNTIL DATEI-ENDE
       PERFORM VERARBEITUNG
       READ ARTIKEL-DATEI
            AT END SET DATEI-ENDE TO TRUE
       END-READ
    END-PERFORM
    CLOSE ARTIKEL-DATEI LISTE
    STOP RUN.
VERARBEITUNG.
    MOVE CORRESPONDING ARTIKEL-SATZ TO LISTE-SATZ-WS
    MULTIPLY STUECK-PREIS IN ARTIKEL-SATZ
            BY MENGE IN ARTIKEL-SATZ GIVING WERT
    WRITE LISTE-SATZ FROM LISTE-SATZ-WS
                    BEFORE ADVANCING 1 LINE.
```

Index

Abmelden einer Datei 93
absteigende Sortierung 336
ACCEPT-Anweisung 119f., 357
ACCESS-Klausel 278, 286, 292
ADD-Anweisung 152ff.
ADVANCING-Klausel (WRITE) 101
AFTER-Klausel (INSPECT) 311
AFTER-Klausel (PERFORM) 248
AFTER-Klausel (WRITE) 101
Aktion 254
aktueller Parameter 327
Algorithmus 1
ALL 80
ALPHABETIC 134
ALPHABETIC-LOWER 134
ALPHABETIC-UPPER 134
alphabetisches Datenfeld 350
Alphabetname 139, 356
alphanumerisches Datenfeld 13, 15
alphanumerisch druckaufbereitetes Datenfeld 110f.
alphanumerisches Literal 77
alphanumerisches MOVE 71
ALTER-Anweisung 360
ALTERNATE RECORD KEY-Klausel 306
Alternativ-Schlüssel 306
Alternativklammer 66
AND 135
Anfangswert 248
Anführungszeichen 77
ANSI 2
Arbeitsspeicher 50ff.
Arbeitsspeicherbereich 31, 43
arithmetischer Ausdruck 131f., 162
arithmetischer Operator 131

ASCENDING-Klausel (SEARCH) 210
ASCENDING-Klausel (SORT) 339
ASSIGN-Klausel 40ff., 277
AT END-Klausel (READ) 98
AT END-Klausel (SEARCH) 204
AT END-OF-PAGE-Klausel (WRITE) 104, 107
Attribut 13
aufsteigende Sortierung 336
Ausführungsteil 38
Ausgabe-Datei 92, 273, 280, 287, 294, 297, 302
Ausgabe-Prozedur 338, 340f.
Ausgabe-Puffer 29, 51, 96, 98
Auswertungs-Reihenfolge 137

bedingte Anweisung 64
bedingter Sprung 359
Bedingung 129
Bedingungs-Strukturblock 56f., 129
Bedingungsname 52ff., 84
Bedingungsnamen-Bedingung 133f.
BEFORE-Klausel (INSPECT) 311
BEFORE-Klausel (WRITE) 101
Bereich A 45
Bereich B 45
Betriebssystem 9
Bezeichner 11f.
Bibliotheks-Datei 361
Bildschirmarbeitsplatz 9f., 118
Binär-Arithmetik 169
BINARY 170
Binder 48
Bindestrich 12, 46
BLANK WHEN ZERO-Klausel 113
BLOCK-Klausel 271

Blockung 271
Blockungsfaktor 271

CALL-Anweisung 327, 332f.
CANCEL-Anweisung 332
Case-Strukturblock 60, 147f., 257
CLOSE-Anweisung 94, 280f.
COBOL 2
COBOL-Anweisung 37, 58ff.
COBOL-Laufzeitsystem 48
COBOL-Satz 37
COBOL-Sprachumfang 365
COBOL-Wort 12
COBOL-Zeichenvorrat 370
CODASYL 2
COLLATING SEQUENCE-Klausel
    (SORT) 339
Compiler 44
COMPUTATIONAL 170
COMPUTE-Anweisung 162ff.
CONFIGURATION SECTION 39
CONTENT 333
CONTINUE-Anweisung 142, 149, 245
CONVERTING-Klausel (INSPECT)
    314
COPY-Klausel 361
CORRESPONDING-Klausel 236
CURRENCY SIGN-Klausel 354

DATA DIVISION 43f.
DATA-Klausel 275
Datei 9
Datei-Beschreibung 25ff., 275
Datei-Erweiterung 280
Datei-Gerätezuordnung 90f.
Datei-Kennsatz 27
Datei-Organisation 270
Datei-Verarbeitung 269ff.
Dateiende 31
Dateiname 25, 98
Daten-Darstellung 168ff.
Datenelement 176
Datenerfassung 7
Datenerhebung 6
Datenfeld 11

Datenfeld-Beschreibung 14
Datenfeld-Teilbereich 83
Datenfeldname 11
Datengruppe 13, 75, 175
Datensatz-Beschreibung 21f., 95f.
Datensatzname 98
Datenteil 43f.
Datenträger 8
Datenträger-Vereinbarung 277
DEBUGGING MODE-Klausel 350
DECIMAL-POINT-Klausel 355
DECLARATIVES-Bereich 362
DELETE-Anweisung 296
DEPENDING-Klausel (GO) 359
DESCENDING-Klausel (SEARCH)
    210
DESCENDING-Klausel (SORT) 339
Dezimal-Arithmetik 169
Dezimalkomma 7, 111
Dezimalpunkt 7, 77, 111
DI 186, 277
Dialog 118ff.
Direktzugriff 286
Diskette 8
DISPLAY-Anweisung 119f.
DIVIDE-Anweisung 158ff.
Divisionsrest 161
DO 91, 277
Dokumentationsfeld 45
Druck-Datei 25
Druckaufbereitung 110ff., 353ff.
Druckaufbereitungszeichen 110ff.
Druckausgabe 100ff.
DUPLICATES-Klausel 306
Durchsuchen von Tabellen 196ff.
dynamischer Zugriff 301ff.

Editierprogramm 9f.
einfache Bedingung 133
einfacher Strukturblock 33
Einfügungszeichen 115
Eingabe-Datei 92, 273, 279, 288, 295,
    297, 302
Eingabe-Prozedur 338, 340f.
Eingabe-Puffer 29, 96, 98

INDEX

einstufige Tabelle 175
elementares Datenfeld 12, 176
ELSE 57, 129
Empfangsfeld 70, 81f.
END-ADD 166
END-CALL 332
END-COMPUTE 166
END-DELETE 289
END-DIVIDE 166
END-EVALUATE 61, 148, 258, 262
END-IF 57, 130
END-MULTIPLY 166
END-PERFORM 249
END-READ 64, 98, 289
END-RETURN 342
END-REWRITE 289
END-SEARCH 204, 211
END-START 295
END-STRING 319
END-SUBTRACT 166
END-UNSTRING 325
END-WRITE 110, 289
Entpacken von Zeichenfolgen 321ff.
Entscheidungstabelle 254ff.
ENVIRONMENT DIVISION 39
Erfassungsbeleg 7
Erfassungsschema 45
Ergebnisfeld 154, 167
Erkennungsteil 39
Eröffnen einer Datei 92
EVALUATE-Anweisung 60, 148, 256f., 261f.
EXHIBIT-Anweisung 348f.
EXIT-Anweisung 328

FALSE (EVALUATE) 148
FD-Eintrag 25f., 91
feste Satzlänge 271
Festpunkt-Darstellung 372
figurative Konstante 79f.
FILE SECTION 43f., 91
FILE STATUS-Klausel 283, 304
FILE-CONTROL 91
FILLER 20, 22
FOOTING-Klausel 103f.

formaler Parameter 326
Fortsetzungszeile 46
FROM-Klausel (PERFORM) 248
FROM-Klausel (WRITE) 51, 98
Funktionsname 120f., 356

geblockt 11
gepackte Dezimal-Darstellung 170, 372
Gerätebezeichnung 40ff.
GIVING-Klausel 156
GIVING-Klausel (SORT) 344
gleitendes Ersetzungszeichen 114
Gleitkomma-Arithmetik 169
GO-Anweisung 358f.
Gruppen-MOVE 75f.
Gruppenwechsel 123

Halbierungs-Methode 208f.
Hauptprogramm 325
hierarchische Struktur 19f.

IDENTIFICATION DIVISION 39, 350
IF-Anweisung 57, 129ff., 140f.
IN 232
In-line-PERFORM (TIMES-Klausel) 144f.
In-line-PERFORM (UNTIL-Klausel) 142f.
In-line-PERFORM (VARYING-Klausel) 248
Index-Datenfeld 194, 207
Index-Methode 188ff., 189
Index-Name 188f., 192, 249
index-sequentielle Datei-Organisation 292ff.
Index-Wert 188
INDEXED-Klausel 188
Initialisierung 85ff.
INITIALIZE-Anweisung 87, 117
INPUT-Klausel (OPEN) 93
INSPECT-Anweisung 310, 313
Internsort 336
Interpunktionszeichen 65

INTO-Klausel (READ) 98
INVALID KEY-Klausel 288, 293
Irrelevanzanzeiger 255

Ja-Zweig 57, 129
JUSTIFIED-Klausel 81

Kapitel 38, 239, 334
Kategorie 73
KEY-Klausel 209f.
KEY-Klausel (READ) 307
KEY-Klausel (START) 295
Klammer 164
Klassenbedingung 134
Klausel 14
Komma 65
Kommando 47ff.
Kommentarzeile 46
Kompilierer 44
Kompilierung 44

LABEL-Klausel 27f.
Laden einer Tabelle 186ff.
Laufvariable 246
Leerzeichen 71, 76, 115, 132, 162
LINAGE-Klausel 103
lineare Suche 198
LINES-Klausel 103
LINKAGE SECTION 326
linksbündige Ablage 71, 81
Literal 37, 76ff.
LO 40, 91, 277
Lösungsalgorithmus 1
logarithmische Suche 208ff.
logische Druckseite 103
logischer Operator 135f.

magnetischer Datenträger 8
Magnetplatte 8f.
Maschinenteil 39
Maskenzeichen 14, 353ff.
Mehrfachauswahl 147ff.
mehrfache Fallunterscheidung 59ff.
mehrstufige Tabelle 214ff.
MERGE-Anweisung 345
Merkname 120, 356

Meta-Sprache 66
Mischen 345ff.
MOVE-Anweisung 69ff.
MS-COBOL 47
MULTIPLY-Anweisung 158

Nein-Zweig 57, 129
NEXT 301
NEXT SENTENCE-Klausel 129
NOT 136
NOT AT END-Klausel (READ) 279
NOT AT END-OF-PAGE-Klausel
    (WRITE) 109
NOT INVALID KEY-Klausel 288
NOT ON EXCEPTION-Klausel
    (CALL) 332
NOT ON OVERFLOW-Klausel
    (STRING) 319
NOT ON OVERFLOW-Klausel
    (UNSTRING) 325
NOT ON SIZE ERROR-Klausel 166
Null 76
Nullenunterdrückung 113
NUMERIC 134
numerisch-druckaufbereitetes
    Datenfeld 110f., 116
numerisches Datenfeld 13, 15
numerisches Literal 77
numerisches MOVE 72f.

OBJECT-COMPUTER 39, 139
Objektprogramm 44
OCCURS DEPENDING ON-Klausel
    194f., 205, 211, 214
OCCURS-Klausel 175, 214
OF 232
ON EXCEPTION-Klausel (CALL)
    332
ON OVERFLOW-Klausel (STRING)
    319
ON OVERFLOW-Klausel
    (UNSTRING) 324
OPEN-Anweisung 93
Optionalklammer 68
OR 135

INDEX

ORGANIZATION-Klausel 276, 278, 286, 292
OTHER 148, 262
Out-of-line-PERFORM 146f.
Out-of-line-PERFORM (VARYING-Klausel) 249
OUTPUT-Klausel (OPEN) 93

PACKED-DECIMAL 170
Paragraph 36, 38
Paragraphenname 241
parallele Auswertung 150, 255
PERFORM-Anweisung 125ff., 335ff.
permanentes Segment 335
PICTURE-Klausel 14ff.
Picture-Maske 14
Positionierungszeichen 46
Positionsnummer 286
Primär-Schlüssel 306
Prioritätsregel 162f.
problem-orientierte Programmiersprache 2
Problemanalyse 3
PROCEDURE DIVISION 36f., 63, 240, 334
PROFESSIONAL COBOL 47
PROGRAM-ID 39
Programm 1
Programm-Struktur 373ff.
Programmerfassung 44
Programmierer-Wort 12
Programmiersprache 1
Programmkonstante 37
Programmname 39
Programmschleife 142ff., 359
Programmteil 38ff.
Programmverzweigung 129ff.
Prozedur 37
Prozeduraufruf-Strukturblock 33, 124f.
Prozedurbereich 128, 243
Prozedurname 36, 240f.
Prüfziffern-Verfahren 172
Puffer-Bereich 29, 273f.
Punkt 65

Qualifizierer 232, 234
Qualifizierung 232ff.
Quellprogramm 44

Random-Zugriff 286, 297ff.
READ-Anweisung 97f., 301, 307
rechtsbündige Ablage 81
RECORD-Klausel 272
REDEFINES-Klausel 183
Redefinition 183f.
REFERENCE 333
Regel 254
Relationsoperator 132
Relativadresse 188
relative Datei-Organisation 286ff.
RELATIVE-Klausel 286
RELEASE-Anweisung 342
REMAINDER-Klausel (DIVIDE) 160f.
RENAMES-Klausel 351
REPLACING-Klausel (COPY) 361
RESERVE-Klausel 274
reserviertes COBOL-Wort 12, 366ff.
residenter Teil 334
RETURN-Anweisung 342
REWRITE-Anweisung 281, 298
RM-COBOL 47
ROUNDED-Klausel 154
Rücksprung 328
Rückverzweigungspunkt 126
Rückverzweigungsroutine 126
Rückwärtssprung 359
Rundung 154, 161

Satz 37
Satz-Schlüssel 292f., 306
Satzgruppe 123
Schachtelung 140f., 243
Scheck-Schutz-Stern 113
Schleifen-Strukturblock 33
Schlüssel-Feld 292
Schlüsselwort 67
Schrittweiten-Wert 246
SD-Eintrag 337, 345
SEARCH-Anweisung 204, 211

Segment 334
SEGMENT-LIMIT-Klausel 335
Segmentgrenze 335
Segmentierung 333ff.
Segmentnummer 334
Seitenvorschub 102
SELECT-Klausel 40ff.
Semantik 63
Semikolon 65
Sendefeld 70, 81f.
SEPARATE-Klausel 17f., 371
sequentielle Datei-Organisation 278ff.
sequentielle Suche 198
SET-Anweisung 54, 84, 190f.
SI 40, 91, 277
SIGN-Klausel 17f.
SIZE ERROR-Klausel 166
Software-Schalter 356
SORT-Anweisung 339, 344
Sortier-Datei 337
Sortier-Schlüssel 336
Sortierfolge-Ordnung 137, 292, 369f.
Sortierung 336ff.
SOURCE-COMPUTER 39
SPECIAL-NAMES 120, 134, 140, 356f.
Standard-Ablage 168
START-Anweisung 295
Status-Feld 308
Steueranweisung 124ff., 242ff.
STOP-Anweisung 150
Stopwort 64, 166
STRING-Anweisung 318
Struktogramm 32
Strukturblock 33f., 368f.
strukturierende Vorgehensweise 3, 34, 58
Strukturiertes Programmieren 3, 150, 359
Stufennummer 21
Stufennummer (66) 351
Stufennummer (77) 43
Stufennummer (88) 52
Subskript 177
Subskript-Methode 176ff., 189

SUBTRACT-Anweisung 156f.
Suchbegriff 209
Suchindex 198, 203
symbolischer Dateiname 40ff.
SYNCHRONIZED-Klausel 352
Syntax 63
Syntax-Gerüst 66
Syntaxfehler 347

Tabelle 175
Tabellenbereich 176
Tabellenbereichsname 176
Tabellenelement 176
Tabellenname 176
TALLYING-Klausel 315
THEN 57, 129
THRU-Klausel (Bedingungsname) 53
THRU-Klausel (PERFORM) 128
TRACE-Anweisung 347f.
Trennung 78f.
Trennzeichenfolge 318
TRUE (EVALUATE) 61, 148
TRUE (SET) 54

überlagerbares festes Segment 335
überlappende Verarbeitung 274
Überlauf 166
Übertragungslänge 71
Umkodierung 313f.
unabhängiges Overlay-Segment 334
unbedingte Anweisung 64, 130
unbedingter Sprung 358
ungeblockt 11
ungepackte Dezimal-Darstellung 169, 371
UNSTRING-Anweisung 321ff.
Unterplan 127
Unterprogramm 325
Unterprogrammaufruf 326f.
Unterprogrammname 326
Unterprogrammtechnik 325ff.
Update-Datei 281, 288, 296, 298, 303
USAGE INDEX-Klausel 194
USAGE-Klausel 169ff.
USE-Satz 363

USING-Klausel (SORT) 343
USING-Klausel 326

VALUE OF FILE-ID-Klausel 41f.
VALUE-Klausel (Bedingungsname) 53f.
VALUE-Klausel (Vorbesetzung) 85f.
variable Satzlänge 271f.
VARYING-Klausel (PERFORM) 247ff.
VARYING-Klausel (SEARCH) 205
Verbindungswort 232
Verdichtung von Zeichenfolgen 317ff.
Vergleichsbedingung 132
Vergleichsoperator 132
Verschachtelung 140f.
Verzweigung 129f.
virtueller Dezimalpunkt 16
Vorbesetzung 182ff.
Vorschub-Steuerung 102
Vorwärtssprung 359
Vorzeichen 16
Vorzeichenbedingung 132

Währungssymbol 353
Wahlwort 67
WHEN-Klausel (EVALUATE) 148, 258, 262
WHEN-Klausel (SEARCH) 205, 211
Wiederholungsfaktor 15
WITH NO ADVANCING-Klausel (DISPLAY) 121
WITH TEST-Klausel (PERFORM) 143, 248
WORKING-STORAGE SECTION 43f.
WRITE-Anweisung 98, 101f., 107, 109

Zeichenhäufigkeit 314ff.
Zeichenverarbeitung 309ff.
Zeichenvorrat 369
zeilen-sequentielle Datei-Organisation 278
Zeilennumerierung 45

Zugriffs-Methode 270
zusammengesetzte Bedingung 135ff.
Zuweisung 84
zweiseitige Fallunterscheidung 55ff.
Zwischenergebnisfeld 154
Zwischenraum 20

Programmieren in LISP

Eine elementare und anwendungsorientierte Einführung

von Peter P. Bothner und Wolf-Michael Kähler

1993. X, 274 Seiten. Kartoniert.
ISBN 3-528-05323-2

Das Anwendungsfeld der Künstlichen Intelligenz steht neben den klassischen Einsatzfeldern von Programmiersprachen in zunehmendem Maße im Mittelpunkt des Interesses. Hierbei nimmt LISP, eine dialog-orientierte, funktionale und symbolische Programmiersprache, eine bedeutende Stellung ein.

Das Buch gibt eine problembezogene Einführung, orientiert an einfachen Beispielen. Zur Ausführung wird der LISP-Interpreter „XLISP" eingesetzt. Die Grundgedanken der „Funktionalen Programmierung" werden beachtet, die Verfahren der Breiten-, der Tiefen- und der Bestwegsuche erläutert und deren Formulierung in LISP dargestellt. Zur Lernkontrolle sind Aufgaben gestellt, deren Lösungen im Anhang angegeben sind.

Dieses einführende Werk eignet sich sowohl als Begleitlektüre für Lehrveranstaltungen als auch zum Selbststudium.

Dr. *Peter P. Bothner* und Dr. *Wolf-Michael Kähler* sind wissenschaftliche Mitarbeiter im Arbeitsbereich „Statistik und Projektberatung" am Zentrum für Netze der Universität Bremen.

Verlag Vieweg · Postfach 58 29 · 65048 Wiesbaden

If you have any concerns about our products,
you can contact us on
ProductSafety@springernature.com

In case Publisher is established outside the EU,
the EU authorized representative is:
**Springer Nature Customer Service Center GmbH
Europaplatz 3, 69115 Heidelberg, Germany**

Printed by Libri Plureos GmbH
in Hamburg, Germany